现代应急管理

曹 杰 朱 莉 编著

科 学 出 版 社

北 京

内 容 简 介

本书针对风险管理理论、协调管理理论、危机管理理论与应急管理之间错综复杂的相互关联关系，将整个应急管理体系的主要内容划分成三个部分，即应急管理基础、应急管理实务、现代应急管理方法。首先本书在阐述应急管理体系中体制、机制和法制的基础上，将应急管理中的科学问题归纳为战略研究、监测预警、资源管理以及模拟仿真等八大核心内容；其次围绕应急计划、应急组织、运行机制和管理策略等方面进行介绍；最后选用广义应急管理的视角，将风险管理、协调管理和危机管理等理论中的科学方法应用到应急管理中，并且特别介绍了气象灾害应急管理知识。

本书有助于读者了解应急管理相关学术前沿、构架应急管理教学和科研桥梁，可作为高等院校管理类学科的本科高年级教材，也可作为管理科学与工程、行政管理及公共管理等专业的研究生教学参考书，同时还可作为政府、企业管理部门相关人员开展本行业或相关领域应急管理的参考书。

图书在版编目(CIP)数据

现代应急管理 / 曹杰，朱莉编著. —北京：科学出版社，2011

ISBN 978-7-03-032683-6

I. ①现… II. ①曹… ②朱… III. ①紧急事件 – 公共管理 – 高等学校 – 教材 IV. ①D035

中国版本图书馆 CIP 数据核字(2011)第 225723 号

责任编辑：伍宏发 雷 旸 / 责任校对：邹慧卿

责任印制：徐晓晨 / 封面设计：王 浩

科 学 出 版 社 出版

北京东黄城根北街16号

邮政编码：100717

http://www.sciencep.com

北京凌奇印刷有限责任公司 印刷

科学出版社发行 各地新华书店经销

*

2011年11月第 一 版 开本：787×1092 1/16

2021年 3 月第七次印刷 印张：21 3/4

字数：497 000

定价：58.00 元

(如有印装质量问题，我社负责调换)

前　言

人类社会的发展一直伴随着灾难的发生。自然力量带来的种种灾害是人类社会面临的首要灾难，各国政府对于自然灾害的应对与救援给予了高度重视。进入21世纪以来，全球范围内发生了一系列重大危机、灾难事件。这些事件一方面来自传统领域，如印度洋地震引发的海啸；另一方面来自非传统领域，如“9·11”事件。来自非传统领域的危机事件给政府管理带来了极大的挑战，各国政府、学者、民众普遍认识到应对灾难、危机必须采取科学的理论和正确的方法，应急管理因而获得了前所未有的重视。

我国幅员辽阔的国土孕育了多样的自然地理条件，导致灾害种类繁多，自然灾害频繁发生，给经济、社会发展带来了巨大损失。20世纪80年代末，我国政府成立了“中国‘国际减灾十年’委员会”，并随后正式成立了“国家减灾委员会”。随着经济发展，我国正逐步迈向粗具规模的现代工业社会，人民群众生活水平不断提升，然而，社会转型也孕育了社会风险。2003年的“SARS疫情”让我们付出了惨重的代价，同时也提醒我们，政府应急管理体系和机制有待进一步完善。2005年7月全国应急管理工作会议上提出“加强应急管理工作，是维护国家安全、社会稳定和人民群众利益的重要保障，是履行政府社会管理和公共服务职能的重要内容”。构建坚实的应急管理体系是人民安居乐业的基本需求，也是贯彻落实科学发展观、维护社会和谐稳定的必然要求。突发公共事件，如自然灾害、事故灾难、社会安全事件、公共卫生事件，是当前政府应急管理的重点，也给研究者提出了大量亟待探索的科学与工程问题。

本书编写的主要目的是基于上述重大社会、学术需求，而更直接的初衷是为本科生应急管理课程提供一本基础而内容丰富的入门教材。本书的编写人员很早即开始应急管理领域的科学与工程研究，也较早地开始人才培养、教学实践方面的思考与探索。本书最初作为经济、管理类专业的本科生选修课，随后推广到全校范围。考虑学生专业、兴趣的不同，课程包罗了应急管理领域诸多方向的内容。我们充分吸收相关教材、参考资料的精髓，结合学生反馈，进一步将课程讲义内容汇编成书。本书在内容组织上保持基础性和通用性，使其具有入门工具书的性质，同时也力争突出一定的特色，其中也融入了我们对应急管理领域学术前沿的理解与归纳，力图拓宽学生思维。

本书从广义应急管理的视角，采用定性与定量分析相结合、静态与动态研究相结合，以及多学科理论融合分析的方法，将整个现代应急管理体系划分成三个部分介绍，即应急管理基础、应急管理实务、现代应急管理方法，全面展示在应急管理学科中的重要基础知识和科学问题。尤其融合了“应急管理”与“风险管理”、“协调管理”和“危机管理”等交叉学科之间的相互关联，将这些相关学科理论中的有效方法应用于应急管理中，有助于科学认识应急决策过程，有助于应急管理全面有效的实施，对于帮助读者了解学术前沿、培养学生创新思维都有重要作用。

本书的主要内容如下：

第一部分(第 1~2 章)：应急管理基础，包括阐述重要的基本概念、应急管理研究中的相关科学问题，以及整个应急管理体系的架构。其中应急管理体系的架构需要有体制、机理、机制和法制的相关保障。

第二部分(第 3~6 章)：应急管理实务，介绍应急管理的主体工作，包括应急计划的制订、应急组织的架构、应急运行机制的设计，以及应急管理策略的实施。其中制订应急计划和架构应急组织都属于应急预案管理的范畴，而在运行机制和管理策略执行的过程中，要注意合理的分类分级。

第三部分(第 7~10 章)：现代应急管理方法，介绍在应急管理研究中的一些现代管理方法。例如，风险管理、协调管理和危机管理的思想，这些思想可有效贯穿于整个应急管理过程，对提高应急管理实施的效果有着积极推动作用。

《现代应急管理》的推广有助于普及应急管理知识体系、提高全社会应急管理意识、促进交叉领域合作创新思维的培养，在知识传播方面具有良好的社会效益，可降低突发事件所造成的损失，从而起到间接提高经济效益的作用。另外，本书还以气象行业中应急管理理论的应用为例,为科学管理方法在各专业行业或相关领域的合理应用提供借鉴。

本书作者在编写过程中参考了大量相关教材、文献资料，在此向这些教材和文献的作者们表示感谢！由于编写人员的学识和能力有限，本书难免有遗漏和不足之处，我们热诚希望应急管理的专家学者、从事具体工作的应急管理人员及广大读者提出批评和意见，大家宝贵的建议将驱使我们不断努力完善本教材。

本书在写作过程中，得到很多老师和同学的帮助。在此感谢李一啸博士、朱晓东讲师，他们在百忙之中抽出时间仔细阅读本书的初稿，并提出有价值的宝贵意见；感谢蔡玫讲师、李琰讲师、朱慧云讲师、张丽杰讲师、陈理飞副教授、顾和军副教授、王娓娓副教授以及姚天祥副研究员等，他们帮助校对本书部分章节的文字，并绘制部分章节图表。同时本书的撰写陆续得到“973”计划课题(2007CB307101)、国家行业专项(GYHY201106019)、国家软科学研究计划项目(2010GXS5B147)和江苏省教育厅高等学校哲学社会科学研究重大项目(09SJB630006)以及江苏高校优势学科建设工程资助项目(环境管理技术及政策研究)等的资助，在此表示衷心的感谢。

目　录

前言

第一部分　应急管理基础

第1章　应急管理概述……3
1.1　应急和应急管理……3
1.1.1　应急的概念……3
1.1.2　应急管理的内涵和对象……4
1.1.3　应急管理的特征及流程……6
1.2　应急管理的发展过程……8
1.2.1　应急管理体系的演进……8
1.2.2　应急管理理论的发展……10
1.2.3　应急管理学科的知识体系……10
1.3　应急管理中的科学问题……12
1.3.1　应急管理的重大需求……13
1.3.2　应急管理的科学价值……15
1.3.3　应急管理研究的重要问题……16
1.4　应急管理体系架构……23
1.4.1　应急管理体系的组成要素……24
1.4.2　应急管理体系的运行……25
1.4.3　现代应急管理的内容……26
参考文献……30
第2章　应急管理体系……33
2.1　应急管理的体制设计……33
2.1.1　应急管理体制的组成……33
2.1.2　行政责任与社会责任系统……35
2.1.3　事件响应与评估恢复系统……36
2.1.4　资源支持与技术保障系统……37
2.1.5　防御避难与救护援助系统……39
2.2　应急管理的机理和机制……40
2.2.1　突发事件的机理特征……41
2.2.2　应急管理的机理分析……42
2.2.3　突发事件应急管理机制……43
2.3　应急管理的法制建设……46
2.3.1　应急法律法规体系概述……46

2.3.2 应急法律法规体系特征 ……47
2.3.3 我国的应急法律法规情况……48
2.3.4 应急法制的发展借鉴与重构……51
2.4 应急管理体系的内容……53
2.4.1 应急管理体系的原则和目标……53
2.4.2 指挥协调系统……55
2.4.3 处置实施系统……60
2.4.4 资源保障系统……61
2.4.5 信息管理系统……64
2.4.6 决策辅助系统……65
参考文献……66

第二部分 应急管理实务

第 3 章 应急计划管理 ……69
3.1 应急计划管理的过程……69
3.1.1 计划管理概述……69
3.1.2 应急计划的制订……71
3.1.3 应急计划的实施……73
3.1.4 应急计划的评价……74
3.2 专用应急规划……77
3.2.1 医疗应急规划……77
3.2.2 学校应急规划……79
3.2.3 工业应急规划……81
3.2.4 旅游业应急规划……83
3.2.5 人群疏散应急规划……86
3.3 应急计划管理的方法和工具……88
3.3.1 集中规划与分散规划……88
3.3.2 基于情景的计划管理……91
3.3.3 基于能力的计划管理……93
参考文献……97
第 4 章 应急组织管理 ……99
4.1 应急组织结构……99
4.1.1 基本组织结构……99
4.1.2 应急组织的架构……103
4.1.3 组织层次与管理幅度……105
4.2 应急组织设计……108
4.2.1 设计原则和步骤……109
4.2.2 组织设计方案……111
4.3 基于现代管理理念的应急组织管理……115
4.3.1 组织流程再造……115

4.3.2 数字集群通信管理方式……118
参考文献……122
第 5 章 应急运行机制……123
5.1 应急运行机制概述……123
5.1.1 应急运行机制的特点……123
5.1.2 应急运行机制的分类……124
5.1.3 应急运行机制的构建……126
5.2 事件管理机制……129
5.2.1 事件分类分级机制……129
5.2.2 事件信息披露机制……133
5.3 过程管理机制……135
5.3.1 预防机制……135
5.3.2 预警机制……137
5.3.3 事件处置机制……139
5.3.4 应急决策机制……141
5.3.5 信息沟通机制……143
5.4 资源管理机制……145
5.4.1 人力资源管理机制……145
5.4.2 资金资源管理机制……148
5.4.3 物资资源管理机制……150
5.5 监控管理机制……152
5.5.1 监督审查机制……152
5.5.2 奖惩责任机制……154
5.6 合作参与机制……156
5.6.1 周边合作互助机制……157
5.6.2 社会参与机制……159
参考文献……161
第 6 章 应急管理策略……162
6.1 应急预防策略……162
6.1.1 预防的主要环节……162
6.1.2 预防的重要策略……163
6.1.3 预防的措施和途径……166
6.2 应急准备策略……168
6.2.1 应急队伍建设……168
6.2.2 应急预案建设……169
6.2.3 应急保障体系建设……172
6.3 应急响应策略……174
6.3.1 响应的关键环节……174
6.3.2 响应的重要策略……176
6.3.3 分类分级的应急响应……179
6.4 恢复重建策略……180

6.4.1 恢复重建的过程……181
6.4.2 经济的恢复重建……182
6.4.3 灾害的损失补偿……184
6.4.4 适当的心理干预……186
参考文献……187

第三部分 现代应急管理方法

第 7 章 应急风险管理……191
7.1 风险与风险管理……191
7.1.1 风险的构成和分类……191
7.1.2 风险管理的内涵和流程……194
7.2 风险识别……198
7.2.1 风险识别的要点……198
7.2.2 风险识别的方法……199
7.3 风险分析……203
7.3.1 风险衡量技术……203
7.3.2 风险评价方法……211
7.4 风险管理决策……215
7.4.1 风险规避……215
7.4.2 风险控制……216
7.4.3 风险转移……219
7.5 应急物流风险管理实例……221
7.5.1 应急物流风险识别……221
7.5.2 应急物流风险分析……222
7.5.3 应急物流风险管理决策……226
参考文献……227
第 8 章 应急协调管理……229
8.1 应急资源储备协调……229
8.1.1 应急资源……229
8.1.2 应急资源储备模式……232
8.1.3 应急资源协调储备模式……235
8.2 应急资源调配协调……239
8.2.1 应急资源调配……239
8.2.2 应急资源调配模型……241
8.2.3 应急资源协调调配模型……245
8.3 应急信息协调……250
8.3.1 应急管理信息……250
8.3.2 应急管理信息平台……252
8.3.3 协同应急管理系统……257
8.4 应急契约协调……259

8.4.1 契约协调理论 ······ 259
8.4.2 “横向”应急契约 ······ 264
8.4.3 “纵向”应急契约 ······ 267
参考文献 ······ 270
第 9 章 应急危机管理 ······ 273
9.1 危机与危机管理 ······ 273
9.1.1 危机的性质和分类 ······ 273
9.1.2 危机管理 ······ 276
9.2 危机管理流程 ······ 279
9.2.1 危机准备 ······ 279
9.2.2 危机识别 ······ 281
9.2.3 危机处理 ······ 283
9.2.4 危机善后 ······ 285
9.3 危机管理体系 ······ 287
9.3.1 政府效能 ······ 288
9.3.2 媒体作用 ······ 290
9.3.3 社会力量 ······ 292
9.3.4 法制保障 ······ 293
9.4 危机管理决策 ······ 295
9.4.1 危机决策的特点 ······ 295
9.4.2 危机决策系统 ······ 297
9.4.3 危机决策的方法 ······ 300
参考文献 ······ 305
第 10 章 应急灾害管理 ······ 306
10.1 气象灾害概述 ······ 306
10.1.1 自然灾害系统 ······ 306
10.1.2 气象灾害的类别 ······ 308
10.1.3 气象灾害的特点 ······ 312
10.2 气象灾害的监测与评估 ······ 315
10.2.1 气象灾害监测 ······ 315
10.2.2 气象灾害评估 ······ 317
10.3 气象灾害的预警与防御 ······ 320
10.3.1 气象灾害预警 ······ 320
10.3.2 气象灾害防御 ······ 323
10.4 应急灾害管理的国际借鉴 ······ 326
10.4.1 美国应急灾害管理 ······ 326
10.4.2 英国应急灾害管理 ······ 328
10.4.3 日本应急灾害管理 ······ 331
10.4.4 中国应急灾害管理 ······ 333
参考文献 ······ 336

第一部分　应急管理基础

第 1 章 应急管理概述

近年来，国内外各类突发事件频繁发生，严重影响了社会稳定和人民生命财产安全，提高面向突发事件的应急应对能力已成为全世界关心的热点问题。因此，组织社会多方面资源有效防范和控制各类突发事件的发生及蔓延、全面开展科学的应急管理研究是当前社会发展的迫切需要。

1.1 应急和应急管理

应急管理的根本任务就是提出合理方案应对突发事件，且要求应对方案具有可操作性、准确性和经济性。在架构合理的应急管理体系之前，有必要清楚应急和应急管理的相关概念、特征及流程。

1.1.1 应急的概念

“应急”由两部分组成：① 作为动词的“应”一方面指人受到刺激而发生的活动和变化。例如，当墨西哥发现传染性极强的甲型 H1N1 流感疫情时，各国政府迅速通过媒体向公众告知疫情状况，并在第一时间研制相关疫苗，同时，对流动人员进行监控，对已发病患者进行隔离治疗。“应”的另一方面指对待的意思，如应付、应对。例如，古时黄河中游有一座龙门山，它堵塞了河水的去路，把河道挤得十分狭窄。奔腾东去的河水受到龙门山的阻挡，常常溢出河道导致水灾。禹到了那里，观察好地形，带领人们开凿龙门，把这座大山凿开了一个大缺口。这样，河水就畅通无阻了。②“急”是指迫切、紧急、重要的事情，是一个相对概念，对于不同大小、类型、复杂程度的组织，“急”的内容有很大差异。

根据对“应”和“急”的解析，现将应急的内涵定义为：人类面对正在发生或预测到的紧急状况时所采取的活动和应对措施[1]。

1. 应急的主体

应急的主体，即个人、组织和社会。根据主体的不同，应急可以分为以下四类。

(1) 组织机构应急，即影响单个组织单位的客观紧急事件。如某贸易公司负责向日本出口荔枝，但经销商反映荔枝已经发生霉变，贸易公司为了保持对日本荔枝市场的占有率，需要紧急处理这一事件。这一事件会对该贸易公司产生至关重要的影响，但对其他组织的影响却较小，因此属于组织机构应急范畴。

(2) 行业应急，即影响整个行业的客观紧急事件。如 2007 年 5 月，以广东芳村茶叶市场为代表的南方茶市上的普洱茶价格开始大幅跳水，成交量迅速萎缩，从而导致北方市场包括一直兴旺的北京马连道茶业市场上的普洱茶的价格开始下滑，并迅速波及全国，整个普洱茶市场风雨飘摇。这一事件需要普洱茶行业共同应对，因此属于行业应急范畴。

(3) 区域应急，即影响某一区域的客观紧急事件。例如，火灾、内涝、台风灾害等会影响某个区域，应对这些紧急事件需要调动区域中社会各方面的力量，因此属于区域应急范畴。

(4) 国家应急，即影响到国家的客观紧急事件。如甲型 H1N1 流感、SARS 事件，以及 2008 年年初影响南方诸多省市的低温雨雪灾害等，这类事件影响到国家的各个方面，需要整合国家或世界的力量进行应对，因此属于国家应急范畴。

2. 应急的客体

应急的客体，即客观发生或可能发生的紧急状况。根据应急客体的影响程度不同，主要分为以下两类：

(1) 常规应急，即某类事件足以影响主体的利益，但主体可根据经验或事先的准备进行应对处理，使生产生活恢复到正常情况。典型的常规应急主要包括火灾、爆炸、交通事故等，这些事件发生的具体细节可能不尽相同，但训练有素的应急人员通常能够提供结构化的解决方案，知道什么时候该做什么、该如何去做，从而达到将损失降低到最低程度的目的。

(2) 非常规应急，即某类事件足以影响主体的利益，但主体无法根据经验或事先的准备进行处理，只能借鉴其他紧急状况的处理方式，根据信息反馈及时调整处理方案。这类事件的应急结果有可能会将损失降到较低程度，也有可能由于决策失误而造成更大的损失。

1.1.2 应急管理的内涵和对象

应急管理是近年来管理领域中出现的一门新兴学科，是一个综合了运筹学、战略管理、信息技术以及各种专业知识的交叉学科，它以专门研究突发公共事件现象及其发展规律为基础，旨在以最合理、最经济的方式减小紧急状况带来的损失。

1. 应急管理的内涵

目前，学界对应急管理内涵的界定还未统一，国内外相关机构和学术领域对其有多个不同角度的阐释。

1) 相关机构对应急管理的定义

相关机构对应急管理的定义中较具代表性的有美国联邦紧急事态管理局的定义[2]：应急管理，是通过组织分析、规划决策和对可用资源的分配，以实施对灾难影响的减除、准备、应对和恢复，其目标是拯救生命、防止伤亡、保护财产和环境。

澳大利亚紧急事态管理署提出应急管理的内涵[3]：应急管理，是一个处理因紧急事件引起社会风险的过程，是识别、分析、评估和治理紧急事态的系统性方法，其五个主要行动包括建立背景、识别风险、分析风险、评估风险和治理风险。

2) 国内外学者对应急管理的定义

詹姆士 · 米切尔认为[4]，应急管理，是指为应对即将出现或已经出现的灾害而采取的救援措施，不仅包括紧急灾害期间的行动，还包括灾前的备灾措施和灾后的救灾工作。

计雷等认为[1]，应急管理，是基于对突发事件的原因、过程及后果进行分析，有效集成社会各方面相关资源，对突发事件进行有效预警、控制和处理的过程。

万鹏飞认为[5]，应急管理由预防、应对、恢复、减灾四个环节构成，具体内容如表 1-1 所示。

表 1-1　应急管理的四个环节[5]

四个环节	内容描述
预防环节（preparedness）	在危机发生前采取相应措施发展和提高危机应对与运作能力
应对环节（response）	在危机发生时采取行动抢救人员，避免财产损失和人员伤亡
恢复环节（recovery）	恢复生活支持体系和基础设施服务系统
减灾环节（mitigation）	采取措施降低未来危机的影响，减轻危机的后果，预防未来危机的发生

借鉴对管理内涵的表述，应急管理是指应用管理学的知识对应急行为人和事务进行管理，即在紧急状况发生或预测发生时，确切知道要针对性地去做什么，并注意采用最好最经济的管理方法去应对。这里所说的紧急状况有可能正在发生，如高速公路上突降大雾，对行车造成了极大的安全隐患，需要紧急关闭高速公路；也有可能预测将要发生，如台风登陆前，预测到台风登陆地点，需要通过紧急搬迁来确保居民的安全。在紧急状况发生或预测发生时，由于时间紧迫，需要明确各类人员的职责，避免出现混乱和无序，这增加了指挥协调的难度，同时也需要监督、控制各类人员的行为，提高整体和全局效益。

需要注意的是，灾害发生后，应急行为可以减少个人、组织和社会的损失，它的出发点和目的都是符合人类需要的，但同其他社会行为一样，我们需要考察这一行为的效益。特别是在日益复杂的法制化社会中，应急行为的效益更加重要，不能因为需要应对紧急事件而制造出更多的紧急事件，也不能不计成本地减少当前紧急事件带来的损失。所以在应对紧急事件时，需要提高应急行为的效益，全面提升应急管理水平。

2. 应急管理的对象

有效地进行应急管理，需要明确具体的管理对象。应急管理对象是指引发应急管理行为的状况。与应急的客体类似，根据状况发生的特点和类型，可将应急管理对象分为两类[1]：一类是突发事件、自然灾害和技术灾害，另一类是社会和经济风险。

1) 突发事件、自然灾害和技术灾害

国务院《国家突发公共事件总体应急预案》中将突发公共事件界定为突然发生、造成或者可能造成重大人员伤亡、财产损失、生态环境破坏、严重社会危害和危及公共安全的紧急事件。从政府层面将突发事件进行界定，有“自然灾害、事故灾难、公共卫生事件、社会安全事件”等类别。本书所指的突发事件包括公共事件也包括非公共事件，如可能对企业造成损失的停电事件，对企业来讲就属于突发事件。

在《国家突发公共事件总体应急预案》中，将自然灾害归入突发公共事件，在此单

独列出，旨在强调自然灾害的重要性。每年自然灾害都会给我国的社会和经济造成严重的危害，重大突发性自然灾害包括旱灾、洪涝、台风、风暴潮、冻害、雹灾、海啸、地震、火山、滑坡、泥石流、森林火灾、农林病虫害等。自然灾害一般具有区域特征，有的自然灾害也可能影响到我国的大部分地区，如2008年年初的冰冻雨雪灾害。自然灾害也可能会衍生出其他灾害，如大雪阻断交通导致城市居民的日常供给受到影响，如果不能及时解决有可能会造成重大人员伤亡。

现代科学技术对工农业发展产生了极大的推动作用。然而，由于人们在应用科学技术中出现行为失当和管理失误而造成的各种工业事故，特别是重特大工业事故，常带来巨大的人员伤亡和经济损失。例如，印度博帕尔市生产化学农药的公司将清洗设备的水混入原料储槽引起了化学反应，槽内温度达到200℃发生爆炸，5万lb[①]毒气逸出。事故发生后数以千计的人发生了神经性中毒症状，死亡人数达1万余人，还有10万人受到不同程度的伤害。

突发事件、自然灾害和技术灾害具有以下特点：① 这类紧急事件本身容易识别。当灾害发生时，人们通常能借助仪器或自身感知到灾害传递的信息，并能够比较迅速地进行灾害识别。② 这类紧急事件的影响能够被观察和分析。人们往往具有处理这类紧急事件的先验知识，在事件发生时能够根据历史经验或类似知识进行处理。③ 这类事件处理时间具有很强的限制性。如果不能在有限的时间内进行紧急处理，损失将会迅速增加。例如，运输过程中危险化学品发生泄漏，如果不能及时制止泄漏并对泄漏的危险品进行稀释等处理，污染范围将会迅速扩大并造成人员伤亡。又如，地震发生后的72小时是救人的最佳时间，如果被困人员不能被及时救出，将面临生命危险。

2）社会和经济风险

社会和经济风险是指社会和经济在运行过程中，可能发生的影响社会或经济发展的事件。社会和经济风险在很多时候是不易被察觉的，如2008年的美国次贷危机，在开始时并没有引起人们的警觉，而当事件转变为金融危机时，对其采取应对措施就很难扭转乾坤。

社会和经济风险具有以下特征：①风险不易识别。现代社会信息产生的数量极其庞大，且其传递速度非常之快，实时监控社会中的所有动态情况几乎无法实现，需要有组织地系统识别社会经济风险信息。②风险具有累积效应。很多社会经济事件具有累积效应，刚开始并没有表现出它有害的一面。例如，台湾股市曾经疯狂上涨之后又迅速下跌，在上涨时，社会经济一片繁荣景象，到下跌时，则严重影响台湾的经济。③风险的处理时限是模糊的。此类事件的处理时间并没有严格限制，因为历史本身不可重现，对于同一事件在不同社会环境下应该具有不同的处理方法。不过世界各国的历史和现实提供了很多可供参考的案例，所以理论上可以确定出比较恰当的处理时间。

1.1.3 应急管理的特征及流程

处理突发事件的应急管理行为，需要广泛动员社会各种力量相互协作地参与其中，通常具有以下特征和基本流程。

---

① 1lb=0.453592kg

1. 应急管理的特征

通过整合组织、资源、行动等各应急要素，所形成的一体化应急管理系统具有以下特征。

(1) 多主体的应急组织体系。应急管理活动所形成的组织体系是一个由政府部门和各种社会机构共同组成的多主体形态，其中社会机构包括诸如新闻媒体、工商企业等。

(2) 统一指挥、分工协作的应急体制。多主体的组织结构在应急管理活动中需要明确的职责分工，且要求统一指挥和相互协作的工作方式。

(3) 快速反应的应急机制。灾害事件的突发性和随机性，决定了应急管理活动必须具有快速反应能力。应急管理多是为应对突发事件，关乎生命、全局，应急管理响应速度的快慢直接决定了突发事件所造成危害的大小。

(4) 高效的应急信息系统。及时准确地收集、分析和发布应急信息是应急管理早期预警和制定决策的前提，利用现代化的信息通信技术，建立信息共享、反应高效的应急信息系统是应急管理体系的重要特征。

(5) 广泛的应急支持保障。应急管理系统必须要有技术、物资、资金等多方面的支持保障：合理物资储备为应对突发事件提供物力财力保障；调动专业机构和技术人员参与应急活动，为应对突发事件提供技术保障。

(6) 健全的应急管理法律法规。应急管理需要决策者采取特殊的应对措施，健全的应急管理法律法规能够为应急活动提供有力的法制支持。

2. 应急管理的基本流程

与一般事件的生命周期相同，突发事件往往也具有潜伏期、形成期、爆发期和消退期。以综合性应对突发事件为目的，应急管理的基本流程可分为预防、准备、应对和恢复四个阶段(图 1-1)。四个阶段构成一个循环，每一阶段都起源于前一阶段，同时又是后一阶段的前提，有时前后两阶段之间会存在交叉和重叠。

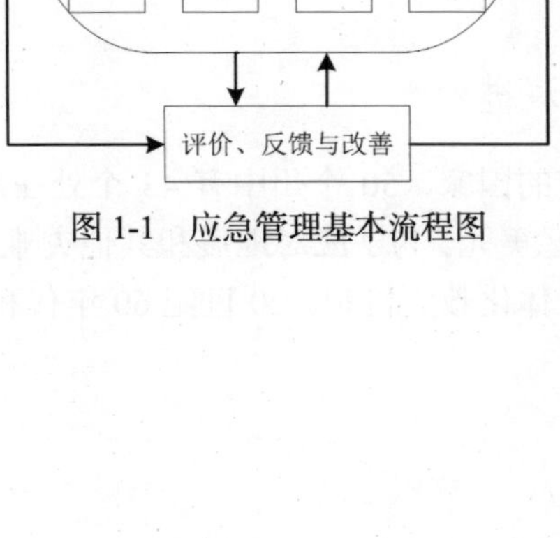

图 1-1　应急管理基本流程图

(1) 预防阶段，又称为减灾阶段，是指在突发事件发生之前，为了消除突发事件出现的机会或者为了减轻危机损害所做的各种预防性工作。突发事件有多种多样，有些可以被缓解，有些却无法避免，但可以通过各种预防性措施减轻其危害。在这个阶段，尤其要注重风险评估，尽可能预测和事先考虑到在哪些环节会出现哪些风险，并采取相应的预防措施以减小风险，防患于未然。

(2) 准备阶段，是指针对特定的或潜在的突发事件所做的各种应对准备工作。主要包括两方面措施：一是制订各种类型的应急预案；二是设法增加灾害发生时可调用的资源(技术支持、物资设备供应、救援人员等)。

(3) 应对阶段，也称应急响应，是指在突发事件发生发展过程中所进行的各种紧急处置和救援工作。主要措施包括：及时收集灾情，启动应急预案，为处理突发事件提供各种各样的救助，向公众报告事件状况以及采取的应对措施等。在应急响应阶段，需要注意的是各种紧急救援行动的实施要防止二次伤害。

(4) 恢复阶段，是指在突发事件得到有效控制之后，为了恢复正常的状态和秩序所进行的各种善后工作。主要措施包括：启动恢复计划、提供灾后救济救助、重建被毁设施、尽快恢复正常的社会生产生活秩序，以及进行灾害和管理评估等善后工作。

1.2　应急管理的发展过程

人类的生存发展离不开应急管理，在人类起源时人们就会规避自然环境中的各种危险，当然这与主动的、有计划的、有组织的现代应急管理有很大差异。应急管理的研究，一直处于逐步深化和广化的阶段，清楚了解应急管理思想方法的发展演进过程，能对应急管理理论的科学应用起到推进作用。

1.2.1　应急管理体系的演进

应急管理理念最初发源于企业，于 20 世纪 80 年代由西方一些跨国公司最先提出。后来，应急管理逐渐成为一门以科学为主体的跨学科体系，它整合了企业管理、危机管理、风险管理、公共关系、行销学、财务及金融理论、政治学、传播理论、社会心理学、法律等知识，其核心是研究应急主体在遭受外部紧急情况时应该采取哪些对策，并探讨紧急形势下的管理变革。

近年来，随着应急主体所处的外部环境越来越复杂化，各主体面临的紧急状况也呈多样化趋势，不少发达国家均逐步设立了专门性的应急管理机构，统一应对和处置紧急事态[3]。

1. 美国应急管理体系的演进

美国是一个易发生地震的国家，50 个州中有 43 个处在地震高发地带。地震每年给美国造成的经济损失约 44 亿美元。为了应对地震和其他灾难，美国不断完善一套以美国联邦应急管理署为中心的一体化救灾机制。20 世纪 60 年代和 70 年代，美国发生了一系列重大自然灾害。1979 年，美国政府组建美国联邦应急管理署（Federal Emergency Management Agency，FEMA）将原本分散在不同部门的救灾机构整合起来。FEMA 被指定承担协调联邦、州和地方当局应对危机的职责，成为整个国家对紧急事件管理的领导机构。

2001 年“9·11”恐怖袭击事件发生之后，美国为协调情报部门的反恐合作，并加强国内的反恐预防工作，设立了国土安全部。FEMA 和海关、移民规划署、海岸警卫队等 100 多个部门被整合在国土安全部之中。如今，联邦应急管理署隶属国土安全部，总部设在华盛顿，在全国各地建有办事处，4000 余人随时待命应对灾害。联邦应急管理署的中心任务是保护国家免受各种灾害的威胁，减小财产和人员损失。这种灾害不仅包括飓风、地震、洪水、火灾等自然灾害，还包括恐怖袭击和其他人为灾难。美国的应急管理体系在演进中最终形成一个建立在风险基础上的综合性应急管理系统，涵盖灾害预防、保护、反应、恢复和减灾各个领域。

2. 日本应急管理体系的演进

日本受地理环境因素的影响，自然灾害频发，国民的生存忧患意识和政府的应急管理意识都相对较强。其政府应急管理体制的构建，也是一个历史的动态过程，经过多年的经验积累，目前已经形成了比较完善的应急管理体系，该体系主要由 4 个部分构成：首相、内阁官房、安全保障会议和中央防灾工作会议。其中，首相处于核心地位；内阁官房是首相的辅佐机构和危机管理的最高指挥机关，在日本的应急管理体系中发挥着举足轻重的作用；安全保障会议主要承担日本国家安全应急管理的职能；中央防灾工作会议的主要职能是当某一地区发生地震、火山爆发、台风与洪水、海啸等自然灾害时，负责制订和促进防灾规划的实施。同时，还设有由专家学者及官员组成的专门委员会。日本政府还在首相官邸的地下一层建立了“全国应急管理中心”，指挥应对包括战争在内的所有突发事件。

日本应急管理体系的总体特征可概括为：行政首脑指挥、综合协调机构联络、中央会议制定对策、地方政府实施。

3. 我国应急管理体系的演进

就我国情况来看，经过多年坚持不懈的努力，我国针对特定危机的应急管理部门已经基本建立，直接涉及应急管理的主要机构有几十个部。而针对不同种类的灾害事件，分别由不同的部门负责。在联合国“国际减灾十年”（1990—2000 年）的号召下，我国于 1989 年成立了“中国‘国际减灾十年’委员会”，标志着我国减灾工作由单一灾种被动的预报救援重建，演进到多灾种主动的综合应急管理。2000 年“国际减灾十年”结束，“中国‘国际减灾十年’委员会”更名为“中国国际减灾委员会”。2005 年 4 月 2 日，“中国国际减灾委员会”又更名为“国家减灾委员会”，由国务院副总理任主任、相关各部部长任副主任。可见，我国对灾害应急管理的重视程度在不断加大，应急管理机构的级别也在不断提高。

我国现有的应急管理体系实行政府统一决策，各部门按决策和职能分工负责、互相配合的机制。国务院是全国应急管理责任主体和最高行政领导机构，统一领导各类突发公共事件的预防和处置工作，设有安全生产委员会、中国国际减灾委员会等组织领导机构，负责领导和协调相关领域的应急管理事务。遇到重大公共危机，通常是启动非常设指挥机构或成立临时性指挥机构，由国务院分管领导任总指挥、国务院有关部门参加、日常办事机构就设在对口主管部门(如气象灾害由国家气象局等主管部门负责，传染病等疫情由国家卫生部负责，治安恐怖事件由公安部负责等)。

1.2.2 应急管理理论的发展

从应急管理理论的演进过程可看出，系统化的应急管理研究始于20世纪90年代，目前尚未形成完整的理论体系。近年来，由于一些重大突发事件发生频繁，对社会公共安全构成了巨大的威胁，已引起专家、管理者、工作者对应急管理研究越来越多的关注。从各国的应急管理实践总结来看，应急管理理论大致经历了三个发展阶段。

(1)第一阶段为单一灾种管理阶段。对已有突发公共事件进行分类，对每一种大类，成立或归属于相应的管理部门负责应急管理，如消防部门、公安部门、防洪部门、安全生产监督部门、森林防火部门等。各部门各负其责，相互之间没有直接和必然的联系，基本是各自为政的管理方式。

(2)第二阶段为综合灾种管理阶段。许多突发事件的应对不仅需要多个管理部门协作共同处置，而且需要各种社会力量的参与。通过技术手段，实现应急管理部门之间的协同作战。各管理部门的应急管理基本保持原有的管理方式，仅仅增加了各部门之间的合作机制和协作方式。

(3)第三阶段为全面应急管理阶段。建立公共安全应急体系，全面整合全社会的应急力量与应急资源，制订统一的战略、统一的政策和统一的应急管理计划，实施统一的组织安排和资源支持等，打破以往分散的应急管理模式，从规划、组织、机制、平台、资源到管理，构成对各种突发事件处置的纵向一体化应急体系。

全面应急管理模式主要有以下要点：① 对各种类型的灾难及其后果实施处置，由此发展成应急管理的全危险控制方法；② 对所有应急管理的参与者实施统一协调与领导，即形成应急管理合作关系或综合管理系统；③ 按应急管理生命周期实施系统化管理；④ 对全国各级政府、各种组织所拥有的资源实施统一调配使用。

1.2.3 应急管理学科的知识体系

应急管理是一个研究突发事件现象及其发展规律的学科，现代应急管理已经融合了人工智能、知识管理、地理信息系统、建模理论、仿真等多方面的技术，其相关知识架构可划分为管理支持类、技术支持类、方法支持类以及其他支持类。具体架构如图1-2所示，主要包括管理学(计划、组织、策略)、地理信息技术、计算机科学与技术、通信技术、灾害知识、法律知识、风险管理、协调管理以及危机管理等。下面简单介绍一些应急管理学科中所涉及的一些相关知识体系。

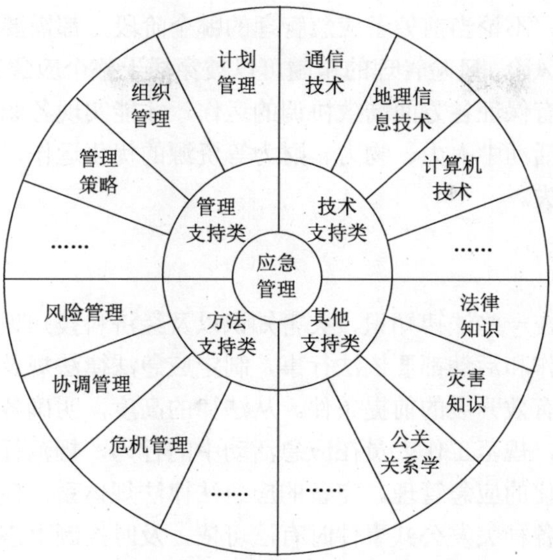

图1-2　应急管理学科的知识体系架构

1. 管理支持类

有关管理支持方面的知识架构主要有计划管理、组织管理、管理策略等。其中，计划管理是在辨识和评估潜在的重大危险、事故类型、发生的可能性、发生过程、事故后果及影响严重程度的基础上，对应急机构与职责、人员、技术、装备、设施(备)、物资、救援行动及其指挥与协调等方面预先作出的具体安排。组织管理是对人员职责、权限和相互关系的安排，决定应急系统决策和指挥的效率，影响着应急系统的功能以及应急响应的有效性和效率。计划管理和组织管理共同构成应急救援准备过程的核心内容。

2. 技术支持类

技术支持类相关的知识架构包括通信技术、地理信息技术和计算机技术等。计算机网络等技术的飞速发展为应急管理有效实施提供了有力支撑。例如，数字集群通信技术具备较好的消噪功能，能确保应急现场的通话质量，保障城际应急联动的顺利开展。值得一提的是，在快速应对美国“9·11”恐怖袭击这一突发事件的过程中，地理空间信息技术有着较为成功的应用和实证分析。而我国在青海牧区开展的牧区灾害应急管理项目活动，也充分利用地理空间信息技术，对项目区畜牧生产和草地资源进行评估，对草地利用中存在的问题进行了调查和深入分析，并协助进行了青南(玉树、果洛两州加黄南部分县乡)牧区灾害应急管理策略的制定。

3. 方法支持类

方法支持类主要是指一些方法理论的应用有助于应急管理积极有效的实施，具体反映在风险管理、协调管理和危机管理等方法中。例如，现实生活中大量的风险都直接导致应急管理的必要性，不论当前处于应急管理的哪个阶段，都需要不断地识别、评估并控制未来可能的后续风险，风险管理的精髓可以被穿插于整个应急管理的过程中。又如，一个应急管理系统只有保证各方面高效协调的运作，才能实现各职能机构的统一指挥、协同作战，实现应急活动中人力、物力、财力等资源的优化运作，从而有效控制并减小突发事件所造成的损失。

4. 其他支持类

其他支持类反映在一些法律知识、灾害知识以及经济科技知识等方面。现代社会是法治的社会，一切工作和活动都要依法行事，制定应急法律法规及相应的政策和预案是保障应急活动顺利、有效开展的前提条件。从法律的高度，明确各种组织在应急活动中的职责、权利和义务，规范工作人员在应急活动中的行为，规范行政紧急权利的行使，以实现正规化、法制化的应急管理。完备的应急法律法规体系，使法治在紧急状态下得以延续，保证在应对各种突发公共事件时有法可依，及时控制事态的发展，恢复正常的生产生活秩序以及法律秩序，维护社会公共利益和公民合法权益。除了法律知识，灾害知识通常也显得十分必要，例如，在反生物恐怖整个应急活动中，对生物恐怖的预防、早期发现、及时控制和预后处理，它所需要的知识主要有公共卫生、流行病学、预防和控制突发性大规模传染病流行的策略和方法。

总之，突发公共事件的应急管理归根结底是人的快速反应，而它又与面对突发事件决策者的知识体系密不可分。由各类学科共同架构的应急管理知识体系，在灾害信息共享、协助政府制定减灾决策、对国民进行防灾教育并处理紧急灾情等方面，发挥着重要作用。

1.3 应急管理中的科学问题

当今，各类突发事件已成为构建和谐社会的重要隐患，引起了社会各界的广泛关注。加强公共事件应急管理中的科学问题的研究是我国社会经济发展过程中产生的重大现实需求，对于建立和发展有效的应急管理理论以及相应的学科体系具有重要的科学意义。

本节将突发公共事件应急管理中的科学问题归纳为突发公共事件应急管理体系建设战略研究、典型突发公共事件(危机、灾害)的机理机制研究、突发公共事件的监测预警研究、应急资源管理理论与技术研究、突发公共事件的认知与决策行为研究、突发公共事件的模拟仿真研究、突发公共事件的应急管理系统研究以及突发公共事件的事后评估与重建研究，并对其研究现状和发展趋势进行简单的回顾和展望；此外，本节最后针对我国应急管理的重大需求，建议国家有关部门设立重大研究计划以便加大研究力度，并就如何提炼和组织应急管理中的科学问题提出一些建议，可为我国开展突发事件应急管理中的科学问题研究提供参考[6]。

1.3.1　应急管理的重大需求

众所周知，“突发公共事件”是指突然发生，造成或者可能造成重大人员伤亡、财产损失、生态环境破坏和严重社会危害，危及公共安全的紧急事件。随着我国社会经济的快速发展，来自传统领域和非传统领域的各类突发公共事件造成的危害日益突出，已成为构建和谐社会和经济可持续发展的重要隐患，这引起了社会各界对如何有效应对突发事件、妥善预防和处理危机的深刻思考。但是，无论国内还是国外，关于突发公共事件应急管理的研究普遍侧重于技术和应用，而蕴涵其中的基础科学问题研究却非常缺乏。然而，应急管理中的科学问题与工程问题是紧密结合、相辅相成的，因此，必须在重视应用研究的同时，加强突发公共事件应急管理中的科学问题研究。下面首先分析我国在突发公共事件应急管理中科学问题研究的现实意义和重要需求。

2006 年颁布的《国家突发公共事件总体应急预案》根据突发公共事件的发生过程、性质和机理，将突发公共事件主要分为自然灾害、事故灾难、社会安全事件、公共卫生事件四类[7]，这些突发公共事件的诱因既可能是特定的地理位置、地质构造和气候环境等自然条件造成的“天灾”，也可能是人类的经济、开发活动和人际社会矛盾等问题导致的“人祸”，更可能是“天灾”和“人祸”在一定条件下的“交织”致使灾难(危机)进一步蔓延扩大的混合事件。例如，2004 年，印度洋海啸事件夺去印度尼西亚 22.5 万多人的生命，导致从肯尼亚到印度尼西亚数以百万的人口流离失所、背井离乡[8]；2001 年，“9·11”恐怖袭击事件的直接和间接损失达 500 亿美元之巨[9]；2003 年，发生在我国的 SARS 事件对我国当年 GDP 损害估计超过 11%[10]；2005 年，吉林石化爆炸导致的松花江水污染事件，引发了城市供水危机以及与俄罗斯的外交危机，其经济、社会和政治损失巨大；2008 年四川汶川发生的强烈地震和 2010 年甘肃舟曲的特大泥石流，都造成惨重的人员伤亡和巨大的经济损失。

尽管灾害(危机)不可避免，但科学技术的进步、人类对自然和社会认识的不断深化使得我们战胜灾害(危机)成为可能。至少，深刻认识灾害(危机)的形成机理及演化机制，通过某些先进的技术手段或方法对其进行应急管理可以在相当程度上降低灾害给人类带来的巨大损失和心灵创伤。近年来，世界各国的政府部门、学术团体和专门机构已经开始从事各种针对突发事件的预防、监测、预报、识别、测定、控制、应急预案制订、事发时的快速反应及救灾、灾后的快速评估与重建的研究，并形成了一类特殊管理理论与方法——应急管理[11]。从第一个应急管理国际组织——国际应急管理协会诞生之日起，各类研究成果层出不穷。这些成果几乎囊括了从信息获取到应急策略制定的方方面面，并广泛应用于火灾、地震灾害、矿井塌陷、核泄漏事故灾难等具体的灾害(危机)领域(表 1-2 和表 1-3)。

表 1-2 常规应急管理领域

领域	示例
交通调度领域	汽车、火车、飞机的应急调度等
通信指挥领域	有线无线通信、雷达、网络系统的故障应急等
机器控制领域	航空、航天、机器人、飞机的故障应急等
工程设施领域	公路、铁路、水利设施、建筑设施的故障应急等

表 1-3 突发公共事件应急管理领域

领域	示例
自然灾害	水旱灾害、气象灾害、地震灾害、地质灾害、海洋灾害、生物灾害和森林草原火灾等
事故灾难	工矿商贸等企业的各类安全事故、交通运输事故、公共设施和设备事故、环境污染和生态破坏事件等
	经济安全事件：经济危机、金融危机、粮食危机等
	重大群体事件：重大群体上访，公共场所滋事、民族宗教群体性事件、高校群体性事件等
社会安全	重大刑事案件：重大恐怖事件和刑事案件等
	涉外突发事件：外交事件、使馆周边事件等
	重大社会活动：奥运会、世界博览会、亚太经济合作组织(APEC)会议等
	重大传染病疫情：SARS、H1N1、霍乱、炭疽等
	重大动植物疫情：口蹄疫、禽流感等
公共卫生	食品安全与职业危害：食物中毒等
	群体性不明原因疾病
	其他严重影响公众健康和生命安全的事件

突发公共事件具有发生的不确定性，发展途径和演变规律的未确知性，灾害(危机)程度难以预计，常规防治手段失效等特征，可能对一个城市或地区的生命财产和基础设施造成严重损害或重大生态环境破坏；可能对国家经济发展、社会稳定和政治安定造成严重冲击。从这个角度看，突发公共事件应急管理可指政府和公众应对突发公共事件的一系列举措，包括预防、准备、响应、处置、恢复、评估、重建、倡议和立法等，以便充分合理地调度一切可能的力量，在灾害(危机)发生后迅速控制其发展并尽可能减少人员伤亡，降低财产损失，维护社会安全，以尽可能快的速度和小的代价终止紧急状态，回复到正常状态[12]。而常规应急管理主要包括日常 110 接警、120 急救以及 119 消防等，常规的水、气等管道破裂以及电力传输故障等突发事件，交通设施设备故障引发的拥堵事件等。这些事件虽具有突发性，但在一般情况下持续时间较短，影响范围不大，相关职能部门的常规管理措施即能满足应急需要。不过，这类应急问题也很重要，因为如果不能及时处理，小事件可能演化、衍生出新的事件，以至于可能造成较大损失甚至可能会导致突发公共事件。例如，雷击可能会导致大面积的停电事件，而停电事件又可能导致交通信号指挥系统中断，从而导致大规模的交通拥堵事件等。

我国是世界上受自然灾害危害最严重的国家之一，并且目前正处于社会转型的“社会风险”高发期，生产系统的特、重大安全事故频频发生，很容易演化为社会公共安全事件；同时，来自非传统安全领域的经济安全、信息安全、生物安全、防恐反恐等问题也日益突出。各类突发公共事件已成为构建和谐社会和经济可持续发展的重要隐患，引起了社会各界对如何建立应急系统和应急管理预案，有效应对各种突发事件，妥善预防和处理危机的深刻思考。例如， 2005 年 7 月召开的全国应急管理工作会议[13]就强调，“加强应急管理工作，是维护国家安全、社会稳定和人民群众利益的重要保障”。因此，结合国内实际，加强突发公共事件应急管理中的科学问题研究是我国社会经济发展过程中产生的重大现实需求。

1.3.2 应急管理的科学价值

突发公共事件应急管理的科学问题覆盖了灾害(危机)的形成机理机制、预防、监测、预报、识别、测定、控制、应急预案和事发时的快速反应及事后评估与重建等领域。要科学地开展突发公共事件应急管理就必须深入认识突发公共事件预防、准备、应对、恢复这一应急管理过程中的基本规律。具体包括：①采用科学的方法理解、分析各类突发公共事件的形成、演化、传导和变异的机理机制；②采用科学的方法和工具理解、分析各类突发公共事件的预警信息并构建预警模型，以便对突发事件进行预警管理、分级分类管理以及及时的监控预警等；③科学管理、调度和协调整个应急过程中的人、财、物以及信息资源等；④采用科学的方法认识和面对灾害(危机)，科学地设计、开发应急管理系统；⑤采用科学的方法认识和评估突发公共事件对社会、经济、环境等的影响，为科学地开展灾害(危机)之后的重建工作奠定基础。

发达国家十分重视突发公共事件应急管理的研究，研究范围覆盖了灾害(危机)产生、发展、消亡的整个过程。日本是较早开展城市应急管理研究的国家，在阪神大地震前，城市应急管理研究仅处于一种以研究机构独立进行的、相互分割的研究为主的态势，大地震给了它们整合的机会，现在日本在这个方面的研究不仅系统，而且已经不限于研究国内城市，研究的领域和能力不断拓展，研究水平处于世界前列[14, 15]。美国也在“9 •11”事件后，组建了部级的美国国土安全局并获得参众两院的通过，这标志着美国国家级突发公共事件应急管理体系从“综合应急管理”提升到“国家安全应急管理”的高度[16]。现在，美国政府每年投入大量资金开展这类研究。相关国际组织也非常重视突发公共事件应急管理，联合国第二届世界减灾大会发表的《兵库宣言》要求各国将防灾减灾、保障国民生命和财产的安全作为国家的第一责任，并将“确保减灾成为各国政府部门工作重心之一”列为《兵库行动框架》(2005~2015 年)提出的五个行动重点之一[17]。

自 2003 年 SARS 危机以来，国内日益重视突发公共事件应急管理的研究，已经取得了一些成果并建立了相关的试验和示范基地。国家各类科技管理部门也非常重视支持应急管理科学研究。例如，《国家中长期科学和技术发展规划纲要 2006—2020》已将此类问题列入十一个重点领域之中；国家科技“十二五”规划也提出了“适应公共安全形势变化的新特点，推动建立主动防控与应急处置相结合、传统方法与现代手段相结合的公共安全体系”的要求，并在此基础上提出较为明确的四个努力方向“保障食品药品安全、严格安全生产管理、健全突发事件应急体系、完善社会治安防控体系”；国家自然科学基金委员会逐步加大了对应急管理研究的支持，并于2008年由管理学部、信息学部和生命学部联合立项“非常规突发事件应急管理研究”重大研究计划，重点围绕三方面的核心科学问题“非常规突发事件的信息处理与演化规律建模、非常规突发事件的应急决策理论、紧急状态下个体和群体的心理与行为反应规律”开展研究；国家社会科学基金在政治学领域和新闻传播学领域已经开始对如何应对突发事件的危机管理以及新闻信息的披露机制等问题开展研究支持；其他省(自治区、直辖市)及部分地区的科技部门也比较重视，纷纷开展相关研究。

由突发公共事件的分类可见，突发公共事件应急管理涉及的范围很广，涉及对象众多，并且与政策、法规、管理等密切相关，使得突发公共事件应急管理中的各种问题极其复杂，其中必然蕴涵着大量的基础科学问题。但是，无论国内还是国外，关于应急管理的研究普遍侧重技术，而其中的基础科学问题研究还明显不足，即使是目前研究的较为深入的自然灾害以及事故灾难的防灾减灾研究，也以工程层面的居多。然而在开展突发公共事件应急管理研究时，还必须区分应急中的科学问题和应急中的工程问题，前者是后者的基础，后者是前者指导下的实践，又是前者发展的源泉，两者应紧密结合、相辅相成。需要在重视应用研究的同时，进一步加强基础科学问题的研究。

因此，人们必须综合运用系统科学、管理科学、行为科学、工程科学、信息科学、心理科学、灾害科学、卫生科学、公共安全科学、社会科学等领域的理论与方法，在灾害(危机)的孕育、发生、发展、扩散、衰减、消亡、重建这一周期中，运用模型刻画孕灾体、致灾体、受灾体等的运行状态、演变过程、应急管理与决策过程等，运用先进的仿真技术对应急期内的各类问题建立模拟模型并对其展开深入研究，探索各种灾害(危机)的形成机理、预警、应急方法，揭示应急过程中人类对灾害(危机)的认知行为和应急决策的规律，认识未来突发公共事件应急管理的发展趋势等。而这些研究，都需要结合中国的地理、气候、社会、文化、制度等具体特征，以做到不仅能促进各相关学科领域的研究成果在突发公共事件应急管理中的转化与应用，也能推动相关学科领域的创新研究和学科交叉融合，建立和发展富有中国特色的应急管理理论和相应的学科体系。

综上所述，针对突发公共事件应急管理中的科学问题进行深入研究是我国社会、经济、政治和科学发展过程中产生的重大需求，具有深远的科学价值，是学术界义不容辞的责任。

1.3.3 应急管理研究的重要问题

随着科学技术的进步和人类认识的深入，特别是灾害(危机)给人类带来的巨大社会经济损失以及心灵创伤，使得广大的科学工作者逐步投入灾害(危机)的应急管理研究工作中。各国学者的研究工作覆盖了从应急管理体系、政策法规研究，到新的监测、分析、预测、评估、仿真、优化、决策的理论与方法研究，再到防灾减灾工程研究、信息技术在应急管理中的应用研究以及应急系统设计、开发研究等方面(表1-4)。

表 1-4　目前应急管理研究工作的归类

类型	主要研究内容
组织与政策类研究	国际、区域、国家、地方各级应急机构的建设，这是应急工作的组织保障 各级应急机构的各种合作、交流、教育、培训活动。这些活动能促进应急研究工作的发展并保证应急期内各类应急工作的有效实施 为应急工作规范化、制度化提供法律依据和程序而颁布的各类应急条例、法案等
基础理论与方法类研究	各类突发公共事件（灾害、危机）的形成、演化机理，如灾因机制研究等 应急中各类监测、分析、预测、评估、仿真、优化、决策等理论与方法研究 防灾减灾工程中的基础科学问题（材料、结构、管理）研究
技术与工具类研究	防灾工程中的材料、结构等技术工具研究 新型通信技术用于应急通信、监测、数据采集、数据传输等 研制先进的观测、试验、分析仪器 研制新型救援、医疗设备 计算机用于数据处理、预测、监控、报警等 集成和构建基于地理信息系统、专家系统等的应急辅助决策支持工具
集成应急平台	以计算机为中心，运用应急管理理论与方法，将各种技术和工具进行有机集成，构成一个综合集成的应急管理平台

但是，现有的研究成果还不足以充分准确地模拟和阐释突发公共事件的形成、演化和消亡的机理机制；还不足以准确回答突发公共事件中各类应急管理存在的各类问题，对突发公共事件进行应急管理还存在相当大的局限性和被动性，特别是目前很大一部分研究成果主要集中在如消防应急调度、120 急救等常规应急领域。而突发公共事件应急管理涉及社会的许多方面和多个层次，是一个复杂的系统工程，其特别广泛的应用范围加上系统自身的复杂性，使得突发公共事件应急的研究涉及面广、工作量大、形式多样、内容复杂，其中必然蕴涵着大量的基础科学问题。通过相关文献分析和专家讨论，本书认为在突发公共事件应急管理研究中，以下一些问题是该学科的核心内容。

1. 突发公共事件应急管理体系建设战略研究

突发公共事件应急管理是一项复杂的系统工程，需要一个科学合理、协调有力的运行体系——应急管理体系，以保证应急管理的高效、有序地展开。应急管理体系是指保证应急管理有效运行的一系列制度安排和条件保障，它是应急管理的基础和核心。一个完整的应急管理体系应由组织体制、运作机制、法制基础和应急保障系统等部分构成。组织体制包括管理机构、功能部门、应急指挥和救援队伍等方面的安排；运作机制是明确指挥、协调、职责等方面关系的机制；法制基础由一系列与应急管理相关的法律法规组成；保障系统则包括信息通信、物资装备、人力资源、资金财务等。应急管理体系已是现代政府管理体系的基本组成部分，是反映政府应急能力和水平的核心要素。

欧美发达国家已经建立了比较完善的应急管理组织体系和应急协调机制。例如，美国形成了联邦、州、县、市、社区5个层次的管理与响应机构，比较全面地覆盖了美国本土和各个领域，各州政府具有独立的立法权与相应的行政权，一般都设有专门机构负责本州应急管理事务，在此基础上，建立了“统一管理、属地为主、分级响应、标准运行”的应急管理机制。在应急管理组织体系和应急协调机制的理论研究方面，现今比较关注应急参与者的协调问题[18]、应急互助基金融资创新[19]、应急管理的教育和培训[20]等，但是研究的体系还不完整，理论也不够深入。

目前，我国正在致力于建立一个完善的应急管理体系，但是现有的研究仍然停留在不断地提出原则和指导思想的层面，还没有一个真正能够指导应急管理体系建设的思路和方法。目前建立的110、119、120、122等指挥中心，基本上都是分散调度所属队伍，缺乏强有力的协调运作机制或主管部门，遇有大的灾害(危机)，很难高效施救，且各类灾害事故和紧急事件的救援也缺少科学的法律依据。特别是应急管理不单单是政府部门的职责，而是社会各种力量的协同应对，如何通过应急管理体系建设来支持社会各种力量的协调应急显得尤为重要。

因此，有必要针对突发公共事件应急管理体系建设战略展开深入的研究：

(1) 国际上对应急互助、应急协调、现代化的应急培训方法等研究还处于起步阶段，而如何将应急管理集成到电子政务管理和企事业单位的微观管理，以实现“平战结合”，必将是未来研究的重要方向；

(2) 对我国而言，更重要的是如何结合我国的文化、社会、制度等，研究适合我国国情的应急管理体系建设的思路与方法，构建反应灵敏、指挥统一、责任明确的国家应急机制，实现多主体、多层级、多环节协同应对和多层面社会联动应急；

(3) 必须深入研究如何通过法律、行政、经济和文化等多种手段，有效整合、科学协同调度各类应急资源(信息、人力、物质、资金、设备等)，提高突发公共事件应急管理的科学性和高效性。

2. 典型突发公共事件(灾害、危机)机理机制研究

国内外对自然灾害和事故灾难的机理研究较多。例如，在“9•11”恐怖袭击事件和印度洋海啸之后，美国国家科学基金会加强了对社会性灾害(危机)研究的资助，并在“人类与社会动力学(human and social dynamics, HSD)”的优先领域中，专门设置了相关的研究方向，从大范围学科交叉的角度进行综合性科学研究，寻求不同领域中灾害(危机)的共同性基础规律，并且特别强调了对于各种危机因素的缓慢累积变化和突变的建模研究，以及对此形成的危机之快速反应决策机制的研究等。

我国国家自然科学基金、科学技术部科技计划也在突发事件机理机制研究方面给予了大量的支持，如“重大土木工程设施防灾的关键科学问题研究”(国家自然科学基金优秀创新研究群体基金)、“渤黄东海环流及其变异预测数值模式和海洋大气灾害应用”(“973”计划项目G199043809)、“重大工程结构累积损伤、安全评定与控制”(国家杰出青年科学基金)、“全国山洪灾害防治规划”(国家科技攻关项目)、“洪水特性与减灾方法研究”(国家自然科学基金重大项目)、“大陆强震机理与预测”(国家重大基础发展规

划项目）等。通过这些国家级的科技计划和科学基金的支持，关于地震、水灾等自然灾害和事故灾难引发的突发公共事件（灾害、危机）的形成机理、预防、监控、监测、减灾等方面已经得到了比较深入的研究，取得了很多应用成果，并在此基础上，对防灾减灾工程中的材料、结构等技术性问题也开展了深入的研究和开发。但由于人类认识的有限性，还需进一步深入研究这类灾害（危机）的机理机制。

在突发公共卫生事件和社会安全事件的机理机制研究方面，美国对疫情、核扩散、骚乱、恐怖事件等问题的研究比较深入，如兰德公司曾发表对恐怖主义演变和美国当局对策的长期研究报告[21]。但国内比较缺乏关于重大传染病和重大疫情的传播机理、扩散机制，各类群体性事件的发生、演化、干预机理机制，国家经济危机、金融危机、粮食危机的起因、演化等问题的研究。

因此，有必要针对典型突发公共事件（灾害、危机）的机理机制展开深入的研究：

(1)进一步深化各种以实际灾害（危机）为背景的突发公共事件产生、演化机理机制研究；

(2)进一步深入开展灾害（危机）链的研究，探索各类衍生、次生灾害（危机）事件的引发、传导机理；

(3)结合我国的经济、文化、制度等，加强突发公共卫生事件和社会安全事件的孕育、发生、演化、传导、变异的机理机制研究。

3. 突发公共事件的监测预警研究

通过深入研究突发公共事件（灾害、危机）的机理机制，提取预警指标并研究相应的预警方法能够为突发公共事件应急管理及时提供警情，以便及时开展应急准备，为应对灾害（危机）争取宝贵时间，并且通过对突发公共事件的监测预警，也可实时监控事态及其演化趋势。

如何运用现代信息技术以及信息资源管理技术提高对突发事件的监控、预警能力是目前自然灾害和事故灾难监测预警理论与技术研究中的热点。例如，美国军方对军事建筑、军营及军事设备周围的危险源检测及识别算法的研究非常重视；美国联邦政府及各州政府也非常重视如何利用计算机图像来检测识别影响公共安全的突发事件的研究；我国也在运用先进的卫星技术和大规模计算机技术对天气、海洋等自然灾害进行监测、预警，如运用 GIS、GPS、RS、无线传感网络开展水质监测、矿井安全监控等并取得了成功[22]。

我国在粮食安全预警[23]、经济预测预警[24-26]等方面的研究成果已获得了国家有关部门的充分肯定。而继 SARS 事件之后，也有学者开始尝试将预警思想用于突发公共卫生事件管理之中，探讨其预警机制[27]、监测预警系统的框架模型等[28]，还有学者对企业预警、行业预警、公共安全预警等方面提出了一些有效的理论和方法[29]。但总体上看，目前的成果还远远不能满足应用的需要，监测预警中蕴涵的基础科学问题还有待进一步深入研究。因此，有必要在公共突发事件的监测预警方面做如下研究：

(1)进一步深化各种以实际灾害（危机）为背景的、结合 GIS 等先进信息技术的多尺度预警模型和算法研究；

(2)研究如何将GIS、GPS、RS、无线传感网络技术应用到监测数据的获取、传输、处理中，复杂的灾害(危机)环境也必将对这类技术提出新的理论与技术需求；

(3)如何结合实际灾害(危机)的背景，将先进的信息资源管理理论(如数据挖掘理论)应用到预测、预警建模及其算法求解中；

(4)结合突发公共事件演化、传导、变异机理，研究灾害(危机)事件的演化、变异以及多灾种耦合的预警理论与模型；

(5)考虑到经济、金融安全事件对于国家的经济、社会和政治影响巨大，而目前的研究非常不足，因此可重点加强这类问题的监测预警研究。

4. 应急资源管理理论与技术研究

国务院在《关于全面加强应急管理工作的意见》中提出了加强应急资源管理的要求[30]。目前，国内外关于应急资源布局、调度等问题的研究较为深入，但主要以消防、救护等常规应急问题为背景，缺乏针对国家层面的突发公共事件应急资源管理问题的研究。因此，这些模型还无法满足“合理规划建设国家重要应急物资储备库”和“建立国家和地方重要物资监测网络及应急物资生产、储备，调拨和紧急配送体系，保障应急处置和恢复重建工作的需要”。并且在国家层面的应急资源管理中，必然涉及多个层面、多个主体的应急资源协同储备、调度和协作问题。国内外关于这方面的研究都很缺乏。

在突发公共事件应急体系中，信息资源也是应急资源的重要组成部分，信息和通信技术是实施应急救援的保障手段。快速、准确地获得应急信息有助于应急指挥和救援人员作出正确的决策，特别对于重大突发事件而言，往往有多个应急机构参与，这些机构和人员之间的信息交互和共享必不可少。美国应急管理署(e-FEMA)建立了应急信息系统层次结构模型，不仅使各类应急信息系统的信息资源能得到及时更新，还能促进不同系统之间的信息资源共享，为应急决策过程提供了技术支持。一些标准化组织正在积极制定和发布应急信息交互标准[31]，结构信息标准化促进组织(Organization for the Advancement of Structured Information Standards, OASIS)已经发布两个应急信息交互标准，即通用预警协议(common alerting protocol, CAP)和应急数据交换语言(emergency data exchange language, EDXL)[32]，美国电气和电子工程师协会(IEEE)制定了事故应急管理IEEE 1512标准集[33]，这些工作为应急信息资源管理奠定了基础。而我国目前对应急信息资源既缺乏标准化的描述和定义，也没有深入研究这些国际标准，对应急系统框架及功能尚未进行全面规划和规范。各行政管理部门一般根据自身的需要和惯例开展应急管理工作，建立适用于本专业领域的应急信息系统，由此导致不同系统之间的数据难以交换和更新。

因此，有必要针对应急资源管理理论与技术展开深入研究：

(1)进一步结合实际灾害(危机)，深入研究多尺度应急物资资源采购、管理、布局、调度模型等；

(2)研究如何制定或引入应急信息交互标准并应用到实际应急信息系统建设中；

(3)加强应急基础数据资源管理研究，收集整理有关技术资料、历史资料等，建立应急信息资源库；

(4)加强应急资源共享、互助、协同管理机制研究等。

5. 突发公共事件的认知与决策行为研究

国外的行为科学研究主要从实证角度出发，如 Tversky 等研究了公众的认知脆弱性与羊群行为的关系，并逐步发展形成了行为经济学和行为金融学[34]，这些理论在国内外的金融市场中得到了一定程度的检验[35-38]。House 等认为，社会支持是公众克服和缓解焦虑、无助、不安等情绪的重要社会因素[39]；Digiovanni 认为，事件相关信息的发布风格、内容、速度、准确性、诚实性、发布方的权威性与可信赖性等都影响公众对事件的风险认知、情绪波动以及针对有关事件的决策与行为[40]。SARS 疫情爆发以后，国内也逐步开展了这方面的研究，如信息获取渠道和官方信息发布等对公众认识灾害(危机)的影响研究[41]，国家社会科学基金也在新闻学和政治学领域提供有关认知和决策行为的研究支持。

国内外在决策科学方面已取得了较为丰富的研究成果[42-44]。但是在紧急、决策者压力极大的情形下，人类的决策行为可能已演变为有限理性甚至是非理性，可能会产生过度反应(心理的和生理的)[45,46]。如目前有学者认为 SARS 疫情的应急管理过程已是过度反应，而高层决策者的过度反应可能会引起公众恐慌或事件的演化、扩大。但总体上看，突发公共事件认知与决策行为中的基础科学问题研究既不能满足应用需要，也没有形成体系。

因此，有必要加强突发公共事件认知行为的研究，完善相应的理论体系：

(1)深入研究灾害(危机)对人类行为的影响机理；

(2)灾害(危机)信息发布与公众心理干预机制研究；

(3)紧急情境下，高层决策者和普通公众的决策框架与方法研究；

(4)紧急情况下，上级决策对下级决策的影响和放大机理研究；

(5)恐慌、谣言的扩散机理及其干预研究等；

(6)上述问题的实证研究和进一步体系化。

6. 突发公共事件的模拟仿真研究

突发公共事件的发生、发展具有不可逆性和不可实验性，仿真是研究各类突发公共事件灾因（机制）以及如何应急管理的重要实验手段。

在自然灾害和事故灾难的仿真试验研究方面，国内外已经取得了较大进展。例如，在地震灾害仿真方面，日本投入 500 亿日元巨额资金在神户建设了台面尺寸 20m×15m、最大载重 1200t 的巨型三向地震模拟振动台；美国发展了基于计算机网络的分布式地震模拟试验和计算技术，力图整合美国乃至世界上其他国家的地震模拟试验资源来开展大型地震模拟试验研究；我国也建成了许多大型、先进和有特色的结构抗震试验系统，开发了分布式地震模拟振动台和模拟动力试验系统，从而为研究复杂大型城市基础设施地震非线性反应和破坏机理奠定了基础[47]。但目前关于突发公共卫生事件和社会安全事件的仿真系统还很缺乏，并且由于各类突发公共事件的灾因机理机制各有特点，根据实际问题开展相应的灾害(危机)仿真试验研究必将是一个重要的方向。

突发公共事件应急管理的整个过程非常复杂，有必要开展应急管理过程的仿真模拟研究以探索其中的规律，但国内外这方面的研究还很缺乏。因此，如何将现代复杂系统建模与仿真技术结合到突发公共事件应急管理这一复杂巨系统的仿真模拟研究中，必将是艰巨而又有重大意义的课题。

7. 突发公共事件的应急管理系统研究

从应用系统的角度看，20 世纪 90 年代以来，由于计算机和通信技术的发展，将信息技术应用于各类突发事件管理成为应急领域中的一个研究热点。各种应急通信系统、监测预警系统、应急联动系统和应急信息管理系统得以开发和建设，并在实际中广泛应用。比较典型的如美国的飓风应急管理决策支持系统、应急消息管理系统、森林火灾管理信息系统、联邦应急管理信息系统、网络应急管理系统等。其中，联邦应急管理信息系统综合考虑了应急管理的预防、准备、响应、恢复四个阶段，覆盖了应急管理过程中的计划、协调、响应、培训和演习事务等，网络应急管理系统则主要用于城市事故灾难管理、应急指挥调度、资源调度及文档管理等[48]。

从相关研究文献看，应急系统中的信息技术应用得到了广泛的关注，如姜立新等以首都圈地震应急指挥系统的建设为例，对我国地震应急指挥体系的结构、关键构成、设计和实现进行了研究和探讨[49]；聂高众等从地震应急基础数据库建设的意义、数据库定义、基本数据内容、数据库作用、建库方法与原则等多方面对当前正在展开的地震应急基础数据库建设进行了阐述[50]；肖兰喜等从震后早期地震型判定、地震灾情快速了解、地震监测能力显示等方面讨论了 GIS 技术在震后早期应急系统中的应用[51]；Subramaniam 提出了从气象信息发布到信息获取的模型框架并集成了各种应急决策工具[52]；Zografos 等提出了灾害应急响应模型[53]；Wybo 研制了预防和应对森林火灾的决策支持系统，实现了火灾的计算机监控，支持不同国家的多个营救小组的数据共享和信息互联[54]；Josefa 等提出了利用先进的知识管理模型支持应急管理并应用到西班牙的水灾管理中[55]；翟晓敏等结合辅助应急管理系统的研制实例，从系统结构、推理系统、数据库系统、图形系统、集成网络系统等主要方面对实现快速、有效的辅助应急管理系统作了较深入的探讨，为今后各种实用应急管理系统的研制提供了参考[56]。

通过广大科学工作者的努力，应急信息系统逐步集成先进的 GIS、RS、GPS 及无线传感网络等新技术，初步实现了应急管理系统集成与辅助决策支持，有力地提高了应急决策的速度，扩大了应急管理的范围。但面对复杂多变的具体应急问题，还需深入研究应急系统中的基础科学问题，例如，如何根据实际灾害(危机)背景构建应急知识的表示、提炼、积累和管理等。

因此，有必要针对突发性公共事件应急管理系统展开深入研究：

(1)根据各类具体的灾害(危机)事件深入研究相应的应急辅助决策系统，特别是相关知识形成、表示以及管理等；

(2)集成 GIS、GPS、RS、知识管理等先进信息技术，构建覆盖整个应急管理过程的多尺度应急信息系统；

(3)集成资源布局、调度等各类其他相关学科模型的关键技术；

(4)充分利用 XML、SOAP、WSDL、UDDI 等一系列相互关联的协议集合，构成面向服务的架构(service oriented architecture, SOA)、集成利用各类应急信息资源的关键技术；

(5)开展综合应急系统设计理论研究，以指导应急系统建设。

8. 突发公共事件的后评估与重建研究

通过研究制定客观、科学的突发公共事件事后影响的评估方法和评估制度，有助于加强应急管理的统计分析工作及其分类分级标准的设计。目前，国外已经研制了灾害损失评估系统(HAZUS)，主要用于预测地震、洪水和飓风可能造成的损失以及应急措施等，以便在灾难发生时减少人员伤亡和财产损失[57]。尽管目前关于一般评估理论与技术的研究文献已很多，但结合突发公共事件后评估具体特征和问题的研究文献还不是很多。因此，如何评估突发公共事件对社会、经济、生态、环境等方面的影响；建立突发公共事件发生后国家统计系统的快速应急机制，及时调查掌握突发公共事件对国民经济发展和城乡居民生活的影响并预测其发展趋势；研究如何指导灾后重建理论，以便科学地开展灾害(危机)之后的重建工作，尽快恢复正常的生产生活，降低社会创伤等问题，都将是未来研究的重要方向。

总之，突发公共事件应急管理中的科学问题研究要以综合交叉学科研究为基本指导原则，以四类突发公共事件发生、演化、消亡的机制机理研究为基础，以突发公共事件生命周期内各类监测、预警、管理、决策、评估与重建等理论研究以及应急辅助工具研究为核心，以优化应急资源利用和预防、预警、缓解突发公共事件的危害为目的，构建一个科学高效的应急管理体系。开展突发公共事件应急管理体系架构研究，不仅能够加强我国应对突发公共事件的应急管理能力、保障社会安全和促进经济社会的可持续发展，而且对于促进交叉学科发展、建立符合我国国情的突发公共事件应急管理的科学理论、提高我国在该领域的基础科学研究水平和国际上的学术地位都具有重要意义。

1.4　应急管理体系架构

应急管理工作不单单是事件爆发之后的应对工作，若只在突发事件爆发之后才仓促应战，往往会因为缺少系统规划和统一措施而造成捉襟见肘的局面，有时会造成超量的人力和物力消耗，甚至造成更大的损失。从 2003 年的 SARS 疫情到 2004 年的禽流感，再到 2008 年汶川地震，随着应急管理方法的系统化、全面化以及制度的完善，我国应对突发事件的能力在不断提高，这说明建立一套科学有效的应急管理体系是应对突发事件的长效方法。

1.4.1 应急管理体系的组成要素

应急管理体系是由专业技术、管理方法、行为规范、实施机构组成的有机结合体，能够实施完成各种应对突发事件的方案和措施。作为应对突发事件的完整体系，是以应急机理和机制的研究为基础，选择一些具有很强适应性和扩展性的处置模块，并根据现阶段自身系统的实际情况进行整合或重组而实现。

根据前一节在应急管理中重大科学问题方面的阐述，可以看到，整个应急管理体系应该需要完成指挥调度、实际处置等职能，而这些又都有赖于信息系统、决策辅助和资源保障的配合。因此，本书借鉴文献[1]的观点认为，应急管理体系作为一个整体由五大系统构成，分别是指挥协调系统、处置实施系统、资源保障系统、信息管理系统和决策辅助系统。

1. 应急管理体系的目标及原则

应急管理体系的目标是："统一指挥、分工协作、预防为主、平战结合、及时灵活、科学有效"地处置突发事件。为实现这个目标，在应急管理体系建立的过程中要坚持以下原则，即全面性、层次性、可重构性、高可靠性、集成性、可演练性。

2. 应急管理体系的整体结构

在整体机构上，应急管理体系由 5 个不同功能的系统组成，如图 1-3 所示。其中指挥协调系统是应急管理体系的"大脑"，是体系中的最高决策机构，其他 4 个为支持系统，它们分别为指挥协调提供不同功能的支持，以保证指挥协调系统做出及时有效的决策，同时它们之间也存在相互协作、相互支持的关系。

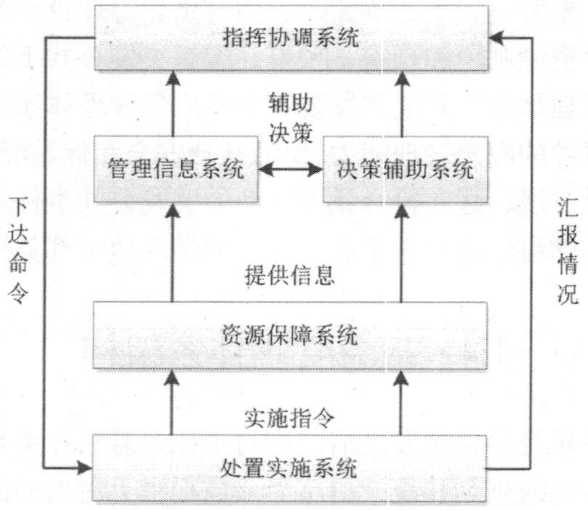

图 1-3 应急管理体系的框架图

3. 应急管理体系中的各系统概述

应急管理体系中各系统的主要功能分别是[1]：

(1) 指挥协调系统。指挥协调系统是应急管理的最高决策者，处于整个应急管理体系的核心地位，负责对应急管理体系中其他系统实施统一指挥调度工作。当突发事件发生时，给各支持系统下达命令，提出要求，立即作出有效决策。

(2) 处置实施系统。处置实施系统是对指挥协调系统形成的预案和指令进行具体实施的系统，负责执行指挥协调系统下达的命令，完成各种应急抢险任务，保障指挥协调的准确和迅速实施。

(3) 资源保障系统。主要从人、财、物三个方面进行配置，负责应急处置过程中的资源保障，保证整个应急管理体系的正常运行以及当突发事件发生时资源的使用。主要工作有：应急资源的存储、日常养护，在决策辅助系统协助下进行资源评估，负责应急资源调度等。

(4) 信息管理系统。应急管理体系的信息中心，负责应急信息的实时共享，通过收集分析物资、人力资源、环境、财力以及事件本身的具体情况为指挥协调系统和处置实施系统提供数据信息支持。主要工作有：信息采集、处理、存储、传输、更新、维护等。

(5) 决策辅助系统。在信息管理系统传递的信息基础之上，对应急管理中的决策问题提出建议或方案，通过建立数据库、案例库、预案库、模型库和方法库为指挥协调系统和处置实施系统提供决策支持。主要工作有：预警分析、预案选择、预案效果评估、资源调度方案设计等。

1.4.2　应急管理体系的运行

构成应急管理体系的各个系统的组成，可能来自不同的组织机构，如在火灾这样的突发事件处置过程，处置实施系统就由消防、医院、公安等构成。尽管如此，这些机构在应急管理中的目的却是相同的，虽然执行的任务并不完全相同，这就更需要统一指挥、协同作战。而这些活动的顺利实施都需要一定的运行机制来保障。

借鉴文献[1]，图 1-4 给出了应急管理体系运行的逻辑图，把突发事件应急管理体系的运行过程分为 5 个步骤，即预警、识别、培训、实施和后处理。

需要注意的是，在整个应急管理体系运行过程中，一定要遵循平战切换原则：

(1) 当没有突发事件时，应急管理体系处于平时运行状态，主要工作是处理一些基本的管理任务，并适时监控相应的指标，而当某些指标(突发事件的征兆)超过警戒值时，发出预警信号，并根据预警的不同程度改变应急管理体系的运行状态。

(2) 当进入应急战时状态时，决策辅助系统需要针对事态的不同类型与级别，选择相应级别的预案，指挥协调系统会结合实际情况提出处理方案，处理实施系统则也会采取相应的措施，尽量把突发事件消灭在萌芽状态。如果事态不能控制、继续恶化，则级别会升级，应急管理体系的运行状态就会被提高到相应的级别状态，执行指挥协调的机构也会提高级别，同时，如果负责处置实施的机构自身拥有的资源不能满足需要，执行资源保障的机构就可能征调其他组织的资源，直至处置完毕。

(3)当突发事件已经被消灭，应急管理体系会恢复到平时状态，作好资源的补充、维护，以及战后的补偿、恢复评价总结等工作。

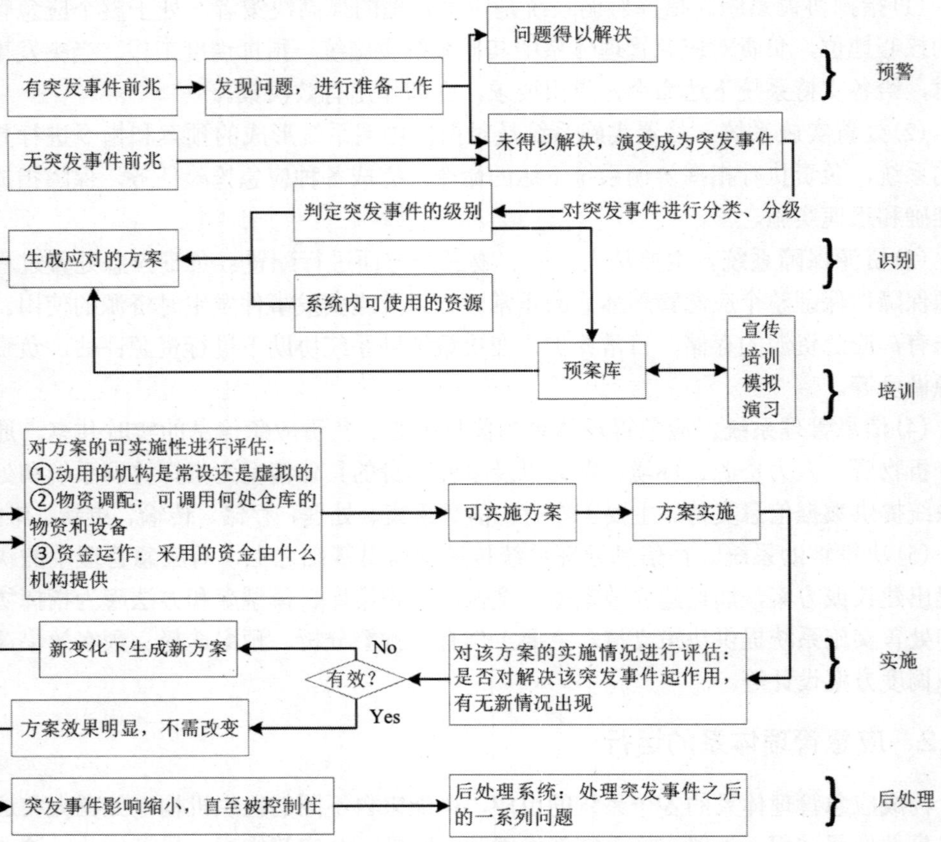

图 1-4　应急管理体系运行流程[1]

1.4.3　现代应急管理的内容

作好应急管理，首先要从管理客体出发，进行机理分析，研究清楚突发事件的内在规律，然后对其进行分类分级，以便进行后续处置预案的选择与调整，最终形成处置方案，为展开应对工作作好准备。同时，应急管理的参与者可能来自不同领域，他们之间的协调联动除了需要统一指挥之外，还要有规章制度的保证，也就是要建立一套有效的应急管理机制。另外，值得注意的是广义应急管理体系的内容还应包括诸如风险管理、协调管理，以及危机管理在内的管理理念。

本书将整个现代应急管理体系的主要内容划分成三个部分：应急管理基础、应急管理实务、现代应急管理方法(图 1-5)。

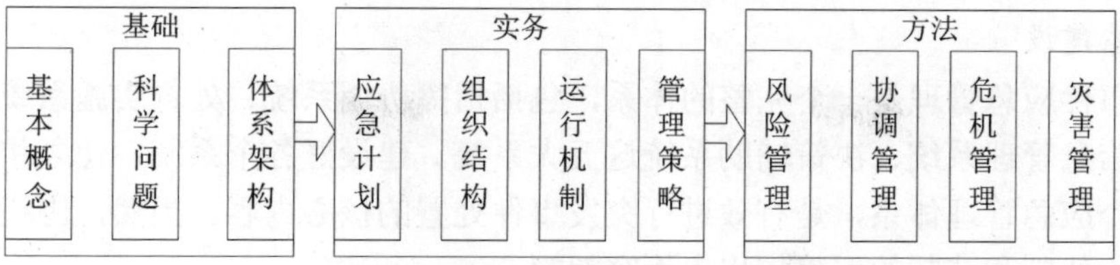

图1-5　应急管理体系的主要内容

1. 应急管理基础

应急管理基础部分，包括一些基本概念的形成和发展、应急管理研究中的相关科学问题，以及整个应急管理体系的架构。其中应急管理体系的架构主要需要有体制、机理、机制，以及法制的相关保障。

1) 机理

机理就是事件发展过程中所遵循的原理和规律，它包含两个方面的内容[1]：一是指突发事件发生、发展、衍生及其影响扩散的自身规律，二是指应急管理主体自身的运作规律。

突发事件应急管理是管理主体对突发事件的介入和应对行动，因此必须对突发事件和管理者这两个因素进行全面研究分析，把它作为研究突发事件应急管理的起点，从而明确突发事件的特性，以便根据机理进行预防、设计和调整预案，根据事件发生的机理和环境来确定预防重点，把预防与处置结合起来。

机理分析是开展应急管理的基础。因为应急处理面对的是突发灾害性事件，是对人的生命和财产有严重威胁的事件，必须从客观规律出发来进行突发事件的处置工作。尽管突发事件具有不确定性或者有些类型的突发事件的规律在爆发初期不能完全被人们所认识(如2003年的SARS疫情)，但是从当前掌握的信息出发进行必要的分析与研究工作，仍是指导应急管理作出正确决策的基础。

2) 机制

机制是机理的外延，是指构成机体的结构和相互关系，可以分为两个层次[1]：一个是要素，一个是要素之间的联系规则。由于突发事件处置过程中责任重大、涉及面广，因此应急管理的参与者可能来自不同的行业领域。

在我国已经发生过的几起高速公路液氯泄漏事件中，应急管理的最高领导主体是当地政府，参与者有消防、公安、医院、公路养护部门以及当地的基层行政组织。所有这些来自不同领域处置力量的共同目标就是减小液氯泄漏造成的人员伤亡和经济损失，但是他们的工作必须在统一领导之下才能有效地展开。所以，应急管理体系的高效运转必须有一定的规章制度来保障，这些规章制度就是“机制”的重要组成部分。

完善的应急管理机制是保障应急管理体系正常运转的基础。应急管理体系中的机制建设应当包括体系运行机制、预防预警机制、平战切换机制、资源保障机制、评估机制等[1]。

3)体系建设

突发事件应急管理是一个完整的体系，包括指挥协调系统、处置实施系统、资源保障系统、信息管理系统、决策辅助系统这五大系统。建设好各个系统，使之相互协作并服务于整个应急管理体系，是有效进行突发事件处置的核心内容。当然，围绕应急管理体系建设，体制和法制的保障作用也不容忽视。

2. 应急管理实务

应急管理实务是指应急管理的实际主体工作，包括应急计划的制订、应急组织的架构、应急运行机制的设计，以及应急管理策略的实施。其中制订应急计划和架构应急组织都属于应急预案管理的范畴，而在运行机制和管理策略执行的过程中，要注意合理的分类分级。

1)预案管理(计划和组织)

应急管理最重要的工作在于平时的预防，所谓防患于未然才是应急管理最终目标。有效的预防工作需要建立一套切实可行的保障体系，这离不开应急计划和应急组织的支持作用。

由于突发事件的不确定性，它可能发生也可能不发生，但是一旦发生就会造成重大损失。因此，针对这种性质，最有效的方法除了平时积极预防之外，还要制订事件一旦发生时的应对方案，即预案。而突发事件的类别很多，级别也各不相同，不同类别、不同级别的突发事件需要不同的预案来应对处置，这就需要建立分类分级的预案库。

2)分类分级

不同类型突发事件的机理不同，其处置过程也不相同，如火灾与危险化学品泄漏的处置过程就不同。另外，同种类型的事件，如果级别不同，需要采取的措施也不尽相同。例如，同样是危险化学品泄漏，如果一个是在人口密集的城市附近发生，另一个是在人烟稀少的戈壁发生，两者的处置过程也就不尽相同。因此，应急管理中需要根据不同机理对突发事件进行分类分级。

此处对事件的分类分级，与通常所说的“问责制”不同，除了事后的最终评价外，还包括对事件发生前的一个评判。在事件爆发之初就进行分类分级，就可以依据分类分级的结果来选择不同的处置机构，制订处置方案。也就是说，此处所述的分类分级是为了合理指导应急处置而开展的，不同于“问责制”下的事后评价的分类分级。

在对突发事件进行分类分级的同时，要对处置机构进行分类分级，使其和事件的分类分级相对应。这是因为分类分级的目的是为了更好地指导应急处置，如果只单纯对事件进行分类分级，不对处置机构分类分级的话，就不能使处置机构在应急管理体系中“才尽其用”，甚至会出现盲目指挥的现象，某些机构被指派处理与自己能力不相符的突发事件，不但不能控制灾害，相反会加大灾害带来的损失。

3. 现代应急管理方法

现代应急管理方法指的是在应急管理的研究中，需要借鉴运用一些现代管理方法的精髓，以达到更加有效地降低损失的目的。例如，风险管理、协调管理和危机管理的思想，可有效贯穿于整个应急管理过程，对提高应急管理实施的效果有着积极推动作用。

1) 风险管理

在灾害学领域中，灾害风险被认为是灾害事件(包括量级、时间、场地等要素)发生的可能性以及由其造成后果的严重程度[58]。在社会结构高度复杂、不确定性极高的今天，牵一发而影响全局的综合应急风险日益突出，现代风险主要呈现以下特点[3,59]：

(1) 影响面大。过去，受到经济与科技的限制，区域间物质、能量、信息交流的有限性使各种风险事件只在有限的范围内产生影响；当今，在全球化的背景下，现代风险所造成的影响已经不再限制在传统的小范围区域之内，而是会迅速地波及其他区域甚至全世界，导致所谓的全球化风险或世界风险。

(2) 高度不确定性。过去，由于风险源单一，影响对象比较简单，各种风险的不确定度比较低；而现代风险中的因果关系已经不再是简单的线性关系，风险事件已经由单因果发展为多因果的形式，风险形成机制极其复杂。

(3) 综合性突出。由于现代风险是复杂的非线性系统，其多因果特征使现代风险表现出极强的跨门类、跨学科、跨领域的综合性。过去对风险事件分门别类的防范措施已经不能适应现代风险管理的需求，只有从综合的角度研究和管理现代风险，才能更有效提高防范风险的能力。

(4) 回旋余地小。现代风险不易预测、难以控制；现代社会的承载力、自然资源与生态环境的承载力都已经接近极限；人们在风险事件面前表现出高度的脆弱性和低恢复能力。

上述这些性质都与应急管理对象有着极其相似的特征，把应急与风险研究紧密联系起来的重要桥梁是“灾害的脆弱性分析”，即分析人类经济、社会和文化系统对灾害的驱动力、抑制机制以及响应能力。在现代应急管理研究中，应将灾害脆弱性评价与风险评价相结合；在风险研究中，应将风险评价与形成风险的致灾因子危险性评价相结合；在应急防御政策制定中，应将减灾工程措施与法律、标准、规范人类行为等非工程措施相结合；在风险管理中，应将风险管理的政策制定等非工程措施与风险控制的工程措施相结合，以此提高人类应对灾害的能力及管理风险的水平[3,60]。

本书在第三部分中介绍的综合应急风险评估及突发事件应急风险减缓决策等问题时，都将以涉及风险管理相关理论为主。

2) 协调管理

在处理突发事件的过程中，资源的需求是否能够被及时满足是影响应急管理成败的关键因素之一。协调管理就是要求在平时作好应急资源的评估以及布局优化；战时需要根据应对处置结果的不断发展变化合理调度资源，以满足突发事件中应急资源的需求；战后则要对应急资源重新评估，进行补充或调整。

与普通的决策过程不同，突发事件爆发时的应急决策，不仅要考虑到前面实施的应对措施达到什么效果，同时要考虑到周围环境的状态。例如，在资源调度中，不仅要考虑当时当地的资源需求，而且要考虑其他受灾区域的需求，还要考虑处置效果初步显现后下一时期的资源需求。因此，即使是事前制订好的预案或方案，也不能完全照搬照抄过来运用，而是要根据实际情况作出相应决策，即应急管理实际上是一个动态协调的过程，这一思想在本书介绍应急资源协调储备、应急资源协调调配以及应急信息协调共享等内容中均有所体现。

3)危机管理

所谓危机管理是指研究危机事件的发生、发展和变化规律，并针对危机不同阶段的特点，采用最可行、最切实的对策和行为，在最短的时间内以最少的资源来避免或减轻危机所带来的威胁恶化的管理方法。危机管理奉行“危机不仅意味着威胁、危险，更意味着机遇”的积极行为准则，也就是说危机管理的实质和最高原则是“转危为机”。一旦发生危机，决策者将调动各部门，包括国家安全、消防、医疗、卫生、交通、社会保障等部门的一切力量尽快地控制危机，以减少危机所带来的危害。

从广义上讲，危机管理涉及危机事前、事中和事后控制的全过程，而不仅仅是危机发生之后的处理：事前最主要的是建立预警系统，建立一个公共信息系统；危机发生时(事中)，除了需要在技术上实施紧急处理，更为重要的是进行良好的危机公关工作；事后一定要对危机的原因、过程进行反思，对危机管理系统进行调整，使公众在日常生活和心理上恢复或巩固信心。

危机管理过程的表达方式有多种，常见的说法包括危机前、危机中、危机后三个阶段，这三大阶段是相互依存、相互衔接的。

(1)危机前预警职能是危机管理的第一道防线，指的是在危机潜伏阶段所进行的一切有效预警工作，目的是防患于未然，包括危机检测、危机预控等具体功能。这对应于应急管理流程中的应急预防和准备工作。

(2)危机中处理职能是危机管理的第二道防线，指的是在危机爆发、持续阶段所进行的一切积极救治工作，目的是减少危机损失，包括制订危机处理计划、危机决策和危机处理等具体职能。这对应于应急管理流程中的应急应对工作。

(3)危机后评估职能是危机管理的最后环节，指的是在危机结束后对危机管理进行认真系统的总结，达到进一步提升组织的危机应对能力的目的，包括危机调查、危机评价等具体职能。这对应于应急管理流程中的应急恢复评价工作。

本书探讨的应急管理体系在突发事件预防、准备、应对和恢复等阶段，都将应用不少有关危机管理的理论成果。

参考文献

[1] 计雷，池宏，陈安等. 突发事件应急管理[M]. 北京：高等教育出版社, 2006.

[2] 美国宾夕法尼亚州紧急事务管理局. 应急管理协调人员手册[M]. 赵勇，苗崇刚，侯建盛译. 北京：地震出版社, 2007.

[3] 王湛. 突发公共事件应急管理过程及能力评价研究[D]. 武汉：武汉理工大学博士学位论文, 2008.

[4] 李学举，杨衍银，袁曙宏. 灾害应急管理[M]. 北京：中国社会出版社, 2005.

[5] 李立国，陈伟兰. 灾害应急处置与综合减灾[M]. 北京：北京大学出版社, 2007.

[6] 曹杰, 杨晓光, 汪寿阳. 突发公共事件应急管理研究中的重要科学问题[J]. 公共管理学报, 2007, 4(2): 84-93.

[7] 国务院. 国家突发公共事件总体应急预案[EB/OL]. http://www.china.com.cn/chinese/law/1086058.htm. 2006-01-08.

[8] 佚名. 印尼海啸死亡人数增加, 海啸遇难总人数超 22.5 万[EB/OL]. http://news.sina.com.cn/w/2005-01-19/22524886214s.shtml. 2005-01-19.

[9] 潘云召. “9.11” 五周年的恐与反恐[EB/OL]. http://news.xinhuanet.com/global. 2006-08-28content_5017405.htm. 2006-08-28.

[10] 吴必虎, 张伟. 旅游业 SARS 危机对中国 GDP 的损害可逾 11%——初步分析与政策建议[EB/OL]. http://www.cotsa.com/sars/article/list.asp?/d=125. 2003-06-23.

[11] 何建敏, 刘春林, 曹杰等. 应急管理与应急系统——选址、调度与算法[M]. 北京: 科学出版社, 2005.

[12] 杨凤春. 政府应急管理的理念与建设策略[J]. 电子政务, 2006, (6): 105-109.

[13] 佚名. 国务院召开全国应急管理工作会议[EB/OL]. http://news.xinhuanet.com/newscenter/2006-07/08/content_4808580.htm. 2006-07-08.

[14] 游志斌. 美、日灾害应急管理体系比较[J]. 中国减灾, 2005, (8): 42-43.

[15] 顾林生. 东京大城市防灾应急管理体系及启示[J]. 防灾技术高等专科学校学报, 2005, 7(2): 5-13.

[16] 黎健. 美国的灾害应急管理及其对我国相关工作的启示[J]. 自然灾害学报, 2006, 15(4): 33-38.

[17] 新华网. 联合国世界减灾会议在在日本兵库县神户闭幕[EB/OL]. http://news.sina.com.cn/w/2005-01-22/13204915676s.shtml. 2005-01-22.

[18] Mendonca D J. Improvisation in Emergency Response Organizations: A Cognitive Approach [M]. NewYork: Rensselaer Polytechnic Institute, 2001.

[19] Bosiher J. Emergency fund set up following fires in Canberra [J]. Engineers Australia, 2003, 175(2): 51.

[20] Granlund R. Web-based micro-world simulation for emergency management training [J]. Future Generation Computer Systems, 2001, 17(5): 561-572.

[21] Lesser I O, Hoffman B, Arquilla J, et al. Countering the new terrorism[M]. United States Air Force, Rand Publication, 1999.

[22] 范维澄. 中国政府突发公共事件应急信息系统总体方案的构思[EB/OL]. http://www.Firestandard.org/ReadNews. 2005-11-22.

[23] 肖国安. 粮食安全预警研究综述及一种新的预警模型[J]. 湘潭大学学报, 2006, 30(1): 129-133.

[24] 郭菊娥, 赵强兵, 钱鑫. 我国经济安全问题辨析[J]. 管理评论(管理科学与中国经济安全专刊), 2006, 18(6): 10, 43-47.

[25] 张静, 汪寿阳. 人民币均衡汇率与中国外贸[M]. 北京: 高等教育出版社, 2005.

[26] Yu L, Lai K K, Wang S Y. Currency crisis forecasting with general regression neural networks[J]. International Journal of Information Technology and Decision Making, 2006, 4(3): 19-36.

[27] 舒彬. 我国突发公共卫生事件预警机制建设现状[J]. 疾病控制杂志, 2005, 9(6): 623-626.

[28] 黄建始. 突发公共卫生事件预警系统建设框架思路[J]. 中华医学杂志, 2005, 85(36): 2547-2549.

[29] 佘廉, 马颖, 王超. 我国政府重大突发事件预警管理的现状和完善研究[J]. 管理评论, 2005, 17(11): 1-6.

[30] 国务院. 关于全面加强应急管理工作的意见[EB/OL]. http://www.gov.cn/gongbao/content/2006/content_352222.htm. 2006-06-15.

[31] 黄以宽. E-FEMA 对我国应急管理体系建设的启示[J]. 信息化建设, 2006, (6): 25-28.

[32] EDXL. Emergency data exchange language (EDXL)-distribution element [EB/OL]. http://xml.cover.pages.org/EDXL-DE-Draft20050517.pdf. 2005-05-17.

[33] Ogden M. Guide to the IEEE 1512 family of standards[A]. Standards Information Network. Guide for

Implementing IEEE Std 1512™ Using a Systems Engineering Process[C]. New York: IEEE Press, 2004.
[34] Tversky A, Kahneman D. Advances in prospect theory cumulative representation of uncertainty [J]. Journal of Risk and Uncertainty, 1992, 5(4): 97-323.
[35] Huang M. Liquidity shocks and equilibrium liquidity premium [J]. Journal of Economic Theory, 2003, (6): 104-129.
[36] Huang M, Baberis N , Santos T. Prospect theory and asset prices [J]. Quarterly Journal of Economics, 2001, 116(1): 1-53.
[37] 文凤华. 行为金融学的风险管理理论研究[J]. 外国经济与管理, 2002, (12): 37-40.
[38] 宋军, 吴冲锋. 中国股评家的羊群行为研究[J]. 管理科学学报, 2003, 6(1): 69-74.
[39] House J S, Landis K R , Umberson D. Social relation and health[J]. Science, 1988, 21(241): 545-640.
[40] Digivanni C, Conley J, Chui D, et al. Factors influencing compliance with quarantine in Toronto during the 2003 SARS outbreak[J]. Bioterror, 2004, 2(4): 265-272.
[41] 黄玖. 突发公共事件管理中政府与新闻媒体互动关系研究[J]. 当代经济（下半月）, 2006, (10): 113-116.
[42] 李刚, 汪寿阳, 于刚等. 供应链中牛鞭效应与信息共享的研究[M]. 长沙: 湖南大学出版社, 2006.
[43] 休·考特尼. 不确定性管理[M]. 北京新华信商业风险管理有限责任公司译. 北京: 中国人民大学出版社, 2004.
[44] Culvenor J. Comparison of team and individual judgements of solutions to safety problems [J]. Safety Science, 2003, 41(6): 543-556.
[45] 张西超. 负性情绪在工作压力作用中机制的研究[J]. 心理科学, 2006, 29(4): 967-969.
[46] Daniel K, Hirshleifei D , Subramananyam A. Over-confidence, arbitrage and equilibrium asset pricing [J]. Journal of Finance, 2001, 56(3): 921-965.
[47] 郭迅. 地震工程试验联网最新进展[J]. 地震工程与工程振动, 2006, (4): 37-41.
[48] 陈克平. 灾难模型化及其国外主要开发商[J]. 自然灾害学报, 2004, (2): l-8.
[49] 姜立新. 地震现场应急指挥技术系统的结构与设计[J]. 地震, 2004, 24(3): 94-99.
[50] 聂高众. 地震应急基础数据库建设[J]. 地震, 2002, 22(3): 105-112.
[51] 肖兰喜. GIS 在山东省震后早期应急系统中的应用[J]. 灾害学, 2002, 17(3): 35-41.
[52] Subramaniam C. Dissemination of weather information to emergency managers: a decision support tool [J]. IEEE Transactions on Engineering Management, 1998, 2(5): 106-114.
[53] Zografos K G, Vasilakis G M, Giannouli I M. Methodological framework for developing decision support system (DSS) for hazardous materials emergency response operations [J]. Journal of Hazardous Materials, 2000, 71(1-3): 503-521.
[54] Wybo J L. FMIS: a decision support system for forest fire prevention and fighting [J]. IEEE Transactions on Engineering, 1998, 145(5): 127-131.
[55] Josefa Z, Hernandez J, Serrano M. Knowledge-based models for emergency management systems [J]. Expert Systems with Applications, 2001, 20(2): 173-186.
[56] 翟晓敏. 应急、应急决策与辅助应急系统的研究[D]. 南京: 东南大学博士学位论文, 1998.
[57] 《中国应急管理》编辑部. 领导干部预防和处置突发公共事件实用指南与案例分析（上下册）[M]. 国家行政学院出版社，2008.
[58] 史培军. 再论灾害研究的理论与实践[J]. 自然灾害学报, 1996, 5(4): 6-17.
[59] 史培军, 黄崇福, 叶涛等. 建立中国综合风险管理体系[J]. 中国减灾, 2005, (2): 34-36.
[60] 史培军, 邹铭, 李保俊等. 从区域安全建设到风险管理体系的形成——从第一届世界风险大会看灾害与风险研究的现状与发展趋向[J]. 地球科学进展, 2005, 20(2): 173-179.

第 2 章　应急管理体系

一个完善的应急管理体系是由“一案三制”构成，即应急预案和应急体制、应急机制、应急法制。首先应该设计应急体制和机制，并建立一套完整的应急管理法制体系。在完成这些制度建设的基础上，运行整个应急管理体系内容，包括指挥协调、处置实施、资源保障、信息管理以及决策辅助。

2.1　应急管理的体制设计

科学合理且功能完备的应急管理体制对于完善应急管理体系有着举足轻重的作用。本节借鉴文献[1]，从应急管理功能的角度出发，考虑现代应急管理体制的设计架构，分别探讨应急管理体制中的行政责任与社会责任系统、事件响应与评估恢复系统、资源支持与技术保障系统，以及防御避难与救护援助系统的内容和功能，并分析这四个系统之间的相互关系和作用。

2.1.1　应急管理体制的组成

“体制”的含义由两项内容组成[1]：①“体”是指能够容纳一定对象的空间；②“制”则表示控制空间中对象合理运行的方法与规则。因此，体制的形成不仅需要成立一个实体机构，更要有对实体机构的责任界定和不同实体机构之间的关系规定。

有关应急管理体制的含义，学术界对其也有多方面的阐释：有学者认为应急管理体制是与应急管理运作机制并列的概念，忽视了体制与机制之间的关联；也有学者仅从狭义的角度去理解，认为应急管理体制是一种面向突发事件的应急组织结构设置，缺乏动态的视角看待整个体制设计过程。

1. 应急管理体制的结构

本书采用文献[1]的观点，认为应急管理体制作为应急管理体系中的一项重要内容，具有明确职责、整合资源、及时响应、紧急救援、评估恢复等关键作用。从应急功能出发，可将应急管理体制划分成行政责任与社会责任系统、事件响应与评估恢复系统、资源支持与技术保障系统、防御避难与救护援助系统四个相互联系与支持的系统[1]。这四个系统之间的结构关系如图 2-1 所示。

(1) 行政责任与社会责任系统包括两部分：行政责任系统和社会责任系统。前者主要是指与突发事件应急管理相关的政府机构及其管理效率评价等辅助规则；后者是指包括非政府组织、各类企业及普通公民等责任主体，以及他们之间的关系界定。

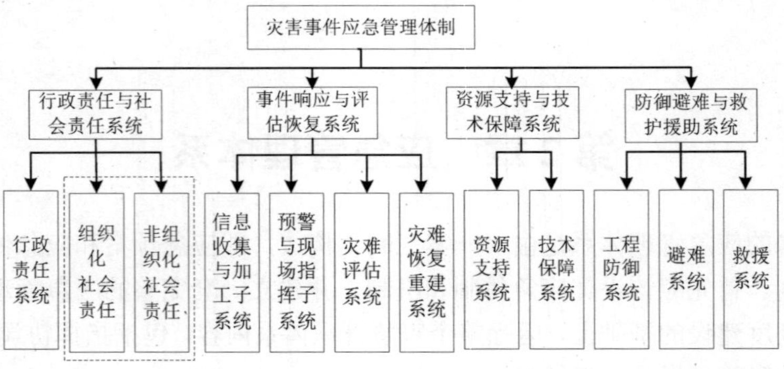

图 2-1　应急管理体制结构图

(2) 事件响应与评估恢复系统可以分为信息收集与加工子系统(信息中心与采集终端)、预警与现场指挥子系统、灾难评估子系统，以及灾难恢复重建子系统。灾难评估系统又包括灾前预评估，灾中可挽救性、可恢复性、可减缓性评估，灾后实测性损失评估等。

(3) 资源支持与技术保障系统：一方面包括应急资源的存储、调拨与集成等功能；另一方面还包括能够保证业务持续发展的技术支持手段，如数据备份中心、灾害备份系统等。

(4) 防御避难与救护援助系统包括三个部分：① 工程防御子系统，主要提供对于人员和设备免受攻击或减少冲击影响的保障；② 避难子系统，是指灾害事件到来时为受灾人员提供的临时避难设施和场所；③ 救援子系统，主要处理灾害事件发生后的现场救助问题。

2. 应急管理体制的层级关系

在突发事件的应急管理过程中，行政责任与社会责任系统负责明确应急管理主体及其关系的界定，属于基础定义层；资源支持与技术保障系统负责确保具体应急处置过程的有效性和稳健性，提供后方支持作用；事件响应与评估恢复系统是应急管理主体按照相关法律和规则去识别和解决突发事件，属于应用实施层；防御避难与救护援助系统则负责直接应对突发灾害事件，属于现场处置层[1]。四大系统的层级关系如图 2-2 所示。

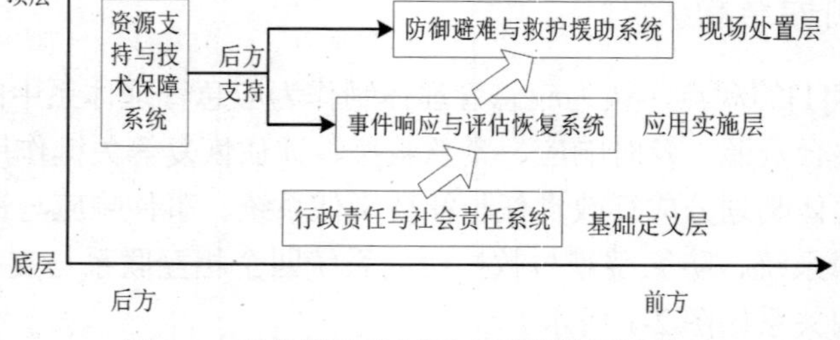

图 2-2　应急管理体制四大系统的层级关系

(1) 从纵向看，行政责任与社会责任系统定义的主体属于应急处置的底层架构，所有具体的应急管理活动都离不开它们；事件响应与评估恢复是应对突发事件的两大基础工作，属于体制的中层架构；防御避难与救护援助是最能体现应急管理效率的工作，属于顶层架构。

(2) 从横向看，资源支持与技术保障系统为具体的应急管理工作提供了后方支持，保证了应急处置的高效与稳定；其余三个系统则呈递进状从应急管理活动的后方逐步转移到前方。

可见，行政责任与社会责任、事件响应与评估恢复、资源支持与技术保障、防御避难与救护援助这四个系统紧密联系且相互依赖，是现代应急管理体制必不可少的组成部分。下面分别详细介绍这四大系统的内容与构成。

2.1.2　行政责任与社会责任系统

与应急管理活动相关的责任系统可以分为行政责任和社会责任两大部分[1](图 2-3)：前者是应急管理的强相关主体，即对于应对突发事件而言，它具有不可推卸的责任与义务；而后者是应急管理的相对弱相关主体，可细分为组织化的社会责任系统和非组织化的社会责任系统。

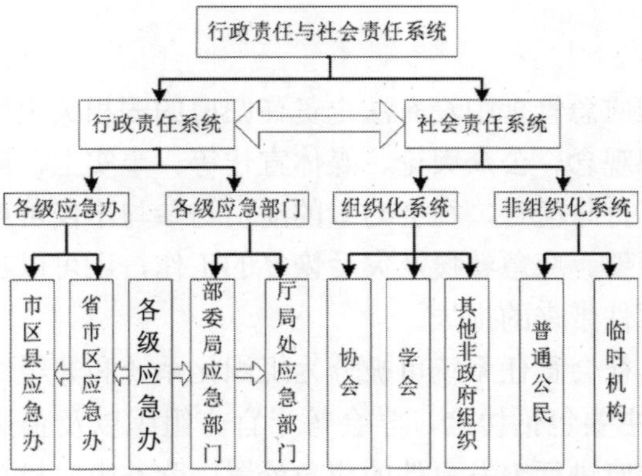

图 2-3　行政责任与社会责任系统结构[1]

1. 行政责任系统

通常行政责任机构都具备管理与服务两大基本功能：

(1) 行政责任机构的应急管理功能体现在，突发事件下应急管理机构对所管辖范围内的人力与物力资源进行计划、组织、指挥、协调和控制的权力。在处置突发事件的过程中，多机构、多主体的应急组织体系容易引发某些决策矛盾和冲突，从而导致应急处置活动效率低下。因此，需要在法律法规的约束下，由公认的行政责任机构实施管理协调，使那些原本各自独立的应急主体，能够以共同的目标完成突发事件的应急处置工作。

(2) 行政责任机构的应急服务功能体现在，突发事件下应急服务机构为涉灾人员提供必要的帮助。

行政责任系统不仅包括法律制度上与应急管理相关的政府机关、事业单位等组织，还包含这些机构对应急管理权责的确认、应急管理效率的评价以及应急措施不当时的问责等[1]。

以目前我国应急行政责任系统的层次结构为例(图 2-4)：国务院应急管理办公室是

我国应急管理的最高行政管理机构，负责指挥和协调各省市区的应急管理办公室和各部委局的应急部门。在此框架下，各省市区的应急管理办公室又可指挥下属各市区县的应急管理办公室，并负责协调不同城市或区域的厅局处应急部门。需要注意的是，各厅局处的专业应急管理部门同时服从部委局应急机关的领导和指挥。

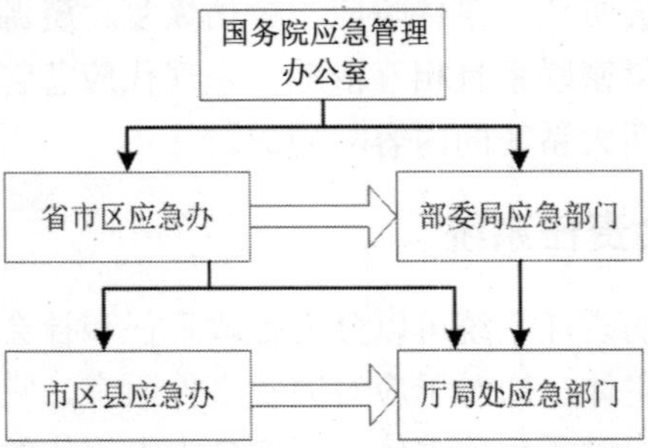

图 2-4　我国应急行政责任系统层次结构

2. 社会责任系统

社会责任系统牵涉应急管理中没有法定责任归属的弱相关主体，其构成基础和维持结构的核心主要是道德观念、公众舆论、媒体宣传等。事实上，应急管理体系的有效运作离不开社会力量的支持与配合，社会力量的动员与参与不仅可以提高应急活动效率，辅助完成一部分危机预警、应急救援及灾后恢复的工作，还可以在一定程度上降低应急成本、减少突发公共事件带来的损失。

按照有无组织化，社会责任系统可被分为组织化系统和非组织化系统两大类[1]：

(1) 组织化系统，主要包括协会、学会等半官方组织以及企业、部分事业单位等非政府组织，它们协助政府进行突发事件的应急处置，弥补政府机构在应急管理和服务中存在的不足。例如，于 2006 年 12 月 25 日正式成立的河北省红十字应急救援队，是我国第一家非行政系统的省级应急救护队伍。它由河北省各地的 14 支应急救援分队组成，其中省直属 3 支队伍、11 个地市每市 1 支队伍。

(2) 非组织化系统，则涵盖每个与应急活动直接或间接相关的普通公民，以及那些临时组建的非常规组织机构。例如，在 2008 年的雪灾中，贵阳人民广播电台发起号召临时成立“绿丝带成员”，即愿意免费让人搭乘顺风车的汽车车主，都可以领取一条“绿丝带”系在车上，以告诉需要帮助的人可以搭一段顺风车。在贵阳市整个雪灾过程中，约 300 辆车自愿系上了“绿丝带”，对雪灾救援起到了积极有效的作用。

2.1.3　事件响应与评估恢复系统

行政责任与社会责任系统虽然规定了应急管理的主要责任主体，但在具体实施应急管理活动时，还需要有一个科学规范的体系来指导责任主体有效的应对处理突发事件。这个充当指导责任主体的应急管理核心单元就是事件响应与评估恢复系统，主要包括应急管理的信息收集与加工子系统、预警与现场调度子系统、灾难评估子系统，以及灾难恢复重建子系统，其系统结构框架如图 2-5 所示[1]。

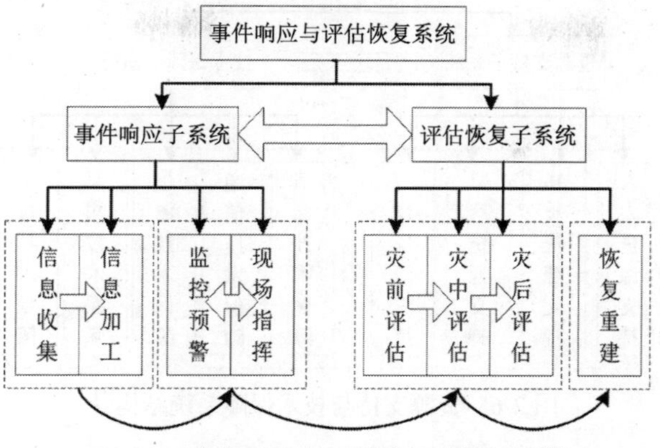

图 2-5　事件响应与评估恢复系统结构[1]

(1) 信息收集与加工子系统是事件响应与评估恢复系统的神经末梢，主要负责收集突发事件相关的所有信息，对信息进行加工处理、提取有效信息、摒弃冗余信息，将有效信息传输给各个重要的需求单元(如应急预警系统和应急决策者等)。

(2) 预警与现场调度子系统是事件响应与评估恢复系统的前沿机关，主要负责监控关键信息与数据，对事件的发生和发展状况进行预警，辅助决策者对应急现场处置进行指挥调度和协调。

(3) 灾难评估子系统是事件响应与评估恢复系统的决策支持，主要负责灾前预测性评估，灾中可挽救性、可恢复性、可减缓性评估，以及灾后的实测性评估。事实上，这个子系统贯穿整个事件响应与评估恢复系统的全过程：①灾前预评估是对一个潜在突发事件的危险程度和可能造成的破坏损失程度进行预测性评价，其目的是为应急预案和应急决策提供科学依据。②灾中可挽救性、可恢复性、可减缓性评估是在突发事件应急处置过程中进行的各种状态性度量。具体来说，可挽救性评估，是指对于灾害事件现状以及未来可能造成损失的补救情况的度量；可恢复性评估，是在可用资源的约束下，对于使受灾客体恢复到正常运行状态或初始状态的度量；可减缓性评估，是在采取应急措施后，对于能够减少灾害造成的损失程度以及延缓灾害发展演化时间的度量。③灾后实测性评估，是指在灾害事件处理结束后，对灾害造成损失等进行的全面评估。

(4) 灾难恢复重建子系统是事件响应与评估恢复系统的后期处置，主要负责对受灾人员的安置与赔偿，对受灾财物的补给与再造，对受灾区域正常秩序的恢复，以及帮助受灾人员的心理恢复等。

2.1.4　资源支持与技术保障系统

事件响应与评估恢复系统是突发事件应急处置与应急决策的模块，而为了保障应急处置与决策的有效性和稳定性，则需要资源支持与技术保障系统提供必要的基础支撑。这个为突发事件应急处置提供支持与保障作用的资源支持与技术保障系统，分为两个部分：资源支持子系统和技术保障子系统，其系统结构框架如图 2-6 所示[1]。

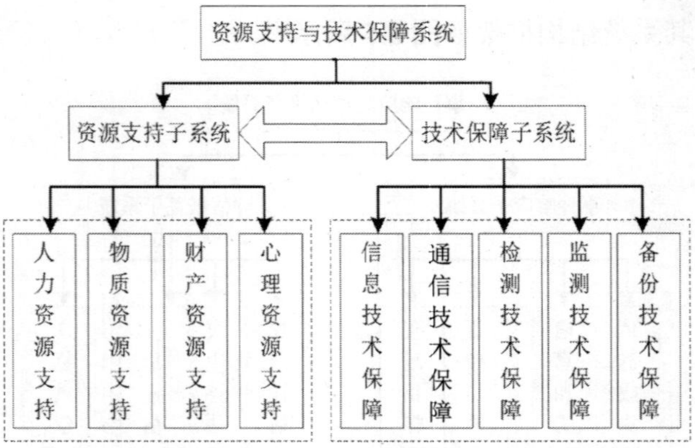

图 2-6　资源支持与技术保障系统结构[1]

1. 资源支持子系统

资源支持子系统主要是指应急资源的布局、配置、调度和补偿等。一方面，平时的应急资源配置和布局直接影响战时应对突发事件的时效性；另一方面，能否在突发灾害降临时，迅速将存放在各个地点的各种应急资源运送到指定地点，即应急资源的高效调度问题也在一定程度上决定着应急管理活动的成败。资源支持子系统就是要求了解各类应急资源的布局、方位、可获得性、快速可达性等特点，以便随时根据灾害应急的实际需求来调配这些资源。

按资源的类别来划分，资源支持子系统包括人力、物质、财产、心理等多个方面因素。

(1)应急人力资源是处置突发事件的人员主体储备，如消防人员、交警、医护人员、军人等。

(2)应急物质资源是指在突发事件预防、救援、恢复等环节所需要的各种救援物资、应急设备和设施等，如消防设备和设施、医疗急救设备和药品、照明装备、应急电力设备、救生圈、救灾帐篷等。

(3)应急财产资源是指在应急管理过程中的财政、金融、保险和捐赠等。

(4)应急心理资源是指在应急管理过程中对受灾人员心理的疏导和恢复等。

以火灾事件的应急保障为例，应急人力资源主要涉及消防官兵，应急物质资源主要包括用于救火的消防车、水、沙、灭火剂等，而在应急现场及灾后对受灾人员的心理救援及恢复也不容忽视。

2. 技术保障子系统

技术保障子系统主要侧重于软件层面的技术保证和技术维护，是事件响应与资源支持系统能够有效运行和保持高度稳健性的不可或缺的技术支持。根据应急管理活动中主要的支撑技术来划分，技术保障子系统包括信息技术保障、通信技术保障、检测技术保障、监测技术保障、备份技术保障等，它们可以单独调用，也可以灵活联动。

(1)信息技术保障，能够使灾害事件的发生发展状态被及时高效的采集、加工和传输。

(2)通信技术保障，能够使灾害现场与后方的指挥调度者可以轻松的沟通、协调，合力进行有条理的应急处置。

(3)检测与监测技术保障，能够使关于灾害的关键信号被及时发现和识别，达到提高应急预警准确性的目的。

(4)备份技术保障，能够使灾害前的状态以类似于“镜像”的形式被保存下来，一旦工程防御系统无法使受灾体免受冲击，灾害后利用此技术也可以比较高效地恢复还原得到灾害前的关键数据与对象。

2.1.5　防御避难与救护援助系统

如前所述，行政责任与社会责任系统、事件响应与评估恢复系统、资源支持与技术保障系统分别从责任划分、响应处置、后方保障的角度，讨论了应急管理体制设计中所应该具备的功能和作用，然而在突发事件发生时，最先发挥直接应对处置作用的还是防御避难与救护援助系统。防御避难与救护援助系统分为三个部分：工程防御子系统、紧急避难子系统和救护援助子系统。其中，工程防御子系统和紧急避难子系统为救护援助子系统提供保障和支持(图2-7)[1]。

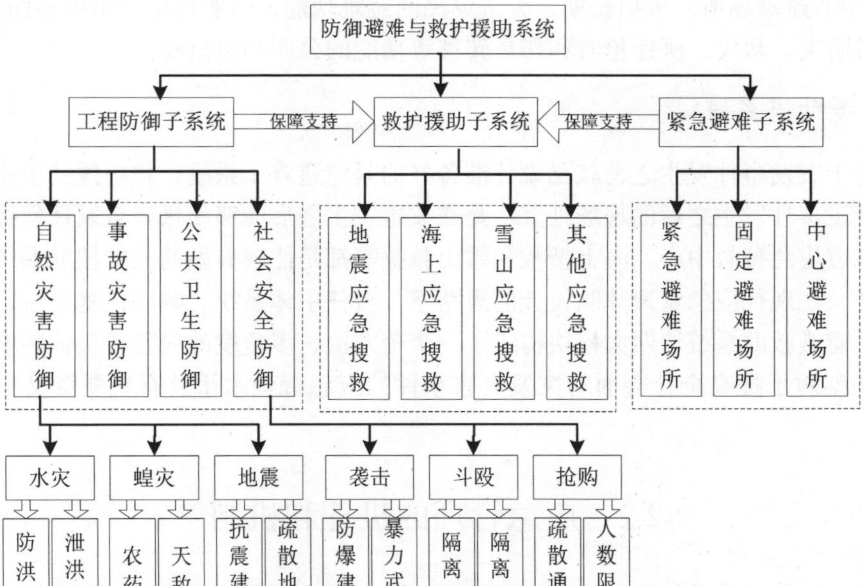

图2-7　防御避难与救护援助系统结构[1]

1. 工程防御子系统

工程防御子系统，主要是提供使可能遭遇突发事件的人员和设备免受攻击或减缓冲击程度的硬件基础，通常包括工事和非工事类保障手段。由于各类突发事件的发生发展都有其自身的机理，因此应对不同突发事件需要不同的防御手段和方式。图2-7中就简单列举了自然灾害与社会安全的三类灾害事件及其相应的工程防御手段，如蝗灾发生时，使用农药或蝗虫的天敌可以防御农田灾害；地震灾害发生时，则需要一个开阔的地带作为有效防御地震冲击的防御工程。

2. 紧急避难子系统

紧急避难子系统，主要是在灾害事件到来时为受灾人员提供临时的避难场所，它往往是利用城市公园、绿地、广场、学校操场等用地，经过预先科学的规划、建设与规范化管理，能为人们在受灾时提供安全避难、基本生活保障以及等待救援和指挥的场所。紧急避难子系统所提供的避难场所通常包括三种：紧急避难场所、固定避难场所和中心避难场所[1]。

(1)紧急避难场所，承担短时间避难功能，一般选用居民住宅附近的小公园、花园、广场、专业绿地等，是将灾民临时集合并转移到固定避难场所的过渡性避难场所。

(2)固定避难场所，承担灾害应急中大部分前期救助功能，一般选用公园、广场、体育场、大面积绿地及具备避难功能的建筑物等，是供灾民较长时期集中居留、生活和提供初步救援的地点。

(3)中心避难场所，承担长期、大量灾民的避难功能，一般选用城市中心面积较大，并且具备防灾、救灾、医疗抢救和伤员转移等功能的公园和建筑物等。

3. 救护援助子系统

相对于突发事件发生之前就已设计准备好的紧急避难子系统，救护援助子系统则主要面对突发事件发生之后的现场处置，是在灾害发生之后能够积极有效发挥救援功能的系统。地震应急搜救中心、海上搜救和雪山救援等都是比较典型的救护援助系统。

总之，在现代应急管理体制设计的思路下，责任主体系统、响应恢复系统、后方保障系统、避难救助系统这四大模块构成了一个全方位、多角度的应急管理体制框架，它的完整构架对于提高全社会面对突发灾害事件的应急管理水平具有重要意义与参考价值。

2.2 应急管理的机理和机制

为了对突发事件进行及时的反应和处理，首先要了解突发事件的机理特征，然后针对突发事件的机理特点采取有效合适的处置方案。突发事件的类型多种多样，有类似飓风这样的纯粹自然灾害，有类似危险品交通运输中泄漏事件的事故灾害，也有 SARS 疫情这样的公共卫生灾害等，它们的发生、发展和演化规律都各不相同。因此，应急管理过程中，需要在考虑不同特征突发事件的基础上总结出机理规律，然后再针对性地提出应急应对措施。

2.2.1　突发事件的机理特征

机理主要是指事件发生所遵循的内在逻辑和规律[2]。只有通过机理的分析，才可以找到事件的源头、事件形成的规律和事件发生的推动力，才能在事件的发展过程中找到其运行脉络，以便在整个事件的处理过程中取得主动地位。

不同类型突发事件的机理可以是完全不同的，不同领域、行业、部门所面对突发事件的发生机理可能相差很大，有些甚至需要多个不同领域的综合知识。如目前在我国常发生的矿难灾害处置，就需要在地质、矿产、医疗等方面来了解事件的内在运行规律；而 SARS 疫情发生的时候则需要从病原体的特征入手，从临床经验上发现这类疾病的发作规律；对于海啸这样的自然灾害则需要提高对海洋地质活动规律的认识水平。

相比一般事件，突发事件具备以下几个特有的本质属性。

1. 突然性和信息的高度缺失性

突发事件的发生和演变具有很大的突然性和意外性，往往事先毫无征兆或者征兆很少。而正是这种事发突然性会造成事件信息在发生时的高度缺失，使得信息不充分，从而造成应急主体无法及时而迅速地采取应对措施、无法明确所需的应急资源并准确实现资源调配。

2. 危害性及蔓延性

突发事件经常直接威胁人类生命、财产安全以及社会稳定，往往会在在一定范围内引起较大危害，而且这样的危害极易在短时间内呈现大范围蔓延的状态，甚至滋生出更严重、更广泛的危害。例如，2004 年印度洋海啸的暴发对印度、巴基斯坦等南亚和东南亚很多国家造成了巨大的损失，那次由一次海底地震引发的海啸在几小时内就迅速蔓延至数十个国家；而 2005 年美国新奥尔良的飓风也大有淹没整个城市而使城市重建的危害。这些灾害事件从其后果的危害性来看，不仅对生命财产造成了损失，也直接导致人们心理恐慌的严重蔓延。

3. 主体规律性

虽然突发事件的爆发具有很大的突然性，但从其自身发生、发展、衍生扩散到平稳、消减的过程来看还是遵循一定客观规律的。例如，SARS 疫情从刚开始出现、到在人群中蔓延扩散、再到全面爆发，以及最后的消减和消失，就一直遵循着传染性疾病传播和消失的规律而发展。应急主体需要依照医学治疗传染性疾病的规律予以应对，切断传染途径、寻找抗菌疫苗，就可以在最短时间内消灭病毒、控制疾病传播范围，达到有效应对的目的。

4. 多范畴性

多范畴性与多目标性是两个概念，不同的目标可以在同一个范畴中，或反过来说，同一个范畴里可包含不同的目标，即范畴是一个包含不同目标的大括号。突发事件的多范畴性，是由于突发事件有时会引发次生灾害而导致多种灾害并存现象所导致的。在突发事件的应急管理过程中，虽围绕一个中心任务，但有时会朝向多个目标同时开展应急处置工作，而这些目标可能并不是同一个范畴的东西，会涉及多个行业、领域、部门、学科。

以火灾这一突发事件为例，其中心任务无疑是救火，它可以分解成多个具体目标(如保护房屋结构安全、救人等)。若目标是保护房屋结构安全，则消防这个工作范畴与识别房屋倒塌危险的建设安全范畴联系在一起；若目标是救人，则消防灭火这个工作范畴与另一个范畴的救人工作紧密联系；若火灾是因故意纵火导致的，则消防灭火又与刑事案件范畴有关联，需要注意保护现场和提取证据以待公安部门处理等。

2.2.2 应急管理的机理分析

基于对突发事件特征与发生机理的分析，建立一个功能相对完善、针对性和普适性兼备的应急管理体系是解决突发灾害事件的重要手段。由于突发事件具有2.2.1节所述的几个异于一般事件的机理特征，应急主体需要在信息高度缺失的状态下作出及时、迅捷的反应，采取尽可能合理、有效的应对措施，协同各种应急资源和机构，根据现场情况去动态调整应对方案，从而达到有效处置突发事件、减少灾害损失的目的。事实上，应急管理的机理运作需具备以下特性，才能有效控制突发灾害事件的负面影响[2]。

1. 及时性和有效性

正是由于突发事件在一定范围内有大的危害性，且具有在极短时间内迅速蔓延的特点，如果不能及时采取措施应对、或者采取的应对措施不正确，就必定会造成事态的进一步恶化发展，给应急管理活动造成更大困难。因此，突发事件应急管理最重要的机理特性就是及时性和有效性。

2. 复杂性和网络性

一方面，突发事件的突然性和信息高度缺失性导致应急管理过程比较复杂；另一方面，与一般事件的应对和管理不同，突发事件的多范畴性决定了其应急管理工作所涉及的任务往往是多专业、多领域、多层面的。因此，需要整合不同领域的各种应急资源，在突发事件发生发展的全过程中，对其进行实时监控和多方协同应对，形成一个快速反应和灵活高效的复杂网络。此网络能够在突发事件演化和应对处置活动之间建立一个互动的关联关系，应急管理中的各应急主体作为网络结点存在，而网络中的连线代表各个不同主体之间的关系。

3. 动态性和均衡性

突发事件爆发前往往少有征兆，但爆发后其发展速度非常之快，这使得应急救援主体在突发事件处置时缺乏必要的信息，不得不在寻找灾害信息的同时采取措施，且要伴随事态的规律性发展而不断动态调整应对策略。另外，需要注意的是，应急管理活动的供给(如救助物资需求的满足)也是随着突发事件态势的变化而变化的，应急管理的目标通常是以最小成本(考虑时间因素)、最小损失来满足这种动态变化的需求。因此，有效的应急管理活动事实上要求整个突发事件应急网络实现一种供求动态均衡的状态。

2.2.3 突发事件应急管理机制

应急管理的机制是指用于处理突发事件的相应措施和制度[2]。突发事件的应急管理是一个综合的、动态的过程，不仅需要一个完整的应急管理体系来支撑其运行，还必须要有相应的管理机制来保证来自不同部门的人员和物资资源在整个体系框架下高效运转。借鉴文献[2]的观点，应急管理机制应该由预警机制、紧急处置机制、善后协调机制、运行机制以及评估机制五大部分构成(图 2-8)：前三个机制有时间上的前后顺序关系，评估贯穿于整个应急管理过程的始终，运行机制则为处理整个突发事件提供日常和紧急状态下的保障[2]。

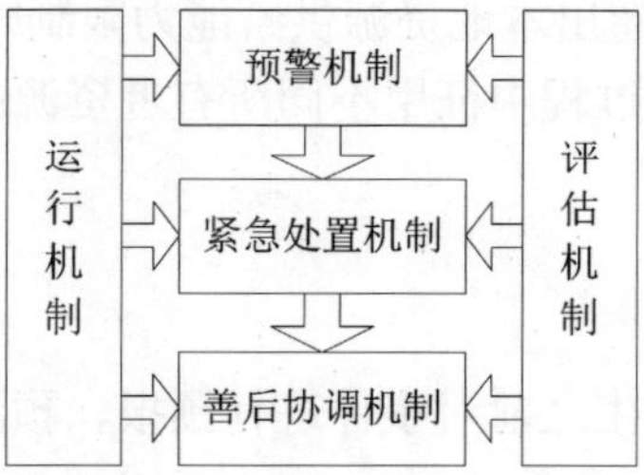

图 2-8 突发事件应急管理机制关系[2]

1. 运行机制

基于对突发事件本质属性的分析发现，为保障应急管理体系的顺利运行，需要有四个运行原则[2]：统一指挥、分工协作；分级分类；及时切换；协调资源。

1) 统一指挥、分工协作原则

应急管理体系由多个职责不同的系统构成，要想实现同一应急目的，就需要统一指挥、分工协作，这既是使整个管理体系有效运行的要求，也是由突发事件的多范畴性特征决定的。

2) 分级分类处理原则

对突发事件进行分类分级，同时也对相应的保障机构根据其资源条件进行分类分级。针对不同类型、不同级别的突发事件，采用不同的应急应对方法，并使相应的机构与相应的突发事件类型相挂钩，以便明确职责，同时也为整个应急管理体系的能力评估做好准确工作。分级分类处理原则能够使得应急资源充分利用、不浪费，是整个应急管理体系得以高效运行的基础。

3) 及时切换原则

根据应急状态发生与否以及发生的前后顺序划分，可分为平时准备、警戒、战时三个不同阶段。在应对突发灾害事件时，需要依据事件的发生发展态势在这三个状态间进行及时切换，主要体现在平时战时和不同级别间的切换。

平战切换，包含两个方面的动作：① 平时状态的信息监测体系一旦发现突发事件的先兆，就及时根据分级判定机理标识出突发事件级别，并发出早期警告，准备采取应对措施。如果在这一阶段不能控制该突发事件，则应立即发出警报，激活战时状态。② 应急保障系统结束对突发事件的处理之后，应该及时关闭战时应急系统，转回平时状态。

级别切换，是在没有突发事件发生先兆的情况下，为了确保在特殊时期的安全需要，应急指挥协调机构可以主动调整保障系统的安全级别或直接进入战时应急保障状态。级别的切换可以是相邻级别间进行切换(如二级和三级间)，也可以是任意两个级别间的切换。

4) 资源的协调及管理原则

应急资源可以是人力、信息、知识、物力和财力，它们可能来自政府、企业、公共组织、大学以及其他社会相关单位。在灾害事件的应急处置中，首先应最大化利用本区域或系统内部的应急资源，当超出本地资源供给能力限制时，再向外部请求支持和救援。同时需要建立和完善应急处置过程中征用不同所有者资源的法律、法规、政策等，并给出相应的补偿方案。

2. 预警机制

预警机制是在突发事件发生之前对事件进行预报、预测及提供预先处理操作的重要制度，主要包括以下内容。

1) 确定预警范围

需要严格规定应急监控的时间范围、空间范围以及监控对象范围。

2) 设定预警级别及规定表达方法

以美国核安全管理委员会的规定为例，它对突发事件制定了五种警戒级别，并且按照从轻微到严重的顺序，分别以五种颜色表示。

3) 明确紧急通报的次序、范围和方式

需要明确一旦发生突发事件，应该在第一时间及之后顺序地通知哪些机构或个人，且以何种方式通知。

4) 预判突发事件的范畴与领域

对突发事件涉及的范畴和领域做出预判，初步给出突发事件的类别和级别，以匹配应急应对预案。

3. 应急处置机制

在对突发事件进行应急处置时，应该遵循以下原则。

1) 分类分级原则

与运行机制类似，应急处置过程中也需要对突发事件和相应保障机构进行分类分级操作，并依据相关分级分类结果对突发事件进行应急处置。

2)预案核心原则

在突发事件的应急处置中，首先需要依照已制定的应急预案来决定采取哪类应对措施。

3)生命优先原则

人的生存权是应急处理过程中需要考虑的第一要素，在突发事件的应急处置中，应该始终坚持“以人为本”的基本原则。

4)规定战时协同及授权辅助原则

突发事件的应对需要涉及多个应急主体，规定战时协同及授权辅助原则，就是希望能够避免在应急状态下出现各机构间合作效率低下、调动无力等现象。

5)特定处理原则

若所要处理的突发事件涉及国家安全等特定问题，可能需要有特殊的处理逻辑和原则。

4. 善后处理机制

在应对突发灾害事件之后，通常要进行善后处理工作，善后处理机制主要包括以下原则。

1)资源补偿原则

在灾害事件应急处置结束后，对所使用的应急资源，不管是属于应急管理系统内部还是外部的，都应该有一个相对应的资源配给与补偿原则，即需要建立一个责任义务相对明确的补偿机制。

2)灾区的重建原则

当一个地区发生灾难性的突发事件，就应该制订相应的重建措施。而重建资金的筹措和使用也需要一个原则性方案，以指导灾区用最快的速度恢复活力。

3)事故的报告和总结原则

在善后处理的过程中，也需要把握什么类别的事件向什么部门报告、由哪一级部门和人员进行总结评价等工作，以便明确事故责任、实现应急奖惩。

4)对相关人员和机构的奖励与问责

突发事件的善后处理应该充分体现对相关责任人员和机构的奖惩，以形成一个公正公平的问责与奖励机制，从而推动突发事件应急管理工作的系统化、体制化、长期化和法制化。

5. 评估机制

同运行机制和应急处置机制一样，对于突发事件和相应机构的分类分级也是应急管理评估机制的重要组成部分。除此之外，一个完善的评估机制还应该包括：应急管理机制有效性的评估、预案及预案管理的有效性评估、对应急管理体系整体和各机构应对能力的评估，以及对应急处置效果的动态评估等。

总之，在各类突发事件的应急管理体系中，政府及社会各界力量都有明确的任务和职责，应急管理机制建设应当以充分发挥各级政府的应急管理职能和社会各种力量为出发点，按照属地化管理的原则，以块为主、条块结合，形成全社会共同参与的高效率协调应对突发事件的规范化应急格局。

2.3 应急管理的法制建设

应急管理体系的运行离不开所处社会的法律政策和规章制度环境，法律制度对整个应急管理系统产生很大的影响，需要注意从立法层面保障应急管理体系的健康和有效运转。

2.3.1 应急法律法规体系概述

在现代法治国家，为防止突发事件的巨大冲击力导致整个国家生活和社会秩序的全面失控，需要运用行政紧急权力并配合实施应急法律规范，来调整突发事件下国家权力之间、国家权力与公民权利之间、公民权利之间的各种社会关系，以有效控制和消除灾害事件的负面影响，恢复正常的社会生活秩序和法律秩序，维护和平衡社会公共利益与公民合法权益。应急法制建设的基本功能可概括成“应急管理+利益平衡”。

应急管理法律体系与一个国家法律体系的基本结构是一致的，既包括应急管理法律规范的法律形式体系(图 2-9)，也包括应急管理法律规范的内容体系。一方面，从法律形式体系来看，应急管理法律法规可以通过一个国家里各种具有法律效力的法律形式表现出来，包括宪法对应急管理法律规范的规定、议会制定的法律对应急管理法律规范的规定、行政机关制定的行政法规和行政规章对应急管理法律规范的规定以及地方性立法机关制定的地方性法规对应急管理法律规范的规定[2]。

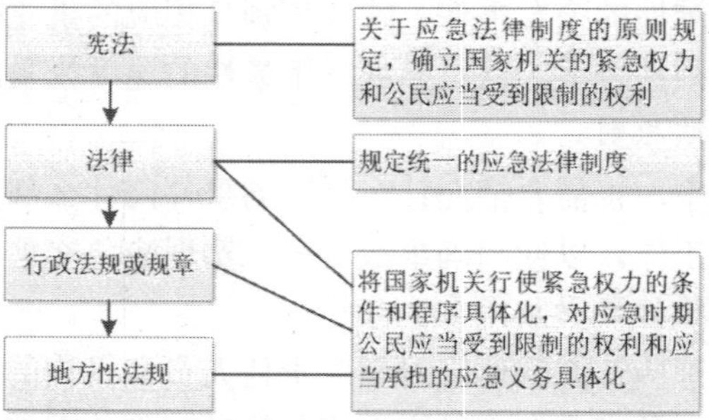

图 2-9 应急法律规范的法律形式体系[2]

另一方面，应急管理法律规范的内容体系可以从不同角度有多方面的理解：应急管理法律规范从制定和发布的时间来看，可以分为平常时期通过正常立法程序制定的应急管理法律法规和在应急时期通过紧急程序制定的应急法律规范；从合法性的原则来看，在应急时期通过紧急程序制定的应急法律规范必须符合平常时期通过正常立法程序制定的法律规范(图 2-10)；从应急管理法律规范调整的对象来看，应急管理法律规范主要包括应急权力规范、应急权利规范和应急义务规范三种类型；从应急管理法律规范调整的社会关系领域来看，应急管理法律规范涉及战争法律规范、紧急状态法律规范、灾害法律规范、公共安全法律规范。

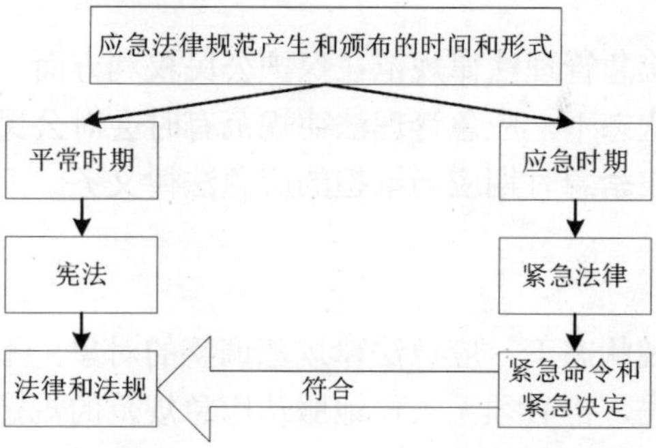

图 2-10　平常时期和应急时期的应急法律规范产生程序

总之，由应急管理法律规范所构成的应急管理法律体系是多角度、多层次的，这些规章制度都具有应急管理法律规范一般规范功能和法律特征，它们与非应急管理法律规范一起共同构成了一个国家统一的法律体系。

2.3.2　应急法律法规体系特征

在一个国家的法律体系中，凡是具有应急管理法律规范特征的法律规范就构成了一个独立体系，即应急管理法律体系。与非应急管理法律规范相比，用于处理突发事件的应急管理法律法规具备以下几个主要的特征[2]。

1. 权力优先性

权力优先性，是指非常规状态下，与立法、司法等其他国家权力相比，与法定的公民权利相比，行政紧急权力具有某种优先性和更大的权威性。例如，紧急状态下，可以限制或暂停某些宪定或法定公民权利的行使。

2. 紧急处置性

紧急处置性，是指非常规状态下，即便是没有针对某种特殊情况的具体法律规定，行政机关也可以进行紧急处置，以防止公共利益和公民权利受到更大的损失。

3. 程序特殊性

程序特殊性，是指非常规状态下，在行政紧急权力的行使过程中，有时需要遵循一些特殊的行为程序。例如，可通过简易程序紧急出台某些政令和措施，或者对某些政令和措施的出台设置更高的事中或事后审查门槛。

4. 社会配合性

社会配合性，是指非常规状态下，相关组织和个人有义务配合行政紧急权力的实施，并在必要时提供各种辅助帮助。

5. 救济限制性

救济限制性，是指应急管理法律规范在保护公民权利方面，更注重对社会公共利益的保护。因此，非常规状态下，应急管理法律规范有时会对公民个人的权利作出一定限制，并且规定公民个人在紧急时期应当承担的应急法律义务。

6. 强制性

强制性，是指非常规状态下，应急法律规范调整的对象，不论是行使紧急权力的国家机关，还是一般的公民，都必须无条件地服从应急规范的规定，而不能像平常时期那样可以享有法律上的某些自由选择权。

2.3.3 我国的应急法律法规情况

1. 我国应急法律建设的现状

1)制定了应急管理的“龙头法”——《突发事件应对法》

我国在 2003 年 SARS 疫情之后，开始高度关注应急法制建设，并着手制定突发事件应对法。《中华人民共和国突发事件应对法(草案)》在经国务院常务会议两次讨论修改后于 2006 年 6 月提请全国人大常委会审议。经三次审议修改，该法于 2007 年 8 月 30 日在十届全国人大常委会第 29 次会议上全票通过，同年 11 月 1 日正式生效实施。

《突发事件应对法》共 7 章 70 条，主要规定了突发事件应急管理体制，突发事件的预防与应急准备、监测与预警、应急处置与救援、事后恢复与重建等方面的基本制度，并与《宪法》中规定的紧急状态制度和有关突发事件应急管理的其他法律作了细致衔接。

2)制定了一系列涉及应急管理的单行法律法规

以中央人民政府门户网站所载“应急管理”的“法律法规”进行统计，我国目前已经制定了涉及自然灾害类应急法律法规 20 部，其中法律 7 部、行政法规 13 部；事故灾难类应急法律法规 43 部，其中法律 14 部、行政法规 29 部；公共卫生事件类应急法律法规 11 部，其中法律 5 部、行政法规 6 部；社会安全事件类应急法律法规 42 部，其中法律 22 部、行政法规 20 部。这些单行应急法律制度和规范(图 2-11)，构成了我国主要的应急法制类型。

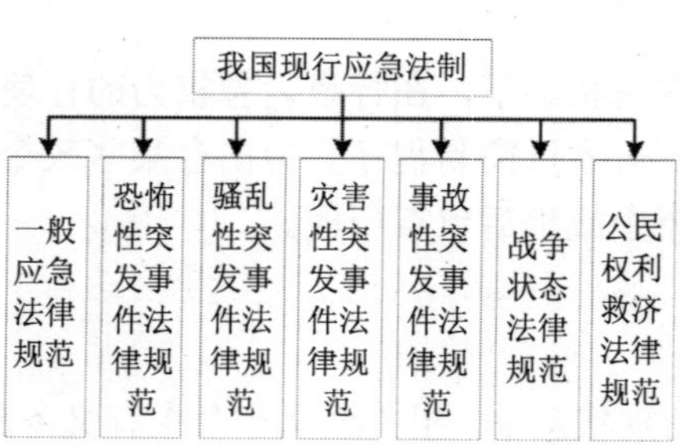

图 2-11　我国现行应急法制构成

(1) 战争状态法律规范。例如，《国防交通条例》、《民用运力国防动员条例》、《兵役法》、《预备役军官法》和《人民防空法》。

(2) 灾害性突发事件法律规范。目前我国的灾害性突发事件法主要有：地震灾害法律、洪灾法律、环境灾害法律、地质灾害法律。

(3) 事故性突发事件法律规范。我国关于事故防治的立法范围非常广泛，立法形式涉及法律、行政法规、地方性法规和规章。主要的事故防治法律包括交通事故法律、核事故法律、公共卫生事故法律、火灾事故法律以及生产安全事故法律。

另外还有《戒严法》、公民权利救济法律规范以及一般的紧急情况法律规范等。

2. 我国应急法律存在的问题

综合分析我国目前应急立法的规定发现，在立法层面上，我国应急法制缺少突发事件应急处置时所应该具有的综合性和指导性，仅针对不同类型的突发事件分别立法。这样造成立法冲突和矛盾较多，缺乏有效的横向联系和沟通、各自独立，降低了突发事件应急处理能力。而且，一些领域中的应急法律规范在内容上仍不健全、不规范，有些突发事件应急法律法规的可操作性不强。具体来说，我国应急法律在内容方面存在以下几个问题[3]：

(1) 重突发事件的事中处置，轻事前预防、准备和事后补偿、救助。突发事件应急管理流程包括预防、准备、应急处置、事后恢复和救助四个环节。目前我国多数单项立法都以应急事件的处置作为核心内容，对应急组织和应对措施有着较为具体的规定，但对预防阶段和灾后恢复、补偿、救助则或者欠缺规定，或者虽有规定、但通常较为笼统、缺乏具体制度。

值得关注的是，《突发事件应对法》在一定程度上改善了此种状况，该法以突发事件应急管理的四个阶段为立法架构主线，强调重在预防，贯穿关口前移、防患于未然的立法思路。但该法对于灾后的恢复重建和救助仍然欠缺制度规定(具体差距见表 2-1[4])，正因如此才会出现汶川大地震之后短短数日内匆忙出台的《汶川地震灾后恢复重建条例》以救急。

表 2-1 《突发事件应对法》与非常规突发事件应对要求的差距[4]

制度环节	基本内容(基本原则)	非常规突发事件应对的要求	需求差距
调整范围	①形式上调整所有突发事件的应对；②对需要进入紧急状态的突发事件没有做出实质性规定	所采取的应急处置措施可能导致宪法秩序的改变，可能需要宣告紧急状态	对部分非常规突发事件应对活动的调整和保障存在立法空白
组织体系	①以各级政府作为突发事件应对的枢纽；②规定了社会动员原则；③以县级政府作为应急管理的职责重心	建立多主体、多层级协调顺畅、运转灵活的非常规突发事件应急组织体系	①未明确各类社会主体在应急管理中的角色与职责，社会动员原则难以落实；②对低层级政府应急管理的权力与职责配置失衡
指挥体制	建立统一领导、综合协调、分类管理、分级负责、属地为主的体制	国家紧急权力的高度集中、快速行使	不能为多种公共权力的一体化运作提供制度空间
危机预防	①提出风险评估的概念；②规定危险源(区域)排查措施；③规定社会矛盾纠纷调处措施；④要求建立健全安全管理制度	必要时针对尚未确证的潜在风险，采取事前干预和规制	没有建立面向未来的、不确定风险的规章制度

续表

制度环节	基本内容(基本原则)	非常规突发事件应对的要求	需求差距
应急准备	对应急预案、应急避难场所、财政、物资、救援队伍、装备、技能、宣传、教育等应急准备工作做出了一般性规定	保障应对非常规突发事件的巨大资源投入	①未规定保障应急准备资源投入的强制性措施；②未设计用于筹集应急准备资源的法律工具
监测预警	①建立统一的突发事件信息系统；②规定应急预警的基本框架；③规定应急预控的基本措施	①多渠道的突发事件前兆信息来源；②实现对重大灾难的即时预警	①可能对非官方来源的信息产生排斥；②没有规定即时预警机制
应急处置	①规定了人民政府的应急处置权；②规定了应急处置的基本措施；③规定了社会主体的配合服从义务	①非政府主体拥有必要的灵活处置权；②必要时采取越权决策、集权决策	①否认大型企事业单位等非政府主体的必要处置权；②没有为必要的越权处置、集权处置提供制度空间
恢复重建	规定了事后恢复与重建的具体措施	保证非常规法律秩序与常规法律秩序的无缝隙衔接	未对非常规应急管理状态的结束和常态法律秩序的恢复做出制度安排

(2) 在组织机构上重视纵向机关之间的领导与被领导关系，欠缺机关之间横向关系协调与合作的具体规定。目前我国多数立法都规定了应急工作的主管机关和协助机关，且明确了这些机关的职责，但对于省际、县际之间的协调与合作，中央部门与地方政府之间的关系等，没有制度上的约束，主要依靠更高一级领导协调或机关负责人之间的私人关系等非制度因素来解决。

例如，《汶川地震灾后恢复重建条例》的第五章“恢复重建的实施”中规定灾后重建工作由省级人民政府负责组织实施，国务院有关部门应当支持、协助、指导地震灾区的恢复重建工作。但国务院部门与地方省级政府之间的协助关系没有被制度化，没有明确协助是否属于国务院部门的义务，更没有明确国务院部门应当就哪些事项向地方提供协助、因协助产生的费用如何承担、因协助行为产生的法律后果由谁承担等问题。

(3) 在突发事件的应对工作中，重行政主导作用，轻社团组织和志愿者等社会力量的参与。目前我国立法主要规定了政府如何组织实施灾后重建工作，对于如何调动社会力量、如何充分发挥公民自救，只有一些原则性的指示，欠缺对民间力量参与灾后重建工作的制度性安排。例如，在汶川地震的救援活动中，能够感受到志愿者的热情和力量，但由于欠缺有效组织，救灾物资的输送出现了拥堵现象，在一定程度上阻碍了应急救援的实施。

(4) 就应对措施而言，重视强制手段，忽视行政指导等柔性执法方式的运用。突发事件的应对需要赋予政府必要的权力，以便采取措施迅速控制局面、恢复秩序。所以各国应急立法都赋予政府在突发事件中享有极大的紧急处置权力，我国立法也不例外。但突发事件应对实践表明，突发事件的应对不仅需要强制处置措施，同时也需要政府运用好行政指导等柔性执法手段，引导民众在突发事件中配合政府发挥辅助作用。例如，湖南在 2008 年雪灾中通过给予每位司机奖励 200 元的鼓励措施，引导他们离开京珠高速、绕道走国道，对灾害中的车辆分流起到很好效果。

(5) 重视对政府实体权力的配置，缺乏对如何正当行使这些权力的程序性规定。我国现行立法多数明确政府在应对突发事件中享有何种权力，以保证政府能有足够的手段和措施来应对突发事件，但对于遵循何种程序行使这些权力则欠缺规定，形成较为明显的重实体、轻程序的立法格局。

例如，《汶川地震灾后恢复重建条例》关于重建规划的修改程序过于随意，由规划组织编制机关提出修改意见，报国务院批准即可，缺乏严格的程序规定。规划修改的随意性势必损害重建规划的权威性和可预期性。而在国外，行政规划的修改程序往往遵循与规划制定相同的程序，如德国《联邦行政程序法》第76条第1款就规定：已确定的规划在完成之前需要修改的，必须经过新的规划确定程序。

2.3.4　应急法制的发展借鉴与重构

1. 应急法制的发展借鉴

考察美国、加拿大、澳大利亚、英国、法国、瑞典、俄罗斯等国家的突发事件应急法律法规情况，总结出应急法制建设普遍具有如下特点和发展趋势[2]。

1) 应急法律规范的专门化、体系化

多数国家都有一部统一的应急管理基本法，通常规定宣布紧急状态的权力行使主体、程序、对公民权利的限制以及权利救济等内容。它是突发事件应急法制领域的基本法，能够在突发事件发生后有一个统一的指挥依据和程序规范。

2) 机构人员的专门化、专业化

一方面，多数国家设置专门的应急状态下管理体制和机构，如美国的联邦紧急事务管理署模式、俄罗斯的紧急情况部模式、新加坡在国内事务部下设立民防部队模式等；另一方面，在专门化的机构内部需要配备专业化的各类人才，如瑞士国家应急中心是瑞士应对各种类型突发性事件的专门技术中心，现有中心人员都具有某一方面的技术或专长，都是物理、化学、测量、气象、能源或通信方面的专业技术人才。

3) 应急法律逐渐适应应急管理体系多元化、立体化、网络化的发展趋势

突发事件的多范畴性致使许多公共领域事件的处置不是某一个部门或机构单独可以应对的，需要来自不同部门和机构的联合与协调，故须以多元化、立体化、网络化的应急管理体系来应对，而应急法律建设也需要适应这种趋势。

4) 政府应急管理行为程序的规范化、制度化、法定化

从各国应急管理实践中可以发现，应急管理行为都有相应的法律规范作为依据和准则，政府机构所制定的政策、采取的措施必须有议会的立法作为根据，这才有利于保证突发事件应对处理措施的正当性和高效性。

5) 预警机制、资源储备与调动机制、危机化解机制逐步完备

预警和应急准备是整个应急管理过程的第一个阶段，作好这一阶段的工作有利于预防和避免突发灾害事件的发生。各国都非常重视作为应急管理基础的应急预警机制，如法国特别强调预防原则，要求遵循预防原则是政府的职责。

6) 应急防范意识和应急能力的培养走向制度化和法定化

突发事件的应急防范意识和应急应对能力的培养，除了平时的宣传教育之外，规范化、制度化、法定化的应急演习也必不可少。从国外的情况来看，日常的情景训练和应

急应对演习，对于提高应急管理效率、减少突发事件带来的损失、提高政府的威信都具有不可估量的作用。

2. 我国应急法制的重构

基于国内外成熟的立法经验，借鉴文献[4]，建议我国应急法律法规可围绕以下几方面展开制度上的重构。

1) 为确保应急能力最大化设计组织体系和指挥机构

应急组织体系，本质上是各种应急力量的配置方式，应对非常规突发事件的组织体系必须做到：① 建立以国家公权力为中心，由企事业单位、基层组织、社会团体、志愿者组成的多元系统，保证突发事件爆发后能够在短时间内实现应急应对能力的倍增；② 在横向关系上，必要时可以打破不同公权力组织之间的权责界限以保证应急活动的持续运作；③ 在纵向关系上，构建上下级应急组织间的联动、互补机制，既能实现自上而下的快速援助，也能实现自下而上的及时补位。

非常规突发事件情景下的应急指挥系统与常态下的权力秩序呈现出明显不同，需要以权力的高度集中和权力的快速行使为重要特征，其核心是各种决策性、执行性权力的重新组合和安排。在出现极端危重的紧急事态时，有时只有借助于权力一体化的应急指挥机构，甚至“独裁”式的个人决断体制才有可能克服危机。

2) 为应急资源的保障和筹集做出制度安排

应急准备的实质是公共资源在应急领域的合理分配，突发事件应急处置中所需要的物质、人力和技术资源，必须在事前的应急准备中获得筹集：一方面，这些资源所具有的公共属性决定了对这些资源的筹集不能任意，必须具备法律上的依据；另一方面，这些资源所具有的稀缺属性，又决定了其筹集必须具有法律上的激励或约束，否则无从获得保证。

应急法律在资源保障方面的作用应该体现在：① 法律上具体的、强制性的、以问责制为后盾的规定所产生的威慑力，有助于督促各义务主体落实应急准备中的资源筹集；② 法律上设计的各种金融工具，有助于以最小的成本负担实现必要的资源准备。例如，巨灾债券、巨灾期货、巨灾期权和巨灾互换等金融工具，既可实现灾难后果的分散负担，又有助于应急准备资金的筹集；③ 法定的应急准备活动，如在全国“防灾减灾日”密集开展的宣传、教育和演练活动，可以在最低限度上保证人们的应急能力储备。

3) 为非常规突发事件的应急决策提供足够的权力空间

非常规突发事件的应急决策，包括事前的风险规制决策与事发时的现场决策，两者都需要以法律授予决策者巨大的权力空间为前提。

对非常规突发事件的风险规制，往往需要在事件发生的可能性、损害的可能性、事件与损害之间的因果关系等尚未得到确证的情况下进行。面对仅仅是潜在的、可能的、在科学上尚未被完全证明的非常规突发事件风险，以政府为典型代表的应急决策者是否主动出击采取规制措施，都有可能招致严重后果。对此，应急法律法规必须对决策者实施风险规制的条件、限度和法律责任做出系统规定。

现场应急决策更是非常规突发事件应对的核心环节，其特点在于：① 应急决策的约束条件非常苛刻，决策者在短时间内无法完全了解其拥有的法定权力；② 在法定的决策主体无法履行职责时，需要由其他应急主体越权决策；③极端危重的紧急事态下，法定的决策程序可能被抛弃，此时应急决策将表现为个人独断；④ 决策结果很难预料，有时甚至可能产生违法后果。

因此，应急法律法规既要尽可能为非常规突发事件情景下决策主体、决策程序和决策内容等方面的权变性选择提供必要空间，又要确保其不脱离法治的基本轨道。为此需要详细设计越权决策、集权决策的条件、效力和追认制度，同时注意规定豁免决策者法律责任的条件和方式。

4) 非常态应急法制与常态法律秩序的平战顺利切换

非常规突发事件的应急处置一旦启动，可能导致全国(或部分地区)由常态的宪法秩序转入非常态的宪法秩序。但这种宪法状态只能是暂时的，应急处置一旦结束，就必须尽快恢复常态，否则将导致国家的社会生活长期陷于不正常。因此，需要建立起两种宪法秩序平战顺利切换的机制，既满足人们处置非常规突发事件的需要，又避免非常规状态的长期化，以尽量减少对公民权利的伤害。

2.4　应急管理体系的内容

在对应急体制、机制和法制进行探讨之后，本节将在这些制度建设的基础上，详细介绍一个相对完善的应急管理体系内容。从功能上看，这个体系需要完成指挥协调和处置实施的工作，并要求能够根据应急资源布局现状和紧急调度的可能性来实施救援，而这一切都需要构建在一个稳定、高效、统一的信息平台上。因此，同文献[2]观点，本书认为应急管理体系由五大系统架构而成：指挥协调系统、处置实施系统、资源保障系统、信息管理系统以及决策辅助系统。

2.4.1　应急管理体系的原则和目标

应急管理体系建设为达到一定目标需要遵从一套基本原则，这些原则和目标是应急管理体系中各模块系统架构的前提条件。

1. 应急管理体系建设需遵从的原则

一套切实有效应急管理体系的构建应当遵循如下原则[2]。

1) 全面性

应急管理体系需要能够涵盖处置各类突发事件的所有方面，任何方面的遗漏都有可能在遇到突发事件时暴露出问题，并可能导致灾难性的后果。

2) 层次性

应急管理体系需要能够根据突发事件的性质、可能造成危害的程度、波及的范围、影响力的大小以及人员财产损失等情况，对事件的处理采用不同级别的预案，组织不同层次的机构参与应急联动。

例如，北京市的突发公共事件应急预案就把事件按照轻重缓急分成了四个级别：特别重大(I级)、重大(II级)、较大(III级)、一般(IV级)。发生不同级别的事件时就采取不同层次的处置措施。

3) 可操作性

设计应急管理体系的目的就是为了能够在突发事件出现的情况下可以立刻进行应对处置，因此体系构建必须具备可操作性的特点。一方面，可操作性原则要求在突发事件战时状态下能够救灾和减灾，在非警戒及平时状态下则可以用以训练应急人员和普及突发事件应急知识；另一方面，可操作性原则要求体系设计必须基于行业或领域内的相关专业技术，达到普适性和专业性的有机结合。

4) 可重构性

为最大程度地减少突发事件造成的损失，要求构建的应急管理体系中各个功能模块可以方便地进行组合和重构，使突发事件发生时能够更恰当地根据实际需要达到有效控制事件影响范围的目的。

5) 高可靠性

由于突发事件发生前往往难以预料其涉及面，且应急管理体系本身极有可能遭受突发事件的影响而丧失部分功能，此时备用应急系统则成为提高其可靠性的重要保障。提高应急管理体系可靠性的常用手段是提供多种处置方案，且多种处置方案间应尽量独立、不相互依赖。

6) 高集成性

一套高效的应急管理体系应该是从整个国家、地区甚至世界层面上建立起来的功能综合体系，它要求能够在一定范围内协调各种必要资源对突发事件进行集成处置，如整合社会运行中的各相关部门和机构，或协同各方面专家等。

2. 应急管理体系的目标

构建应急管理体系的目的就是要在了解突发事件发生发展规律的基础上，在事前、事中和事后的全过程中，采取适当的应对措施和方法，以减小突发事件带来的负面影响和损失。为了实现这个目的，在构建应急管理体系的过程中，应该瞄准下列目标。

1) 具有突发事件事前准备的功能

应急管理体系应该包括建立平时的应急预案、安排演练、组织实施相关技术培训以提高安全保障度、协调各种资源进行日常的防范处理准备工作等，这些工作都是为了使所构建的应急管理体系在平时能够正常运行，可提供一系列突发事件前的准备功能。

2) 具有突发事件事中防范处理的功能

应急管理体系中对突发事件的预测和预警功能是至关重要的组成部分，它直接关系到整个体系的效率。而在警戒期根据事态发展，迅速做好突发事件的防范处理准备则是事中恰当处置突发事件的关键保障。

3) 具有突发事件事后快速响应的功能

突发事件发生后，应急管理体系应该能够迅速判断事件发展态势，调集各种应急资源，根据相应的预案对事件进行恰当的处置，以最快的速度把事件的危害和损失降到最低。

2.4.2　指挥协调系统

指挥协调系统是突发事件应急管理体系的核心和中枢，主要负责应急决策、向各个相关机构发出指令或授权、并协调其他系统的功能。首先介绍指挥主体的产生和指挥系统应该具有的功能，然后再描述指挥协调系统在三个不同应急管理状态下的主要工作范围(表 2-2)。

表 2-2　指挥协调系统在不同管理状态下的功能描述

基本功能	请示报告：口头、书面 下达命令：电话、电报、网络、发文 通报情况：及时性、准确性 组织协调会议
平时状态	组织、培训和演练：预案研究、培训计划、演练大纲 制定或完善相关制度 信息汇总分析：技术信息、预警信息、管理信息和用户信息 判定事件性质及其征兆 批复请求：及时、准确、防范措施 组织协调：环形网状结构的协调 组织安全检查：检查、自查，消除安全隐患 组织事故调查：将事故原因、处理经过、处理结果等相关数据录入数据库 对人财物储备的适时监督、配置和协调：不定期抽查、及时配置协调
警戒状态	制订突发事件的预防措施 组织检查和演练：对重点部位进行自查、针对性演练 对信息进行收集汇总分析：可靠信息来源、提高信息获取频度、运用科学方法对数据进行处理分析、根据分析结果并结合数据库判定重大事件的征兆 批复操作请求：安全、及时、正确、防范措施 组织协调：加大协调和配合力度 组织事故调查：调查方法科学、客观、真实，时间紧迫性
战时状态	判定事件性质、确定应对方案：时间紧迫性 跟踪和评估：实时跟踪、评估 动态调整预案：随时应变调整 对操作请求批复：时间紧迫、第一决策人 响应下级机构支援和资源调配的请求：及时响应、判断和回复 组织协调：加大协调和配合力度 组织事故调查：调查方法科学、客观、真实，时间紧迫性 与内外部和舆论的沟通：健全信息渠道、建立汇报制度、正视媒体和舆论

1. 指挥主体

1)指挥主体的产生

指挥主体可通过以下两种方式授权产生：① 对于应急预案内的突发事件，指挥主体在预案中有明确规定。② 对于预案外的突发事件，经上级主管部门临时授权，产生指挥主体。

产生指挥主体之后，就应该按照指挥主体所赋予的职权去履行自己的职责。在客观条件允许情况下，被授权主体须无条件履行应急职责。若被授权主体负责人经分析后，确认在能力范围内无法解决问题，在采取必要应急措施的同时，可向上级主管部门提出，并由上级重新授权，产生新的指挥主体。

2)指挥主体的可变性

在应急管理预案的实施过程中，指挥主体应始终处于事件处理的核心地位，保持与执行主体的密切联系，但指挥主体可以随事件的性质和发展趋势发生变化。当面临重大突发事件，在现有指挥主体所拥有的控制能力之内无法有效控制局面时，指挥主体就会上移，所担当的责任和控制的范围也就扩大。例如，SARS、“9・11”等具有特大影响的突发事件，其指挥主体就会迅速由省市机构上移到国家权力机构，原因就是低级指挥机构所能控制的资源已远不足以控制突发事件的影响和发展。

3)指挥主体的执行原则

根据事件发生的层面、影响和破坏程度不同，指挥主体可采取不同的执行原则。

(1)一般性突发事件的处理，需采取分级决策、分级处理、事后集中汇报的原则。如县、市一级发生的交通安全、生产、传染病等突发事件，可由县市一级应急管理体系中的指挥协调机构及时沟通相应部门进行有效处理。

(2)重大突发事件的处理，需采取集中决策、分级处理、边处理边汇报的原则。重大突发事件是指诸如涉及国家安全、恶性传染病和覆盖面巨大的自然灾害等，需要由国家统一指挥决策，省市分级处理，地方城市迅速执行。

(3)为明确责任，各类突发事件的处理应采取谁决策谁负责、谁实施谁负责的原则。

2. 指挥协调系统的基本功能

指挥协调系统的基本职能包括请示报告、下达命令、通报情况、组织协调会议等。

1)请示报告

请示报告可分为口头和书面两种形式。需上级指挥部门及时知晓并迅速作出决策的紧急事件可通过口头方式报告，之后再用书面形式如实报告。凡发生的具有一定社会、政治影响的重大事件，应在第一时间如实上报至上一级指挥协调中心，并由上一级指挥中心根据情况决定是否继续上报。

重大情况在快速报告后，详细书面报告应于事发当日报至调度指挥中心，书面报告的要素应该包括事件的内容、事件、地点、起因、造成的后果、影响范围、已采取的措施、发展趋势、需上级帮助解决的问题等。

2）下达命令

指令的下达可根据事件的轻重缓急采取不同的方式：特别紧急的指令可通过电话下达到直接责任人，也可通过紧急调度令或密码电报下达，不涉密的指令信息可采用普通传真、计算机网络等手段下达；大范围紧急部署的指令可通过召开紧急电视电话网络会议下达；一般指令通过发文形式下达。在指令下达之后，执行单位应及时反馈执行情况。

3）通报情况

事件的发生情况以及初步处理结果应通过有效手段发布，要注重通报的及时性和准确性，尽量避免谣言和误会的产生：涉密信息的通报应符合《中华人民共和国保守国家秘密法》的有关规定；预警信息的通报要在一定时限内通过书面或电视、网络会议等正式渠道下发。通报情况时既要保证内容的甄选性，也可根据实际情况恰当地保留部分内容，但要本着实事求是、有效处理事件的原则，尽量不引起受报者不必要的猜疑和恐慌。

4）组织协调会议

指挥协调系统遇到最多的问题就是协调问题，诸多功能的完成以及具体实施都需要多方面的协调才能按时顺利完成。组织协调会议是指挥协调系统较为常用的一种方式，它具有协调方式简单、协调内容准确等优点。

3. 平时状态下指挥协调系统的主要功能

指挥协调系统在平时状态下的主要职能包括：组织、培训和演练；制定或完善相关制度；信息汇总分析；判定事件性质及其征兆；批复请求；组织协调；组织安全检查；组织事故调查；对人财物储备的适时监督、配置和协调等。

1）组织、培训和演练

根据可能发生的突发事件情况，召开专家会，组织预案研究，提出制定预案的原则和要求，根据经验及突发事件情况构建预案框架，完善预案内容；组织预案相关技术方案的评价、实施方法的审查和后评价；制定应急演练大纲并提出培训计划。需要注意的是，预案研究、演练大纲、培训计划三者必须有机结合。

2）制定或完善相关制度

评估考察预案中涉及的相关法律法规以及具体部门的规章制度，在遵守国家法律的前提下，制定应急实践中实行的规章制度，组织对与安全保障相关的法规制度的执行效果进行评估，并根据评估结果完善现有制度；积极推动新法规制度的出台、试行和完善，力求相关制度的可操作性，并督促法规制度的到位执行，促成制度实施环境的形成；最后，应该努力形成专门化、体系化的法规制度，促进人员危机防范意识和应急能力的培养。

3）信息汇总分析

对应急事件处理中产生的大量信息和数据汇总，确定安全信息的大数据项；建立、维护和更新数据库，按类别和标准上报信息；进行统计分析信息，提出问题和改进意见。其中信息类别包括：技术信息、预警信息、管理信息和用户信息。

4）判定突发事件性质及其征兆

突发事件性质判定的正确与否对后期应对处理措施的是否合理直接相关。可根据数据库及经验，考虑事件发生环境和相关人员因素，判定的依据是突发事件对应的属性和表现特征；判定的方法为科学的事件分类分级方法，可通过绘制核对表、流程表与预案核对产生初步判断；判定的结果可为正确选用解决突发事件的实施方案提供基础。

5）批复请求

平时状态下的批复原则是，该操作必须在保证及时准确的前提下进行，并采取必要的防范措施。批复的方法是，在既定的权限和时限内，以标准公文格式做出批复，但若时间紧迫，可采取口头批复形式。批复的后处理是指，对批复的执行情况进行跟踪监督，并保存原资料。

6）组织协调

系统内相关组织协调工作应由相应级别的指挥协调系统负责，其他相应系统也应负责具体的指挥协调工作，形成协调工作的环形网状结构；系统外相关组织协调工作应符合国家有关规定，建立相关单位联络图，内容涵盖联系方式、会晤地点、参加人员及具体实施步骤，应尽可能细致明了、明确相关应急职责。

7）组织安全检查

需要不定期对重点单位进行安全检查，将检查结果及时通报并提出整改措施。各单位也应该根据自身情况定期自查，针对自查结果，及时采取措施，消除安全隐患。

8）组织事故调查

采用科学合理的调查方法，全方位调查事故发生的原因和处理经过，了解事故处理的实施方案；将事故处理结果及相关数据录入数据库，作为修改和完善实施方案，以及评估实施方案执行效果的重要依据。

9）对人财物储备的适时监督、配置和协调

对人力资源和组织情况进行监督检查，发现与预案不符时提出改进意见；对应急事件的财力和物资储备进行不定期抽查，如储备不足要及时进行配置和协调，保证预案的真实有效。

4. 警戒状态时指挥协调系统的主要功能

在警戒状态下，指挥协调系统主要负责制订突发事件的预防措施，组织检查和演练，对信息进行收集汇总分析以及批复操作请求等。

1）预防性措施的制订

根据相关情况分析，预见可能发生的突发事件并制订预防性措施。根据事件的变化情况，及时调整指挥决策并制订应对措施。

2）组织检查和演练

警戒期间，要求各单位对重点部位进行自查，消除隐患并对重点的安全防范措施进行演练。演练要具有针对性，强化细节，以切实保证演练的实战效果和情境模拟功能。

3）信息的汇总分析和研究判断

保证信息来源的可靠性，提高信息获取的频度。采取先进手段、设备和方法，加强信息的汇总分析，根据分析结果并结合数据库判定重大事件的征兆。

4）对操作请求批复

在警戒状态下，操作请求批复的原则是，必须在保证操作请求安全、及时、正确的前提下进行，对不确定的操作请求可采取必要的安全防范措施。批复的方法是，在既定的权限和时限内，以标准公文格式做出批复，但若时间紧迫，可采取口头批复形式。批复的后处理，对批复的执行情况进行跟踪监督，并保存原材料，以便及时总结更新。

5）组织协调

警戒时期，各应急单位之间必须加强协调和配合的力度。

6）组织事故调查

调查方法科学、客观、真实，警戒时期的调查要有紧迫性，时间是事故处理的重要因素。

5. 战时状态下指挥协调系统的主要功能

不同于平时和警戒状态，指挥协调系统在战时的功能体现得最为突出，包括以下功能。

1）判定事件性质、确定应对方案

依据事件的表象特征，在最短时间内，对其性质做出正确分析和判定；根据判定结果在最短时间内，确定最优的应对方案，并下达实施指令。

2）跟踪和评估

随时掌握最新消息和事件征兆，对事件发展趋势进行实时跟踪，对预案的实施效果进行实时评估。

3）动态调整预案

根据跟踪评估的情况和实际需要，随时指挥调整应对措施。

4）对操作请求批复

战时状态下，批复的原则和后处理情况，与警戒状态要求一致。所不同的是战时状态的批复方法是，时间紧迫，可采取口头批复形式，重大决策可直接由第一决策人决定。

5）响应下级机构支援和资源调配的请求

对下级机构的支援请求及时响应、判断和回复；根据需要确定资源调配方案，并注意与相关单位协调促成；事后进行资源消耗评估，并确定补偿方式。

6）组织协调

战时状态，各单位之间必须进一步加强协调和配合力度。

7）组织事故调查

战时状态下的组织事故调查功能与警戒状态下的要求一致。

8)与内外部和舆论的沟通

健全信息渠道，建立汇报制度，让内部人员第一时间掌握事件真相；重视民众的知情权，及时有效地发布主流信息，引导民众、安定民心，避免因消息闭塞导致局面失控和无谓的恐慌；正视媒体和舆论，积极沟通交流，增强信息披露的透明度，发挥舆论的桥梁纽带作用，创造媒体公正介入的秩序。

2.4.3 处置实施系统

处置实施系统是对指挥协调系统形成的预案和指令进行具体实施行为的系统。同指挥协调系统一样，该系统也分为平时、警戒和战时三种状态，分别负责体系的日常运行、维护和更新改造；执行培训和演练计划；检查、消除隐患；根据要求配置资源；执行预案；完成突发事件后处理等(图 2-12)。

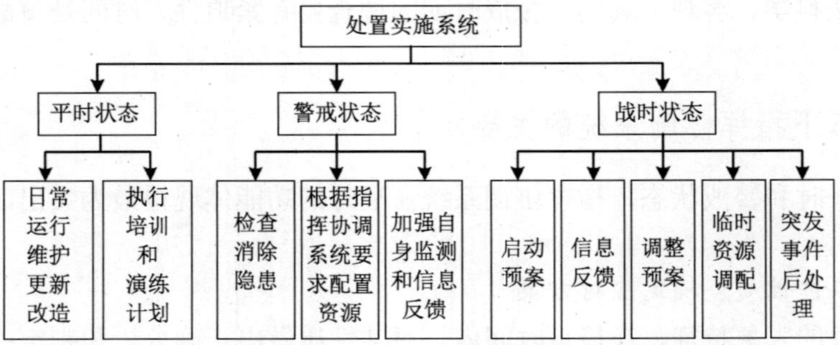

图 2-12 处置实施系统在不同管理状态下的功能结构

1. 平时状态

在平时状态下，处置实施系统需要具备以下主要功能。

1)体系日常运行、维护和更新改造

具体工作的正常运转；系统的例行维护；系统的更新改造；技术维护报表的填写和上报；资料的整理和更新。

2)执行培训和演练计划

根据技术培训大纲，组织本系统人员参加业务学习和岗位培训；积极参与系统内预案和其他安全工作计划的演练；及时将培训和演练的情况反馈给指挥协调系统。

2. 警戒状态

在警戒状态下，处置实施系统需要具备如下主要功能。

1)检查、消除隐患

根据指挥协调系统的指令，对突发事件的前期征兆情况进行检查，排除隐患；针对预警信息调动资源，提前做好防范工作；按照指挥协调系统的指令，无条件启动防范性预案。

2）根据指挥协调系统要求配置资源

按照指挥协调系统的要求，保证各主要岗位的人员配置，并做好相关设备和资金的储备工作。

3）加强自身监测和信息反馈

密切监测系统自身运行状况，发现预警或故障信息及时做出处置；可确定突发事件产生原因的，根据应急预案立即处置；不能确认突发事件产生原因的，采取应急措施的同时通知相关部门并上报指挥协调系统，根据其指令进行操作；发现可能导致严重后果的重要情况应立即上报指挥协调系统，并通报相关单位。

3. 战时状态

在战时状态下，处置实施系统的主要功能有以下几个方面。

1）启动预案

突发事件发生后立即报告指挥协调系统，并根据初步判断结果，启动相应的应急预案实施处置，紧急情况时可以先处置再请示报告。

2）信息反馈

突发事件发生后应与指挥协调系统保持实时联系；在具体操作过程中，发现预案无效或资源缺乏，应在采取紧急措施的同时，向指挥协调系统提出支援请求；及时通报现场情况，注意与其他系统的适时沟通和了解。

3）调整预案

跟踪预案的处置效果，并及时向指挥协调系统进行信息反馈；如发现预案无效，应按照指挥协调系统的指令，实施调整后的处置方案。

4）临时资源调配

在处置过程中如发现资源存储量不能满足需求，应及时向指挥协调系统提出资源调配请求，临时调用的资源在突发事件处理完毕后，应根据有关规定进行归还或补偿。

5）突发事件后处理

按照规定的格式上报事故报告；配合相关单位对事件及处理过程进行调查，并对处理结果进行评估；总结事件处理过程中的经验教训；根据需要调整预案和资源配置。

2.4.4　资源保障系统

资源保障系统，是为实现系统资源的合理布局和动态调配进行资源配置、储备及维护等方面的工作，以提高资源的综合利用和使用效能，同时提供资源状态信息，保障整个应急管理体系的正常运行，从而有效地应对突发事件。资源保障系统包括物资资源保障系统和人力资源保障系统（图 2-13），其中物资资源保障是为突发事件的处置提供具体物资支持，对整个应急管理体系的运行提供基础物资帮助。

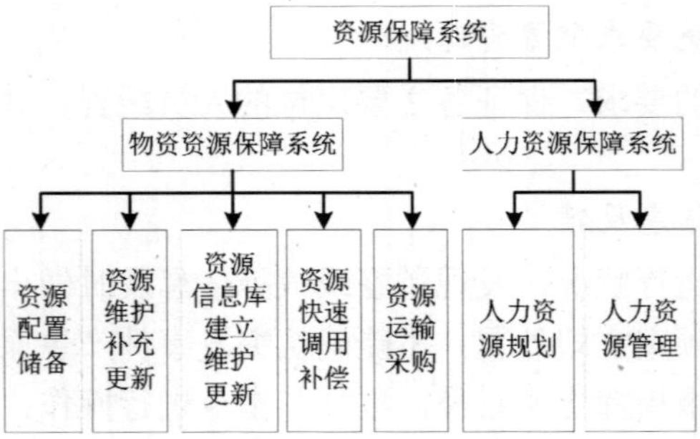

图 2-13　资源保障系统的功能结构

1. 物资资源保障系统

物资资源保障系统主要负责资源状况和支持度的评估、战略性及稀缺资源的最低保有值评估和配置、优化资源配置(资源的合理布局与动态调配)，完成资源的综合利用、整合和共享等。

1) 资源配置与储备

以指挥协调系统提供的资源评估与优化配置方案为依据，科学客观地配置资源，以保障应急管理体系在平时的正常运行。按照“以用备战”的原则，根据对备战和紧缺资源的最低保有值的评估结果，合理配置应急和备战资源，避免资源浪费。具体的资源管理部门需要在其自身管理范围内，建立一套特定优化配置方案，以加强应急资源的统一管理和使用。

2) 资源的维护、补充和更新

制定完备的资源维护制度，对现有资源和储备资源进行定期维护，排除隐患，确保资源安全可靠。当安全保障资源的保有量不能满足需求时，应根据资源评估结果及时进行补充。还需注意及时更新使用性能下降或失去使用效能的资源。

3) 资源信息库的建立、维护和更新

资源信息库应包括传输通路、系统设备、主要备件、基础设施、应急设施和其他与安全相关资源在配置、数量、性能等方面的主要信息。需要定期维护和更新资源信息库，保持资源信息数据与资源现状一致。当重要资源信息发生变化时，应及时报告所属指挥协调系统，由指挥协调系统全局性掌握重要资源的分布情况。

4) 资源快速调用和补偿

资源调配请求是由处置实施系统根据需要及时向指挥协调系统提出的，并接受指挥协调系统的统一协调指挥。可根据资源的分布和配置情况，制定可操作性强的快速调用程序。为发挥整体资源保障作用，资源调用需要遵循有效利用和区域就近原则。资源在调配使用后，需按相关法律法规给予归还或补偿。

5) 资源运输和采购

资源的运输应考虑便利性、就近性、快捷性，因此除所需物资的购买地点外，还应关注运输工具的特性，在一定程度上快捷性是优于成本等其他特性的优先考虑因素。资源采购的内容应翔实、可靠，必要时可动用行政力量挖掘信息，以保证应急采购工作的顺利进行。

2. 人力资源保障系统

人力资源保障系统是为整个应急管理体系提供智力支持和组织保证、促进体系正常运转的系统。该系统还可细分为组织机构子系统和人力资源子系统：组织结构的合理架构是应急管理体系顺畅运行的必要条件；而人力资源则作为具体内容起到丰富整个组织框架的作用，可分为人力资源规划、人力资源管理、人才队伍建设和机构人员配备等相关内容。

1)人力资源规划

一支专业化、训练有素的突发事件应急管理人才队伍，对及时有效地处理突发事件起着举足轻重的作用，因此，资源保障系统的建设离不开完善的人力资源规划。应急管理人才大致可分为以下几类：

(1)高级决策型人才。这类人才是应急管理体系中最高层次的人才，即高级管理人才，要求具备四种能力：一是对宏观事态的全面把握能力；二是对事态发展趋势有超常的预测能力；三是有临危不惧、处乱不惊的心理素质；四是熟悉事件的产生、发展、影响及化解方法，能在事态发展的不同阶段做出相应对策。

(2)执行指挥型人才。这类人才是前线指挥官，即中层管理人员，需要具备领悟力、贯彻力、协同能力，要求专业背景强，准确把握、果断决策，能领悟决策层的精神并将其很好地贯彻下去，根据事态发展迅速而果断地制订出可操作性强的行动计划。

(3)具体操作型人才。这类人才是应急管理体系中现场处理突发事件的专业技术人才，即行动实施人员，如消防员、警察、医护人员等。这类操作型人才要求具有快速反应能力、很强的协同性和整合现场各种资源的能力。

(4)监督指导型人才。这类人才在应急管理体系中专门负责对整个事件的处理过程进行记录和跟踪报告，以便加强应急处置的透明度。这类监督型人才要求具备很强的专业背景、动态跟踪能力、整体评估能力和政策把握能力。

(5)信息技术型人才。这类人才担负着应急管理体系的预警工作，其任务是及时、准确、全面地搜集信息，并且不断地更新和反馈相关信息。信息型人才的核心素质是灵敏性、选择性和责任性。

2)人力资源管理

人力资源管理涉及人才需求、人才招聘、人才选拔、人才培训和人才聘用等诸多方面：根据组织机构和应急管理体系内容的具体安排，针对人才缺口情况，拟定人力资源的需求方案，并制订解决计划；在组织内部无法解决人才缺口时，需采取人才招聘的形式，招聘应遵从公开公正原则；培训是组织内部解决人才缺口的重要方式，也是现岗位人员提高水平和素质的有效手段，培训内容应符合应急管理体系的实际需求、注重实效。

2.4.5 信息管理系统

信息管理系统是整个应急管理体系的信息交流平台。它通过多方位、多角度、多手段地采集、管理和发布信息，对突发事件前各环节进行全天候监视、对突发事件处置前后状况进行实时监视，同时收集和发布信息，保证信息在应急管理体系内部安全、畅通地传递，从而提高突发事件应对处置的反应速度、加强体系的整体性和联动性。信息管理的主要工作包括信息采集、信息处理、信息传输和数据库等。

1. 信息采集

信息采集需要注意采用标准化的信息反馈方式，实时接受来自相关单位和向相关单位反馈监测到的有关应急管理方面的信息。对信息采集工作有如下要求：①要求实现多手段、全方位、全时段的信息采集；②保证所采集到的信息完整、准确、可靠、可用；③保证应急管理体系内各部门在权限范围内实时获取相关信息；④加强对有害信息的甄别、监控和管理，掌握有益信息的发布时机；⑤尽量增大信息采集监测的覆盖面，建立可靠的信息网络，积极实现信息共享。

另外，信息采集工作应实行责任制，各部门对本单位采集到信息的真实性和准确性负责。信息采集过程中需保证应急管理体系内级别高的部门具有采集优先权。

2. 信息处理

信息处理的工作包括：①对采集到的信息数据进行相应技术处理(如分类和统计)，以方便信息数据的查询和归档；②对采集到的信息数据进行技术分析和编辑；③对采集到的信息数据进行分类储存，为建立信息数据库奠定基础；④将有用的在线信息按照统一格式转换到信息管理系统中。

3. 信息传输

信息传输中需要注意：①根据信息的秘密级别和紧急程度，选择合适的信息传输方式；②及时传达指挥协调系统的工作部署，以提高应急管理体系的响应速度；③及时发布信息管理系统内外的信息，以增强应急管理体系内外的互动性和联动性；④采用标准化传输方式，以保证信息传输的高效、灵活、准确；⑤根据应急情况的实际需要，应及时通过广播、电视等公众媒体向社会发布相关信息；⑥保证信息系统的完备和信息传递渠道的畅通，以促进实时信息交流能力的提高。

4. 数据库

以面向问题解决为原则，利用采集到的多方位、多角度的信息建立相应数据库。数据库可分为基础数据库和实时数据库：基础数据库中是为各系统的运行管理工作提供各类决策辅助作用的基础数据，同时为过程化、科学化和标准化管理提供有力的信息支持；而实时数据库是针对某一特定事件设立，鉴于事件的发生具有不确定性，在无法录入到基础数据库时可暂时单设一数据库进行管理。

数据库的相关工作需要注意：①应定期对数据库进行维护和更新，以保证数据库运行稳定和信息准确。为了保证数据真实可靠，需要进行深入的调查统计，必要时进行抽查，严防虚报谎报数据，对应急管理决策造成误导和不必要的损失；②对于数据库内的涉密信息，要采取相应的保密措施，确保信息库的安全可靠；③对数据库进行规范性管理，以方便数据库的整理查询，为其他系统更好地发挥应急效用提供基础信息资料。

2.4.6　决策辅助系统

决策辅助系统是为整个应急管理体系提供方法支持和决策建议的功能模块。它是以各种信息为基础，以预警分析、资源的优化配置和布局、事件和机构的分类分级、预案的评估和选择、事件评估、预案的动态调整、资源的动态优化调度等问题为对象，为应急决策提供依据。决策辅助系统的功能结构如图 2-14 所示。

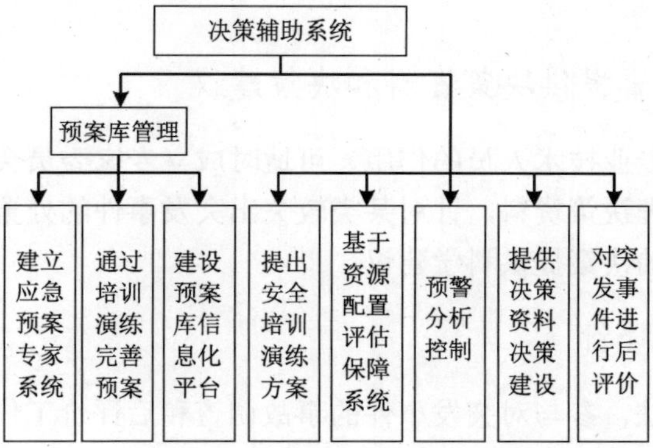

图 2-14　决策辅助系统的功能结构

1. 预案库管理

预案库的管理主要包括：明确预案的定义和适用范围；确定预案的生成和启动条件；整理汇总所有相关预案，建立预案数据库系统；对预案的执行效果进行科学评估，提供调用预案的标准接口，为预案的匹配调用提供基础数据和有效工具。

预案库的管理方法主要有三种：①逐步建立完善的应急预案专家系统，强化预案的研究与管理，以增强预案调用的及时性和适应性、提高突发事件的应对处置能力；②应急管理体系中的各类机构应根据自己在应急环节中可能出现的技术类问题重点提出应对预案，可以通过培训和演练逐渐完善预案，使预案在实际应急中得以有效地发挥作用；③应加大应急管理信息化平台建设的力度，统一规划决策辅助系统的信息化平台建设，以形成一套规范、高效的信息反馈系统。

2. 提出安全培训和演练方案

根据应急管理体系的整体要求，一方面结合实际，提出和制定科学的安全培训大纲，以指导业内人员的安全培训工作；另一方面结合预案，研究制订出应对突发事件的演练方案。

3. 基于资源优化配置方案对保障系统进行评估

基于指挥协调系统和资源保障系统的要求，对整个应急管理体系提出资源优化配置方案和建议；按照安全保障度评价方法，对目标单位的应急管理体系进行评估；并将评估结果作为对目标单位保障系统考核的重要依据，向目标单位提出完善保障措施、提高防范能力的可操作性建议。

4. 预警分析和控制

运用科学方法对各种应急相关信息进行分析研究，预测事件的发展趋势，适时向指挥协调系统提出发布预警信息的建议；依据分析结果，对灾害事件的不良趋势予以校正、预防和控制。

5. 为突发事件的处置提供决策资料和决策建议

充分发挥专家和专业技术人员的作用，可适时成立专家委员会为突发事件的应对提供技术支持；搜集整理决策资料，针对某类较突出突发事件的处置，可采用集中研究论证；为指挥协调系统的决策提供科学建议。

6. 对突发事件的后评价

运用科学评价方法，参与对突发事件的事故调查和后评价工作；为做好善后工作、消除安全隐患、采取改进措施、完善应急预案提供参考建议；及时更新数据库和预案库，以保证应急经验的及时总结和更新，从而提高对突发事件的再认识。

参 考 文 献

[1] 陈安，上官艳秋，倪慧荟. 现代应急管理体制设计研究[J]. 中国行政管理，2008，(8)：81-85.

[2] 计雷，池宏，陈安等. 突发事件应急管理[M]. 北京：高等教育出版社，2006.

[3] 王万华. 略论我国社会预警和应急管理法律体系的现状及其完善[J]. 行政法学研究，2009，(2)：3-9.

[4] 林鸿潮，詹承豫. 非常规突发事件应对与应急法的重构[J]. 中国行政管理，2009，(7)：61-65.

第二部分　应急管理实务

第 3 章　应急计划管理

应急计划，也称为应急预案，是针对可能的重大灾害事件，为保证迅速、有序、高效地开展应急救援行动、降低事故损失而预先制订的有关方案。它是在辨识和评估潜在的重大危险、事故类型、发生可能性、发生过程、事故后果及影响程度的基础上，对应急机构与职责、人员、技术、装备、设施设备、物资、救援行动及其指挥与协调等方面预先作出的具体安排。它明确了在突发事件发生之前、发生过程中以及刚刚结束之后，谁负责做什么、何时做，以及相应的策略和资源准备等。确定应急管理计划是应急准备工作的核心内容，科学化、合理化和规范化应急计划的编制和实施，有利于增强社会对突发事件的应急处理能力。

3.1　应急计划管理的过程

计划是指管理决策者对未来确定目标，并为实现这一目标预先拟定行动措施和步骤的过程。计划管理是针对计划目标，围绕计划的制订过程、计划的调整过程、计划的实施过程，以及计划的评价过程展开的。计划管理的目的是结合外部环境输入和内部反馈信息，综合作出分析、确定目标、安排最优规划、选择最佳方案，并通过计划的全面实施，取得最佳的社会经济效益。

3.1.1　计划管理概述

如果把整个决策者的管理活动作为一个系统来看待，那么计划管理是其中的一个子系统。这个子系统自身特有的管理职能及其特点影响着计划管理的方法和组织管理形式，决定着计划管理的职责范围及其在整个决策系统中的地位和作用。

1. 计划管理的职能及特征

计划部门行使分析计划、编制计划、检查计划、调整计划和总结考核计划的管理职能。通过计划管理，做好人、财、物、供、产、销、运、技术和基建等各方面的综合平衡工作，使其按一定比例协调发展：通过对计划的分析与检查，及时反映各部门计划的执行情况，分析影响计划完成的原因，采取措施解决薄弱环节；通过对计划完成情况的总结和考核，奖优罚劣，总结经验教训、找出规律性，为建立正常的计划管理秩序提供指导。

决策性、制约性、综合性是计划管理职能的三个重要特征[1]。

1) 决策性

决策性主要表现在计划管理的工作具有决策性质。事实上，计划管理的决策流程可表达成：计划部门首先根据管理者的战略决策和对未来的发展预测，制订计划总方针和主要计划指标；然后各专业部门据此制订具体的专业计划报送计划部门，计划部门通过对各专业计划指标进行测算、调整、综合平衡使各专业计划指标衔接起来，形成一个完整的、有机联系的计划指标体系，以此来确定计划；计划确定后，由计划部门下达到各专业部门，并由其负责贯彻执行(图 3-1)。确定计划指标、下达计划，实际上是计划部门按照单位组织的目标进行决策的过程。

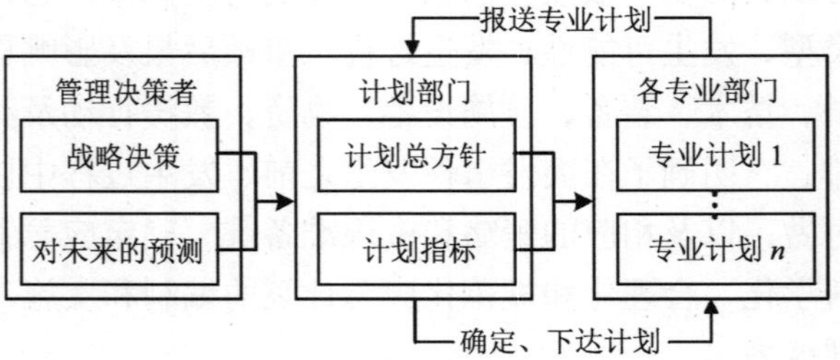

图 3-1　计划管理决策流程示意图

2) 制约性

制约性主要体现在两个方面：① 单位组织的综合计划一经确定后，各专业部门必须按综合平衡调整后的计划认真贯彻执行，决不能私自调整计划，更不允许拒不执行。如果专业部门确需调整计划指标，必须按一定程序报计划部门审查同意，经上级单位组织审批，再由计划部门重新进行有关计划指标的综合平衡后正式调整。因此，计划部门对各专业部门在计划管理上有约束性。② 计划部门有权对各专业部门的计划执行情况进行检查，并按有关规定进行考核，决定奖惩，也体现其约束性。

3) 综合性

综合性表现在计划管理的内容涉及一个决策单位组织整体方方面面的工作，它通过计划工作与所有专业部门发生直接、重要的业务联系，并将其纳入综合计划管理中。

2. 应急计划管理的要求

整个应急活动的目标必须通过有效的计划管理来保障实现，完备的计划管理能大大提高突发事件应对的应急能力。通过周密详细的计划安排、平衡、协调，将所有可利用资源进行妥善安排、合理调配、优化组合，从而指导整个应急管理活动健康、有序地开展。应急计划管理往往需要满足以下要求。

1) 前瞻性、预见性

计划工作首先要准确把握突发事件外部环境的千变万化，及时、准确、灵活地捕捉信息，认真加以筛选、归纳、整理，进行预测分析，使计划贴近应急现场需求。各单位组织的计划如果缺乏前瞻性、预见性，容易造成应急活动的短视，面对突发事件手足无措。

2)科学性、有效性

计划若定得太高会导致脱离实际实现不了，但定得太低又会浪费供应保障能力，故需要科学地制订计划。需要注意的是，科学的计划有时需要根据变化的事件情况不断进行调整。例如，一项工程的进度计划，要不断将进度中的计划值与实际完成值进行比较，不断对原计划进行修改，最终使计划更加符合实际，以保证计划的科学性和有效性。

3)严肃性

计划的严肃性是建立在科学性基础上，不仅指在制订计划前要做大量的分析工作，而且强调计划一经下达后就必须不折不扣地执行。可以建立一套适度的奖惩、考核办法，以保障应急计划全面严肃的执行。

4)高质量

计划在执行过程中，需要实时地进行信息统计分析，以便及时暴露计划中所存在的问题，从而对症下药、保证计划目标的最终实现。在面对突发灾害事件时，加强各单位组织的信息管理，提高统计工作的质量和水平，是提高计划管理水平和质量的一项重要措施。

3.1.2　应急计划的制订

应急管理活动的首要任务就是应急计划的合理制订，在制订应急计划时通常需要遵循一定的原则和流程步骤。

1. 应急计划制订的原则

有关应急计划制订的原则，除了需借鉴项目管理中对项目计划制订的六大原则(目的性、系统性、经济性、动态性、相关性、职能性)外，还需遵守如下原则：

(1)提早谋划。面对危机事件，有预见性地制订应对方案，前瞻性地采取措施，遵循预先想定、提早准备的原则，积极有效地做好突发事件发生前的各项应急准备工作。

(2)快速反应。强化人力、物力、财力储备，以增强应急处理能力。按照“早、快、严”的要求，确保一旦出现危机情况，能够在第一时间内作出快速反应、及时准确处理。

(3)科学防控。做好突发事件的监测，规范应急活动的操作流程，实现防控工作的科学化和规范化。宣传普及应急应对知识，提高公众沉着应对突发事件的意识。一旦发生突发事件，及时采取有效预防措施，迅速控制应急现场、切断传播途径，防止灾害的传播和蔓延。

2. 应急计划制订的过程

一般应急计划的制订需要经过确定目标、明晰任务清单、完善支持计划，以及反复论证修订这四大步骤(图 3-2)。

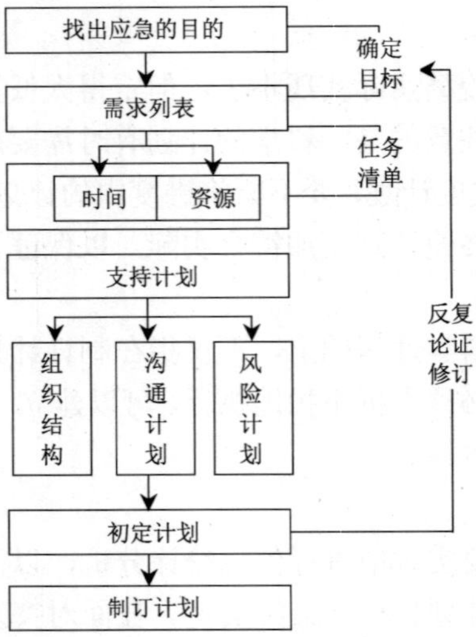

图 3-2　应急计划制订的流程图

1) 应急计划的目标

参照项目管理中项目计划的制订过程，直接或者间接影响项目的人被称为是“项目干系人”，只有项目干系人的需求被满足，项目才能算成功。落实到应急活动中，只有突发事件受灾者的需求被满足，才能称得上应急活动有效。

确定应急计划目标可通过两方面的工作完成：① 找出应急活动的目的。面对突发事件，需要迅速找准危机受灾者的需求，以便对症下药。② 需求列表。依据前期灾害现场的情况了解，构建需求列表，并实现优先级排序。根据该列表便可建立一套可以被度量的应急目标，清晰的应急目标可被记录在应急计划中。

2) 应急活动任务表

根据制定的应急目标，创建一个任务清单，包含两方面内容：① 耗时，即完成应急目标所需的时间，可以以小时或者天为单位；② 资源，即完成应急目标所需要的人力、物力。

3) 支持计划

在整个应急计划制订的过程中，还需要一些辅助推动的支持计划作用：① 应急组织结构计划。如确定领导该应急计划的部门或个人，明确他们各自的角色和责任。再如，描述应急活动参与者的数量和职能，明确每一个参与者的开始时间、参与周期和人员的来源等。② 沟通计划。创建一个沟通计划文档，说明不同的应急人员需要了解哪些信息以及如何获得这些信息，及时汇报应急活动状态，明确阶段性成果和下一步工作。③ 风险管理计划。使用简单的风险日志就可以跟踪应急计划风险，发现新的风险便添加到风险日志中，并且标明如何防范以及出现后如何处理。在应急活动的全过程中，需要时时审视应急计划风险，及时找出应急计划可能出现的风险，并准备好应对策略。

4) 计划的论证与修订

应急计划在实施前要进行严格的论证与修订，在论证修订中应遵循的原则有：① 应急计划的调整必须以应急目标来驱动，而不是完全随意修订，这样才能实现有针对性地平衡。② 应急计划的修正是一个动态的系统工程，应急活动中任何一个要素的变化都可能影响其他要素的变化，有时候需要通过多次实践反馈才能得到一个切实有效的计划。③ 可以考虑应急目标偏差允许的上、下限，当应急目标的偏离在受控范围内，一般不需要进行修订计划、只需要加强监控，但如果超出了限制就需要考虑修订应急计划。

3.1.3　应急计划的实施

制订应急计划的主要目的就是要用来指导应急活动实施工作。由于计划制订过程中需反复论证与修订，基本可将应急计划的制订和实施视为两个互相渗透、不可分割的活动。

1. 应急计划实施的影响要素

为应对突发事件，应急计划的实施可能受到以下要素影响：①应急计划的提出背景和范围。包括应急预防工作、应急状态出现时的准备和对应急状态的实际响应。②危害与危险性评估。危险性评估是识别潜在的损害和伤亡，危害性评估是评定损害和伤亡的概率，危险性评估是实施危害性评估的前提。③应急现场管理。一个实际的应急现场是应急计划实施响应行动展开的地点。④政府机构、专家委员会及其职责职能。尤其在预防、准备和响应阶段，应急计划的实施与政府机构行动路线和职责有关。⑤通信、运输、医疗处置、搜救等规定性支持。按相关规定准备应急所需的工具设备和物资，有助于应急计划的实施。

2. 应急计划实施的原则

应急计划的实施需要遵循以下原则。

1) 动态控制原则

在实施应急计划的过程中，若实际应急活动情况符合相关计划，计划的实现就能得到保证；若实际应急活动情况与计划产生偏差，则应采取相应措施使应急活动尽量按调整后的计划继续进行；但若在新的因素干扰下，又有可能产生新的偏差，仍需继续动态控制。

2) 系统原则

应急计划的实施实际上就是用系统的理论和方法解决系统问题，主要体现在两个方面：① 为实现对应急计划实施过程的控制，需要编制应急活动的各种计划，包括时间和资源计划等。计划的对象由大到小，计划的内容从粗到细，从而形成一个完整的应急活动计划系统。 ② 为保证应急计划实施的进度，自上而下都应设有专门的职能部门或人员负责计划的检查、统计、分析及调整等工作。即应急计划的实施涉及各个相关主体、各类不同人员，需要建立一个完整的应急计划实施组织系统。

3) 封闭循环原则

应急计划实施的全过程是一种循环性的例行活动，包括制订计划，初步执行计划，检查、比较与分析，确定调整措施和修改计划，从而形成一个封闭的循环系统。

4) 信息原则

信息是应急计划顺利实施的依据，需要建立信息系统，不断地传递和反馈信息：一方面，应急活动的计划信息由上至下传递到计划实施的相关人员，以使应急计划得以贯彻落实；另一方面，应急活动的实际实施信息则自下而上反馈到各有关部门和人员，以供分析并作出应急决策和调整。因此，应急计划的实施也是一个信息传递和反馈的过程。

5) 弹性原则

应急活动通常复杂度高且影响因素多，这就要求应急计划的制订人员能根据统计经验估计各种因素的影响程度和出现的可能性，并在确定计划目标时分析执行的风险，从而使应急计划的实施留有余地。

3.1.4 应急计划的评价

科学的应急计划制订和实施可有效地控制事态发展、降低突发事件造成的危害和损失，但不合理的应急计划会导致应急责任不清、方案措施缺乏针对性、严重影响应急活动的效率。因此，在重视应急计划制订和实施的同时，评价应急计划的效果也不容忽视，对应急计划的合理评价已成为提高计划科学性和可操作性的迫切要求。

1. 应急计划评价的作用

计划评价，是通过收集与分析计划相关的活动、特征、产出成果、影响等方面数据和信息，用以判断计划的效率和效果。从评价的时机来分，可分为事前评价(计划立项)、事中评价(计划执行情况评价)和事后评价(计划效果评价)。应急计划评价是应急计划管理活动中不可缺少的一个基本环节，它从整体上调节和控制应急活动的进行，以保证应急活动最终达到预定目标。

1) 检验计划效果

测量并判定应急计划效果，是应急计划评价最重要的一项职能。决策者的计划水平如何、计划目标和计划任务是否得以实现，都必须通过计划评价加以验证。

2) 诊断计划问题

诊断是应急计划评价的又一重要功能。通过计划评价，决策者可以了解自己的应急计划目标确定得是否合理、计划方法手段运用是否得当、计划的重点难点是否明确，也可以了解计划实施的状况和存在的问题、发现造成计划执行困难的原因，从而调整计划策略、改进计划措施、有针对性地解决计划中存在的各种问题。

3) 提供反馈信息

应急计划评价的结果不仅可以为决策者判定应急计划状况提供大量反馈信息，而且也为应急计划实施者了解自己的执行情况提供了直接反馈信息。通过计划评价的结果，计划决策者和实施者都可以清楚地了解自己制订和执行计划的优劣。

4) 引导计划方向

应急计划评价的导向作用，在处理突发事件的实践中是显而易见的。不仅计划目标和计划重点的确定往往受到评价的制约，应急计划执行的方向、执行的重点以及计划执行时间的分配也常常要受评价内容和评价标准的影响。

5）调控计划进程

对应急计划活动基本进程的调控，是应急计划评价综合功能的表现。它建立在对计划效果的验证、计划问题的诊断和多种反馈信息获得的基础上，具体表现为对计划方向和目标的调整、计划速度和节奏的改变、计划方法和策略的更换以及计划内容和环境的调整等。

2. 应急计划评价的内容

一个好的应急计划应该是结构和内容完备、职责分工明确、具有很强的可操作性，这样才能及时、有序、高效地应对突发事件，达到最大限度减少生命财产损失的目的。借鉴文献[2]至文献[4]观点，本文认为对应急计划的评价可从以下三方面展开：应急责任矩阵评价（部门责任）、应急计划完备性评价（需求），以及应急计划可操作性评价（任务）。

1）应急责任矩阵

在突发事件的应急过程中，由于分工不明、责任不清导致的部门间或者责任人间的推诿扯皮等现象常常影响了应急行动及时、高效的开展，甚至导致应急行动失败。由此可见，在应急计划中，应急部门（人员）责任分配是否适当是评价的关键，这方面可通过建立责任矩阵来完成。责任矩阵包括任务、角色和责任三个要素，针对的对象不同，这三要素也有较大差别。例如，面对突发事件的应急计划，其责任矩阵三要素就是应急过程、应急人员和责任。

以自然灾害类应急为例，说明如何应用责任矩阵评价其应急计划[2]：首先要确定参与的应急人员，对应急过程进行任务分解，对责任进行划分；然后结合具体应急计划，分析人员在应急过程中的责任关系，即角色的责任分析；而后以应急过程为行、以应急人员为列，行列交叉处列出相应人员在应急过程中的责任，生成应急计划的责任矩阵；最终对责任矩阵进行评析，即可得到应急计划的责任评价结果（图 3-3）。

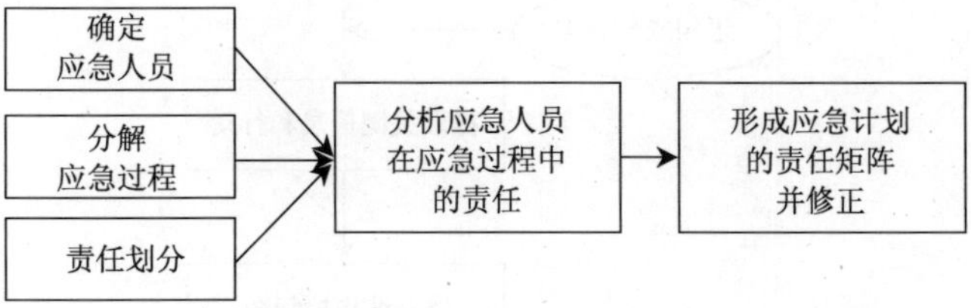

图 3-3　应急责任矩阵评价的流程

2）应急计划完备性

应急计划完备性重点是评价应急过程中任务需求与措施之间的对应关系，计划的完备与否对应急效果具有重要影响，成为评价应急计划时必不可少的参考。

仍以自然灾害类应急计划为例，可以采用故障树分析的方法对其完备性进行评价[3]。首先，参考预先收集到的自然灾害类应急计划数据库和突发事件应对法，建立应急计划的标准故障树；根据所建故障树得出系统的基本事件集合和各基本事件的权重；然后将待评价应急计划与基本事件集合相比较，得到待评价应急计划缺失的基本事件(图 3-4)。而这个缺失的事件就正是该应急计划需要加强和完善的方面。

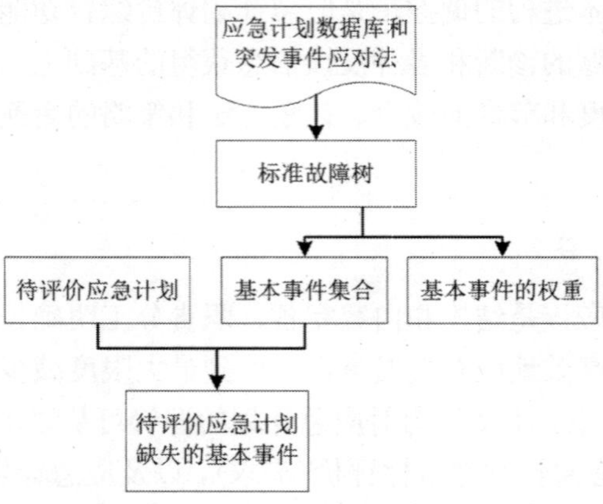

图 3-4　应急计划完备性评价的流程[3]

3) 应急计划可操作性

计划的任务就是要明确告知相关人员什么时候应该做什么、如何去做，任务目标越明确、任务之间的关系越简单，任务就越容易完成。有研究表明人在紧急状态下的认知能力和执行能力较正常状态有所下降，复杂的任务及其组合将降低计划的操作实施效果。故可以认为，应急计划的可操作性直接取决于基本任务及其组合的复杂性，重点可从应急计划的任务分解、提取关键信息和行动、建立结构控制图等环节入手，通过定义一系列不同类型的复杂度指标来刻画应急任务的复杂度，由此形成对应急计划可操作性的评价(图 3-5)[4]。

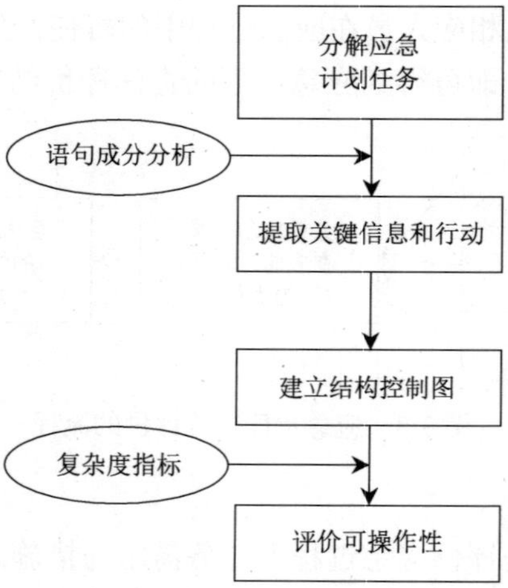

图 3-5　应急计划可操作性评价的步骤

3.2　专用应急规划

专用应急规划是指在不同行业或不同场景中应用的应急计划，如医疗应急规划、学校应急规划、工业应急规划、旅游业应急规划以及突发事件下人群疏散应急规划等。这些专用规划除需具有应急计划的一般特征外，还要符合自身行业特色和一些特殊注意事项。

3.2.1　医疗应急规划

随着社会经济的发展和进步，人们在卫生意识、卫生条件以及疾病防治等方面都有了显著的提高，但是受全球一体化、人类行为方式变化以及环境因素等多方面的影响，突发性传染病已经成为各国政府面临的严峻挑战。近年来，局部或区域性的、国家或全球性的突发公共卫生事件时有发生，如疯牛病、SARS、禽流感、猪流感等。除了对生命造成威胁，疾病的爆发与流行也会引起一定程度的社会混乱，给经济增长和社会安定带来负面的影响。因此，迫切需要构建一套科学有效的医疗应急管理体系，其中前期合理的医疗应急规划尤为关键。

1. 医疗应急管理

与现代应急管理一样，医疗应急管理的过程也包括预防、准备、应对、恢复四个阶段：预防的目的是降低乃至消除突发医疗事件发生的可能性或医疗事件发生后的影响；准备是为了提高医疗服务机构的组织弹性和医疗应急的可容量与兼容性；应对是针对突发医疗事件发生后的直接后果和短期影响而采取相应处置行动；恢复是指事件发生后为了恢复医疗工作的正常运行所开展的各项活动。

医疗应急规划工作通常是在预防和准备阶段进行的，一个科学的医疗应急规划有助于快速准确地保障应急物资和解决伤者救助等多方面的应急工作，可以在一定程度上有效控制疫情、提高应急医疗的工作效率和服务水平。

2003 年蔓延至我国 20 多个省市区的“非典”疫情应对，凸显了我国医疗行业在应急管理方面所表现出的被动局面。不仅仅是因为 SARS 病毒太强，也是由于我国在应急医疗机制的建立、应急医疗物资和服务的保障、医疗应急规划的制定等方面存在诸多问题。例如，在 SARS 爆发初期，国家并没有专门的应急医疗设施来收治感染者和疑似患者，以致感染者和死亡人数在 2003 年 4 月后急剧上升。而后应对性成立的应急医疗设施——小汤山医院，有效地隔离和救治了感染者，对疫情的控制起到非常重要的作用。试想若在 SARS 爆发初期就有这样一个的应急医疗设施能够集中大量应急物资和服务来救助感染者及疑似患者，将很大程度上减少感染和死亡人数，人力、财力等损失也都会降到最低。

2. 医疗应急规划的内容

基于应急计划管理的过程和医疗应急反应的实践，总结出在医疗应急规划的过程中需要注意以下问题(图 3-6)。

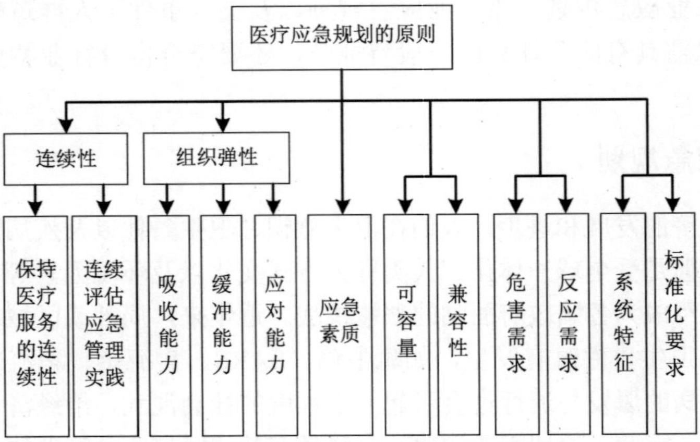

图 3-6　医疗应急规划的理念构成

1) 注重医疗应急的连续性

医疗服务机构作为整个医疗应急反应框架中的一个重要环节，基本功能是在突发事件发生后保护公众的健康、拯救生命，使受害者尽快从伤病中恢复[5]。

(1) 突发事件对医疗服务机构的影响主要表现在两个方面[5]：一是医疗工作的正常运行被干扰；二是患者的一般医疗需求或特殊医疗需求急剧增加。因此，如何在突发事件发生后保持医疗服务的连续性、满足受害者的医疗需求，是医疗应急规划中需要考虑的核心任务。

(2) 突发事件的突发性、不确定性、其决策的非程序性都决定了医疗应急管理的内部与外部环境总是处于不断变化之中。这就要求医疗应急规划中要对应急管理实践进行连续性的评估，通过对应急目标和程序的调整，人员素质的提升，设施、设备、物资供应的改善来实现持续的应急工作改进，以适应突发事件应对的需要。

2) 注重医疗服务机构的组织弹性

通常医疗应急反应的相关活动可以被归纳为不同的功能来加以组织管理，这些功能主要包括指挥、行动、计划、后勤、财务与管理五个模块。这种模块化的组织结构虽能保证医疗服务机构应急反应的关键环节得到有效的管理，但在医疗应急规划中也需注意提升服务机构的组织弹性。这里所说的弹性是指医疗服务机构从变化或突发事件中迅速恢复常态的能力。

衡量一家医疗服务机构的弹性，主要考察它对变化或突发事件的吸收能力、缓冲能力和应对能力[5]：吸收能力是医疗服务机构在其基本功能没有被削弱的情况下将事件影响化解的能力；缓冲能力是指医疗服务机构以最小的功能损失化解事件影响的能力；应对能力是指医疗服务机构在突发事件发生后将其影响降到最低限度并且尽快恢复的能力。

医疗应急规划中需要注重增强医疗服务机构的组织弹性，使所架构的应急管理体系不仅能迅速化解一般突发事件的影响，而且在严重的突发事件发生后也能够有效应对、尽快恢复。

3)明确医疗服务机构各类人员的应急素质

医疗服务机构应急反应整体能力的高低与各类人员的应急素质密切相关。所谓应急素质是指应急反应所需要的、客观可测量的岗位知识、技能和能力。它可以被分解为各类人员的基本素质、实现各个组织功能所需要的素质、完成不同应急反应任务所需要的素质、履行本岗位职责所需要的素质四个方面。

在医疗应急规划中，评价各类人员所需的岗位知识、技能和能力时，通常将其分为了解、掌握、精通三个层次来加以准确描述。

4)兼顾医疗应急的可容量与兼容性

医疗应急是指医疗需求超出日常极限时，医疗服务机构对患者进行必要诊断和治疗的能力。它的可容量是指医疗服务机构应对患者数量明显增加的能力，而它的兼容性是指医疗服务机构满足患者特殊需要的能力。

在医疗应急规划中，需要引导医疗服务机构不仅要致力于医疗应急可容量的提高，还要努力改善医疗应急的兼容性。

5)兼顾危害需求与反应需求

危害需求是指危害本身所形成的、需要医疗服务机构根据自己的职责去加以应对的需求，如对突发事件的伤病者进行救治、对死者进行处理等。反应需求是指在组织相关部门或人员对突发事件做出反应的过程中所产生的需求，例如，参与应急反应的部门需要采取不同于平时的信息收集处理机制，以便获取及时、准确的信息，作出恰当的反应[5]。

在医疗应急规划中，要尽量兼顾危害需求和反应需求的满足。因为医疗服务机构的应急管理若只是被动地应对危害需求，往往会事倍功半；而同时关注反应需求，则会提高整个应急反应行动的效率，更有效地满足危害需求。

6)系统特征和标准化要求

一方面，医疗服务机构应急管理作为一个跨学科、跨机构、跨组织、跨政府部门的活动，具有明显的系统特征，它需要内外部系统协调来实现应急反应的各项目标，从而保证其应急功能的正常发挥。

另一方面，医疗服务机构应急管理的系统特征要求参与医疗服务机构应急反应行动的各方面遵循共同的理念和原则、统一的管理策略、标准化的程序和步骤。具体说来，就是医疗应急规划要努力实现统一的指挥、通用的术语、一体化的信息处理方式、共同的行动计划等。

3.2.2 学校应急规划

随着社会经济的不断发展和个人价值观的提升，学生安全与健康问题逐渐成为广为社会关注、影响社会安定和谐的问题。不断增强广大师生公共安全意识和防灾避险的能力、制定和完善学校突发公共事件应急规划、提高学校应急处置水平成为学校管理的一项重要工作。

除满足一般应急计划管理特征外，针对学校应急管理实践，在学校应急规划的过程中，还需注重以下四方面的问题。

1. 预防工作为主

学校环境的应急规划尤其要注重预防工作。加强学校应急管理工作，提高预防和处置突发公共事件的能力，是创造广大青少年学生安全健康成长环境的重要保证。学校要不断增强忧患意识和责任意识，高度重视安全工作，坚持“以人为本、减少危害、居安思危、预防为主”的工作原则，将预防工作作为应急管理的重要环节，认真做好应对突发事件的准备工作。

2. 协调好分类分级管理和人人参与

在学校应急规划的制定中，尽量想象可能发生的情况，分析这些情况可能造成的影响后果，并制订消除消极影响和促进积极影响的策略。将应急计划的每项工作和每个环节都细化，分解和落实到人，明确第一时间、第一现场的管理人员、师生怎样应对突发事件，按计划展开自救互救活动，镇静有序地控制事态、抢险救援、战胜突发灾害事件，最大限度地减少师生生命财产损失。

一方面，在学校应急规划中要建立健全领导责任制和责任追究制度，建立健全学校内部分类分级安全管理工作的规章制度。加强校园安全事故易发、多发环节的管理，根据需要制定应对各种灾害、传染性疾病、交通事故、食物中毒、踩踏事故、意外伤害等突发事件的应对计划。

另一方面，学校应急规划也要注重充分发动师生、依靠全体师生做好应急管理工作，形成人人参与的应急管理工作格局。针对不同性质的事件，根据具体情况明确相应的处理机制，及时研究和解决学校管理工作中出现的困难和问题，提高全体师生处置应对突发公共事件的能力，使全体师生切实担负起维护校园稳定的主人翁职责。

3. 积极开展应急演习、普及应急知识教育

(1) 学校应急规划中应根据本地实际，规定要有计划、有组织、不定期地针对地质灾害、群体性事件、涉外突发事件、气象灾害等突发公共事件开展应急演练。不断总结经验，认真查找问题，全面提高学校应急管理工作水平。

(2) 应急规划中也应注重发挥学校各类宣传教育阵地的作用，定期举办形式多样、丰富多彩的应急管理科普宣传教育活动：① 在学生中普遍开展预防、避险、自救、互救、减灾等应急常识教育，把公共安全知识普及到全体师生，提高师生的公共安全意识和防险避灾能力。② 加强应急管理工作培训，充分发挥广大教职员工的示范作用，开展对师生的应急知识和技能的培训，要求熟练掌握各类突发事件的处置方法，以增强全体师生自救互救和第一时间处置突发事件的能力。可以考虑将应急管理知识纳入行政管理培训和教师培训中，合理组织学生参与安全管理工作。

4. 强调公开应急信息和加强心理辅导

(1) 学校应急规划中需要明确应急信息公开机制。面对学校突发事件，家长通常对子女的安全和健康问题十分担忧，且由于学校的学生来自不同的社会层面，学校能否提供一个安全的校园环境，基本上是全社会广为关注的焦点。因此，突发事件发生时，适时、适当地发布相关应急信息可以减少流言的产生，降低社会的恐慌程度。

(2) 学校应急规划应加强面向所有学生的心理咨询工作，日常注重对各类学生进行心理疏导、教育学生保持健康的心理状态、帮助学生克服因各种原因造成的心理障碍等，以强化学生战胜各种困难的信心，消除危机事件中的恐慌心理，减少突发事件发生对学生所产生的近期和远期不良心理影响。

3.2.3　工业应急规划

工业生产过程中，有很多潜在的事件或紧急情况，如火灾、触电、高处坠落、坍塌等，这些突发情况造成的后果和带来的影响都比较严重。若事先能针对可能发生的紧急情况制定有组织、有准备的应急规划，就能最大限度地减轻工业险情和工业事故带来的危害。针对工业应急管理实践，在工业应急规划中，应强调以下几方面内容。

1. 注重紧急情况的识别和评价

在工业活动进行的各个阶段，应对工业中可能发生的紧急情况做出警惕性预测。例如，存放大量易燃易爆品或有害化学品可能导致火灾、爆炸、化学品泄漏；深基础施工或基坑边坡有流沙层可能导致土方坍塌；临近市政道路而又对地下情况不明时开挖土方可能导致挖断市政管线；触电、高处坠落、物体打击、机械伤害等均可能造成人身伤害等[6]。

2. 清楚列出应急明细事项[6]

1) 紧急情况的性质和可能导致的后果

只有明确紧急情况的性质及其可能导致的后果，应急指挥中心才能有针对性地快速组织相关人员赶赴突发事件现场，成立现场指挥部，有效实施抢险、排险、疏导、警戒、救护、个人防护、接洽外部应急支援力量等紧急事故救援工作。

2) 应急指挥中心应明确与外部机构的联系方式

例如，上级主管部门、消防、医院、地区行政主管部门、卫生防疫部门、保险公司的电话号码或其他联系方式。

3) 报警联络步骤

一旦发生紧急情况，向外和向内报警的步骤，明确需要说明的情况，如事故发生的具体地点、事故性质、程度、被困人数、受伤人数等，报告后还应安排人员在门口或路口接应。

4) 应急组织机构

明确规定应急指挥者以及应急参与者的责任和义务，做到统一指挥、分工明确、各尽其责、协作配合。要求应急小组值班人员必须坚守工作岗位，因玩忽职守造成工业事故后果的必须给予处分直至追究刑事责任。

5) 有效应急措施的制订

(1) 工业应急措施制订的基本原则是“安全”和“及时”。“安全”是指排除险情、救助受伤人员和清理事故现场的过程应首先确保安全。例如，进入工业现场排险需要有可靠的安全保障，应先将危险区域内人员和伤员撤离后再排除险情，险情排除后方可清理现场等。“及时”是指工业事故发生时，应及时撤离人员、及时向上级报告，以及及时进行排险救助等。另外，在工业应急措施的制定中，还需要注意遵守保护现场的原则。在工业事故调查组未对事故调查清楚前，应该尽量保护好现场的原状，以免影响事故的调查、处理和总结工作。

(2) 针对不同的工业事故制订具体可操作的应急措施。例如，发生触电事故应先迅速拉闸断电或用木方、木板等不导电的材料将触电人与接触电器部位分开，然后抬到平整的场地进行人工急救，并迅速送往医院；当有人自高处坠落摔伤或物体打击受伤，应注意受伤部位及骨折部位的保护，避免因不正确的抬运使骨折错位造成二次受伤，现场抢救的同时联系车辆送往医院；对火灾的应急，要根据火情、起火性质，选择灭火方法，如油料起火用泡沫灭火器或砂土灭火，电器设备起火先切断电源、再用二氧化碳灭火器灭火，不能自救的要及时拨打“119”报警，请消防部门协助灭火；土方施工中，挖断供水、电力、燃气、通信管线时，施工人员必须立即报告工业生产负责人，由工业生产负责人立即报告所在地区相应的主管部门，同时将施工人员撤离危险区域，防止塌方伤人及火灾的发生，并安排人员在门口和路口接应抢修队伍[6]。

3. 对应急设备进行检查

应急设备包括应急活动中所需的消防器材、通信器材、应急照明和急救用品、交通工具等，工业应急规划中需要将常用的应急设备列出清单，并在清单中分类型将数量及存放地点逐一明确，以确保在应急实施中可被顺利使用。

应急设备的充分和完好是工业应急规划实施的保障，根据工业操作需要，应配备充足的应急设备、存放在规定的地点，并制定相应的制度以保证设备不被挪作他用。工业应急规划中还应明确规定对应急设备的定期检查和维护要求，并做出标识。对有有效期规定的应急设备，如药品、泡沫灭火器等尤其强调进行定期检查，避免因过期失效而影响应急规划的实施。

4. 定期演习和人员培训

在制定工业应急规划之后，首先要对相关人员进行培训，让工业操作人员都知道若发生不同突发事件该怎么办、听谁的指挥、自己负责干什么。有些知识和技能还需要请专业机构来培训，如一些急救措施和器材的使用等。每个工地均应培训一批掌握抢救技术、熟悉在工业事故中营救伤员技能的专(兼)职急救人员[6]。

某些工业应急规划还需要定期进行演练，以起到检验规划有效性和测试应急机构响应能力的作用。例如，模拟一次火灾的紧急情况并启动应急规划，测试应急机构的各成员能否按规划进行扑救、报警和救援等各项工作，检验规划中配备的应急设备能否满足要求，检验规划实施的结果是否达到了预期效果等。当然，通过实际演练测试工业应急规划的响应能力，也可作为应急规划修改的依据，从演习中得出总结反馈，对工业应急规划进行重新审视并作出必要的修订。

3.2.4 旅游业应急规划

旅游业是一项综合性产业，对自然环境、社会环境具有较强的依赖性。随着经济全球化以及现代化交通和通信网络的发展，突发事件对旅游业的影响也愈发明显。如近年来发生的亚洲金融危机、“9・11”恐怖袭击事件、东南亚恐怖事件、海湾战争以及 2003 年发生的 SARS 疫情等，每一次经济、政治、军事和社会危机都会对局部地区、某个国家甚至国际旅游业产生难以消除的影响。

由此可见，旅游业是个非常脆弱的行业，任何突发事件的发生都可能改变旅游业的运作条件和发展背景，进而影响到旅游业发展的稳定性。因此，了解旅游业危机事件、建立有效的旅游应急管理体系和规划，是促进旅游业繁荣发展的必备条件。

1. 旅游业危机

旅游业危机是指影响旅游者对一个旅游目的地信心、扰乱正常经营、妨碍旅游业正常运转的非预期的突发性事件，其中包括诸如洪水、飓风、水灾、火山爆发等自然灾害事件，也包括对目的地旅游吸引力产生影响的局势动荡、犯罪、疫病等社会安全事件，甚至包括金融危机、汇率波动等经济因素。

旅游业是一个关联性大、综合性强的社会经济文化事业，旅游业危机的诱发因素多、来源广，且各种危机隐患的因素在性质上各不相同，了解这些危机因素的性质和特点，有利于针对性地进行危机事件的科学应急管理。借鉴文献[7]，将旅游业危机的主要类型列于表 3-1。

表 3-1 旅游业危机的类型

类型	内容
安全性危机	自然灾害、旅游事故、疾病疫情、恐怖活动、军事冲突
经济性危机	经济危机、金融危机
社会文化危机	消费潮流改变、文化冲突、信息误导、质量危机
政治性危机	政治封锁、政治事件

2. 旅游业应急管理体系

旅游业应急管理是指为避免和减轻突发公共事件给旅游业所带来的严重威胁，通过研究危机规律、建立应急规划、实施应急救治达到调整旅游环境、恢复居民正常生活和旅游消费的行为。加强旅游业的应急管理要建立由政府、旅游行业社团、旅游企业、旅游从业人员全方位的应急处理机制系统，共担责任、共同应对(图 3-7)。

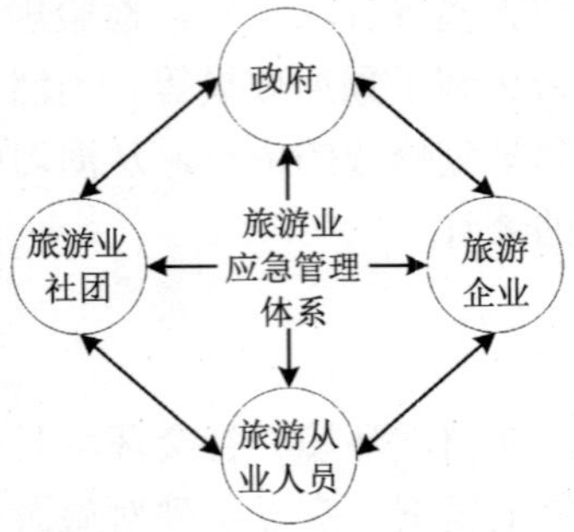

图 3-7　旅游业应急管理体系

1) 政府应急管理

政府要在旅游业危机事件中进行积极的应急管理，主要措施包括[8]：① 成立旅游行业应急处理协调机构，由政府旅游主管部门、相关政府部门、应急管理专家共同组成，研究应对策略、确保统一信息发布、提出前瞻性的建议和操作性方案；② 制定旅游业应急处理程序，并建立配套制度；③ 完善旅游业信息网络，覆盖政府相关部门、行业社团和企业；④ 与媒体实现良好沟通，及时发布旅游业应急处理政策和应对危机动态；⑤ 危机事件消除后，根据旅游者的消费心理和消费行为，推出旅游促销计划，培育旅游者消费信心和旅游市场。

2) 旅游业社团应急管理

行业社团是政府和会员之间的纽带和桥梁，在反馈旅游企业和从业人员愿望、建议及组织行业自救中起着不可或缺的作用。旅游业社团进行应急管理的主要措施有[8]：① 成立应对旅游业危机事件的行动小组，对旅游业危机进行深入调研，从专业和技术的角度提出行业应对指南；② 定期组织旅游行业会员交流应急经验，积极开展互助；③ 利用社团的报刊、电话、互联网及相关媒体等沟通渠道把政府、旅游业应对危机的信息传达给会员，并及时反馈回应；④ 联合相关行业社团适时举办旅游主题活动，以刺激旅游消费。

3) 旅游企业应急管理

旅游企业应根据自身实际状况建立起规范和全面的应急管理系统，可采取措施包括[8]：① 组建应急管理小组，由熟知企业和旅游行业的管理人员、专业人员组成；② 预测评估危机事件对旅游企业的影响程度和损失大小，危机事件影响程度决定应急处理的优先顺序；③ 强化旅游企业内员工的应急意识；④ 及时评价旅游企业在应急预警系统、应急决策和应急处理等方面的得失，完善长效的企业应急管理制度；⑤ 通过媒体向公众传达旅游企业有效处理危机事件的信息。

4) 旅游从业人员应急管理

应急管理不仅是个人生存的需要，而且是学习新知识、适应新环境的一种能力。旅游从业人员实施的应急管理措施包括[8]：① 提高与政府、企业共渡难关意识；② 主动参与旅游企业自救和旅游业振兴，积极献计献策；③ 参加职业应急技能培训，增强应对突发事件的能力。

3. 旅游业应急规划系统

借鉴文献[7]，考虑到旅游业危机事件的阶段性、综合性和扩散性等特点，在旅游业应急规划中，应该包括旅游业危机监测、旅游业危机决策与执行、旅游业危机应急资源保障和基于多元利益主体的危机处理监督这四大功能单元(图 3-8)。

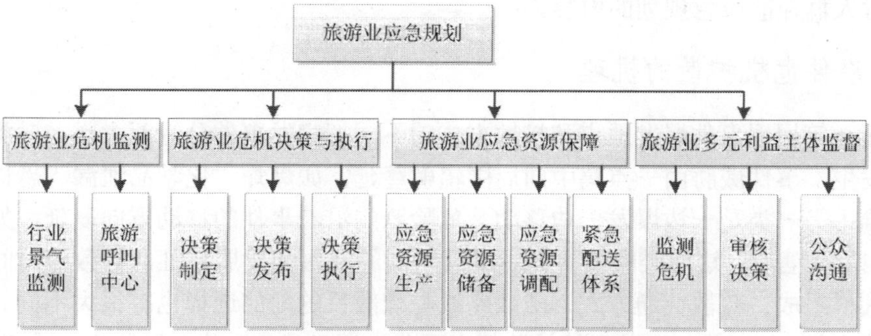

图 3-8　旅游业应急规划的功能结构

1) 旅游业危机监测

旅游业危机监测功能单元由行业景气监测子系统和旅游呼叫中心组成[7]：① 旅游业景气监测子系统主要承担危机信息的搜集工作，为危机的应急预报提供信息条件，并判断危机事件的应急临界点；② 旅游呼叫中心主要负责旅游事故、旅游投诉等具体问题的紧急呼叫。

2) 旅游业危机决策与执行

危机决策与执行功能单元是旅游业应急规划的核心，它承担着应急决策的制定、发布、执行以及和公众沟通等众多任务[7]：① 旅游业应急决策的制定机构应该由政府、行业协会和从业专家组成，他们共同对所发生的危机事件和市场状况进行系统分析并提出应急决策方案；② 决策执行机构则包括多语种信息发布机构和政策执行机构，分别承担与公众沟通、信息传递和安全保障等任务。

3) 旅游业应急资源保障

旅游业应急资源保障功能单元主要是为旅游危机的解决、行业救助、安全防护等提供必备的设施和条件。目前，我国已经着手建立国家、地方和基层单位的应急资源储备制度以及应急物资的生产、储备、调拨和紧急配送体系。旅游业应急也不例外，应该在其规划中积极加入这一应急资源储备调拨系统，并就行业危机所需的特殊物资条件进行预算提请和物质监测，以确保旅游危机发生时有足够的应急设施设备保障。

4)基于多元利益主体的危机处理监督

旅游业应急规划中还应该强调监督系统的主体多元化，有利于保持应急管理体系的敏感性和公正性，使危机事件得到更科学的快速解决。基于多元利益主体的危机处理监督功能单元正是为发挥此作用而设置的，是由旅游企业代表、学界代表、旅游者代表和社会等四方代表组成的监督机构，他们可以提起对旅游危机事件的监测、审核决策机构的应急管理方案，并与社会各界沟通，甚至可以独立提出应急方案供决策机构咨询。

3.2.5 人群疏散应急规划

不论是医疗应急、学校应急、工业应急以及旅游业应急，一旦发生突发事件，人群疏散成为这些行业专用应急规划中的一个重要环节。本节从突发事件危机扩散的机理入手，探讨人群疏散应急规划的内容。

1. 突发事件危机扩散的机理

Barrett 等根据事件爆发地点和扩散方式的不同把突发事件分为两大类：一类是在固定地点发生，事件威胁由一点集中向周围辐射蔓延，如爆炸、化学品泄漏、恐怖袭击等人为灾难；另一类是一边爆发一边移动，危险范围沿着事件的移动方向蔓延，如洪水、飓风等自然灾害[9]。这两类突发事件由于其不同的发生和发展特征，导致应对时的疏散范围、人群组成、疏散交通方式、疏散路线与疏散目的地的选择也有很大不同。

借鉴文献[10]，单一突发事件扩散基本可分为辐射式、链式、循环式、迁移式四种，且某一次生事件可以扩散到几种次生事件，即引发连锁反应，给社会造成严重危害。突发事件危害扩散过程极具复杂性，尽管各类突发事件表现形式、发生原因以及危害性质和程度有所不同，但是它们的扩散总体上都遵循一定路径(图 3-9)[11]。

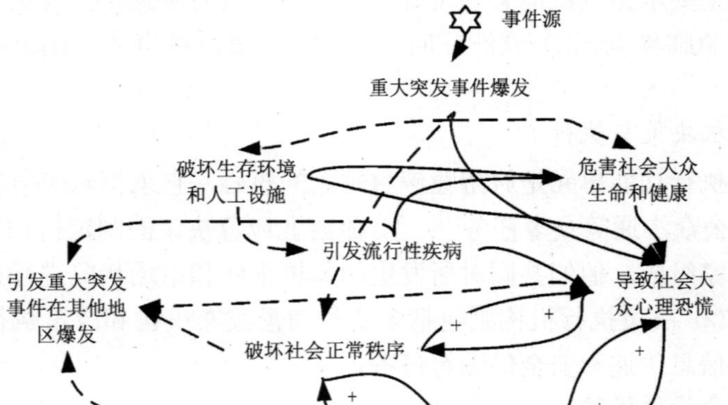

图 3-9 重大突发事件的扩散路径[11]

图 3-9 中，虚线表示对于所有的重大突发事件而言，先发事件不一定导致次生事件的发生，而实线表示事件之间存在往复放大的作用。

突发事件的发生分为孕育期、爆发期、完成期三个阶段，在不同的发展阶段对应的应急管理侧重点也有所不同：孕育期侧重于事件源的监测、疏导和抑止；爆发期侧重预先防备和有效应对；完成期侧重于事件和影响事件扩散因素的主动控制[12]。

2. 人群疏散应急规划的内容

突发事件往往是在没有丝毫预兆的情况下发生，公众在接受疏散指令前没有任何心理准备和等待观望时间，事件爆发最初时刻的疏散效率对挽救或减少人群不必要伤亡起着至关重要的作用。因此，不论突发事件的哪个阶段，都迫切需要建立一套快速有效的事先预警预控、事中紧急救援以及事后妥善安置的人群疏散应急规划系统，广泛调动各种社会资源，有效防范突发事件，并使其损失达到最小。

面对突发事件，撤离者往往需要作出以下决定：是否撤离、何时撤离、带什么东西、如何撤离、撤退路径、到哪里去、何时返回。在人群疏散应急规划中，需要包含以下内容：疏散人数比率(撤退人数占疏散区域总人数的比率)；疏散指令发布多长时间后人员开始撤离；避难所的使用率；疏散后离开当地的人数；用于疏散的车辆数。

1) 疏散指令

在对人群疏散的过程中，按照疏散指令的不同将应急疏散分为强制疏散、警告疏散、自愿疏散三类。研究表明人们通常不愿意接受强制疏散，因为强制疏散往往使公众财产不能被充分保护。人们更多地愿意接受疏散警告，并自己决定是否撤离。疏散指令的发布方式直接影响到公众决定撤离的时间和数量，从而进一步影响到涌往疏散区域出口的人群数量。

人们作出是否撤离的决定主要基于四个方面：对疏散指令的信任度(由官方发布的疏散指令信任度高)、对风险的感知度、对疏散方案的经验认可度、接到疏散指令的人群之间的关联度[13, 14]。

由此可见，公众对应急疏散过程的参与取决于其对政府疏散方案的信赖程度，为了获得公众有效的响应，人群疏散应急规划中应包括撤退路线、灾害的范围和严重程度、信息地图、被疏散者个人对风险的评估等。其中，与交通相关的信息被认为是最重要的，确保道路交通的有序、畅通、快捷是制定疏散应急规划的首要因素[15]。

2) 人群应急疏散的流程

在应急疏散过程中，撤离者要对目的地进行选择。Southworth 等在对洪水疏散的研究中，提出了四类撤退目标方向的选择模式[16]：① 撤离者从距其最近的出口离开危险区域；② 撤离者四散离开危险区域，其撤离方向主要依据灾害威胁抵达的速度以及撤离者将要投奔避难的位置来确定；③ 撤离者去往应急疏散方案中预先指定的目的地；④ 撤离者根据现实道路交通条件选择离开危险区域的路径和方向。人群应急疏散行为的一般流程如图 3-10 所示[11]。

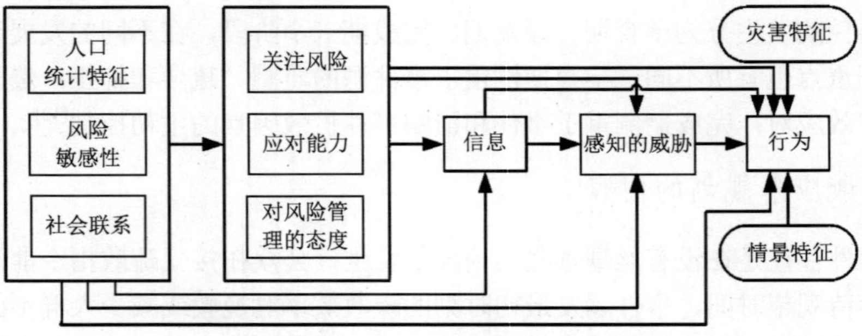

图 3-10　应急疏散行为的一般流程[11]

3.3　应急计划管理的方法和工具

在各行业专用应急计划制订的过程中，常常运用一些方法和工具，本节重点介绍四种：集中与分散应急规划、基于情景的应急计划、基于能力的应急计划，以及应急演习计划。

3.3.1　集中规划与分散规划

面对突发公共危机事件，最常见的应急计划管理方法有集中规划和分散规划。下面以城市应急管理计划为例[17]，介绍分散与集中相结合的应急规划方法。

1. 城市应急分散规划

城市公共规划狭义的对象是指那些供城市居民日常社会生活公共使用的空间，其中有不少可进行分散应急规划，如广场、绿地公园、体育馆、道路等生命线系统等(图 3-11)。

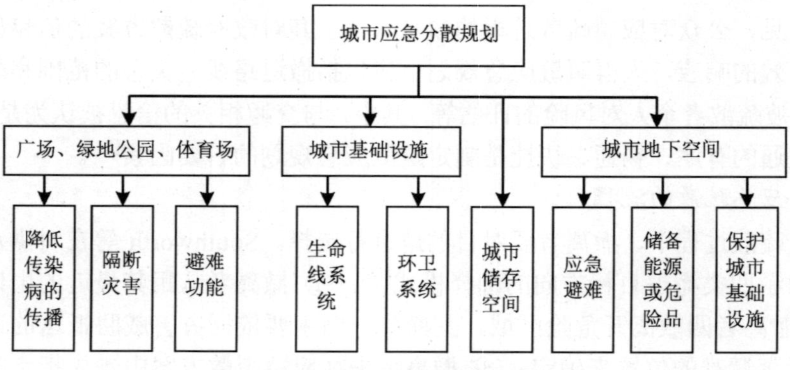

图 3-11　城市分散规划的应急功能

1)城市广场、城市绿地公园、体育场的应急机能

城市广场、园林、体育场等场所的应急机能在事前应急、事中应急和事后应急三个方面都有所体现，具体可总结如下[17]：

(1)有效降低传染病的传播。绿地对生态的调节作用可应用到城市应急规划中。事实上，历史上有许多通过增加城市绿地比例来做好事前应急规划的例子。如法国 1853 年开始的巴黎重建计划，就是通过增加城市绿地比例，作为对抗和治理霍乱的成功举措[18]。再如从我国 2003 年爆发的 SARS 疫情主要集中于大中城市、农村基本没有受到侵袭这一事实可以看出，增加绿地比例有助于防止传染病的爆发和传播。

(2) 隔断灾害。一定规模的城市公园绿地，对事中隔断灾害有着很好的效果。例如，城市公园绿地能够切断火灾的蔓延、防止飞火延烧，在熄灭火灾、控制火势、减少火灾损失方面都有独特贡献。例如，1923 年的日本关东大地震，城市里的广场、绿地和公园等公共场所对灭火和阻止火势蔓延起到了积极作用，其效力比人工灭火高一倍以上。

(3) 避难。城市公园、体育馆等开敞空间是突发事件发生后合适的应急避难场所。如 1976 年由于唐山大地震的波及影响，北京市区的各公园绿地立即成为避灾、救灾的中心基地，15 处公园绿地容纳避难居民总 20 多万人。而在中国台湾 1999 年的大震灾中公园也成为最主要的避难地。

2) 城市基础设施的应急救灾机能

城市基础设施包括生命线和环卫系统，在突发事件下的城市应急管理中发挥重要作用。

(1) 生命线系统。城市电力、水力、煤气等管道是维持城市居民正常生活的重要基础设施，与道路一起并称为城市生命线系统。这些基础设施不但在日常生活中发挥巨大作用，而且在灾害发生时其应急功能也非常重要。

道路的应急机能主要体现在避难和疏散通行空间：调查显示地震等灾害发生后，人们的第一反应是迅速从建筑物疏散到空旷地，所以门前道路可以成为临时的应急避难地；另有研究指出在避难逃生时，人类心理与所处的危险状况呈正相关，拖延越久就越紧张，交通拥挤也会增加逃生者的紧张情绪，因此保障道路的顺利通行可以提高应急疏散的效果。

根据日本建设省土木研究所专家的调查研究，1995 年 1 月日本阪神大地震之所以损失惨重，除震级大、预报不力外，关键是大都市生命线系统的脆弱性加重了灾情：震时大火冲天，火源多半来自天然气管道破裂引发的爆炸；地震毁坏了城市供水网，道路又被倒塌的建筑物阻塞，应急救援工作十分困难。

(2) 环卫系统。城市发生突发灾害后，由于建筑毁坏、物资供应中断、人员伤亡等因素，加速了城市环境卫生恶化，疾病发生与扩散的可能性增加。完善的环卫基础设施可保证在灾后妥善解决卫生和防疫等问题，有效减小环境事故或疫病灾害的发生概率。

3) 城市储存空间的应急机能

分散在城市不同地点的各种储库，如粮库、水库等，能在城市发生灾害时，第一时间为灾民提供各种生活物资或救灾物资，减轻城市对外界援助的依赖，提高城市应急的承载能力。

4) 城市地下空间的应急避灾机能

地下空间是一种封闭的建筑空间，具有较强的应急防护抗灾特性[17]。

(1) 应急避难。地下空间对地面上难以抗御的外部灾害（如战争空袭、地震、风暴、地面火灾、核化事故等)有较强的防御能力，可以提供灾害时的庇护空间以及救灾安全通道。

(2)储备能源或危险品。可利用深层地下空间大容量、耐高温高压等特点，储存供电、供热系统在低峰负荷时的多余能量以供高峰时使用，储存间歇性的新能源(如太阳能)，以及储存对城市安全构成威胁的危险品(如剧毒品、易燃易爆品等)。

(3)保护城市基础设施。将城市的生命线工程如交通工程、主干输水管道、输配电站等建在地下，可增强其防震、防空抗毁能力，进而提高城市的综合减灾能力。

2. 城市应急集中规划

城市应急集中规划，是指将分散的设施设备围绕灾害预防、防护、救助和灾后恢复重建等应急工作，进行统一布局、统筹分配其城市空间各自职能的活动。

1)城市空间应急化

城市应急集中规划就是通过城市规划或城市设计手段，使城市具备承载防灾、救灾功能的空间结构以及能够充分发挥整体应急能力的城市空间布局。它更强调“应急”和“空间”的关系，强调要构建安全、有序、协调、高效、人性化的空间设计，不仅将自然开放的空间引入城市，还主动在城市应急功能设计中融入可防卫元素。从某种程度上说，城市应急集中规划就是使城市空间应急化的过程。借鉴文献[17]，将城市应急集中规划分为防灾建设和防灾生活空间两方面工作(表 3-2)。

表 3-2　城市应急集中规划的组成及其防灾功能[17]

集中规划	城市设施		防灾功能
防灾建设空间	消防设施		灭火、救援
	治安机构		维护公共安全、救援
	医疗机构(救护设施)		救治受灾人员
	物资储备设施		提供所需物资
	基础设施	生命线系统	协助救灾恢复，抑制次生灾害
		环卫设施	减小环境事故和疫病灾害
防灾生活空间	交通网络		救援疏散路径
	防火区划带		防止火源蔓延
	绿地、公园、广场、空地		防止火源蔓延、避难
	大规模集合住宅 大规模机关用地及学校用地		避难

2)应急集中规划要素及其标准

同分散规划相对应，城市应急集中规划的要素包括防救灾路线、避难场所、消防系统、医疗救护系统、治安防卫系统、物资供应系统、环卫系统等基础设施系统。城市发生灾害时，任何一个应急功能要素配备的不足都会影响到整个应急管理体系的效率，甚至发生连锁反应，如医疗救护力量会影响到抢救的效率，消防力量会影响灭火效率等。

因此，城市应急集中规划应从基本功能要素入手，以满足防救灾活动的需求为前提，在各应急功能要素层面上进行相应的标准设置(表 3-3)。

表 3-3 城市应急集中规划的基本组成要素及其标准

集中规划要素	设施层级	名称	设置标准
避难场所	紧急型	邻近道路、公园等	距离居民区 500m 左右，面积 0.7m^2/人
	过渡型	学校、公园、广场、体育设施、停车场、绿地	有防火隔离带，不小于 5000 m^2
交通网络	救灾型	紧急救灾及消防通道	道路两旁不应有危险源，桥涵具有足够的抗震能力
	避难型	避难辅助性道路	
消防系统	高层指挥	市政府、消防局	服务范围涵盖市区，5min 的消防时间，1000~2000 名居民配一名消防队员
	基层执行	消防支队、消防站	
医疗救护	高级	卫生局、防疫站、急救中心	服务范围涵盖市区，4min 的急救时间，1000~2000 名居民配一名医生
	低级	社区医院、诊所	
物资供应	发放	指定的过渡型避难场所	设置于避难场所附近
	接收	区域性物流中心，如车站、码头、车场等	通往发放地点交通便利
治安防卫	高层指挥	市政府、公安局	服务范围涵盖市区，5min 的治安时间，1000~2000 名居民配一名警察
	基层执行	派出所、武警	
环卫系统	收集	垃圾桶、中转站	服务范围涵盖市区，满足灾时紧急消除障碍的要求
	处理	填埋场、污水处理场	

3.3.2 基于情景的计划管理

利用情景分析的方法来制订计划，也是应急管理体系构建中可创新运用的一种工具。本节先简要介绍情景分析法及其实施框架，然后探讨情景分析方法可如何被用于计划管理中。

1. 情景分析法

情景分析法(scenario)，又称为情景描述法、未来图景草拟法或者脚本法。它是以部分事实和逻辑推理为基础，用主观构思来预测事物的发展趋势、描摹事物图景全貌或若干细节的一种创造想象法。

情景分析法的实施框架如图 3-12 所示[19]：从全景扫描开始，到情景开发、关系模型、技术实现、回归测试和模拟应用，整个情景分析法的实施是一个循环的流程。正是因为这个循环流程的框架，使情景分析法具有清晰的系统分析特征。

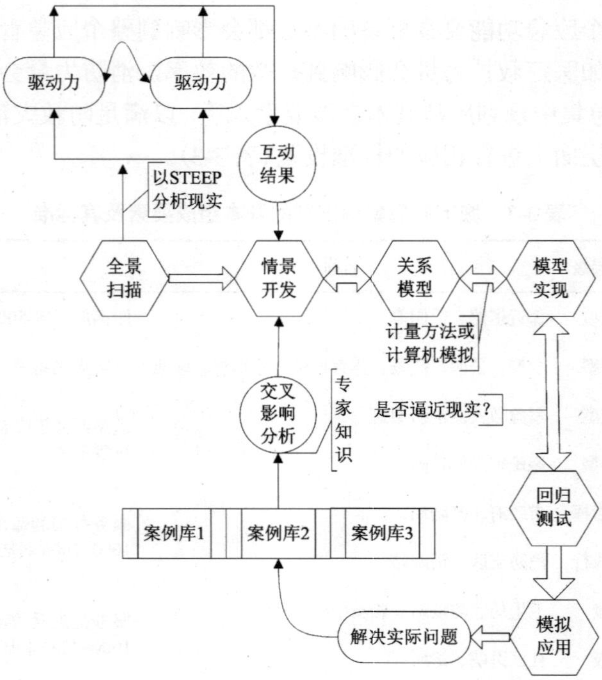

图 3-12　情景分析法的实施框架[19]

2. 情景分析法在应急计划管理中的应用

将情景分析法应用于应急计划管理，主要体现在应急准备的风险分析和计划制订过程。

1) 运用情景分析法进行风险识别

风险识别就是要从逻辑上回答“可能导致向危机方向发展的事件有哪些”这个问题，实际上是风险描述的过程。

情景分析可以分四个步骤进行突发事件的风险识别：① 首先要明确突发事件可能造成危害程度；② 然后说明将要调查的问题；③ 接着确定关键控制因素；④ 最后用图形的形式把一些相关性事件(无论成功或失败的一些安全措施、程序流程、相关组成等)描述出来，即通过建立“事件树”、“情景树”或“风险路径树”来进行情景分析[20]。

2) 运用情景分析法制订计划

要了解情景分析法如何在计划制订工作中的应用，首先需从构成计划的基本要素入手。一般说来，一个完备的计划需要具备六个要素：情景、客体、主体、目标、措施和方法。缺少任何一个或多个要素的计划都是不完备的。

需要注意的是，六要素中首当其冲的正是“情景”要素，是指一切涉及计划制订和实施的、有关突发事件情况和背景的总称。

情景分为自然性情景和人文情景，人文情景又分为工程性情景和非工程性情景，如图3-13 所示。其中自然性情景，主要是指气象、水文、地质、地理、生物等自然因素及其情况。工程性情景，主要是指库、渠、塘、堤、井等各种防灾工程设施等因素及其情况。而非工程性情景，则主要是指政府重视程度、舆论宣传情况、组织动员能力、公众忧患意识、防灾经济能力、灾情预警系统、灾害研究状况、防御灾害方案、防灾法规政策等。

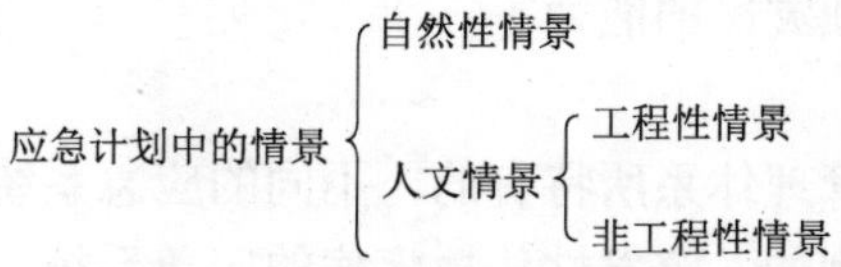

图3-13 应急计划中包含的情景类型

情景对于整个计划以及其他五个要素起着根本的制约作用，客体、主体、目标、措施和方法这五个要素唯有结合一定的情景才具有真正的意义。

基于情景分析法的计划制订，就是要在“情景”的统筹下来进行计划制订工作，把情景分析作为计划制订的方法论：① 首先要有“情景至上”的思想，即明确“情景”要素是计划六要素中的根本因素；② 在编制计划的过程中，若没有情景的前提，计划的制订就如同无源之水、无本之木，不能根植于现实的环境之中，计划的科学性更无从谈起。

因此在制订某一应急计划时，第一步是就要理解情景，只有努力做到应景才能打破传统“拍脑袋”的计划制订步骤、才可能生成切实可执行的应急计划。

3.3.3 基于能力的计划管理

从能力这个角度对应急计划进行分析，有助于明确应急管理体系中的评价指标，以及每个指标应该达到的标准水平，有助于危机事件发生前应急薄弱环节的确定，是应急计划制订过程中一个有效的方法。

1. 应急能力的特征

“能力”是指顺利完成某一活动所必需的主观条件，是直接影响活动效率、并使活动顺利完成的个性特征。

应急管理体系作为面向各类突发事件的对物资、人员、资金需求进行紧急保障的特殊管理活动，具有突发性、不确定性、弱经济性和非常规性等特点。与其相对应，在制订应急计划时要尤其注重应急能力的以下特征[21]。

1) 应急能力的时间效应性强

突然性和难以提前预知，是应急管理区别于一般管理活动的最显著特征，这就要求在最短的时间内、以最快捷的流程和最安全的方式来进行应急保障，即强时效性。

强时效性至少体现三个方面的内容[21]：① 从应急需求确认到应急处理机制启动的响应时间要尽可能压缩；② 应急计划必须保障能够将大量的应急物资在极短的时间内进行快速的运送；③ 快速运送的应急物资要在第一时间满足防灾减灾的需要。

2) 应急能力的柔性强

由于突发事件的不确定性，人们无法准确地估计突发事件的持续时间、影响范围和强度大小等各种不可预期的因素，这就要求应急能力具备很强的柔性：① 需要满足应急计划实施的不同阶段的需要。例如，在灾害发生的初期主要是积极疏导人群的能力、在救灾中保障灾民生活秩序的能力、灾后恢复生产的能力等；② 需要满足应急计划同一阶段内的不同需求。例如，灾害事件发生后，首先是救援灾民的能力、然后是保障灾民衣食的能力、再者是安顿灾民的能力等。

3) 应急能力的独特性

应急能力是某个应急管理体系所特有的，不同的应急系统其应急能力在质与量的要求上存在相当大的差别。例如，突发性传播疾病的应急系统，其主要应急能力是要求隔离受感染体、限制人员流动等；而对于地震、海啸等灾害，应急系统则应该提供充足的运输能力，尽可能疏散处于灾区的人员和财产。

4) 应急能力的开放性和可扩展性

应急需求的随机性和不确定性决定了应急能力应具有开放性和可扩展性。应急需求和供给在突发事件发生前是不确定的，但却必须在突发事件发生后将其纳入应急管理体系中。例如，在防灾减灾中，应急需要的物资量大量增加，往往超出原应急系统的能力范围，这就需要该系统能对供应该物资的其他系统进行开放，扩展其供应能力。

5) 应急能力的整体性

应急能力并不是应急管理体系内部各功能要素能力的简单叠加，而是通过它们间有效整合与协调产生的有形和无形要素的整体综合反映。

2. 基于能力评价的应急计划

了解应急能力特征之后，下面以“构建应急能力评价指标体系”为例，介绍能力评价指标体系在应急计划管理中的作用。

1) 应急能力指标

借鉴文献[22]，结合应急管理工作的预防、准备、应对、恢复四个阶段，可选取四个一级评价指标综合反映灾害应急能力：灾害监测与预警能力、灾害准备能力、先期处置和协助处置能力、灾害恢复能力。

(1) 灾害的监测预警能力。准确地对灾害进行监测预警，了解灾害的性质和规模等初始信息，及时通过各种途径向公众发出警报，告知自我保护措施和疏散方案等信息是减少人员伤亡的一个关键。此项能力具体又可分为以下二级指标：灾害危险性评价、易损性分析、灾害监测、预警等。

(2) 应急准备能力。进行积极的应急准备对减少灾害造成的损失有重要作用，其二级指标包括：应急组织机构、应急志愿者组织建设、应急避难场所建设、救护包的配置情况、制订应急计划、应急演练、宣传教育等。

(3) 先期处置和协助处置能力。突发事件发生时，如果在第一时间采取应急措施，将对控制事故和减少损失有着事半功倍的效果。对灾害的先期处置和协助处置可以帮助应急救援赢得时间，在最大程度上减轻应急管理部门的压力，同时可以使应急救援计划更加灵活。

灾害发生后，要立即组织应急队伍，开展先期处置工作，采取必要措施，防止次生、衍生事故的发生，避免灾害的扩大；及时组织受威胁群众疏散、转移，做好安置工作。公众要积极自救、互救，当应急管理部门负责现场指挥救援工作时，积极配合，做好现场取证、道路引领、后勤保障、秩序维护等协助处置工作[23]。

具体二级指标包括：灾后警报和通知、居民的自救互救能力、应急志愿者队伍管理、组织疏散、现场医疗救助、治安交通、现场灾情评估等。

(4)灾害恢复能力。恢复是指重建物质基础设施，以及修复灾害影响的个人情感、经济、自然状态等一系列措施。灾害恢复能力是灾后快速恢复生产生活的能力。具体二级指标包括：灾害损失评估、灾害恢复方案、救灾物品的供应能力、灾害贷款、灾害保险和救灾资金的筹备能力、应急计划的维护和更新等。

2)应急能力评价指标体系

运用层次分析法对灾害应急能力评价指标体系进行构建，可分为三个层次[22]：最高层次(A)、第二层次(B)和第三层次(C)。具体指标如表 3-4 所示。

表 3-4 灾害应急能力评价指标体系[22]

第一层次	第二层次	第三层次
应急能力	监测预警 B_1	灾害危险性评价 C_1
		易损性评价 C_2
		灾害监测 C_3
		预警 C_4
	应急准备能力 B_2	组织机构 C_5
		应急计划 C_6
		宣传教育 C_7
		应急演习 C_8
		应急志愿者组织 C_9
		救护包的配置 C_{10}
		应急避难场地 C_{11}
	先期处置和协助救援能力 B_3	通信报警 C_{12}
		居民的自救互救能力 C_{13}
		应急志愿者队伍管理 C_{14}
		组织疏散的能力 C_{15}
		现场医疗救助 C_{16}
		治安交通 C_{17}
		现场灾情评估 C_{18}
	灾害恢复能力 B_4	灾害损失评估 C_{19}
		灾害恢复方案 C_{20}
		救灾物品的供应能力 C_{21}
		救灾资金的筹备能力 C_{22}
		灾后心理危机干预能力 C_{23}
		灾害保险 C_{24}
		灾害贷款 C_{25}
		应急计划的维护和更新 C_{26}

基于表 3-4 中列出的种种应急能力指标，可以请应急管理专家逐一打分评价并最终确定各指标的标准水平，对照标准水平找出薄弱的关键指标，在应急计划的描述中重点予以关注，以便有针对性地修订应急计划。

3.3.4 基于演习的计划管理

在应急计划制订完成后，自然而然呈现的问题是：当突发事件爆发后，这个计划到底能起到多大的作用？实践出真知，最好的办法就是通过组织应急演习来验证计划的有效性。

1. 应急演习

演习是应急管理活动中的重要环节：一方面通过演习可以提高应急技能(如应急决策力、沟通力、应急协作力等)；另一方面通过演习可以进一步修改完善应急计划的内容，增强其有效性和可操作性。

1) 演习的过程和形式

演习的过程一般可分为演习准备、演习实施和演习总结三大阶段。

演习的形式包括单项演习、组合演习、全面演习。三者在层次上呈递进关系。单项演习是基础，是为组合演习和全面演习做准备；组合演习也称为功能演习，主要是针对应急响应功能，检验应急人员以及应急管理体系的计划和响应能力；全面演习过程复杂，实施前通常需要经过周密的策划。

2) 应急演习的目标

应急演习是按照一定程序所开展的救援模拟行为，原则上要尽可能模拟实际紧急情况，以期实现以下目标：在事故发生前暴露应急计划和程序的缺点；辨识出缺乏的资源(包括人力和设备)；改善各种反应人员、部门和机构之间的协调水平；在应急管理的能力方面获得公众的认可和信心；增强应急人员的熟练性和信心；明确应急人员各自岗位和职责；努力增加各专用应急规划之间的合作与协调；提高应急管理体系的整体反应能力。

为实现演习目标，演习之前应该对有关人员进行培训。通过培训可以使危机事件相关人员包括应急人员、事故当事人等都能了解到一旦发生突发事件，他们应该做什么、能够做什么、如何去做，以及如何协调各应急部门人员的工作等。

2. 基于情景模拟的应急演习

目前，作为操作性极强的事务，应急演习的重要性已经得到了一定认可，如 2007 年环保总局举行松花江流域突发环境事件应急演习、海洋局第 24 次南极考察队开展逃生及灭火演习、四川省举行重大食品安全事故应急演习等。但如何构筑一个科学有效的演习方法体系、如何促进演习对应急计划的验证和反馈，仍然值得深思。

本节介绍一种基于情景模拟的应急演习方法：通过模拟一种与现实情况高度相似的情景环境进行演练，使得参与应急演习的相关人员不仅可以在实战中提高基本的操作技能，而且对于演习中的一些突发性事件，应急人员也将得到即时反应能力的考验。

图 3-14 给出一个基于情景模拟的演习实施框架，整个演习对计划的调整循环过程如下[19]：从当前相关人员已掌握的技能水平和历史表现数据开始；第二、三两环节密切关联，前者是确定本次演习的任务，后者是明确本次演习所要达到的目标，需要指出的是这种目标可以是针对具体任务(如心脏移植手术中的风险控制)，也可以是针对一般性操作能力的提高(如急诊室里遇到紧急情况时相互协作的训练)；第四个环节是演习的关键环节，实际上也正是情景开发的过程；接下来就是具体演习操作中对应急方案的补充和调整；第六步是实际情况与应急计划的对比分析；最后是一个对应急计划反馈的过程。整个框架是一个典型的系统循环结构，最终目的是通过演习不断修正应急计划、实现相关人员应急水平的不断提升。

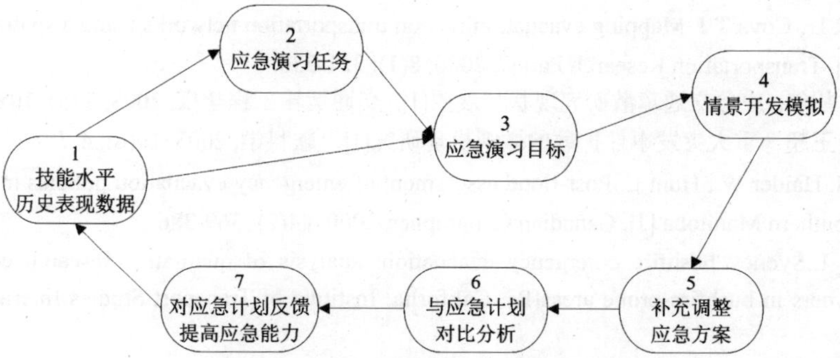

图 3-14　基于情景模拟的应急演习过程

另外，拟以“医疗事故紧急处理计划的演习”为例[24]，说明演习在应急计划管理中的作用。众所周知，静脉输液是临床上常用的治疗方法，由于各种因素，输液反应屡见不鲜，因之引起的医疗纠纷时有发生。为了尽可能减少对病人的健康损害、化解家属不信任情绪，如何减少和预防护理技术环节中输液反应的发生、一旦发生输液反应后如何及时采取处理对策控制事态发展，以及护士如何处理输液反应液体等，都是摆在护理管理者面前的一系列现实问题。为此，福州总医院 95 临床部骨脑科制订一套系统的输液不良反应紧急处理计划，并且设计输液不良反应情景、定期组织模拟演习。在多次情景模拟演习中，取得了非常理想的应急管理效果：护士处理输液反应的应急能力提高、护士能按照应急计划中的程序规范处理患者和家属对输液的质疑、护士的急救技能也得到明显提高。

参 考 文 献

[1]　李炳森. 项目管理成功利器 Project 2007 全程解析：计划、管理和交流[M]. 北京：电子工业出版社, 2008.

[2]　刘吉夫, 朱晶晶, 张盼娟等. 我国自然灾害类应急预案评价方法研究(Ⅱ)：责任矩阵评价[J]. 中国安全科学学报, 2008, 18(4): 5-15.

[3]　刘吉夫, 张盼娟, 陈志芬等. 我国自然灾害类应急预案评价方法研究(Ⅰ)：完备性评价[J]. 中国安全科学学报, 2008, 18(2): 5-11.

[4] 张盼娟, 陈晋, 刘吉夫. 我国自然灾害类应急预案评价方法研究(III): 可操作性评价[J].中国安全科学学报, 2008, 18(10): 16-25.

[5] 辛衍涛. 医院应急管理的研究进展[J]. 中国急救复苏与灾害医学杂志, 2008, 3(3): 158-160.

[6] 张素娟, 贾洪山, 樊建锁. 浅谈施工中的应急计划[J]. 中国煤炭, 2004, (7): 49-51.

[7] 谢朝武, 郑向敏. 旅游业危机的应急管理研究[J]. 北京第二外国语学院学报(旅游版), 2007, (9): 26-30.

[8] 刘春玲, 孙庆军, 吴丽云等. 突发性危机事件对旅游业发展的影响及旅游业应急机制研究[J]. 石家庄学院学报, 2005, 7(3): 60-64.

[9] Barrett B, Ran B , Pillai R. Developing a dynamic traffic management modeling framework for hurricane evacuation[C]. The 79th Transportation Research Board Annual Meeting. Washington DC: TRB, 2000: 115-121.

[10] Church R L , Cova T J. Mapping evacuation risk on transportation networks using a spatial optimization model [J]. Transportation Research Part C, 2000, 8(1): 321-336.

[11] 刘小明, 胡红. 应急交通疏散研究现状与展望[J]. 交通运输工程学报, 2008, 8 (3): 108-115, 121.

[12] 吴国斌, 王超. 重大突发事件扩散的微观机理研究[J]. 软科学, 2005, 19(6): 4-7.

[13] Rashid H, Haider W , Hunt L. Post-flood assessment of emergency evacuation policies in the Red River Basin, Southern Manitoba [J]. Canadian Geographer, 2000, 44(2): 369-386.

[14] Knowles L.Sydney bushfire emergency evacuation: analysis of qualitative research conducted with home owners in bushfire-prone areas[R]. Califorlia: Institute of Transport Studies Internal Publication, 2003.

[15] Dow K, Cutter S L. Public orders and personal opinions: household strategies for hurricane risk assessment [J]. Environmental Hazards, 2000, 2(4): 143-155.

[16] Southworth F , Chin S M. Network evacuation modeling for flooding as a result of dam failure [J]. Environment and Planning, 1987, 19(11): 1543-1558.

[17] 王薇. 城市防灾空间规划研究及实践[D]. 长沙: 中南大学博士学位论文, 2007.

[18] 吕元. 城市防灾空间系统规划策略研究[D]. 北京: 北京工业大学博士学位论文, 2004.

[19] 陈愿. 情景分析法及其在应急管理中的应用[D]. 北京: 中国科学技术信息研究所硕士学位论文, 2008.

[20] Oryang D. Probabilistic scenario analysis (PSA)-A methodology for quantitative risk assessment[C]. NAPPO PRA Symposium, Puerto Vallarta, Mexico, 2002.

[21] 刘小群, 游新兆, 孙建中等. 应急物流能力的内涵剖析与构成体系[J]. 灾害学, 2007, 22(2): 123-127.

[22] 陈文涛. 基于社区的灾害应急能力评价指标体系建构[A]. 蔡晨. 第九届中国管理科学学术年会论文集[C]. 重庆: 中国优选法统筹法与经济数学研究会, 2007.

[23] 中央政府门户网站. 国务院办公厅关于加强基层应急管理工作的意见[EB/OL]. http://www.gov.cn/jrzg/2007-08/07/ content_709112.htm. 2007-08-07.

[24] 吴素清, 黄荔红, 喻荔琳等. 临床静脉输液不良反应处理情景模拟演练的设计及效果评价[J]. 福州总医院学报, 2005, 12(6): 413-414.

第4章　应急组织管理

组织结构是应急管理体系的重要组成部分，它决定了应急系统决策和指挥的效率，影响着应急系统的功能和应急响应的有效性。为了有效预防突发事件的发生、或最大程度控制突发事件所致的损失和影响，有必要研究应急系统的组织设计，并探讨基于现代应急管理理念的组织架构方法。

4.1　应急组织结构

组织结构是人员职责、权限和相互关系的安排[1]。组织结构具体表现为由若干层级的职能部门和人员构成的各单位机构、各职能部门和各岗位人员的工作职责、任职要求、相互关系和绩效要求等组成的岗责体系。应急组织结构，就是要针对性设立面对突发事件应急管理的责任部门和协助部门，并明确这些部门岗责体系和协调机制。

4.1.1　基本组织结构

美国 Sisk 教授认为组织一词有两层含义：其一，作为一个实体而存在的组织，可理解为由相关联各要素有序化所形成的一个结构；其二，组织是为了同一目标的人与人协调行动而产生相互关系的集合[2]。这个定义强调了组织的实质，即组织中的人与人之间必须要有协调一致的相互关系，而组织结构的存在正是对这种协调活动的客观规定和制度保障。基于此经典定义，本书认为组织结构是构成组织的各要素在不同排列组合基础上发生相互联系、相互影响和相互作用的方式。

1. 组织结构的层次

通常将组织结构的内部管理分成四个层次，即决策层、管理层、执行层和操作层。四个层次从高到低呈金字塔结构，每个层次之间紧密相连，但各自的工作内容又相对独立。组织结构四个层次之间的关系和各自的职责如表 4-1 所示。

表 4-1　组织结构的层次及其职责

层数	层级	职责
第一层	决策层	决定组织做什么工作
第二层	管理层	决定组织的工作怎么做
第三层	执行层	监督操作层是不是这么做
第四层	操作层	按计划要求进行操作

1) 决策层

决策层处于每个组织结构的顶端，在组织结构内部分工的时候，他们担负着“整个组织应该做什么”或者“此项工作做与不做”的最终决策权。一般决策层的工作内容包括“批准或否定组织结构中各部门的运作方案”、“对各职能部门工作结果的认可或否定”等。由于决策层处于整个组织结构最高层，故要求决策层人员能科学有效的把握整个组织的发展方向。

2) 管理层

管理层处于组织结构的决策层之下、执行层之上，他们是组织内部各职能部门的主管，具有“计划、组织、指挥、控制和协调”这五大职能，在组织中的作用就是让各职能部门知道“工作应该怎么做”。

管理层向上对决策层负责，将具体的工作实施方案向决策层汇报、交决策层批准；向下对执行层负责，将具体的实施方案交由执行层具体执行，同时对执行层出现的问题进行及时纠正。由于管理层负责组织结构中各部门的管理工作，故要求管理层人员必须十分专业、具有相当的管理经验，才能及时处理实际管理工作中不断出现的问题。

3) 执行层

执行层的工作内容以监督执行为主，他们位于组织结构中管理层和操作层之间，具体负责“监督操作层的实际操作是否与作业标准一致”、“及时向管理层反馈操作层所出现的问题”等。他们向上对管理层负责、向下对操作层负责，在组织中所起的作用是“监督操作层是不是这么做”。执行层人员通常要求都是专家熟手、具有一定操作经验，对操作层处理工作手法的对错能起到指导作用。

4) 操作层

操作层处于组织结构金字塔的最下层，他们是组织结构的一线工作者，主要负责“按照计划进行实际操作”、“出现问题后及时向执行层汇报”。在实际操作过程中，操作层人员没有更改计划的权力，若有更好的操作方式只能汇报执行层反馈给管理层进行计划的修改，在正式修改决定没有确定前都只能按照原计划进行操作。

2. 组织结构的类型

基于组织的不同层次，各要素经由不同排列组合，形成不同的结构类型。典型的传统组织结构类型有直线制、职能制、直线职能制、事业部制和矩阵式结构等[1]。

1) 直线制

在直线制的基本结构中，组织中各种职位是按垂直系统直线排列的，各级行政领导人执行统一指挥和管理的职能，不设专门的职能机构(图 4-1)。直线制组织具有结构简单、权责明确、命令统一、指挥效率高的优点。此种结构的缺点是所有管理职能过分集中于行政领导一人，仅适用于规模较小、人员较少且任务单一的组织。

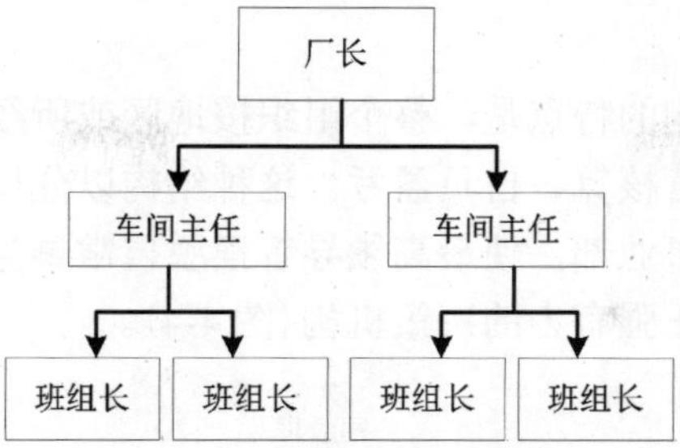

图 4-1　直线制组织结构示意图

2) 职能制

职能制基本组织结构，是一种以职能分工为基础的分级管理结构形式，即将管理职能按专业进行划分，由职能管理机构分别领导业务机构(图 4-2)。职能制组织的优点是能够促进管理专业化分工，替代直线制的全能管理者，解决管理者业务技能与管理任务不相适应的矛盾，使决策者从日常烦琐的业务中解脱出来，集中精力思考重大问题[1]。而此种结构的缺点是破坏了系统整体命令统一的原则，容易产生多头领导的现象。

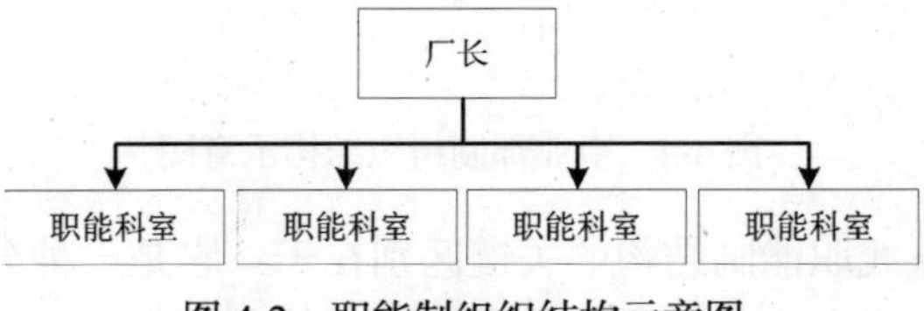

图 4-2　职能制组织结构示意图

3) 直线职能制

直线职能制基本组织结构，是在最高管理者的领导下，组织建立两套管理系统：一套是实现直线式领导的管理系统，另一套是协助管理者实施指导监督的职能管理系统(图4-3)。直线职能制组织的优点是综合了直线制和职能制两种结构的长处，既能实行集中统一指挥，又能发挥专业职能管理的作用。其缺点是直线部门和职能部门之间的职责和职权难以严格分清，容易产生矛盾和摩擦，且管理部门过多易造成管理成本的增加。

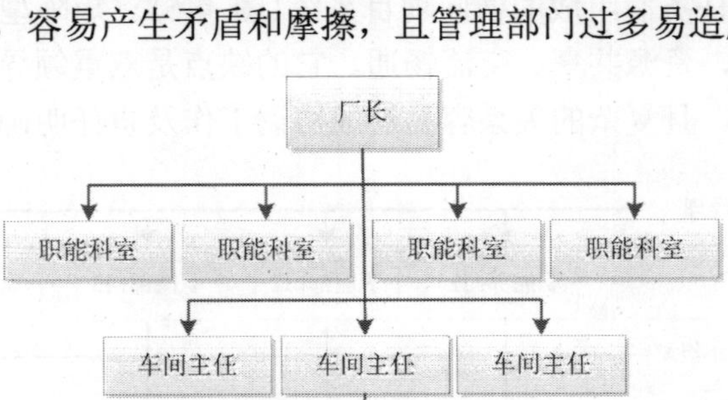

图 4-3　直线职能制组织结构示意图

4) 事业部制

事业部制基本组织结构的特点是，整个组织按地区或所经营的各种事业和产品来划分部门，各事业部独立经营核算、自负盈亏。这种结构以分权管理为基础，最大限度地将责任和权利分拨给各个事业部，使最高领导者摆脱日常事务而专心致力于组织的战略决策和长期规划，成为真正强有力的决策机构(图 4-4)。

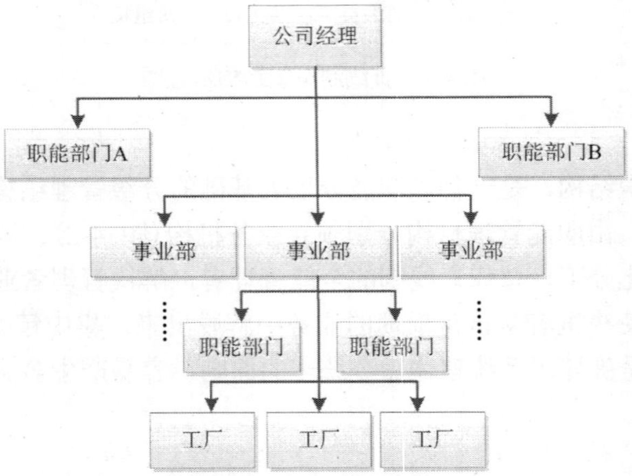

图 4-4　事业部制组织结构示意图

事业部制结构与直线职能制结构的关键区别在于：它是一种分权式结构，各个事业部都是相对独立的利润中心。正因为是总部分权下的利润中心，事业部制结构的优点体现在有助于调动各事业部的积极性和主动性，提高组织经营的灵活性和适应能力。而它的缺点是由于各事业部之间存在竞争，容易产生各事业部门本位主义，使得各事业部之间在信息、人员、技术等方面内部沟通交流不畅。

5) 矩阵式结构

矩阵式结构是由纵横两套管理系统组成的组织结构：一套是纵向的职能领导系统，另一套是为完成某一任务而组成的横向项目系统(图 4-5)。矩阵型基本组织结构的优点是集中优势解决问题，资源共享、交流畅通。它的缺点是双重领导结构使信息在传递过程中经过的节点增多，且复杂的关系容易造成协调工作及责任明确方面的困难。

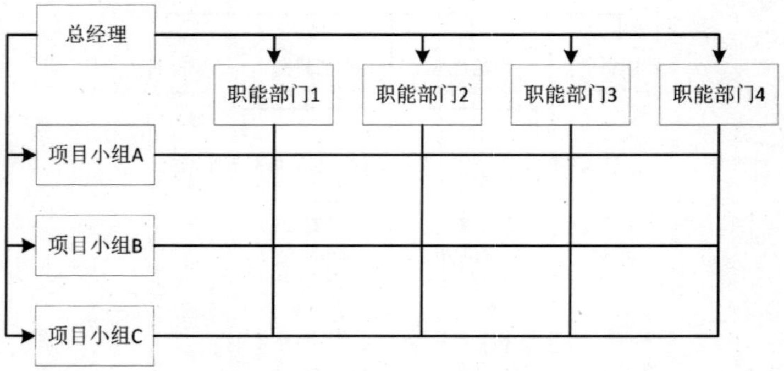

图 4-5　矩阵式组织结构示意图

4.1.2　应急组织的架构

应急组织结构是指为应对突发事件，以分类管理、分级负责、条块结合、属地为主为原则，通过对应急要素整合而形成的权责分明、结构健全、运行灵活、统一高效的一体化管理系统。

1. 应急组织的特点

下面拟采用实例的形式，介绍架构的应急组织所需具备的四个特征。

1) 预防为主

应急组织的架构是在应急管理活动的准备阶段，其指导思想应以预防突发事件为主。

2006 年春节期间，北京市政府应急指挥系统全面启动，以针对烟花爆竹突发事件构建全方位预防的应急组织架构：全市各级应急处置专业队伍 24 小时待命，确保出现火灾、爆炸等事故时，处置措施、人员、设备等能够及时到位；北京市委、市政府协调组织近 50 万名治保积极分子、街道和社区居委会干部、公安民警和武警官兵，冒着严寒在大街小巷中维护燃放秩序；各区县基层群防群治队伍也发挥了应有的作用，各街道乡镇均配备竹竿、扫帚、沙袋、灭火器等简易消防灭火器材，成立了“竹竿队”、“扫帚队”、“三轮车消防队”等灭火救援组织。

如此全面预防的应急组织结构确保了北京市在“禁改限”后的第一年没有出现因烟花爆竹引发的重大伤亡情况，没有造成重大火灾，1500 万名北京市民度过了平安、欢乐、祥和的春节[3]。

这个例子再次强调一个道理——有备则无患，应急组织架构工作尤为如此。面对可能出现的灾害事件，各级应急组织应由被动应对转向积极预防和化解危机的主动应对。

2) 快速反应

时间就是生命、时间就是财富，这个理念在各应急组织架构过程中应该得到充分重视。

《上海市突发公共事件总体应急预案》中的应急处置一章中，就明确规定了应急组织结构必须要建立快速的信息报告和通报制度。该预案要求，突发公共危机事件发生后，各应急机构、事发地所在区县政府、职能部门和责任单位，要在积极抢险救援的同时，及时汇总相关信息，并迅速报告：一旦发生重大突发公共事件，必须在接报后一小时内分别向市委、市政府值班室口头报告；在两小时内分别向市委、市政府值班室书面报告[4]。

3) 协调联动

与常规公共管理不同，应急组织架构需要考虑和处理的是非常态环境和事件，决策风险大、管理难度大、管理要求高。应急组织在面对处理对象紧急性与易变性同在、扩散性与破坏性并存的情况下，需要加强组织内部各职能部门、各级决策者以及各危机应对主体的协调联动，以整合资源发挥整个应急管理体系的力量。

《上海市突发公共事件总体应急预案》中就要求各相关单位部门要与毗邻区域加

强协作，一旦出现突发事件影响范围超出本行政区域的态势，应及时通报、积极联系和协调[4]。

4）全面覆盖

面对突然爆发的危机事件，应急组织架构应秉承全面覆盖的工作作风，切实做好整个组织管理体系中应急职责落实的工作。

2005 年 7 月颁布的《河北省城市燃气重大安全事故应急救援预案》，就确定了覆盖较全面的应急组织机制[5]：河北省建设厅负责全省城市燃气重大安全事故的应急救援管理工作，并对各市、县城市燃气行政主管部门建立和完善的城市燃气重大安全事故应急体系和应急预案进行指导、协调和监督；各市、县城市燃气行政主管部门负责建立和拟定本行政区域内城市燃气重大安全事故的应急体系和应急救援预案，并负责应急救援预案批准后的组织实施；各燃气经营企业负责制定本单位的重大安全事故应急救援预案，建立应急救援组织、组建专业抢险队伍、配备完善的抢险装备。

2. 应急组织的形式

应急组织架构是基于传统组织结构类型，应不同突发事件应急准备要求而采取不同组合的功能体系。一个大型的应急组织往往包含了多种组织结构类型，以我国应急组织为例（表 4-2），其架构就是多种结构类型的综合体[1]。

表 4-2　我国应急组织形式示例[1]

组织结构类型	对应的应急组织
直线制	最基层一级的应急组织，如消防队、派出所
职能制	专业性较强的部门，如地震监测、气象预测、疾病控制、安全监督等
直线职能制	大中型的应急组织结构
事业部制	技术要求高、相对独立性强的应急组织，如核电站的应急组织
矩阵式	省、市一级的应急组织，如省疾病预控防控中心

借鉴文献[1]，以我国“预防控制系统的应急组织结构”和“公安系统的组织架构”为例，说明应急组织架构常常是多种组织结构融合的形式。

1）国家预防控制系统的应急组织结构

从图 4-6 可看出，国家预防控制系统整体上是由纵向职能部门与横向卫生应急部门构成的矩阵式组织结构[1]。其中，国家、市、区县疾病预防控制中心的组织结构又是按疾病防治、检验检测、管理保障三个职能来设计的职能制结构。而社区卫生服务中心作为整个预防控制系统的基层组织，则采用最简单有效的直线制组织结构，包括管理社区、学校和企事业单位。

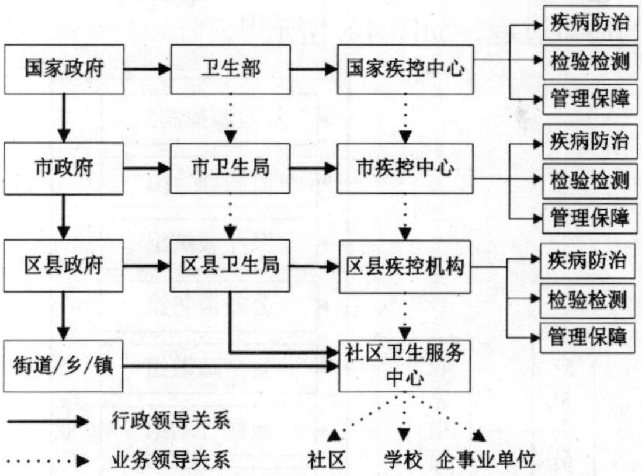

图 4-6　国家预防控制系统的组织结构形式[1]

2) 公安系统的组织结构

公安应急组织结构体系是一个典型的综合组织结构形式，既有严格的纵向结构(公安部、厅、局、分局/支队、派出所/巡警)，又和地方政府部门、驻军、重点企事业单位之间存在着横向联系，整体上也呈现一个矩阵式结构；内部业务系统有经保、文保、刑侦、信息安全、消防、交通、边防等职能分工；而交通、消防、边防等职能相应地都很独立，又类似于事业部制结构；基层的派出所是直线型结构。

由于突发危机事件种类繁多、形态各异、难以预测，不论采用哪种形式，提前预防、快速反应、协调联动、全面覆盖都是应急组织架构的基本前提。要求应急组织不仅要通过专业分工提高应急质量和效率，还要注重组织各部门间的高效协同作业。

4.1.3　组织层次与管理幅度

应急管理活动包括核心过程和辅助过程，核心过程又分为战略层、战术层和运作层，分别对应着组织的应急管理决策过程、应急计划准备过程以及应急响应过程，如图 4-7 所示。

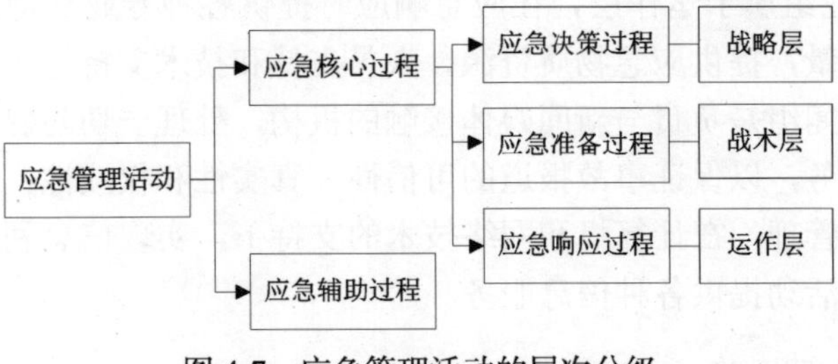

图 4-7　应急管理活动的层次分级

不同层次的应急活动需要应急组织中不同级别的部门去完成，即一个应急组织结构中的各层级部门要求具有不同的角色定位、拥有不同的应急管理幅度、发挥着不同的作用。

1. 应急组织的不同层级

一个完善的应急组织结构通常包括应急委员会、应急指挥部和各专业应急组，它们分别对应着不同层次的应急过程，如图 4-8 所示[1]。

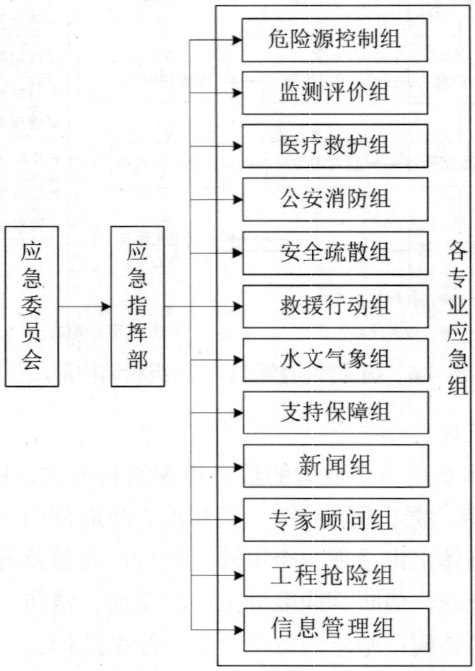

图 4-8　应急组织的不同层级结构

(1) 应急委员会属于战略层，对应着应急管理和决策过程，主要职责是审定突发事件防范和应急计划，作出重大应急决策。

(2) 应急指挥部则属于战术层，对应着应急计划和准备过程，协调应急活动期间各个机构的运作，统筹安排应急行动。其主要职责是落实应急计划，作好应急准备，如指挥建立应急资源或技术储备等。

(3) 各应急专业组属于运作层，在应急响应时提供各种专业支持。例如：支持保障组是应急的后方力量，提供应急物质资源、人员支持和技术支持等，全方位保证应急行动的顺利完成；新闻组是负责与新闻媒体接触的机构，处理一切与媒体报道、采访、新闻发布会等相关事务，以保证事故报道的可信性、真实性和权威性；信息管理组负责应急所需一切信息的管理，在计算机和网络技术的支持下，实现信息利用的快捷性和资源共享，为应急管理活动提供各种信息服务。

2. 不同层级的管理幅度

借鉴文献[6]，以突发公共卫生事件应急管理组织架构为例，说明在应急组织体系中不同层级机构各自的管理幅度。突发公共卫生事件的应急管理组织体系，包括政府应急管理委员会、应急管理指挥中心，以及公共卫生专业部门应急管理机构。

1) 政府应急管理委员会(战略层)

建立“中央、省、市”三级常设性政府应急管理委员会，分别制订反危机战略和突发事件应急计划，指挥和协调对应层次的政府部门和各种资源应对突发事件，并从法律上保障应急管理部门的地位和权力。

例如，国家层次上设立的应急管理常设中枢机构——国家应急管理委员会，就具有应对突发事件的会商决策和指挥协调的功能。国家应急管理委员会直接隶属于国务院，可以考虑由国务院的一位主要领导人兼任委员会主任。国家应急管理委员会定期召集有关专家就某一领域中当年度或是更长时间内可能产生的突发事件进行预警分析，向国务院领导定期汇报研究结果，提出应付突发事件的相应措施；建立年度重大突发事件会商制度，向中央政治局和重要的国家机构提出相应的对策和建议。国家应急管理委员会在平时主要起参谋和咨询作用，一旦发生突发事件则随即转为应急管理的具体决策机构[6]。

“中央、省级、市级”应急管理委员会是上下级管理关系，省、市级应急管理委员会可以因地制宜的强化本地区突发事件多发领域、弱化突发事件少发领域，有的放矢，在预防和减轻突发事件爆发的基础上节约成本。事实上，一个完整战略层的应急决策需要经历自下而上和自上而下两个过程：市级应急管理委员会在市辖范围协调资源应对突发事件，只有事件程度太严重或超出市级应急管理委员会的管理能力时，才向省级应急管理委员会申请支援，以有效控制灾害的扩散；同理，当灾害蔓延超出省级应急管理委员会控制能力或突发事件爆发范围在两个省以上，省级可向国家应急管理委员会要求支援，由国家委员会协调全国资源进行跨省的应急处理。

2）应急管理指挥中心（战术层）

将应急管理指挥中心设立为常设机构，以实现突发事件的预防准备、反应、恢复一体化管理，该机构是政府三级应急管理委员会的下属机构，对应于战术层的应急活动。

借鉴危机管理中“简约而不简单”的事故控制体系结构，可构建应急管理指挥中心的组织结构，如图 4-9 所示。此种结构简单、灵活、富有弹性，不仅能适应各种可能出现的突发事件要求，还能根据灾害事件规模大小进行适应性调整，是注重效率、效益和效能的现场应急管理组织模式。

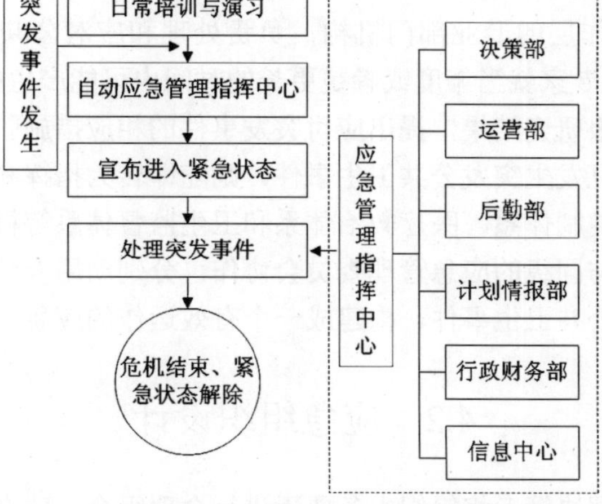

图 4-9　应急管理指挥中心组织结构及运作图[6]

应急管理指挥中心也可被设立成常设机构：在平时注重突发事件的应急准备工作，对相关工作人员进行应急管理方面的培训和定期演习；当突发事件发生后，立即启动应急管理指挥中心模式，宣布进入紧急状态，依据既定的应急计划指定相关政府领导担任应急管理总指挥，由相关政府职能部门组成决策部、运营部、计划情报部、后勤部、行政财务部和信息中心，在总指挥领导下立即投入应急应对运作，其各部门的职责见表4-3。

表 4-3　应急管理指挥中心组织成员的角色和责任[6]

组织成员	角色和责任
决策部	负责突发事件总的管理和决策。评估突发事件的当前形势，确定突发事件的性质，明确应急处理中的轻重缓急
运营部	负责突发事件的紧急处理，为现场反应人员和灾民提供实时支持，保证灾区的补给、装备等，与各部门保持协调
计划情报部	负责收集、分析、记录和评估有关突发事件、应急处理及可利用资源状况的信息，并向决策部和总指挥提供应对方案和行动计划
后勤部	为应急处理提供多种必需的设备物质资源及服务等。根据突发事件的规模与性质，后勤小组可能包括通信、医疗、食品、配送、设施、交通等
行政财务部	为应急管理指挥中心提供机关服务，监督与突发事件相关的费用，负责应急处理过程中的财物与成本分析
信息中心	协调和发布面向公众的信息、警告，监控新闻媒体，适时举行新闻发布会和媒体报告

3）公共卫生专业部门应急管理机构（运作层）

仅仅建立应急管理委员会和应急指挥中心是不够的，还需设立公共卫生专业部门应急管理机构，构成一个完整的公共卫生应急组织。对于突发公共卫生事件，要求卫生部设立公共卫生专业应急管理机构。

全国公共卫生系统可以简化为由各级卫生行政部门、卫生监督体系、疾病预防与控制机构和医院等组成。除了建设一个完善的公共卫生防护网，我国公共卫生系统还必须有处理突发事件的常设机构，作为领域性突发事件应对的首要责任部门，与综合性常设应急管理委员会组成完整的应急管理网络，同时也可作为其他突发事件领域的救援支持部门。

作为应急活动运作层的专业部门机构，负责处理和应对公共卫生领域内的突发事件，定期召集卫生领域专家就当年度或者是更长的时间内可能产生的突发事件进行分析，向卫生部领导定期汇报研究结果，提出应付突发事件的相应措施。该机构平时充当卫生行政部门的参谋，一旦发生突发公共卫生事件，则随即转为指挥和协调公共卫生系统资源，协调疾病预防与控制体系、医疗救治体系和卫生监督体系等机构的合作。卫生行政部门的应急管理机构与同级的应急管理委员会协作，分别动用专业领域和不同领域部门资源，共同应对突发公共卫生事件，构建成一个有效运作的应急管理系统[6]。

4.2　应急组织设计

组织设计是指管理决策者将组织内各要素进行合理组合，建立和实施一种特定组织结构的过程。尽管组织结构日益复杂、结构类型演化越来越多，但任何一个组织结构都存在三个相互联系的问题：职权如何划分、部门如何确立、管理层次如何界定。围绕这三个问题，科学动态的组织设计是获得最大应急管理功效的重要前提。

4.2.1　设计原则和步骤

应急组织设计的任务是，要求能简单而明确地指出各应急管理岗位的工作内容、职责与权力，以及与组织中其他部门和岗位的关系，要求明确担任该应急管理岗位工作者所必须具备的基本素质、技术知识、工作经验、处理问题的能力等条件。

1. 设计原则

在应急组织设计的过程中，除了要遵循“系统整体、统一指挥、权责对应、有效管理幅度”等一般组织设计原则之外，还需要注意以下几方面要求[1]。

1) 面向应急过程的设计

根据应急活动不同层次以及应急管理内部不同任务，可将应急管理的基本活动单元划分成不同的过程团队，即分成由具有共同目标、不同职业技术的人组成的应急小组。各应急过程团队的典型特征是高度自治、分工协作、相互协调。应急组织中各个过程团队都具有一定决策权力，能够节约应急决策的时间、加快应急响应速度。

2) 柔性化和灵活性

面对性质不同的突发事件，应急响应最关键强调的是一个“快”字，需要构建动态的、弹性化的应急组织架构来适应这个特点，以确保能够迅速应对外界环境发生的变化。应急组织设计的柔性化和灵活性，就是要有效地保持组织与外界环境的联系和平衡，即各组织为更有效地调动和节约应急资源，积极主动地进行自身调整以求适应环境。

3) 组织结构的扁平化

组织结构扁平化就是通过减少组织结构的管理层次，裁减冗余人员，从而建立一种紧凑、干练的扁平化组织形式。扁平化组织可以加快信息传递速度、使决策更快、更有效率，同时扁平化直接导致人员减少，使得组织管理的成本更低。针对应急过程的优化和重组也不例外，在组织架构中需要尽量减少不必要的审核和监督，清除一些非增值活动，使应急组织架构减少冗余的层级。

4) 组织结构的网络化

网络组织最本质的特征在于强调全方位交流与合作。全方位的交流与合作既包括组织之间的密切协调合作关系，也包括组织内部各部门之间、员工之间广泛的交流与合作关系，且这些交流与合作是以信息技术为支撑的，并将随着信息技术的发展而得到不断地强化。

信息网络是应急组织内部相互联系和沟通的基础，信息网络技术是应急组织架构不可缺少的前提。当然，网络关系并不能完全取代组织中权威原则的作用，否则组织就会出现混乱，所以网络组织中的层级结构始终是需要保持的，只不过在组织结构网络化的条件下，可采取层级更少的扁平化结构，故可认为组织结构网络化实际上是在扁平化基础上的延伸。

应急组织结构的网络化使传统的层次性组织和灵活机动的应急计划小组并存，使各种应急资源的流向更趋合理化，通过网络凝缩时间和空间，加速应急组织全方位运转，提高应急管理活动的效率和绩效。

2. 设计的步骤和流程

应急组织的设计通常可分为以下几个步骤。

1) 确立应急组织目标

通过收集及分析历史应急活动资料，进行组织结构设计前的评估，以确定应急组织目标。

2) 确定应急管理活动所对应的过程体系

在明确的应急目标下，建立应急活动对应的过程体系，根据应急资源的情况决定所应采取的应急过程。进一步确定应急过程体系的内部结构，即每一个子过程所应该完成的功能以及各子过程之间的关系，协调和优化各个子过程的性能及其相互间的关系。

3) 提出组织结构的基本框架

按应急组织设计的目标和整个应急过程体系，决定组织的层次及各部门结构，形成层次化组织管理系统的基本框架。

4) 围绕应急过程确定职责和权限

明确规定应急组织中各层次、各部门以及每一职位的管理权限和责任。通常用职责说明书等文件形式表达。值得一提的是，当突发事件发生时，作为应对策略，可以立即形成以应急过程为中心、并围绕应急过程服务的职能中心，即将原有的划分较细的职能部门和科室整合成对外具有相对完整功能的大部门形式，或将各种职能完全划归在一个综合性的应急职能服务中心内部。

5) 设计组织的运作方式

组织运作方式的设计包括：① 联系方式的设计，即设计各部门之间的协调方式和控制手段；② 管理规范的设计，确定各应急管理活动的工作程序、工作标准和应急相关人员应采用的管理方法等；③ 各类运行制度的设计，即明确各应急管理活动的开展所应该遵循的规章制度。

其中，高效的信息技术平台是应急组织实现各部门协调运作的重要条件，应急组织中的信息技术平台一般要求具备以下特性：支持应急组织的过程运作和管理、基于共享知识库的信息流的协调、信息系统的高柔性、对应急决策的支持、对新的应急管理方式的支持。

6) 形成组织结构

对应急组织设计进行审查、评价及修改，确定正式的组织结构及组织运作程序，并予以颁布实施。根据组织运行情况及内外环境的变化，对应急组织结构进行调整，使之不断完善。

4.2.2　组织设计方案

确定设计原则和设计步骤之后，可以逐步形成应急组织的设计方案。借鉴文献[7]，以政府应急管理组织结构设计为例，介绍不同结构的应急组织设计方案。

政府因其特殊的责任、地位和能力，在应对突发危机事件中通常发挥主导作用。在应急管理过程中，政府不仅要组织动员各种力量和资源共同参与，而且要对各种组织机构和人员进行统一指挥、协调、调度，有秩序地处理各项应急活动。政府应急组织架构是应急管理组织系统中人流、物流、信息流正常流通的保证，故其组织结构的设计对于政府应急管理的成败起着重要的作用。

1. 传统的政府应急组织设计

1) 纵横结合的组织结构

面对突发危机事件，我国政府长期来并没有建立专门的、全面的、常态的应急管理组织架构，往往还是沿用常态下的日常管理组织架构，即纵横结合的应急管理组织结构形式(图 4-10)。图中实线表示领导关系，虚线表示指导或指令关系。

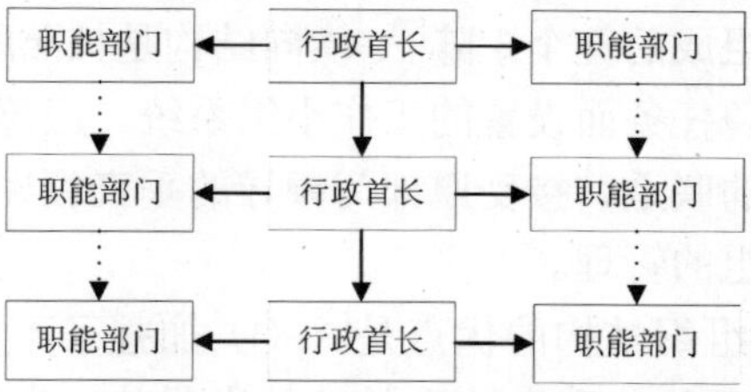

图 4-10　纵横结合组织结构设计[7]

纵横结合的结构形式强调把各级行政主管人员从纷繁的日常事务中解脱出来。每一级的职能部门按专业化原则设置，直接对行政首长负责：一方面他们履行在某专业范围内对首长进行建议的职责；另一方面他们又受到行政首长的授权，代替行政首长处理本专业的日常例行事务[7]。且各职能部门享有对同专业的下级职能部门执行业务指导或发号指令的权力。

纵横结合的组织结构的优点是[7]：① 既能够保证行政首长的统一指挥，又有利于运用专业化的管理手段提高应急效率；② 分工细密、职责清楚，各部门仅对自己应做的应急管理工作负责，效率较高；③ 组织稳定性较高，在外部环境变化不大的情况下，易于发挥应急组织的集团效应。

此类型组织结构的缺点[7]：① 下级缺乏必要的决策自主权；② 各职能部门之间联系不紧密，面对突发事件处理时，易于脱节或难以协调；③ 组织结构刚性较大，适应性差，容易因循守旧；④ 组织内部信息传递路线较长、信息反馈较慢，难以适应突发事件外界环境的变化。

2) 矩阵式的组织结构

突发事件的多元化诱发因素、广泛的影响领域，以及应急响应的快速化要求等，都导致采用常态的组织管理结构来应对复杂的非常态应急事件比较困难，因此政府应急管理矩阵式组织结构应运而生(图 4-11)。

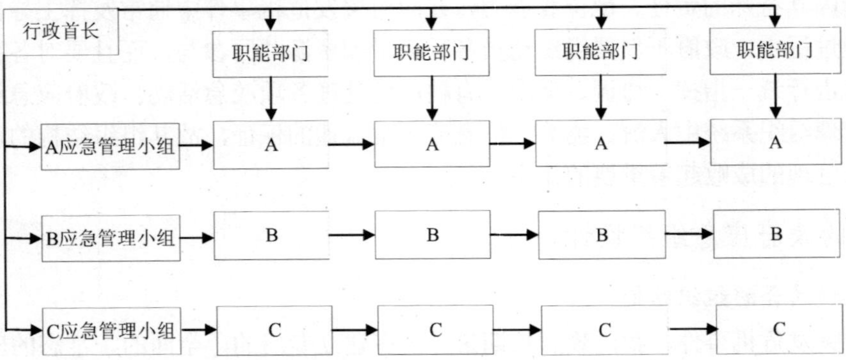

图 4-11　矩阵式组织结构设计[7]

政府应急管理矩阵式结构，也称为政府应急管理“规划—目标”结构，它是由纵横两套管理系统叠加在一起组成的一个矩阵[7]：横向结构是按照职能划分的应急指挥系统，纵向结构是为完成各个应急任务而设置的工作小组系统。应急工作小组成员既同原职能部门保持组织上和业务上的联系、接受原部门领导的垂直领导，又对工作小组的主管负责、服从应急管理工作小组的管理。

政府应急管理矩阵式组织结构的优点是[7]：① 加强了不同部门之间的配合和信息交流，能集中各部门的资源优势和专业人员的技术优势，有助于加强应急组织的协调性和整体性；② 打破了传统的一个人只接受一个部门领导的管理原则，一个人可同时参加几个应急任务或应急管理小组，既提高了应急人员的利用率，又可缩减应急管理成本开支；③ 组织形式机动灵活、适应性较强，有利于改善应急管理工作的整体效率。

政府应急管理矩阵式组织结构的缺点有[7]：① 由于组织成员必须接受双重领导，当双重主管意见出现分歧时，下属会感到无所适从，而当应急工作出现差错时，又不易分清领导责任；② 组织关系复杂，应急管理小组具有一定的临时性，容易出现人心不稳的局面。

3) 事业部组织结构

不论是纵横结合结构还是矩阵式结构，其应急应对形式都带有一定的临时性质，而各种突发危机事件的群发性、突发性、频发性和危害性，促使政府必须将应急管理活动纳入到日常运作之中。这就需要建立一个专门的、常态的、综合性的应急管理组织结构，即事业部组织形式(图 4-12)。

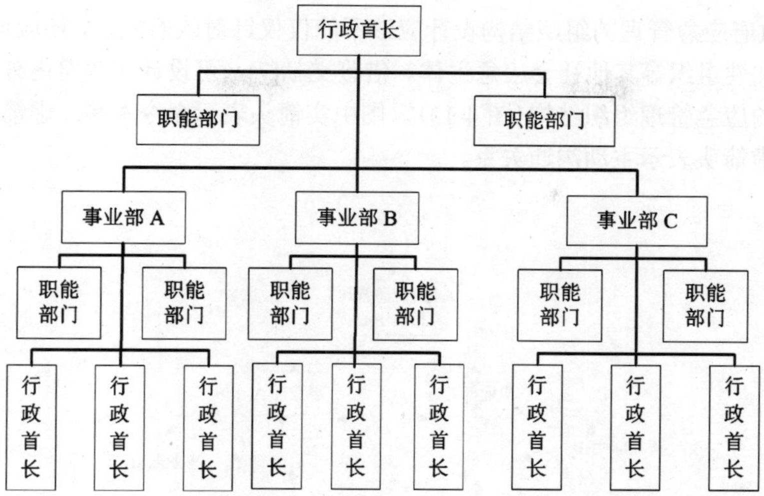

图 4-12　事业部组织结构设计[7]

事业部组织设计思想通常是纵向划分出一个专门负责某类危机事件的事业部，这个事业部拥有相对独立的应急决策自主权。政府应急管理事业部组织结构的优点[7]：① 有利于发挥各事业部的积极性和主动性，从而提高应急组织的效率；② 能够使最高行政首长摆脱日常事务，集中精力去考虑应急管理的宏观战略；③ 有利于锻炼和培养各部门管理人员。

政府应急管理事业部组织结构的缺点有[7]：① 应急管理人员需求量大，管理成本较高、经济性差；② 集权与分权关系比较敏感，一旦处理不当，可能削弱整个应急组织的协调性；③ 存在分权所带来的不足，如本位主义、应急指挥不灵、应急组织整体性减弱，职能机构重复设置等；④ 各事业部之间缺乏有效的横向协调与联系机制。

2. 政府应急组织的多维网络结构设计方案

传统的纵横结合、矩阵式，以及事业部组织设计，都容易形成“大政府、小社会”的应急格局，即使得应急管理组织的结构设计都过于强调政府自身力量、而社会动员能力相对不足，如何充分利用不断壮大的社会力量参与应急是现代政府应急管理组织设计方案中需要重视的一个问题。

1) 多维网络结构组织设计

在应急管理活动中，社会组织的积极参与具有自身独特的优越性[7]：① 社会组织能够在政府和群众之间起到很好的桥梁沟通作用；② 在应对某些具体的突发事件时，社会组织往往在知识、技能、人员、网络等方面表现得应急效率更高、应急效果更显著；③ 相比国家官方政府之间的合作，社会组织相对更容易获得国际上资金、技术、信息和管理等多方面的支持；④ 在对于应急管理过程的全方位客观监督，以及对应急活动的独立评估等方面，社会组织是推动政府改革的强大动力源，有利于减少政府的决策失误。

因此，突发事件的应急管理活动不仅是政府为主导的应急管理，更应该是全社会的应急管理。政府应急管理的组织结构设计应该不能仅仅针对政府机构，还应该包括公民、企业、非盈利性组织等其他社会应急主体。借鉴文献[7]，可设计出政府内外结合的、多维网络形式的应急管理组织结构(图 4-13)。图中实箭头表示命令关系、虚箭头表示协调关系、双向虚箭头表示主动沟通关系。

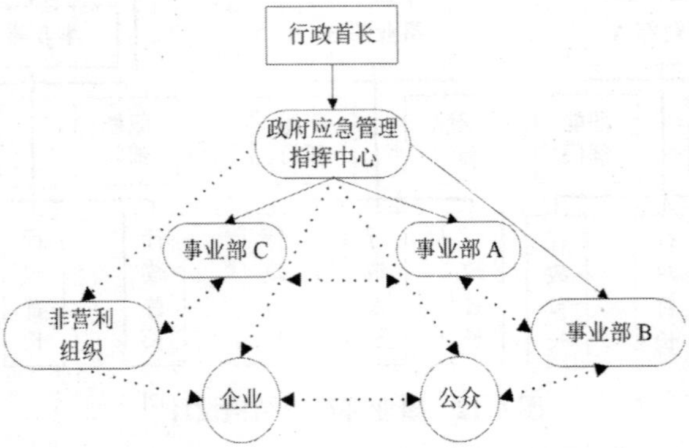

图 4-13　政府应急管理组织多维网络结构设计[7]

2) 多维网络结构设计的特点

与传统的各种组织设计方案不同，政府应急管理组织的多维网状结构是一个由若干独立的、又彼此纵横联系的单位组成的网络化组织形态，其核心组织的规模很小，以政府应急管理指挥中心为纽带，依靠政府专门的应急管理小组与其他社会应急主体来实现其职能。从总体上讲，此结构设计具有以下特点[7]。

(1) 整个组织划分成政府内部和政府外部应急管理组织：对政府内部应急管理组织结构采用事业部制组织设计形式，这是由于在政府内部强调通过纵向集中以保证应急决策的效率；对政府外部应急管理组织建立扁平化的结构体系，这是因为各类社会组织力量的深度分工与高度协作要求社会应急管理主体的进一步分权和无等级化。

(2) 政府应急管理组织多维网状结构中的网络既包括机构设置的多维，也包括组织运作的多维：前者在组织结构设置时要综合考虑政府内部与外部社会应急主体两方面的因素；后者主要体现各应急主体的信息传递与决策流程。

(3) 政府应急管理组织多维网状结构的控制是直接与间接控制相结合：对政府内部的单位通过应急管理指挥中心进行直接控制与指挥，对外部社会应急主体则通过相关法律进行间接控制；一个多维网络结构只以一个行政首长为中心，而社会应急主体没有公共人事与财政权力，网络组织结构通过标准法律规范来确定其权利与义务，以实现对其的间接控制。

(4) 政府应急管理多维网络组织设计具有较大的灵活性：可根据具体突发事件的性质和影响大小来动态选用应急管理指挥机构、决定政府应急管理组织的行政首长；相当一部分应急职能是由政府外部的社会组织提供的，分散了政府部分管理公共危机权力的职能，提高了应急组织的灵活性。

(5) 政府应急管理多维网络组织设计具有较强的沟通协作优势。在网络多维组织结构下，各个自主组织单元所拥有的应急资源有限，无法像事业部那样自给自足，只有通过与各危机应对单位的广泛合作，才能有效的完成应急任务。这种基层单元之间的主动交往，为应急资源在组织体系内部合理流动和高效整合提供了重要的途径。

(6)政府应急管理多维网络组织的设计能够有效依托网络技术优势，具有信息传递流程短、信息量充分的优点，十分有利于应急管理指挥机构在突发事件特殊情境下准确、迅速、有效地作出决策。

综上政府应急管理组织设计的例子所述，不同的组织结构都有各自的优缺点，各种设计方案都有其存在的特定环境。总之，科学的应急组织结构设计对于突发事件应急管理的成败起着重要的作用。面对新形势下的突发紧急事件，应急组织设计应当既强调效率、节约成本，又体现出分工合作与协调应对。

4.3　基于现代管理理念的应急组织管理

在应急组织管理中，不仅有传统管理理念的应用，也需要考虑现代管理理念对组织设计的优化作用。例如组织流程再造的思想和数字集群通信管理方式的应用等，都能够为科学高效的应急组织架构提供先进的技术支撑，更好服务于突发事件的应急管理。

4.3.1　组织流程再造

20 世纪 90 年代美国麻省理工学院 Michael Hammer 教授和 CSC 管理咨询公司董事长 James Champy 提出了管理流程再造(bushiness process reengineering , BPR)的概念，即对企业的业务流程进行根本性的再思考和彻底性的再设计，从而使企业在成本、质量、服务和速度等方面获得进一步的改善。

1. 流程再造理念

1) 流程再造的背景

流程再造思想源于企业越来越面临来自“顾客、竞争和变化”3C 挑战的环境背景：①来自顾客的挑战，顾客越来越精明、要求也越来越高，他们需要个性化的服务，因此要求企业研发个性化的产品以满足不同层次的客户需求；②来自竞争的挑战，面临严峻的市场环境，企业要不停地围绕降低成本和提高经济效益与同行企业进行竞争；③来自变化的挑战，科技高速发展，世界经济形势和竞争规则不断变化，企业要及时调整发展战略以增强竞争优势。

业务流程的再造使得企业能最大限度地适应以“顾客、竞争和变化”为特征的现代经营环境。

2) 流程再造的关键

作为一种全新的企业管理革命理论，“流程再造”包含着两个基本思想：一是组织必须识别哪些流程是关键的，并使关键流程尽量简捷有效；二是组织必须扬弃枝节，包括组织中那些可有可无的人员或机构。

随着市场的快速变化和竞争的日益加剧，越来越多的组织认识到，只有持续地进行流程再造，组织才能基业常青。变革大师 John P. Kotter 就在《变革之心》一书中提出了著名的组织流程变革八大步骤：创造危机意识、组建坚强的变革团队、构建愿景、广泛沟通愿景、授权员工为愿景而努力、创造近期战果、奖励有关人员、巩固战果并再接再厉。通过这八步变革，可将新的组织流程行为模式深植于企业文化之中[8]。

虽然流程再造理念的产生对组织管理有着重大创新，但是在纷繁复杂的市场竞争面前，众多企业面对组织流程再造还是一筹莫展、举步维艰。纵观组织流程再造的众多案例，流程再造成功和失败的最主要区别就在于对“为什么要流程再造、流程再造什么、如何流程再造”这三个问题思考的程度不同：只有弄清为什么要进行流程再造，才有可能取得绝大多数员工对流程再造的支持，才有可能找到流程再造的突破点和变革目标(流程再造什么)，也才有可能制定合理的流程再造策略，保证流程再造目标的实现(如何流程再造)。

2. 组织流程再造的步骤

如果进一步扩大企业流程再造的概念，就不仅仅是对流程进行再造，而是要将以职能为核心的传统企业改造成以流程为核心的新型企业。应急活动中的组织再造设计同样如此，需要围绕应急活动过程来进行组织再造。

借鉴文献[8]，现以应急过程变革为核心的组织流程再造为例，五段十八步的步骤可以比较清晰而具体地描述出应急组织流程再造的历程(图 4-14)。

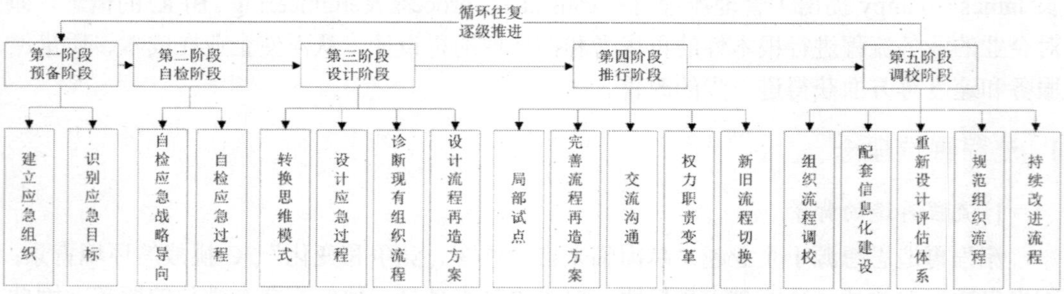

图 4-14　应急组织流程再造步骤

1) 第一阶段：预备阶段

任务是搭建团队、锁定目标。

第一步，建立应急组织。在应急管理高层建立以应急决策领导者牵头的流程再造工作推进机构，并给予充分授权，直接向应急组织最高管理层负责，并建立定期进度报告和追加授权制度。

第二步，识别应急目标。面对突发紧急事件，就愿景、应急目标、组织再造的必要性和再造计划达成共识。

2) 第二阶段：自检阶段

任务是系统诊断、判定症结。

第一步，自检应急战略导向。针对各类突发事件应急处理活动的效率和满意度，根据差距对比检查战略导向所存在的问题，并对应急组织战略导向进行调校。

第二步，自检应急过程。应急过程是应急处理活动的具体体现，也是推进并最终实现应急组织战略调整或重构的关键。要依据组织战略转型的方向和特征，对现有应急过程进行彻底地适应性诊断，以确定其症结所在。

3）第三阶段：设计阶段

任务是营造环境、设计方案。

第一步，转换思维模式。流程再造要顺利推进，必须在发起之初，就尽早消除应急组织内对变革的抗拒。为了统一应急组织内部的思想认识，可以采用组织研讨等有效方式，自上而下地对可能形成阻力的相关人员进行思想渗透，转换应急人员心智模式，增强人员承受力，以期在应急组织中形成强大的支持流程再造的场效应力。

第二步，设计应急过程。在创新文化氛围下，进行全员发动，自下而上地引导应急人员充分发挥积极性。集中群众的智慧和应急高层的判断力，全员参与、全员设计，根据新的适应突发事件应急需求的组织战略，为组织确定新的与战略导向相匹配的应急过程。

第三步，诊断现有流程。比照新确定的应急过程，聘请相关应急专家参与，以内部流程再造推进团队为主，鼓励全体应急相关人员全面介入，对应急组织现有流程的效率和效能进行评估，以判定症结所在、确定应急冗余过程和边缘地带。

第四步，设计再造方案。组织内外部应急专家，在应急组织流程系统诊断的基础上，以新的应急过程为核心，重新设计应急组织流程，并确定推进流程再造的实施方案。

4）第四阶段：推行阶段。任务是以点带面、强力推行

第一步，局部试点。选定试点单位，进行局部试点，对新的应急流程及其实施方案进行试验性演习。为了更全面验证实施方案的科学性和适应性，可以同时选择多点演习，或者建立长效演习机制、多轮反复试验。通过演习可获取比较完整、可信度较高的原始数据和资料。

第二步，完善方案。根据演习试点采集的信息分析情况，结合再造方案的预期目标，对设计方案进行完善修订、对预期目标进行调校，进一步确定再造方案实施顺序和重点。在正式方案拟制时，通常应该设计应急预案，以提高应急组织流程再造的抗风险能力。

第三步，交流沟通。流程再造方案涉及所有应急相关人员职责和权力的调整，在应急流程再造的推进过程中，必须建立有效的沟通渠道，包括方案出台前应广泛而充分地与全体应急人员进行交流沟通，以及实施再造方案前需要对全员进行分层培训和宣传教育等。

第四步，权力职责变革。再造方案实施阶段，首先要对原有的应急组织结构进行迅速变革、对应急相关人员进行迅速调整、对权力重新进行分配，为流程再造打好组织架构基础。

第五步，新旧流程切换。流程再造一方面要稳妥推进，另一方面一旦条件成熟，又需要果断地完成新旧流程的同步切换。如果过渡期设得过长，新旧流程就容易出现矛盾交织，尤其在强调时间效应的应急管理活动中尤为注重新旧组织流程的快速、准确切换。

5)第五阶段：调校阶段

任务是完善规范、持续改进。

第一步，流程调校。在新的组织流程运行过程中，要不间断地对其与应急过程间的适应性进行调校，以提高新的应急组织流程的适应性。

第二步，信息化跟进。针对重新优化后的组织流程，及时跟进配套信息化建设，将促进新组织流程功效的有效发挥。

第三步，评估体系跟进。全面实施组织流程再造之后，需要以应急过程绩效、对应急过程贡献率以及应急过程协调度为主要考核重点，重新设计全新的应急评估体系，以实现对新组织流程的有效拉动。

第四步，规范流程。新的组织流程经过一段时间的试点演习和反复修正完善，逐步趋于成熟稳定后，要以正式的流程管理文件、图表等标准形式对其规范化。

第五步，持续改进。组织流程再造并不是一劳永逸的，而是一个循环往复、逐级递进的过程。应急组织要根据持续变化的突发事件情况，对流程反复完善、不断改进。

4.3.2 数字集群通信管理方式

面对突发危机事件，应急组织有时迫切需要借助高效的通信方式进行应急沟通。本节着重介绍一种数字集群通信管理方式在应急组织通信中的应用，通过描述应急组织通信的要求，说明充分满足应急通信特点的数字集群通信系统是应急通信管理解决方案的最佳选择。

1. 应急组织通信的要求

应急通信是指为快速高效地应对突发事件而所需的一种特殊指挥通信联络方式。它具有时间紧迫性、地点随机性，以及环境恶劣性等特征，通常使用无线通信系统来实现应急组织间的联络，对使用的无线通信系统有以下四方面要求[9]。

1)通信快捷、操作简便

通信快捷的重要性体现在整个应急过程中，灾害前的争分夺秒预报、灾害中的及时抢险、灾害后的快速救灾，都离不开应急无线指挥通信。从现有的地面无线通信系统来看，通信接续快捷性的顺序依次是：无线对讲机系统、数字集群系统、公众蜂窝通信系统。数字集群通信系统的典型接续时间≤500ms，被认为可以满足应急通信要求。

实现应急通信要求操作简单的一种重要方式是组呼，因为在突发紧急事件情况下，往往不允许应急指挥员逐一操作(如拨号)呼叫指挥对象，而要求只按下某一特定操作键便能快捷地与事先编在该组内的成员进行同时通话。

(1)早期的无线对讲系统，采用的是频率配置协议(即同组用户配置相同的频率)，利用单频单工或异频单工方式，只要按下PTT(push-to-talk)键就很容易实现组呼。

(2)数字集群系统，则可通过编组协议成功实现组呼功能。从国内多处已开通的TETRA数字集群通信系统现场测试证明其组呼建立时间，以及组内成员之间通话质量都是可以满足应急通信要求的。由于采用半双工组网方式，在同一无线区的组呼仅需要一个信道，因此其信道资源的利用率也比较高。

(3) 公众蜂窝移动通信系统(PTT over cellular， POC)，虽然从原理上能够实现无线一键通信业务，但经过实践后发现，由于目前公众蜂窝系统不支持多播传输，造成组呼过程中无线资源负担过重等困难，致使POC业务的实用化还有相当距离。

2) 畅通无阻

应急通信业务事关突发事件下公众的生命财产，它尤其强调刻不容缓，不像普通业务可以排队或等候：①它要求不论信道资源多么繁忙，都要保证应急通信所需的信道。数字集群所设置的紧急呼叫和优先级功能就是为了满足应急通信所需。②它要求通信对方不论是否忙闲，都能即时与其进行联络。数字集群的强插强拆功能也恰是为了满足该需要。

但对于公众蜂窝通信系统来说，其主要服务对象是普通大众，他们有平等的服务要求，一般不具备上述数字集群的特殊功能。

3) 网络的灵活性

应急通信地点的随机性，要求网络具有非常灵活的拓展性及延伸性。数字集群具备的直通功能，正好满足了平时网络虽不能覆盖、但紧急情况下可相互间实施通信联络的要求。尤其车载式单载波基站数字集群系统，可方便开赴救灾现场，以满足上百用户之间的通信联络。

4) 环境的适应性

应急通信的环境往往十分恶劣，如地震、水灾、火灾通常会造成干线链路的毁坏，导致网络瘫痪，且复杂的背景噪声严重影响通话质量。

(1) 数字集群系统的故障弱化功能，能够在基站与交换设备之间链路中断时，仍然保证其基站覆盖范围内用户之间的通信联络。

(2) 数字集群终端设备具有的消噪功能，能够确保救灾现场的话音清晰地传送到对方。

2. 数字集群通信在应急组织管理中的应用

基于数字集群通信方式的优势，再结合应急组织通信的需求，现以城市应急联动为例，介绍数字集群通信在应急组织管理中的应用。

1) 城市应急联动系统的必要性

城市应急联动也称为社会应急联动，实际上就是社会服务联合行动。20世纪60年代，美国联邦通信委员会经过研究和论证，决定以911为全国统一的社会紧急救助特服号码，建立应急联动中心。目前美国每一个州市都拥有911中心，其中尤以芝加哥市的911中心最为典型，该911中心已经成为芝加哥市的骄傲。1999年4月，朱镕基总理访美期间曾专被邀请参观该市的911中心，参观后他做出指示："911紧急救助系统是一个城市现代化的标志，这种运用高科技管理城市的办法值得中国借鉴"[10]。

近年来，我国各部委为研究和建立城市应急联动系统已召开了多次会议，目前国内已经有多个直辖市和省会城市开始规划建设城市应急联动系统，其中最早的是广西南宁市的应急联动系统。南宁市的应急联动系统是在1999年南宁市领导参观了美国芝加哥

911系统后开始提出并经反复论证调研后，于2001年建成开始运行的，至2004年12月整套应急联动系统和设备合格通过验收。之后，广州、成都等城市相继兴建应急联动系统，深圳、武汉、杭州等城市也提出了要建应急联动系统的设想，而上海和北京都在已建的数字集群通信网基础上建立应急联动系统。

然而事实上，我国当前大多数城市的情况是[10]：① 多个公众特服号码，如公安110、火警119、急救120、交警122等，这些号码虽然好记，但有一些7、8位数的电话号码却较难记忆。而水、电、气等公用事业的服务号码更不为人知晓，所以不方便市民得到相应的服务、救助或保护。② 各部门都建立各自独立的应急指挥中心，资金没有被集中使用、造成多头投资，实际上导致分散到各应急指挥中心的建设资金不足，使得设计的应急方案和购置的应急设备都相对较简单和落后，很难满足实际应急活动的需要，且还造成资金、物力和自然资源的严重浪费。③ 缺乏一个统一的应急指挥调度平台，不同警种和不同部门之间无法进行很好的配合和协调，实际上有许多情况都需要联合应急行动。④ 数据库信息资源没有互联、不能共享。

显然，建设城市应急联动系统具有很强的实际需求，城市应急联动系统将打破现有多个应急指挥中心共存的现状，集中投资、集中管理，既避免了重复投资、重复建设，同时又提高技术维护和应急管理水平，节约应急资源，并使离散的信息资源和数据库得以互相联动和共享，能为取得有效的应急管理效果发挥发挥更大的作用。

2）城市应急联动系统的组成、运行和实施

城市应急联动系统服务的核心概念是[10]：统一报警、统一指挥、快速反应、资源共享、联合行动。城市应急联动工程需要建立一个统一的城市应急指挥调度中心，它包括综合的信息网络和通信系统、统一的接警中心和处警平台，将治安、消防、急救等联动单位统一在一套完整的智能化信息处理与通信系统中。

城市应急联动系统建成后的运作流程是：市民的任何报警、急救、求助都只需要简单拨打同一个号码，在城市应急指挥调度中心实现统一接警后，通过集成的计算机辅助调度系统，根据实际情况调度相应警力实施应急救助。由于建立了统一的应急指挥调度平台，大大加强了不同警种及联动单位之间的配合和协调，从而对一些突发应急事件能做出有序、快速而高效的反应。

(1) 城市应急联动系统的组成。城市应急联动系统往往由两大部分组成[10]：一是设在应急指挥中心的称为接警和处警系统的计算机辅助调度和信息系统；二是覆盖全市的专用移动通信网，目前一般都选用集群指挥调度系统。把这两大系统进行多层次的集成，就可为城市提供一套能进行统一接警/处警和调度指挥的完整系统，能够实现智能化的城市应急联动解决方案。另外，此系统应该能方便地升级扩容，以便根据城市的发展而大幅度增加接警量。

城市应急联动系统是一个集话音、数据、图像为一体，以信息网络为基础的、各分系统有机互动为特点的整体解决方案。其中，通信子系统完成应急联动中心与各通信运营公司之间的话音传输、交换和分配，以及主叫号码和主叫地址的自动查询和传输等。接警中心采用计算机辅助系统，统一接听和处理市民的报警、求助电话。处警中心采用计算机辅助调度系统，通过直观的地理信息系统和数据库，可以对所有应急资源和警力分布了如指掌，通过一体化的无线数据传输和无线调度台进行方便的统一管理、指挥和调度[10]。

城市应急联动系统把各种数据库、接/处警席位、移动的警用车载计算机等互联在一起，形成一个强大的信息网络。专用移动指挥调度应急通信系统，为移动人员和干警提供话音和移动数据通信，使其保持良好的通信状态。整个应急联动系统还包括大屏幕显示子系统、安全子系统、电源子系统、遥测遥控子系统、地理信息子系统以及 GPS 系统等[10]。

(2) 城市应急联动系统的运行。城市应急联动系统的运行包括六个方面[10]：报警、接警、处警、执行与反馈、监控与记录、报表与统计等。

报警：当需要救助时，市民不需再拨 110、120、119 等号码，而只需要拨打一个特服号码，即可接通城市应急联动指挥中心。

接警：接警员接到报警电话，就立即与求助者通话，并同时自动识别和查出求助者的电话号码及它目前所在位置，接着形成标准化的事件记录。

处警：通过网络将事件记录传送到相应的处警员终端，处警员通过查询相关资料、制定应急反应措施，并向相关联动单位发出应急调度指令。在紧急事件发生时，会触发启动相应的电子预案，如果是发生了重大灾难、险情或特殊事件，则会启用城市紧急状态指挥室，由最高应急管理决策者进行统一指挥。

执行与反馈：应急指令到达现场，并采取相应的应急救援措施。此时，应急指挥中心可使用专用移动指挥调度系统(如数字集群通信系统)，通过话音和数据进行现场指挥。

监控与记录：在应急指挥中心的大屏幕显示子系统上，将显示出突发事件应急处置的全过程，以便进行实时控制；而信息网络和话音记录设备将如实记录下与突发应急事件相关的话音和数据信息，以供检索和查询。

报表与统计：相关部门可根据需要，从城市应急联动系统中获得各种紧急数据的统计报告，以进行突发事件情况分析。

(3) 城市应急联动系统的实施。城市应急联动系统的建立一般分两步实施[10]：

第一步是建设专用移动通信网，它是供警察、消防、急救等政府部门日常指挥调度和应急指挥使用的，以保证在重特大事件发生时，相关部门能够协同指挥、联合行动。例如南宁市在一次矿井事故中，仅用了 38s 就将事故报告到政府领导，23min 有关部门就到达出事地点进行抢救，可见专用移动通信功不可没。

第二步是建设智能化接警/处警指挥平台。这个应急指挥平台把有线通信、无线通信、数据库、卫星定位、计算机辅助调度、信息技术、网络传输等多种技术相集成，集话音、数据、图像信息传输等多媒体资源为一体，使在应对各种突发事件时能够运筹帷幄、正确决策。

3) 数字集群通信网对应急组织联动的作用

当今，数字集群通信系统被普遍认为是城市应急联动系统首选的移动通信平台，数字集群通信系统的专用指挥调度功能是目前任何一种移动通信系统都无法比及的，它可以为城市应急联动中心的处警调度员和事故现场人员之间提供高效的无线话音、数据调度、无线数据查询等系统解决方案，具体表现在[10, 11]：① 数字集群通信系统附属的调度台可支持处警调度员对现场人员进行小组或个人的调度呼叫；② 数字集群通信系统可以提供良好的广域无线覆盖区域，为处警调度员与现场人员，以及现场人员之间提供话音通信服务；③ 有的数字集群通信系统可以提供与已有移动设备（如 350mHz MPT-1327 模拟集群通信系统，或 VHF 和 UHF 等常规无线通信系统）进行音频通信的能力；④ 数字集群通信网可以通过城市应急联动中心实现对全部无线用户机的使用进行管理；⑤ 所有处警调度员可在数字集群通信网的网络终端上对现场人员发送数据调度指令，极大提高了对紧急事件的处理效率；⑥ 现场人员可通过数字集群通信系统的移动数据终端向城市应急联动中心处警调度员随时发送事件现场信息；⑦ 现场人员可利用数字集群通信系统的移动数据终端随时查询相关网络数据库的信息；⑧ 数字集群通信系统的网络通信监控和管理系统还可实现在城市应急联动中心内对各个远端无线基站进行实时监控和管理，以增强对远端基站的设备维护能力，同时减少维护费用等。

总之，通过上述城市应急组织联动系统可发现，诸如数字集群通信等现代化支持技术在应急组织管理中的应用，能够为突发事件下的快速应急反应提供有力保障，有效提高对突发灾害事件的应急管理能力。

参 考 文 献

[1] 付跃强，刘卫东，安金朝. 突发公共事件应急系统的组织结构分析[J]. 江西社会科学，2007,(8)：167-170.

[2] Sisk H L.工业管理与组织[M]. 段文燕译. 北京：中国社会科学出版社, 1985.

[3] 田雨. 应急预案直面危机考验[EB/OL]. http://www.gmw.cn/01gmrb/2006-03/01/ content_381186.htm. 2006-03-01.

[4] 中央政府门户网站.上海市突发公共事件总体应急预案[EB/OL]. http://www.gov.cn/yjgl/2006-01/27/content_173385.htm. 2006-01-27.

[5] 河北省建设厅. 河北省城市燃气重大安全事故应急救援预案[EB/OL]. http://law.baidu.com/pages/china-lawinfo/1689/18/eb96e82b98e74790e518648873193f0a_0.html. 2005-07-12.

[6] 刘传铭，王玲. 突发公共卫生事件应急管理组织结构研究[J]. 中国农村卫生事业管理，2005, 25(10): 51-53.

[7] 邱孝. 政府应急管理组织结构分析[J]. 生产力研究, 2009, (19): 181-183.

[8] Kotter J P, Cohen D S. 变革之心[M]. 刘祥亚译. 北京：机械工业出版社, 2003.

[9] 张金安. 数字集群通信系统——应急通信解决方案的最佳选择[EB/OL]. http://jq.ccr100.com/html/news/c2ee92d748d97e48.html. 2005-11-01.

[10] 郑祖辉. 城市应急联动系统和专用移动通信网[J]. 中兴通信技术, 2005, 11(1): 14-18.

[11] 易达通讯.城市应急联动与数字集群通信[EB/OL]. http://www.xjydtx.com/article/528.aspx. 2008-06-05.

第5章　应急运行机制

为使整个应急管理过程更加科学高效，需要根据突发事件的发生背景、性质或地域等特点分类制定一系列可参考的运行机制，以帮助应急人员有针对性地对各类突发事件进行及时有效的监测、预控、决策和处理，从而最大程度避免和减少危害、达到稳定社会秩序的目的。

5.1　应急运行机制概述

应急管理体系是一个庞大的复杂系统，要使其高效、灵活地运转起来，需要许多具体的运行机制作为支撑。这些运行机制内容繁杂，需要进行清晰的界定和相应的分类，才能有效指导具体应急管理活动。

5.1.1　应急运行机制的特点

应急运行机制是指按照应急管理体系的构成机理、应急管理的要求和科学的方法，为保证体系正常与高效运转，对体系内部要素以及要素之间的互动关系所规定的行为准则[1]，尤其指紧急状态下相关应急主体在监测、预警、干预或控制以及消解突发事件生成、演进与影响的过程中所采取的一系列方法和措施。

应急运行机制这一概念，从不同角度和侧重点，往往有着不同的定义阐释。综合各界观点，本书认为应急运行机制是应急组织充分运用科学手段，对各类突发事件进行及时有效的监测、预控、决策和处理，以避免和减少突发事件危害的一系列方法和措施。通常，应急运行机制具有以下特点。

1. 不确定性

应急运行机制的不确定性是由于应急管理对象的不确定性、预控的不确定性和应急预案的不确定性而导致的。

(1) 管理对象的不确定性，是指尽管突发事件的爆发有其必然性，但在何时何地爆发、达到何种规模、造成何种影响，是有其偶然性的，故应急管理部门往往难以准确预测灾害事件发生的时间、地点、强度、规模。

(2) 预控的不确定性，是指由于突发事件预测的不确定性、或者即使能准确预测但因为突发事件本身的复杂性，应急管理部门往往难以对或将发生的事件采取确定的应急措施。

(3) 应急预案的不确定性，是指预案无法囊括所有可能发生的灾害事件，也难以将所有灾害事件的应对措施包括在内。

2. 应急性

由于突发事件具有突然爆发和处于紧急状态的特性，使得应急组织必须作出紧急处置，而且处理时间极其有限。应急运行机制的应急性，意味着在发生灾害事件后，应急组织必须在最短时间内做出最优的决策，并要承担决策失误可能带来的巨大风险。故决策者在应急过程中需要承受巨大的心理压力，且突发事件发生后的处理程序也必须做到紧张有序。

3. 预防性

一套综合的应急运行机制，首先应当确保其预防性。应急组织通过连续监测管理对象，针对性地采取有效预防措施，可以防止危机爆发或最大程度地减少危害。

4. 综合性

从突发危机事件的发生过程来看，有前兆、爆发、持续和衰退不同阶段，且一个灾害事件往往会引发另一个甚至多个连锁灾害事件，这就决定了应急运行机制须具备综合性特征。

5.1.2 应急运行机制的分类

1. 我国应急运行机制的分类

运行机制的分类，从不同角度会有不同的划分方法。以我国应急运行机制为例，分别从纵向、横向、主体、适用地域四个角度进行分类。

1)从纵向划分

从纵向上，可以把我国的应急运行机制分为中央应急机制和地方应急机制。

中央应急机制，主要体现在 2006 年 1 月 8 日国务院发布的《国家突发公共事件总体应急预案》，它是全国应急预案体系的总纲，明确了各类突发公共事件的分级分类和预案框架体系：在发生国家范围的重大突发事件后，国务院是突发公共事件应急管理工作的最高行政领导机构；国务院办公厅设国务院应急管理办公室，履行值守应急信息汇总和综合协调工作，发挥应急运作枢纽的作用；国务院有关部门依据法律和行政法规，各自负责相关类别突发公共事件的应急管理工作。

在地方应急机制中，地方各级人民政府是本行政区域内突发公共事件应急管理工作的行政领导机构，包括各省、自治区、直辖市的省级政府和市、县级政府。而中央应急机制适用于跨省级行政区划、或超出事发地省级人民政府处置能力的特重大突发公共事件应对工作。

2)从横向划分

从横向上，以国家机关应急运行机制建设的范围来划分，可分为公共卫生、金融、安全、公共财政、环境等各个领域。

以金融领域为例，2005 年的《国家金融突发事件应急预案》针对银行挤兑、股市暴跌、金融机构倒闭、境外金融冲击等金融危机提供了应对的规范性文件，其中关于组织体系、工作机制等内容有明确规定，使得应急处置有法可依。很多企业也根据自身特点设立了针对如物流不畅、产品缺陷、顾客投诉等各类突发事件的标准处理流程，甚至划拨专员专门应对本企业的突发事件。

3) 从应急组织主体划分

从应急主体上，可以将应急运行机制分为政府行政应急机制、企业应急机制、合作组织应急机制等。

政府行政应急机制是由政府财政支持，调动政府各机构和公众全面应对突发危机事件；企业应急机制则是通过调用本企业内部资源和部分外部资源，来应对危害企业生存和发展的突发危机事件；合作组织应急机制则需要协调多方主体，设立应急小组，共享资源、通力合作应对共同的危机。

4) 从适用地域划分

从适用地域上，可将应急运行机制划分为境内/区域内应急运行机制和跨境/跨区域应急运行机制。

传统意义上的应急运行机制主要针对一特定区域，通常在其行政区域或企业本地覆盖区域内。而当今社会各种运输工具和信息传播工具功能强大，不稳定因素逐渐加强，同样规模突发事件的影响区域越来越大，于是跨境/跨区域协调的应急运行机制显得越来越必要。

以国际社会不稳定时局为例，为保护我国境外公民，国家有时会启动境外突发事件应急机制。如 2006 年 2 月巴基斯坦枪击事件中三位中国工程师遇难，事件发生后，商务部立即启动了境外突发事件应急机制，连夜成立了由部领导牵头的应急小组，同时要求中国建筑材料集团总公司和合肥水泥工业设计院立即派遣相关人员赴巴基斯坦，处理善后工作并和事故发生地当局沟通事件处理情况，并及时向中国汇报。境外突发事件应急机制使得在国外发生的、与我国相关的突发危机事件能得到妥善的处理和安排，保护我国境外公民的权益，维护国家的尊严。

2. 应急运行机制的基本类

应急运行机制包含众多内容，除上述四个角度的类别划分，还有一种比较清晰的分类方法是将运行机制分成基本类和具体类两个层次[1]：先考虑应急管理体系的运行需要哪些具体机制支撑，列出详细的清单；然后根据应急管理工作需要，制定出分类的方法；最后将具体运行机制分为几大基本类，再通过基本类考虑具体类是否完善。

根据此种划分思路，应急运行机制可分为事件管理机制、过程管理机制、资源管理机制、监控管理机制以及合作参与机制五大基本类，如图 5-1 所示。

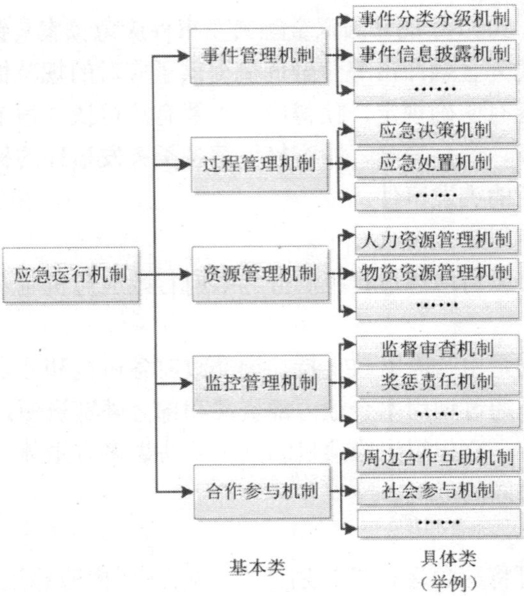

图 5-1　应急运行机制的基本类划分[1]

(1) 事件管理机制，是指与突发危机事件本身相关程度最为密切的管理机制，包括事件分类分级机制、应急启动与结束机制、事件升级与降级机制、事件信息披露机制和风险评估机制等。

(2) 过程管理机制，是指与突发危机事件应急活动相关程度最为密切的管理机制，包含预防机制、预警机制、应急决策机制、应急处置机制、应急响应机制、指挥控制机制、恢复处理机制、善后处理机制、应急信息沟通机制和机构角色变换机制等。

(3) 资源管理机制，是指与突发危机事件应急资源相关程度最为密切的管理机制，包括人力资源管理机制、技术资源管理机制和资源调动机制等。

(4) 监控管理机制，是指与突发危机事件应急活动监督和控制最为密切的管理机制，包含体系评估机制、监督审查机制、考核奖惩机制、追溯机制和社会监督机制等。

(5) 合作参与机制，是指与借助其他力量对突发危机事件进行应急处置相关程度最为密切的管理机制，包含合作互助机制、国际合作机制和社会参与机制等。

5.1.3　应急运行机制的构建

1. 应急运行机制的基本原则

在符合法律规定的范围内，根据应急活动的特点、目标、要求和任务，制定合法、具体、科学和可行的应急运行机制，需要遵循以下几方面的基本原则。

1) 合法性

合法性要求是指应急运行机制中的任何内容不得与法律、法规及其他具有法律效应的规范性文件相抵触，须与其保持一致。特别是应急机构的设置、层级、权力和责任等，要与应急法律法规体系相吻合，不得随意扩大或减小权力与职责范围。应急运行机制必须体现依法办事的思想，在突发危机事件响应期间必须使应急主体、内容和程序都符合法律要求。

2) 可行性

可行性要求是指应急运行机制的制定应与现实情况紧密结合，以保证其能顺利运行。例如，突发危机事件的应对处置工作通常会有许多部门参与，这些部门平时分属于不同的管理主体，管理体制和制度可能都不尽相同，因此若在制定应急运行机制时缺乏对已有管理体制因素的完整考虑，势必会影响应急处置工作的顺利进行。再如，应急运行机制也需要考虑可利用的人力、物力和财力等方面资源，考虑它们具有多少数量及质量如何，以确保在应急情况下能够及时实现应急响应。

3) 具体性

具体性要求是指应急运行机制中需明确包括任务、过程、责权三方面内容，以使其具有可操作性。任务是指要干什么、有什么要求，通常将任务分解成许多具体的工作，需要对每一项工作内容作出充分说明，使各项工作一目了然、便于理解。明确任务和工作之后，需要对任务执行的过程作出说明，包括工作的步骤、程序、方法，目的是告诉承担者如何开展工作、为完成工作要做哪些事情，以保证任务和工作能够高效率地完成。此外，还需要明确任务和工作由谁来负责和承担，并具体说明有哪些职责和权力，以充分调动承担者的积极性，使他们能够尽职尽责，确保应急活动的顺利开展。

4) 时间性

时间性要求是指突发事件一旦发生，就需要尽快采取有效应急措施对其进行及时控制和化解。鉴于突发事件的破坏性、危害性和变化性，应急活动中的时间因素显得尤为关键。应急运行机制中需要将时间作为重要因素来考虑，在应对突发事件时，一定要保证行动快捷，用尽可能短的时间完成各项应急活动，以免延误应急处置的良机。

5) 一致性

一致性要求体现在两个方面：

(1) 应急运行机制包含众多内容，彼此之间相互关联。在制定每一类应急运行机制的过程中，需要审阅其他类相关文件，以保证所制定的应急运行机制在整体内容上的一致性，防止出现相互矛盾的现象，影响对突发事件的应急处置工作。

(2) 应急运行机制中，需要制定正规、专用的文件编制框架文本，即使不同类文件结构也要保持一致，以便于应急管理人员阅读和理解。尤其在突发危机事件处置期间，更要考虑应急相关人员快速查找的便利性。

6) 科学性

科学性要求包含两层含义：

(1) 具体内容的科学性。每一类应急运行机制都涉及许多具体内容，这些内容既有对过程和步骤的要求，又有对时间和效率的要求，还有对数量和质量的要求。必须采用最新科学成果，利用科学的思维和方法对应急运行机制进行设计，以最少资源投入实现最佳应急效果。

(2)体系内容的科学性。应急运行机制是一个体系，体系的架构能够反映出整体应急工作思路和方法，一个科学的体系内容能够提高应急管理工作的可执行性，提高整体应急能力。

2. 应急运行机制的运作

在遵循上述基本原则的基础上，面对突发事件的应急运行机制在运作过程中还应该注意下面几个要点[2]。

1)以防为主、防治结合

预防是最好的应急管理。如果能有效防范不利突发事件的出现或将其消灭在萌芽状态，则可以最大限度地降低突发事件的影响和损失。健全和完善应急运行机制，就需要更加强调对突发事件的预警与预防功能，坚持防范为主、预防优先。

2)属地管理、条块结合

根据突发事件性质和类型实行属地管理、综合协调，部门负责和跨部门联动相结合的应急运行机制：对突发事件的处理，应遵循优先由事发地地方政府负责的原则，以保证对突发事件的有效控制和快速处置；超出地方政府职责范围的，需按规定及时上报上级政府处理。

3)平战结合、以平备战

平战结合原则是指突发事件响应机构既要负责一般突发事件的日常管理，又需要为应对重特大突发事件做好基础准备工作。健全和完善突发事件应急运行机制，需要建立有效的平战转换机制，将事前预防与事后应急救援有机结合。按照战时的要求，把应急管理的各项工作落实在日常管理中，以提高危机防范水平。

4)依法管理、分级控制

严格遵守国家相关法律法规规定，不得越权行事，擅自扩大部门职责权限。根据突发事件发生的范围、性质、规模、危害等具体情况，实行分级管理，对各级应急预案和警报级别的量化启动标准拟定明确规定，对重大突发事件实施依法管理和处置。

5)系统联动、资源整合

应对突发事件，需要充分利用和发挥现有应急资源作用，对已有的各类应急指挥机构、人员、设备、物资、信息进行有效资源整合，以保证各应急部门的统一指挥、协调行动和各类资源的有效调配。

6)快速反应、科学应对

时间是应对突发事件的第一要素，快速反应能力是应急管理能力和应急处置水平的基本衡量标志。健全和完善突发公共事件应急运行机制，需要强调处置突发公共事件的快速反应，以确保发现、报告、指挥、处置等应急应对环节的紧密衔接。

5.2　事件管理机制

事件管理，是指通过一系列有效管理行为来预防和处理突发事件，以使公共组织及其成员摆脱危机状态的行为过程。它是有效开展应急活动的前提，是应急行动顺利进行的基础。建立科学的事件管理机制，才能做到有的放矢、合理配置和调动应急资源，对突发事件进行有效处置。整个事件管理机制中最关键的是事件分类分级机制和事件信息披露机制。

5.2.1　事件分类分级机制

事件的分类分级是根据事件类型、特征、危害程度等因素，把各种突发事件划分成不同的类别和级别。事件分类分级机制是针对突发事件分类分级活动所制定的行为规程。对事件的分类分级是应急管理工作的基础，是制定各种应急预案的前提。只有在明确突发事件类别与级别的基础上，才能更合理地给出处理问题的应对方案。否则，可能会导致应急处置方案偏离实际情况(如应急资源调配不当)而延误最佳处置时机。

1. 事件分类分级

1) 事件分类制度

事件分类制度是整个应急管理机制的基础。不同类型的突发灾害事件或突发风险，其可能造成的社会危害情形不同，对国家应急措施的需求也不相同。因此，事件管理机制的设置以及应急管理主体应急职权的形式，首先必须遵循“比例原则”，即要与对应突发灾害事件或突发风险的种类相适应。

以我国突发事件的分类为例，根据 2007 年颁布实施的《中华人民共和国突发事件应对法》(下称《突发事件应对法》)，突发事件指突然发生、造成或者可能造成严重社会危害，需要采取应急处置措施予以应对的灾害事件，包括自然灾害、事故灾难、公共卫生事件和社会安全事件四类[3]。

(1) 自然灾害类。自然灾害对人类社会所造成的危害通常是触目惊心的，而它和日常管理与环境破坏之间又有着复杂的相互联系。自然灾害往往是突发的，即便可预测，提前期也很短，无法控制，且一旦发生破坏力极大。自然灾难包括了很多因素，它们不但会引起巨大的财产损失而且会直接导致较大的伤亡以及相当程度的混乱。国务院 2009 年 5 月发表的《中国的减灾行动》白皮书一书中将我国自然灾害的特点总结为：灾害种类多、分布地域广、发生频率高、造成损失重。

中国的自然灾害主要有气象灾害、地震灾害、地质灾害、海洋灾害、生物灾害和森林草原火灾等。除现代火山活动外，几乎所有自然灾害都在中国出现过。中国各省(自治区、直辖市)均不同程度受到自然灾害影响：70%以上的城市、50%以上的人口都分布在气象、地震、地质、海洋等自然灾害严重的地区；2/3 以上的国土面积受到洪涝灾害威胁；约占国土面积 69%的山地、高原区域因地质构造复杂，导致滑坡、泥石流、山体崩塌等地质灾害频繁发生。

1990~2010 年，我国平均每年因各类自然灾害造成约 3 亿人次受灾，倒塌房屋 300 多万间，紧急转移安置人口 900 多万人次，直接经济损失 2000 多亿元人民币。特别是 1998 年发生在长江、松花江和嫩江流域的特大洪涝灾害，2006 年发生在四川、重庆的特大干旱，2007 年发生在淮河流域的特大洪涝灾害，2008 年发生在中国南方地区的特大低温雨雪冰冻灾害，以及 2008 年 5 月 12 日发生在四川、甘肃、陕西等地的特大地震灾害，2010 年 8 月 7 日发生在甘肃舟曲的特大泥石流等，均造成重大人员和财产损失。

自然灾害应对机制应该在科学预警的前提下，以政府救助和保护措施为中心，鼓励各级政府建立包括物资援助和精神抚慰在内的救助体系，能够执行紧急动员和协作应急联动，并保证完备的后勤保障和善后安置，以政府相关职能部门为首，号召军队、医疗、金融、电、煤、油等能源部门及其他组织大力支持灾区救助和重建工作。

(2) 事故灾难类。事故灾害与自然灾害相对，如果将“自然灾害”比作“天灾”的话，那么“事故灾害”则往往来自于“人祸”。它主要包括工矿商贸等企业的各类安全事故、交通运输事故、公共设施和设备事故、环境污染和生态破坏事件等。我国将事故灾难分为失火、交通事故、电气水事故、煤气中毒、危险化学品事故、爆炸、其他事故灾难等。

近些年我国事故总量过大，重特大事故时有发生。每一起事故所造成的民心创伤、引发的社会震荡，都严重影响经济发展和社会和谐。需要在努力杜绝事故发生的同时，加强事故状态下的应急救援工作，进一步提高灾害防范能力，切实保障人民群众的生命财产安全。

事故灾害应对机制宏观上应以加强安全生产、遏制事故发生为前提，客观上应为强调有效抵御事故、最大限度降低事故损伤而建立。针对不同的事故类型，需强化事故责任人问责机制，坚持把防范重特大事故作为应急管理工作的基本任务，建立“预防与应急并重、常态与非常态结合”的安全生产应急管理体制和“分类管理、分级负责、条块结合、属地为主”的事故灾害应对机制[4]。

(3) 公共卫生事件。公共卫生事件大致分为三类：一是重大传染病和群体性不明原因疾病流行、严重危害公众健康的事件；二是重大食物中毒和职业中毒、严重损害公众健康的事件；三是严重自然灾害、事故灾害、社会安全事件等引发的危害公众健康和生命安全的事件。突发公共卫生事件是指突然发生、造成或可能造成社会公众健康严重损害的重大传染病疫情、重大食物中毒以及其他严重影响公众健康的卫生事件等。

从非典到禽流感再到 2009 年的甲型流感，近些年国内外各种公共卫生事件频发，这直接关系到公众的健康、经济的发展和社会的稳定。公共卫生事件往往有受灾范围大、传播面广、社会影响大的特点，而公共卫生事件导致重大损失的因素主要有：政府行政部门以及领导重视程度不够、对疾病预防及灾害的应对能力防范宣传不到位、广大群众参与意识不强等。

突发公共卫生事件应对机制应遵循“以防为主、防治结合”的方针，贯彻“统一领导、分级分部门负责、依靠科学、群防群控”的原则，建立“反应及时、措施果断、高效权威”的公共卫生指挥系统及有效的疫情监测预警和报告网络体系、医疗救治体系和公共卫生信息体系。此外，还应强调加大财政投入、加强公共卫生建设以保障公共卫生功能的实现，并重视全民健康教育，提高全社会的公共卫生水平。

(4)社会安全事件。社会安全事件一般包括重大刑事案件、重特大火灾事件、恐怖袭击事件、涉外突发事件、金融安全事件、规模较大的群体性事件、民族宗教突发群体事件、学校安全事件以及其他社会影响严重的突发性事件。

社会安全事件应对机制应以促进社会化保障体系和完善法律制度、减轻群众负担和保障群众权益为前提，在做好群众就业、劳动福利保障、畅通和拓宽公共参与渠道与途径、完善科学民主决策机制等事项的基础上，把握“以人为本、及早化解、依法处理、慎用警力、当地领导负责”的原则，积极建立有效的社会预警机制。在突发社会安全事件的应对过程中，要注意将“迅速控制事态、多方联合行动、领导直接对话、主导舆论导向、依法合理处置”等措施相结合地去处理各种社会矛盾，消除误解和对立情绪，并打击违法犯罪行为。

2)事件分级机制

事件分级，是指各种类型的突发灾害事件按其性质、可控性、严重程度和影响范围等因素分为若干级别。

参照国际惯例，可按照颜色对人视觉冲击力的不同将突发事件分成四个级别，依次用蓝色、黄色、橙色和红色表示[5]：① 蓝色预警(Ⅳ级)，预计将要发生一般以上的突发公共安全事件，表示事件即将临近、事态可能会扩大；② 黄色预警(Ⅲ级)，预计将要发生较大以上的突发公共安全事件，表示事件即将临近、事态有扩大的趋势；③ 橙色预警(Ⅱ级)，预计将要发生重大以上的突发公共安全事件，表示事件即将临近、事态正在逐步扩大；④ 红色预警(Ⅰ级)，预计将要发生特别重大的突发公共安全事件，表示事件会随时发生、事态在不断蔓延。

突发事件分级的主要目的在于规定各级政府及相关组织机构对突发事件的管辖范围。例如，我国一般和较大的突发事件分别由县和地级市人民政府领导、重大突发事件由省级人民政府领导、特别重大的突发事件由国务院统一领导。这与应急资源的配置特点相一致：政府的行政级别越高，所掌控的应急资源越充沛，处置突发事件的应急能力也就越强。

由于突发灾害事件往往处于不断变化演进中，所以事件的分级也必须是动态的。当突发事件情势不够明朗时，分级应遵循“就高不就低”的原则，而且对敏感时间、敏感地点和敏感性质的事件定级要尤其要从高[6]。

2. 事件分类分级的一般工作流程

突发公共事件的分类分级，一般要经过制定分类要求、收集与归类相关信息、选择分级要素、建立分类分级评价体系、提取分类分级指标数据、综合评价、专家评审和公布分类分级结果这八个工作步骤，整个工作程序如图5-2所示[1]。

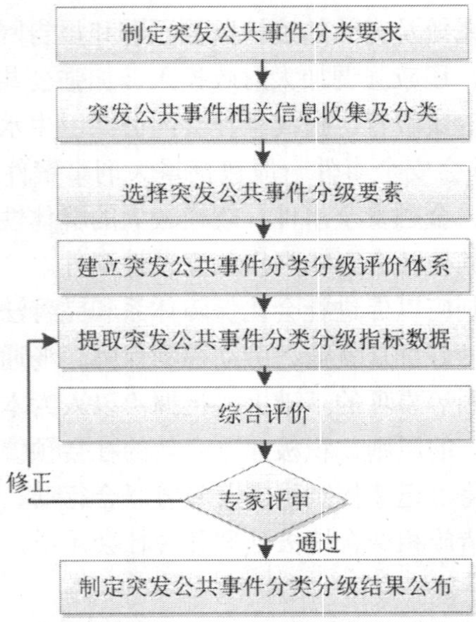

图 5-2　突发公共事件分类分级的一般工作流程[1]

1) 制定分类要求

突发公共事件分类分级的第一步是制定突发公共事件的分类要求，可依据事件的性质和事件发生的形式等进行分类，事件的分类要有层次：首先要确立大的分类要求，对突发公共事件进行大的归类，也称为一级归类；在此基础上，可根据工作需要进行二级、三级等进一步划分，但每级分类都要制定相应的分类要求。

2) 突发公共事件归类

在突发公共事件的分类要求确定之后，各管理部门应组织相关单位、专家学者、社会人士、有关企业开展突发公共事件的归类工作：首先要收集以往已经发生的各类突发公共事件信息，以此为基础来预测未来可能发生的突发公共事件；其次要列出详细的目录清单，并对各类事件的危害程度和发生次数等进行记载，然后进行归类。

3) 分级要素选择

通过对突发公共事件的机理和案例分析，进行事件分级要素的选择工作，找出事件评级的主要因素。要素选择要全面客观，和突发事件的归类相似，分级要素也可分为一级要素、二级要素等。

影响事件分级的要素众多复杂，可从事件特征和应急活动两方面来考虑：事件特征可选择影响范围、危害(损失)程度、扩散、时间、衍生等要素；应急活动可选择认知程度、社会影响程度、公众心理承受度、资源保障度等要素。

4) 建立分类分级评价体系

根据选定的分级要素，首先提取表达这些要素性质的指标集，对可定量的指标在权重确定上可以采取一些多元统计分析的方法，如线性回归、聚类分析等，对无法定量的指标可以使用层次分析法等来确定权重。然后确定评价标准，划定不同类型级别突发事件的分界线。

对不同类型突发公共事件的评价指标和标准，要分别确定评级模型，由此形成完善的分类分级评价体系。

5)提取分级指标数据

突发公共事件分类分级指标数据的提取是一项需要认真仔细去完成的繁重工作，通常由管理部门组织专家来完成，以确保提取数据的准确性、可靠性和科学性。

6)综合评价

在完成以上步骤后，将突发公共事件分级指标数据输入分类分级评价体系，可得到突发事件分类分级的初步结果。对此结果进行综合评价，对明显不合理的分类分级结果要进行适当调整，有时还需经过多次反复才能得到合理的结果。

7)专家评审

对突发公共事件分类分级的初步结果，管理部门需要组织专家论证、听取专家的意见和建议，由此形成最终的分类分级标准。

8)公布分类分级结果

突发公共事件分类分级的专家评审结果，应按照政府规定的管理报批程序进行审批，以确保分类分级标准的权威性和可执行性。

5.2.2 事件信息披露机制

事件信息披露是应急活动中信息沟通的重要内容之一，可实现政府与社会公众之间的相互理解和支持，杜绝谣言的产生，避免发生群体性的社会恐慌等。只有及时全面地了解突发事件事态的发展情况，社会公众才能一方面配合政府积极参与应急活动、发挥社会整体效能，另一方面也能起到社会监督的作用、防止应急活动行为的失误。

1. 事件信息披露制度

事件信息披露，是指依据应急法律法规要求，通过正规大众媒体及时向社会提供有关突发公共事件情况和应急活动状况等非触及国家安全、不影响公共利益和个体隐私的信息，以保障社会公民知情权的行政手段。而事件信息披露机制则是为上述活动所制定的行为规程。

信息披露制度在应急运行管理中的地位至关重要，因为信息的不对称、不透明会严重制约着突发灾害事件的处理。在危机事件的处理过程中，政府或相关组织应该尽快将事实告知公民，让民众享有知情权，齐心协力做好面对危机的准备。事实上，若政府的权威信息在关键时刻缺位非但不能安定人心，反而会给谣言提供市场，进而影响社会稳定。

坚持信息披露制度、保障公众的知情权是有效应对突发灾害事件、遏制不良事态蔓延的重要途径。这一制度最早发源于北欧的瑞典，而美国则凭借着其强大的综合国力，逐渐形成了当代最为完善和最具代表性的信息公开法律体系(如1966年《情报自由法》、1976年《阳光下的联邦政府法》)，在一定程度上对其他国家起到了示范作用。

近年来，我国各种形式的应急信息公开制度在实践中得到了长足的发展，如《突发事件应对法》就有相关规定：① 政府相关部门应充分履行信息发布的职责，满足公众的知情权。事实证明，政府提供的信息越充分，社会不良信息或虚假信息就越少。② 新闻媒体可按照新闻操作规则自行发布突发事件信息，但新闻媒体必须对自己发布的新闻作品承担法律上的责任。③ 若新闻媒体或其他个人发布虚假信息而造成社会危害，行政或司法机关应当及时介入、发布准确信息，并追究造谣惑众者的法律责任。再以突发公共卫生事件为例，我国先后颁布了《传染病防治法》、《突发公共卫生事件应急条例》以及《突发事件应对法》等几部法律法规，其中对保障公众在突发事件中的知情权作出了详尽规定，在一定程度上有效防制了突发公共卫生事件、确保了人民群众生命财产免受损失[7]。

2. 事件信息披露的一般工作流程

事件信息披露可分为信息汇集、处理、编辑、审核审批、披露和跟踪六个工作步骤，整个工作程序如图 5-3 所示[1]。

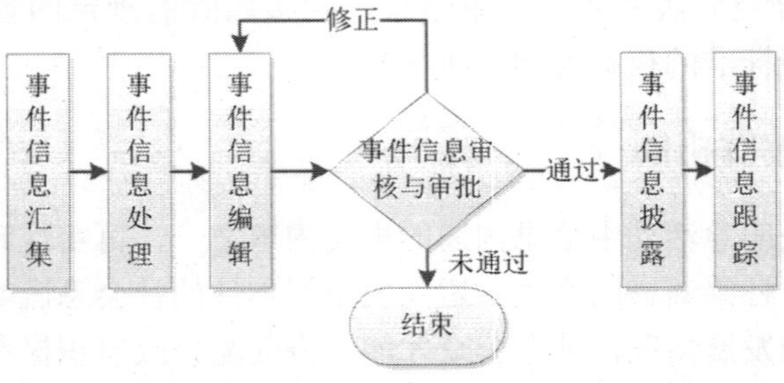

图 5-3　事件信息披露的一般工作流程[1]

1) 事件信息汇集

事件信息汇集应该使用应急管理体系建立的正规信息传递渠道，以保证信息来源的真实性和可靠性。对于来自其他渠道的信息要进行核实，防止虚假信息的出现。

2) 事件信息处理

事件信息处理是信息提炼升华的过程，是去伪存真的过程。在事件信息处理过程中，会有大量相关信息需要条理化，同时也亟须对存在的不实信息进行辨识。

3) 事件信息编辑

可由管理人员、专业人士、技术人员、应急专家、社会问题专家以及相关学者组成事件信息编辑小组，来共同确定事件信息披露的主体内容，以确保事件信息披露符合真实性、及时性、完整性、引导性和保密性的原则。

4) 事件信息审核与审批

按照管理程序对事件信息披露进行审核，履行严格的审批程序，同时对披露时间、地点、方式和媒体等相关内容做出批示。

5) 事件信息披露

完成上述步骤之后，实施事件信息披露。为保证事件信息披露的顺利进行，应做好各种安全防范工作。

6) 事件信息跟踪

在事件信息披露之后，应密切关注社会公众和各级组织的反响、关注媒体和舆论的相关报道，对事件披露效应进行实时跟踪。

5.3　过程管理机制

应急管理中的过程管理是指对突发灾害事件的全过程管理，在灾害爆发前、爆发后、消亡后的整个时期内，用科学的方法对其加以干预和控制，使其造成的损失达到最小。过程管理机制更关注人在应急活动中的相互行为关系，每项具体应急活动都有相应的过程管理机制用于规范、协调、约束此项应急活动的开展，其中预防机制、预警机制、事件处理机制、应急决策机制、信息沟通机制最具有代表性，可基本反映应急活动中过程管理机制的主要内容。

5.3.1　预防机制

预防机制是指在认识突发事件发生发展规律的基础上，利用科学管理技术手段，通过阻止突发事件发生或增强抵御突发事件发生的能力，从源头上削弱其生成的环境条件，为降低其发生概率而制定的应急活动行为规程。在某种程度上，突发事件的预防工作比事件发生后的应急处置更有意义，可避免社会财富的浪费，节省人力、物力、财力，能更有效地保障社会秩序的稳定。

1. 突发事件预防

预防，是在突发事件发生前，应急管理主体所采取的旨在避免危机发生，防止(未来可能发生的)危机扩大、减少危机损失的各种措施。预防是应急管理的第一个步骤，也是减少危机发生、减少突发事件损失的关键，是其他应急管理措施的基础。最有效的应急管理，不在于危机形成和爆发后的干预，而在于排除可能导致危机的种种可能性。

突发事件虽具有突发性、不确定性和偶然性，但其发生通常是由环境变化或社会矛盾激化引起，绝大多数的偶然事故，细究起来却往往是日常制度建设和管理长期存在漏洞的必然结果。如社会安全事件的发生大多就是社会矛盾的产生、积累和激化的结果，是可以事先预防的。因此切实重视预防工作，事先采取必要措施，能够有效将危机控制在萌芽状态，以尽可能避免和减少突发事件的发生。

(1) 应建立健全突发事件应急预案体系：国务院相关部门根据各自职责和相关应急预案，制定国家突发事件总体应急预案；县级以上地方各级人民政府相关部门根据有关法律、法规、规章、上级政府相关部门的应急预案以及本地区的实际情况，制定相应的突发事件应急预案。应急预案制定机关可根据实际需要和形势变化，适时修订应急预案。

(2) 各级人民政府应当对本行政区域内容易引发自然灾害、事故灾难、公共卫生事件和社会安全事件的危险源、危险区域进行调查、登记、风险评估，定期进行检查和监控，并责令有关单位采取安全防范措施。

(3) 各企事业单位应建立健全安全管理制度，定期检查本单位各项安全防范措施的落实情况，及时消除事故隐患；掌握并及时处理本单位存在的可能引发危机事件的问题，防止矛盾激化和事态扩大；对于本单位可能发生的突发事件和采取安全防范措施的情况，应按照规定及时向所在地人民政府相关部门报告。

2. 预防的一般工作流程

预防工作可分为预防对象、预防措施制定、预防工作落实、预防工作检查和问题总结五个步骤，其工作流程如图 5-4 所示[1]。

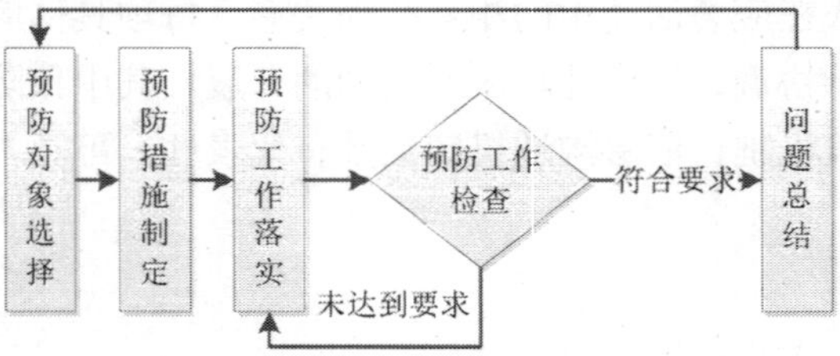

图 5-4　预防的一般工作流程[1]

1) 预防对象选择

预防工作的第一步就是选择预防的对象。根据实际情况，组织专业人士、管理专家、管理部门和咨询机构对可能发生的突发事件进行风险评估，筛选出需要重点防范的对象。

2) 预防措施制定

针对需要重点防范的各类突发事件，组织专业人士、管理专家、管理部门和咨询机构，根据每类突发事件的发生规律和生成环境条件，在组织、资源、资金、技术和信息等许可范围内，制定出切实可行的预防措施与办法，并对预防工作提出明确的要求，以确保预防工作能够得到有效的贯彻和落实，达到良好的预期效果。

3) 预防工作落实

在完成突发事件预防措施制定之后，要进行宣传贯彻、资源配置和任务部署：首先，预防工作必须得到组织和成员的认可，才能保证预防工作得以有效落实；其次，预防工作的落实要安排相应的资源配置，要在人力、财力、技术和资金等方面给予保障；最后，预防工作要有具体的工作计划和任务安排，每项任务应以责任制方式落实到各承担对象上。

4) 预防工作检查

由于种种原因可能使预防工作不能落实到位，需要通过定期、不定期的检查监督，来确保预防工作得到有效的贯彻和认真的落实，对无视、忽视、轻视、不履行职责的组织和个体，要有相应的惩罚措施。

5) 问题总结

在突发事件的预防过程中，会出现许多新的问题和新的挑战，需要不断地进行总结，及时调整工作方式，不断改进预防工作的内容，以使预防工作更有效。

5.3.2　预警机制

完善的预警机制应有良好的突发事件信息监测、信息处理分析、风险评估和有效的预警发布系统作为支撑，确保能够及时准确地对突发事件信息实施监测，对所获监测信息进行科学合理的处理与分析，准确地判定未来的风险程度和把握事态的变化轨迹，及时发布预警信息，以增强突发事件的应急应对能力、减少突发事件可能造成的危害。

1. 突发事件预警

预警是指灾害事件风险突然增大或者已经发现灾害事件的某些征兆，但主体灾害事件仍未爆发前所采取的应急管理活动。预警机制是指根据获得的信息资料，通过信息分析、事态预测、风险评估等过程，对极有可能发生的突发事件就相关预测、预报以及预先处理等环节所制定的应急活动行为规程。

预警的关键，一是要基于相应的事件分类分级标准，一旦捕捉到相关征兆便可根据既定标准进行分析判断；二是要做到信息高度共享，以提高分析、管理和传递信息的科学性和效率[8]。

1)预警的基本原则

突发事件的形式多种多样，引发的原因更是不胜枚举，把握各类事件的发生规律和发展轨迹、强化突发事件预警机制尤为重要。突发事件预警通常需要遵循以下基本原则[9]：

(1)相关性原理。在突发事件的发生发展进程中，一些前兆表征和最终结果之间并不是孤立的，而是存在着一定程度的相关可能性和相互依存的因果关系。应急管理人员需要通过考查这些相关性，确定出重要的前兆变量，凭借掌握的可靠数据信息来预期各类事件发生的概率，并估计其可能造成的后果。

(2)相似性原理。在突发事件的发生发展过程中，同一类型的灾害事件在不同时间和不同地点出现的规律有时会呈现极其相似的特征。应急管理人员有时可利用这种相似性，从历史和现实的比对中类推出未来可能发生危机的征兆及发展趋势，以针对性地控制灾害事件爆发的环境和条件。

(3)统计规律性原理。突发事件的发生发展虽具有随机性和不确定性，但依据有关历史和现实资料，对突发事件发生的推测可能具有某种统计上的规律性。这种统计规律性为应急管理人员运用概率论和数理统计的方法对事件进行预测提供了理论基础。

(4)不断追踪原理。影响突发事件的因素往往具有不确定性，这使得预警的精确程度大大降低。为了尽可能提高预警的准确性，应急管理人员除了需要依据社会经济发展战略，对事态可能的形势作出长期、宏观的预测外，也需要不断追踪当前社会矛盾的发展态势，获取有关新的数据信息，以对突发事件能够作出及时有效的响应。

2)预警的方法

为了提高预警的精确程度，必须借助一整套科学决策的技术和方法。预警所依托的方法通常有三大类：

(1) 根据经验、知识，综合运用逻辑推理、理论思维，通过对预警对象性质进行分析、判断的直观预测技术，也称为定性预测法。

(2) 运用运筹学、系统工程等理论方法，通过建立预测分析的数学模型来获得预测信息的客观预测技术，也称为定量预测法。

(3) 融合定性和定量分析方法各自优点而采用的现代预测模拟技术。

2. 预警的一般工作流程

预警通常要经过潜在突发事件信息收集、分析与预测、风险评估、应急决策、预警实施五个步骤，其一般工作程序如图 5-5 所示[1]。

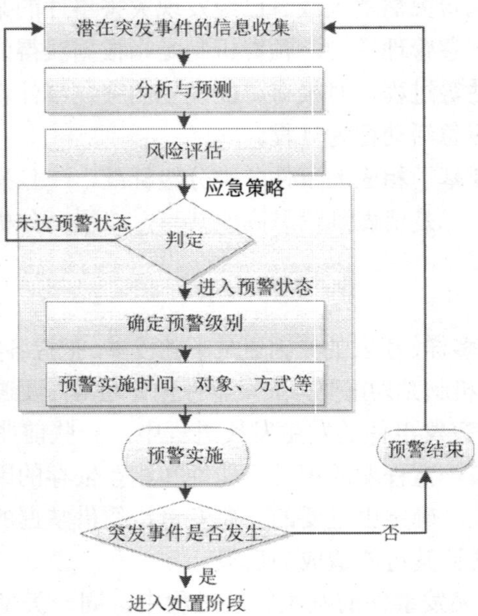

图 5-5 预警的一般工作流程[1]

1) 潜在突发事件信息的收集

通过各种手段和工具，实时收集各种潜在突发事件信息，在信息收集方面要做好以下两方面工作：明确监控突发事件的对象范围；明确监控信息的收集时间要求、空间范围要求、收集方式要求以及收集过程要求。

2) 分析与预测

在信息收集之后，通过各种手段，对原始信息进行分析：一方面要去伪存真，防止虚假信息，以免造成后续应急管理工作的决策失误；另一方面要透过现象看本质，进行深度性、关联性分析，以防关键信息的遗漏。

在分析的基础上，通过各种技术工具，对突发事件的潜在风险开展预测工作，以便及时识别、发现和判定危害的存在。

3) 风险评估

预测发现有潜在危害存在后，要将特定的突发事件信息输入风险评估系统，以确定突发事件可能造成的风险级别和产生危害的程度。风险评估需要做好以下工作：确定突发事件的性质；确定与突发事件相应的评估方法；要果断实施评估，不要因犹豫不决而贻误应急良机。

4) 应急决策

在确定突发事件发生的可能性和风险程度后，按照突发事件应对的步骤进行应急决策，确定预警级别、发布时间、发布范围、发布对象、发布方式、警示事项和发布机构等内容。

5) 预警实施

预警实施一是要对公众告知，做到公开事态实情，使公众做好应对突发事件的各项准备；二是采用内部通信系统和办公系统迅速通告应急部门，以准备启动各项应急管理工作。

预警信息的发布、调整和解除可通过广播、电视、报刊、通信、信息网络、短信群发、公用显示系统、警报器、宣传车或组织人员逐户通知等方式进行，而对老幼病残孕等特殊人群以及学校等特殊场所和警报盲区应当采取有针对性的公告方式。

5.3.3　事件处置机制

突发事件一旦发生就要开展针对性的应急处置工作，需要建立一整套科学的管理流程和工作程序，以利于问题的迅速解决。

1. 突发事件处置

建立良好的突发事件预防和预警机制之后，接着就需要建立科学有效的事件处置机制。事实表明，快捷的应急响应虽然不能避免突发事件的发生，但可以有效地控制危机的影响范围、避免灾害升级。事件处置机制是指在突发事件爆发后，为尽快控制或减缓其造成的危害和负面影响所制定一系列应急活动的行为规程[10]。

突发事件的处置机制通常体现在各类事件的应急预案中，一旦突发事件发生就可快速调出相对应的预案予以实施。目前我国各级政府、组织、企业都已针对可能出现的突发事件制定了大量应急预案，其中大多都详细规定了应急主体遇到各类危机所应该采取的规范化程序。为沉着应对和化解各种问题，科学的事件处置机制需要遵循如下基本原则。

1) 快速响应

突发事件处置的过程中，需要有超前思维，善于把握当前实际，科学制订好各种处置方案。对突发事件的性质、发展趋势、社会影响等能够做出准确及时的判断和评估，并作出迅速敏锐的反应，是有效应对各种可能出现情况的根本前提。

2) 细致疏导

成功处置突发事件，不仅要求应急组织要坚持群策群力，充分听取群众意见，制订切实可行、行之有效的问题解决方案，还要求能够善于借助外力来整合各方面力量应对危机，更强调要注重因情施策，针对不同事件的成因和事态变化对症下药，以促使问题得到尽快解决。

3）反思总结

在处置突发事件中，需要及时总结、深刻反思不足，不断丰富应急应对方法，以增强服务功能。但由于突发事件往往具有不可重复性，各类突发事件现场所出现的问题也有很多是新问题。所以真实的应急应对过程不能机械地照搬文字规定，而要联系实际状况灵活运用，并将事件处置的经验并入原有应急预案加以完善。

2. 事件处置的一般工作流程

突发事件爆发后，应根据事件分类分级标准，迅速判定突发事件的类型和级别，启动相应的应急预案和相关的保障方案，调动应急资源对突发事件进行处置。事件处置可划分为应急启动、正式行动、基本恢复和应急响应结束这四个步骤，其一般工作流程如图 5-6 所示[1]。

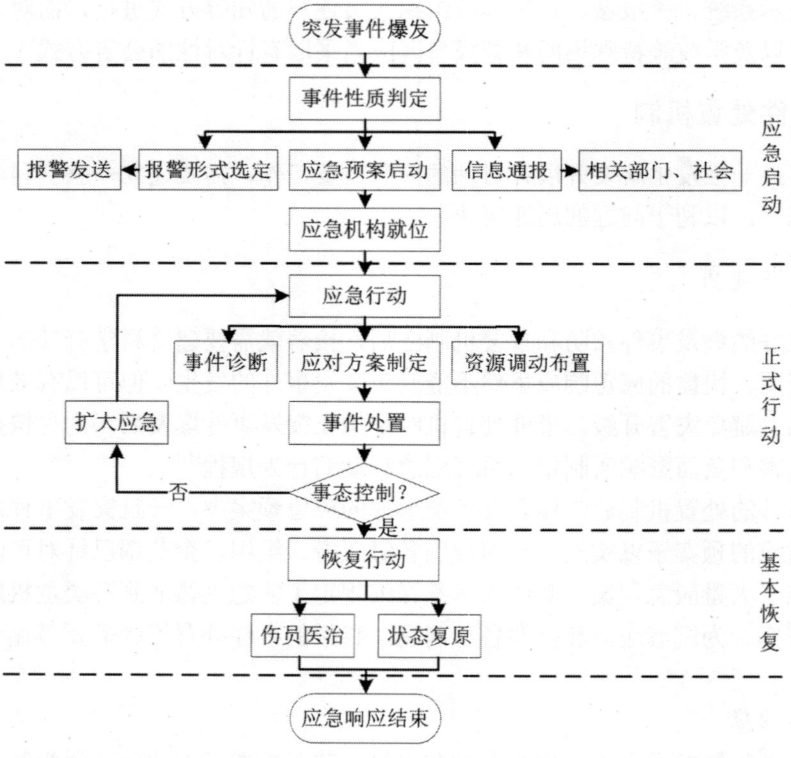

图 5-6 应急处置的一般工作流程[1]

1）应急启动

突发事件一旦爆发，应迅速开展以下几方面的工作：成立临时应对小组，迅速收集相关信息，向上级部门报告，尽最大努力阻止事态的蔓延；对突发事件的类型、影响范围、严重性、紧迫性和变化趋势做出快速评估，启动应急预案和配套支持保障方案；选定报警形式，向社会报警；及时向有关政府部门进行信息通报；启动应急机构的正式应对工作。

2) 正式行动

应急预案启动后，应急机构应迅速做出具体工作安排：合理部署各种资源及应急力量，依托专家人士快速对事件做出判断，制订突发事件处置方案，开展事件的处置工作；实时跟踪、监测事态的发展，及时调整应急力量，做好相应的应急准备；向社会及时披露事态进展信息，让公众了解事实真相，遏制流言蜚语的传播。

3) 基本恢复

突发事件得到控制后，进入临时应急恢复阶段，该阶段工作主要包括现场清理、人员清点、撤离、警戒解除等。

4) 应急响应结束

当突发事件得到有效控制之后，应及时向社会和各应急机构宣布应急响应工作的结束。

5.3.4　应急决策机制

应急决策机制，是指基于突发事件的应急响应工作，为尽快化解和消除突发事件产生的根源、减缓和控制突发事件造成的损失和负面影响，在时间紧迫、资源有限、信息不完全的情况下，确定并选择行动方案的过程中所制定一系列应急活动的行为规程。

1. 突发事件应急决策

应急决策，是指应急管理者在应急预案的指导下，针对突发灾害事件现场应急态势发展的不同阶段，进行多阶段不确定性决策的动态过程。

突发灾害事件出现以后，应急管理者应当遵循相关事件处置机制来安排应急活动，但由于事件现场瞬息万变，管理者必须根据具体情况进行应急对象紧急程度的判定，不断更新进入应急状态的级别，包括应急的范围、程度和可能选用的应急预案，进行人、财、物等资源的合理分配和相应应对措施的制订。

1) 应急决策的特点

根据危机态势和事件发展阶段进行动态的应急决策，一般具备以下特点[11]：

(1) 应急决策通常是在应急预案基础上，根据应急目标和态势，动态制订应急处置方案。

(2) 应急决策是一个由多个部门、单位与个体共同参与的组织决策和协调的过程。

(3) 应急决策是一个多阶段不确定性的动态过程，包括外界环境的不确定，应急事件发生、发展、演变的不确定性，应急处置措施实施效果的不确定性，应急处置措施在时间和资源消耗上的不确定性等。

2) 应急决策者应具备的素质

应急决策的目的是在尽可能短的时间内控制灾害事态的发展、以最大限度地保证人民生命财产安全，故应急决策者的统筹能力至关重要[12]。

(1) 应急决策时间非常紧迫，要求决策者具有敏锐的观察力、深厚的专业知识，能够审时度势、冷静决策，果断地在第一时间内做出判断，以避免延误时机。

(2) 应急决策的信息非常有限，应急决策者通常需要根据掌握的有限信息进行决策，故要求决策者具有丰富的经验和宽阔的视野，并应尽量建立良好的应急通信通信设施，以便准确地通过反馈信息及时调整决策方案，以达到更好的应急决策效果。

(3) 应急决策所依赖的资源有限，要求应急决策者能在有限的资源约束下进行最合理的资源调配。资源有限有两方面的含义[13]：一是人力资源有限，指灾害发生后，直接应急相关人员的数量不够、人员的技能不强、人员不能及时到达应急地点等；二是应急物资有限，指由于灾害突发性，各类应急物资的储存和运输往往都有一定限制，不能及时地满足需求。

(4) 非常规性应急决策所需的技术支持要有很强的适应性、灵活性和智能性，这些技术不一定都能够及时配备到应急指挥现场，要求应急决策者能够利用现有技术进行合理部署，并在此基础上尽快引入有效的高新技术以支持应急决策。

(5) 应急决策往往涉及多个应急主体，如政府、媒体、非营利组织、社区、企业、市民和国际组织等都可能需要有序地参与到应急决策程序之中，故要求应急决策者要有高超的组织协调能力。

2. 应急决策的一般工作流程

一般来说，应急决策可分为问题界定、目标设定、方案制订、方案选择、贯彻落实和跟踪反馈六个过程，其工作流程如图 5-7 所示[1]。

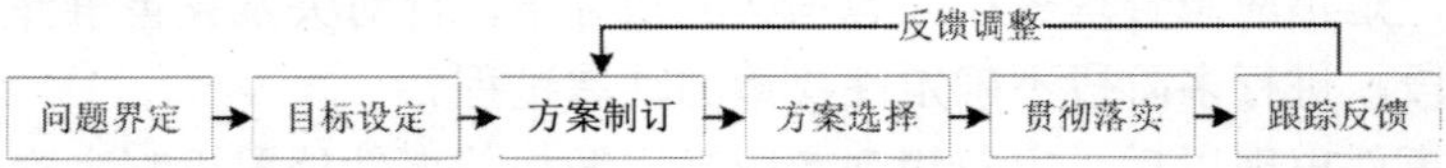

图 5-7　应急决策的一般工作流程[1]

1) 问题界定

问题界定，首先要发现和确定问题，问题的识别过程要求决策者在规定时间内尽可能地收集突发事件相关的信息；其次要找出引起问题的根本原因；最后评价问题的重要性，用有限的资源保证解决最重要和最紧迫的问题。

2) 目标设定

应急决策目标的内容应当明确、具体，要能够反映决策者所期望达到解决问题的程度，明确的目标有助于找到更具体更实际的应对方案。

3) 方案制订

拟订方案阶段的主要任务是对所获的数据和情报进行系统分析，并在此基础上制订出备选方案。

4) 方案选择

方案选择是应急决策过程中的关键核心环节。专家小组要通过定性、定量、定时的分析，评估各预选方案的效能价值，分析方案的后果及其影响，权衡各个方案的利弊得失，并按照优先顺序排列提交给决策者，由决策者运用战略的系统观点对应对方案做出最终选择。

5) 贯彻落实

在方案选定后的贯彻落实步骤中，要做好以下工作：① 传达应急决策的目标、价值标准以及整个方案，动员各应急成员为实现目标而共同努力；② 围绕目标和整体方案，制订具体的实施方案，明确各部门的分工、职责和任务，作出时间和进度上的安排；③ 明确各级各部门应急执行人员的责任，确立规范、严明制度；④ 落实过程中若发现偏离目标行为，应随时纠正偏差，以减少落实偏离对应急目标的影响。

6) 跟踪反馈

在贯彻落实应急决策的全过程中，可能由于主客观情况的变化，会发生实际行为与目标相偏离的情况。因此，要做好反馈和追踪检查工作，准确、及时地把方案实施中出现的问题和执行情况等相关信息反馈给应急决策者，以便及时调整和修订应急决策方案。

5.3.5　信息沟通机制

信息沟通机制是指为了保障各项应急活动高效、顺利地进行，对应急管理中的信息传送工作所制定一系列应急活动的行为规程。

1. 突发事件信息沟通

信息沟通，是指信息从发送者到接收者的传递过程。信息沟通机制应该与信息披露机制相结合，在突发事件应急管理过程的各阶段，应急组织都需要合理运用现代信息网络技术，与公众和其他相关机构保持良好的信息沟通关系，形成一个相互协助的动态系统。应急管理信息沟通主要包括内部沟通和外部沟通。

1) 内部信息沟通

内部信息沟通分为应急组织内部的沟通和与受灾公众的沟通两个方面。只有内部沟通切实有效，才能稳定民心，将全体社会成员力量凝聚起来，形成一股合力，共同战胜灾害事件。

(1) 应急组织内部的沟通。应急组织内部应成立专门的应急管理指挥机构，且在整个突发事件的应对过程中，应急组织应始终以之为核心，对内保持信息通畅，对外保持口径一致，合力解决问题。

(2) 与受灾公众的沟通。面对重大突发事件，应急组织应及时通报事件发展和应对的进展情况，以消除公众的恐慌心理。此外，还应凭借公共信息的传播，广泛开展各项应急教育活动，教导公众防范次生灾害，增强公众对突发事件的应对能力。

2) 外部信息沟通

外部信息沟通包括与其他机构的沟通、与外部受灾群众的亲友和其他公众的沟通，以及与国际社会的沟通。

(1) 与其他机构的沟通。一旦突发事件超过应急组织或当地政府应对能力时，就应及时与上级政府主管机构沟通，向其汇报事态的发展和应对情况，并积极与媒体、能源和信息等相关机构联系以获得必要的帮助和支持。

(2)与外部公众的沟通。向外部公众提供灾区信息是政府和应急组织的社会责任，这些信息不仅关系到灾民的生命健康安全，还直接同社会的稳定相联系。

(3)与国际社会的沟通。全球化条件下，对外沟通工作做得好坏与否，直接关系到一个国家政府的威望和公信度。此外，在处理突发事件过程中，必要时可主动寻求国际援助，聘请相关国际组织或专家予以指导应急工作。

2. 信息沟通的一般工作流程

按信息沟通方向的可逆性，可将信息沟通划分为单向信息沟通和双向信息沟通：单向信息沟通只存在正向的信息发送，没有反向的信息确认；而双向信息沟通既有正向的信息发送也有反向的信息确认。

无论正向信息发送还是反向信息确认，其信息传递过程是相似的，都可分为信息发送者、信息载体选择、传输渠道选择和信息接收者四个关键节点，图 5-8 所示为双向信息沟通的一般工作流程[1]。

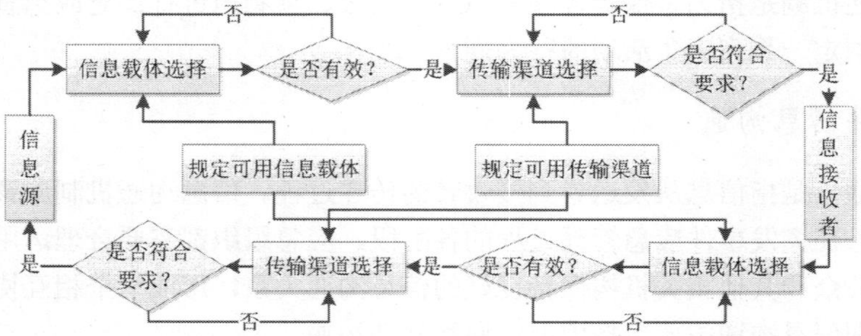

图 5-8　双向信息沟通的一般工作流程[1]

1)信息发送者

信息发送者是信息沟通过程的起始点，首先要确定传递的信息内容，如警报、命令、建议、资料等。

2)信息载体选择

信息具有看不见、摸不着的表征，是通过载体表现出来的，如文字、语言、图表、图像等。发送者需要根据接收对象的特点和具体的环境条件，选择某种载体来传递信息的内容，使接收者能够便于理解。

3)传输渠道选择

在信息载体选定之后，要选择与之相适应的传输渠道。一种信息载体可能有多种传输渠道方式，如文字既可以通过书面方式传输、也可以通过短信方式传输，需要根据实际情况选择最佳的信息传输方式。

4)信息接收者

在信息沟通时，接收者必须处于准备接收的状态，且要求能够理解传输渠道和信息载体，排除信息传输过程中混入的干扰，才能有效接收准确的信息。

5.4 资源管理机制

为保证应急管理体系的高效运转，在良好的体系架构上，不仅需要合理配置充足的资源，而且要有一整套科学的管理方法，即资源管理机制。科学的资源管理机制能够使应急资源被合理、充分、有效的利用，保障各类应急资源发挥最佳效用。

一般来说，应急资源包括人力资源、资金资源和物资资源，相应的配套管理机制也分为人力资源管理机制、资金资源管理机制和物资资源管理机制。

5.4.1 人力资源管理机制

人力资源管理机制是指为保证应急管理体系有效运行，从整体上对其人力资源的需求、规划、配置、培训、调整等所制定的应急活动行为规程。

人力资源管理机制不同于一般的人员管理机制，它更侧重于宏观层面的管理，不仅需要进行合理、有效的人力资源设置，而且要对每种类型人员的数量、质量、功能和作用提出具体要求，并由具体的相关组织或部门实现其配置。

1. 应急人力资源管理

应急人力资源，是指具有一定智力劳动和体力劳动能力，能够及时发现、有效预防和妥善处置突发事件的人们的统称。其类别构成如表 5-1 所示。

表 5-1 应急人力资源构成表

类别	组成人员	主要职责
决策指挥人员	各级应急小组主要负责人；临时负有应急指挥、决策职责的其他机构人员	确立、选择、实施应急预案，总体负责人民群众生命财产安全，维护组织和社会的稳定
参谋智囊人员	相关专家或其他可咨询人员	为决策者出谋划策
信息服务人员	政府、本组织及其他机构应急信息工作人员；一线应急信息提供者	及时发现、收集或授权发布应急信息，为决策者和公众提供信息
现场处置人员	负责规范、组织、引导公众统一行动的人员；警察、医生等一线处置人员	负责突发事件现场控制与处理
后勤保障人员	保障应急物资供应、维护应急交通或信息通信的应急工作人员	提供应急管理过程中所需的各种后勤保障服务
民间组织及其他救援人员	各民间组织安全生产管理人员及其他应急物品或服务的提供者	以各种形式协助政府妥善处置突发事件，弥补政府或企业不足

科学的应急人力资源管理机制应当具备以下特征：保证足够可供调配的应急人力资源、保证各区域各类别的应急人力资源分布均衡、保证应急人力资源的能力水平不断优化、保证能够实现各机构应急人力资源的快速联动和有效合作。

近年来，我国各地应急人力资源在 SARS、矿难、自然灾害救助等应急活动中已展现出较高素质，虽获得了广大民众和国际社会好评，但仍需从以下几个方面努力改进[14]。

1) 观念引导、提升应急人力资源认识水平

(1) 要提升全体应急人力资源的居安思危意识。要求应急人力资源保持敏锐的嗅觉，以高度的责任感及时发现安全隐患，做到早发现、早处理，尽量把损失控制在最低限度之内。

(2) 要提升人才意识。相关机构应通过宣传和教育，明确人力资源是应急管理的“第一资源”，高度重视应急人力资源的队伍建设工作。

2) 做好应急人力资源规划、充实并优化应急队伍工作

(1) 制订科学规划，充实应急骨干队伍。应急管理是一项专业性强、危险性高、时间要求紧迫的工作，它需要一支受过专门训练、行动迅速、装备精良的骨干队伍来完成。这支队伍主要由地方各级应急决策指挥人员、公安、消防、卫生、水利、环保、地质、武警等现场处置人员组成。各级政府、组织和单位应结合实际，对应急人力资源所需类型、数量、素质、结构等作出科学预测，提出合理目标，制订出科学的应急人力资源招聘、培训、考核等规划和切实可行的具体措施，为应急人力资源队伍健康有序成长奠定坚实基础。在此基础上，需要根据本区域人口数量、区域面积、突发事件发生概率、群众应急水平等因素制定应急人员配备标准，引进一批专业知识扎实、组织协调能力强、实践经验丰富的人才充实应急骨干队伍。

(2) 优化人力资源结构，提高应急队伍整体水平。应急组织需要优化应急人力资源的层次结构，合理搭配决策型、信息型、执行型、操作型、监督型人才；优化应急人力资源的知识结构，借鉴决策学、管理学、心理学、信息科学等各学科知识为应急管理实践提供有益指导；发挥区位优势，制定出各具特色的优惠政策以吸引人才，并充分挖掘各地人力资源潜力，使应急人力资源地区不平衡的状况逐步得到改观。

(3) 建立和完善应急专家信息库，组建一支高素质专家队伍。应急组织应在分步建立、分级管理原则的指导下，吸收一批政治觉悟高、应急理论丰富、专业知识扎实、实践经验丰富、组织性强的专家，组建成一支高素质专家队伍。要求各位专家时刻明确自身职责、经常了解安全形势、定期反映重大安全问题，及时向有关部门和单位提出针对性意见和建议。

3) 加强应急培训、提升应急人力资源素质

各组织应不断加强对应急人力资源的能力培训，了解各地方和国家应急管理体系建设实践、重大事故应急处置程序和要求等，以优化应急管理相关技术水平。并且理论学习应与实践训练相结合，通过大量的案例分析或跨区域、跨行业演练等方式，提高相关应急人员的实战能力。

注意应根据培训对象特点和发挥作用不同，选择不同的培训内容：对各级决策指挥人员，应重点提高其领导、组织、决策、预案制订等能力；现场处置人员应重点增强其公共安全意识，使其熟练掌握应急处置相关制度、程序和要求，提高其隐患排查和第一时间处置能力；民间救援人员则应重点使其掌握自救互救能力等。

4) 合理展开绩效评估和动态管理

对应急人力资源进行绩效评估，是应急管理效果的重要保证。各应急组织应高度重视应急管理绩效评估工作，通过制定科学的评估指标体系、建立规范的评估程序、组成权威的评估队伍等措施，逐步建立和完善应急管理绩效评估制度。并且要加强对绩效评估结果的运用力度，依此建立和完善相应的奖惩制度：对应急管理作出突出贡献的单位和个人，应加大表彰和奖励力度；对应急管理绩效评估较低的单位和个人，要依法予以惩戒。

此外，为保持应急队伍的高素质性，各应急组织有必要建立动态管理机制：对符合条件的人员要及时吸收至应急人力资源核心队伍，以充分发挥其才智；对表现差的人员，则应视情况给予相应处理直至剔出应急人力资源队伍，以确保队伍整体素质。

2. 人力资源管理的一般工作流程

人力资源管理可划分为人力资源需求、人力资源规划、人力资源配置、应急能力培训演练和人力资源调整五个主要步骤，其一般工作流程如图 5-9 所示[1]。

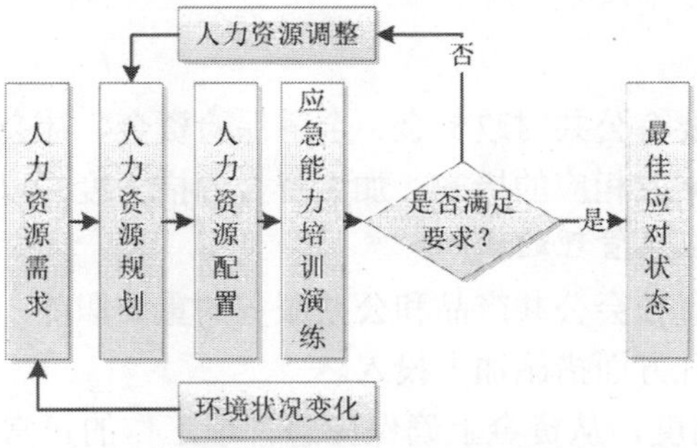

图 5-9　人力资源管理的一般工作流程[1]

1) 人力资源需求

通过调查摸清应急管理体系现有的人力资源状况，同时由各应急部门提出对各类人力资源的需求，汇总后进行统一的综合分析和能力评估，确定最终的人力资源需求，为实现人力资源整体优化配置、开展应急活动做好前提准备。

2) 人力资源规划

明确人力资源需求后，对人力资源的需求进行优化设计，制定相应的人力资源规划，包括时间计划、实施计划、培训计划、配套资源落实计划等，为各部门人力资源配置提供指导。

3) 人力资源配置

根据人力资源规划的要求，各部门应在规定的时间内，按照人员选择的程序，完成本部门人力资源的配置工作，以满足对人力资源构成、数量、质量、功能等方面的要求。

4) 应急能力培训与演练

各部门在完成人力资源的配置之后，应及时开展对人员的培训工作，包括岗位职责、工作内容、业务技能、应急知识等方面的培训，使人员能够尽快熟悉所从事的应急工作。同时还应当进行模拟演练，提高实战能力。

5) 人力资源调整

在人力资源配置的过程中，有时并不能保证一次就可到位，可能需要多次调整才能确保应急人员较好地适应岗位要求。

5.4.2 资金资源管理机制

应急资金是指应对突发灾害事件的资金。突发事件应对应当有专项资金保障，2003年“非典”期间，各级财政共花费了150亿元，其中中央财政支出42亿元；2008年南方雪灾期间，仅中央财政支出27亿元；汶川地震以后，各级财政支出911.82亿元，其中应急抢险救灾资金就高达372.43亿元；2009年为应对蔓延于北方10多个省(自治区、直辖市)的旱灾，中央财政支出4亿元。事实上，在救灾和灾害重建的过程中，除中央财政之外，还有多种渠道资金参与到应急管理中。对于所有这些应急资金，必须建立完善的筹措机制以及资金的使用和监管机制。

1. 资金筹措机制

应急资金的筹措主要有公共财政资金、金融保险资金、社会捐赠等渠道[15]。根据应急资金的不同来源，要采取相应的措施，加大资金筹措力度，以保证应急管理的需要。

1) 加大公共财政对应急管理的投入

公共财政承担着配置社会公共产品和公共服务的重要职能，必须从财力上给予应急管理支持，可采用以下几方面措施加大投入。

(1) 建立应急预算制度，从资金上确保应急管理工作的正常运转。要把应急管理部门工作运转的经费纳入财政预算，同时要在深入分析和谨慎评估未来一段时期可能的突发性支出基础上，科学合理地编制财政的应急管理预算，坚持预防和应急相结合。

(2) 完善预备费制度。按照《预算法》第三十二条规定“各级政府预算应当按照本级政府预算支出额的1%~3%设置预备费，用于当年预算执行中的自然灾害开支与其他难以预见的特殊开支”。预备费作为支持解决突发灾害事件的一个重要资金来源渠道，应按3%的上限足额提取，并实行基金式管理，即当年预备费余额原则上不再用于一般性预算支出，相应进入预备费基金，做到专款专用。

(3) 当重大突发事件需要大量财政资金时，可采用关闭一般预算追加闸门、发出预算追减的指令或指导性要求等手段来保障应急资金所需。如2003年SARS疫情中，财政部就首先停止了一般预算追加，同时要求中央各部门对本部门的业务费和项目支出预算按5%调减支出指标，以保证非典防治工作的需要；而2008年汶川地震中，国务院常务会议也作出决定，中央国家机关当年的公用经费支出一律比预算减少5%，用于抗震救灾。

(4) 运用和调整税收政策，对于受突发灾害事件影响较大的行业、企业和个人，可通过税收优惠政策增强其应对突发事件的财力。

2）积极发挥金融保险资金的作用

目前我国应对突发事件的资金来源主要是公共财政，而欧美等发达国家在应对突发事件时除政府财政部门提供资金支持外，更多的是把风险转移到了金融、保险等商业部门，以形成有效的风险共担、利益共享的共同体。如2004年横扫美国加勒比海地区的4次飓风，损失560亿美元，仅保险理赔就高达270亿美元，有效地缓解了公共财政的压力。相比而言，2003年年底发生在我国重庆开县的井喷事故，各项经济损失高达640余万元人民币，而保险赔付仅20 多万元，绝大部分损失由公共财政来承担。2003年的SARS疫情，公共财政中仅中央财政预备费就达20亿元，而截至当年6月9日，全国范围内有关“非典”保险的理赔金额只约为280万元。因此，可借鉴欧美等发达国家利用金融保险市场分散风险的成功经验，探索建立多层次体系、多渠道支持、多主体经营的保险框架，对于那些受益体比较明确的突发事件，可在政府的支持下，由金融保险机构按保本微利的原则运作。

3）正确引导社会捐赠资金

捐赠作为一条可行的资金筹措渠道，可以有效缓解国家应对突发事件时存在的财力物力不足状况，解决应急管理中的实际问题。应急捐赠是指发生各种严重自然灾害、事故灾害、公共卫生、社会安全等突发事件后，国内外社会各界的组织、单位、团体、个人不附带任何政治条件无偿向灾区捐赠救援资金和物资。随着人们慈善意识的增加、收入的提高、国际交往的增多，在应急资金的筹措中，捐赠资金越来越成为应急资金的一个重要来源。如汶川地震发生后，国内外各界人士纷纷捐款捐物，截至2008年7月24日，全国共接收国内外社会各界捐赠款物总计585.93亿元，实际到账款物583.05亿元。

募集捐赠资金，一要引导人们正确认识到捐赠作为慈善事业的重要组成部分，既有利于灾区重建，也有利于在全社会形成乐善好施、扶贫济困的好风气。二要鼓励有能力的企业和个人更多地承担社会责任，对热心捐赠的企业和个人进行宣传表彰，以发挥其榜样作用来带动全体社会成员在力所能及的情况下实施捐赠。三要制止用捐赠数额评定爱心大小的言行，在全社会形成宽松和谐的捐赠环境。

2. 资金使用和监管机制

应急资金是一种特殊用途的资金，多在非常态下使用。要正确使用应急资金，并对其使用实施有效监管，提高应急资金的效益，充分发挥应急资金的作用[15, 16]。

1）整合现有资金、避免资金的重复投入

从各国的实践来看，处置突发事件成败的关键在于反应迅速和有效资源整合，两者并重。我国传统的应急管理是分灾种、分部门进行的，其权力和运作流程相对分散。而目前我国的应急管理机制已开始逐步由非常态向常态转化、由单向分类管理向系统综合管理转变。为了适应应急管理工作的新需要，应整合分散在各个部门的资金，改变过去资金分配散乱、各自为政的局面。以应急管理职能整合为契机，对分散的资源进行整合，规范预算资金的投入，避免经费的重复安排，统一协调各种资源并实现各种信息资源的共享，从而有效地把国内资源与国际资源、政府资源与市场资源、社会资源整合在一起，提高综合应急管理能力。

2）*加强绩效考评工作、提高财政资金的效力*

规范应急资金拨付程序，全面推行应急管理经费国库集中收付制度，同时加强预算执行监控，建立健全财政国库动态监控体系，以确保财政资金使用的规范性。

加强对应急资金的监督管理，提高资金透明度。建立和完善应急管理资金监管工作机制，加强对预算编制和执行的监督。对应急资金实行事前、事中、事后全过程的监督，以保证财政资金的规范性、安全性和有效性。同时，积极推行政务公开，将非涉及国家秘密的应急管理资金的分配使用以及财政预决算等内容向社会公开。

建立绩效评价体系，提高应急管理相关公共产品和公共服务的质量。各级政府部门，尤其财政部门，在关注财政资金投入的同时，应更多地将注意力转向关注公共资源使用的影响和效果、更多地关注应急管理服务体系的质量和效率。

3）*规范监督募集资金的管理和使用、充分体现捐赠人意愿*

慈善事业具有捐献制和民营性的特征，以基金会为组织形式的慈善机构决定了对其运作必须实行规范化管理。国际上公益组织获得公信力的最关键因素，就是其严格的监管流程，包括政府的依法监管、第三方独立审计、详尽的审计报告、充分的信息公开、开放的社会监督体系等。如乐施会（Oxfam）针对紧急救援项目就设立了特定的监察程序、严格原始证明制度、公开所有款项运转。因此，应当制定相应的法律、法规和政策，从法制上统一规范慈善事业的性质、组织形式和具体的运作程序，以及接受捐献、善款管理、实施救助中的纪律，同时明确通过政府与社会协调机构的监督来确保慈善组织的运作符合法制规范，重视和培养基金会从业人员的道德素质。

在捐赠资金的使用上，坚持尊重捐赠者意愿和政府引导相结合的原则：在统筹安排各类捐赠资金时，优先安排有明确捐赠意向的项目；按照灾后重建规划引导捐赠资金的合理使用，避免过于集中于同一地区或同一项目。

5.4.3 物资资源管理机制

充足的应急物资储备也是成功应对突发事件的必要保障之一，要充分发挥应急物资的作用，关键在于建立一整套相应的物资资源管理机制，以确保在突发事件爆发后，能够迅速有效地调配这些物资用于应急响应活动。

物资资源管理机制，是指为保证应急管理体系有效运行，从整体上对其物资资源的需求、规划、配置、调整、维持等所制定一系列应急活动的行为规程。

应急物资管理可分为常态和非常态两种形式：① 常态下的应急物资管理更注重管理的严谨性，要求按部就班行事，讲究公共资源的充分利用和社会效益的最大化。② 非常态下的应急物资管理更注重管理的快捷性，讲究应急物资效能的快速发挥。在管理模式和方法等方面，常态下的应急物资管理应该适应非常态下的应急物资管理要求，两种状态之间能够快速转换，形成一个有机的物资管理体系。

1. 应急物资资源管理

应急物资是突发事故应急救援和处置的重要资源支撑。根据在应对突发事件活动中的不同作用，应急物资可分为事件处置所需的专业应急物资、事后用于救济的基本生活物资，以及与生产生活息息相关的重要物资三大类。有效保障应急物资的供应，是成功处置突发事件的重要前提。

(1)应急物资管理要注意根据科学技术、国民经济、风险评估分析现状，研究制定各类应急物资储备目录，论证国家、地方、企业等层面储备物资的种类、名称、作用、配载方式等，优化完善现有生活救助、抢险救灾、公共卫生等类型的物资储备及国家专业应急队伍的装备储备。

(2)应急物资管理要注意实现生产与储备方式的多元化，即政府储备与企业储备相结合、实物储备和生产能力储备相结合等模式[17]。从战略全局上对应急物资储备的规模、品种、结构和布局等进行优化设计和宏观规定，以指导各级组织按照需要安排好相应的应急物资实物和能力储备。

(3)应急物资管理要注意根据各区域地理位置、气候条件和灾害发生特点的不同，增加处置突发事件的专业应急物资、在突发事件发生后用于救济的基本生活物资及与人民生产生活息息相关重要物资的储备。如沿海地区应重点围绕抵御台风和应急救援需要，适当储备食品、急救药材、发电机等物资器材；而地震多发地区应重点储备救援工程机械和帐篷等物资器材。

应急物资管理中的统一调配机构包括领导层和执行层两个方面[17]：① 领导层负责对突发事件的防范准备工作，并在危机发生后协调各方面行动，包括各政府部门之间、政府与企业之间的各种资源调配和工作协调等。② 执行层负责编制储备规划和计划、收集整理相关储备信息、监督储备计划的实施。对各类储备物资的收储、轮换、动用等进行统一决策，构建战略性、全局性、分工明确、相互协调、密切配合、资源共享的物资资源体系，以提高国家物资储备的综合应急保障能力和整体救援能力。

2. 物资资源管理的一般工作流程

物资资源管理可划分为物资资源需求、物资资源规划、物资资源配置和物资资源调整四个主要步骤，其一般工作流程如图 5-10 所示[1]。

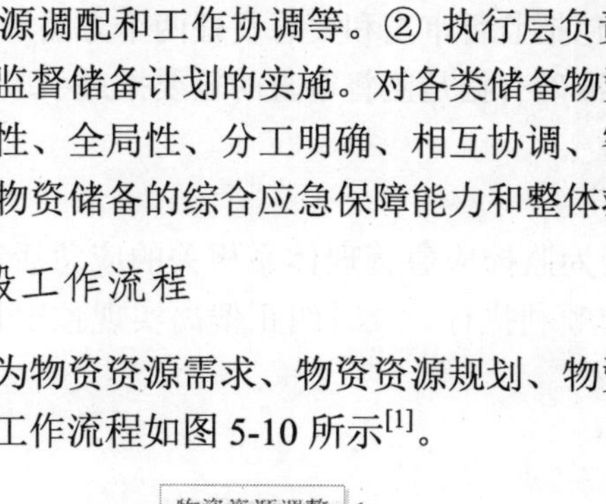

图 5-10 物资资源管理的一般工作流程[1]

1) 物资资源需求

同人力资源一样，首先要通过调查弄清楚应急管理体系中现有的物资资源状况，汇总各应急组织对应急物资资源的需求量；其实根据各部门对各类物资的需求，汇总后进行统一的综合分析和评估，从有利于应急资源整合和优化的角度出发，确定最终的物资资源需求。

2) 物资资源规划

在明确物资资源需求之后，要制订应急物资资源规划，包括时间计划、实施计划、配套资源落实计划等，以指导应急资源配置管理工作的开展。

3) 物资资源配置

根据物资资源规划的要求，各部门应在规定的时间内，按照物资采购程序完成本部门物资资源的配置工作，并满足对物资资源构成、数量、质量、功能等方面的要求。

4) 物资资源调整

应急物资资源在使用过程中，会有消耗或报废的现象，或由于新材料、新设备、新品种和新技术的出现，需要进行物资资源的及时补充和调整，以确保应急物资能够完全满足应急规划所提出的要求。

5.5 监控管理机制

在实现应急目标的过程中，会受到各种各样因素的干扰，有时会发生应急运行偏离预定轨道的情形，这就需要时常监督、检查整个应急管理体系的运行状况，若发现问题需及时调整。监控管理贯穿于应急活动的整个过程，通过采取纠正偏差的方式，维持应急活动的正常进行，主要包括监督审查和奖惩责任两个方面。监督审查是事后奖惩实施的基础和必要前提，奖惩准确有据是监督审查的重要推进手段，二者缺一不可。

5.5.1 监督审查机制

监督审查机制，是指为监控应急管理体系相关的应急活动、保证各项工作能够按照既定的目标和任务方向顺利执行、及时纠正偏离实现预定目标所制订的应急活动行为规程。

1. 监督审查

监督审查的实质是指权力的制约、督导、防止权力的滥用和腐败，监督审查机制是应急管理的基本运行机制之一。突发事件应急管理过程中的监督和审查，主要是指依靠舆论、法律、技术等方式，通过各种适当的方法和措施，对突发事件的预备、处置以及恢复过程进行监督和审查的行为。监督审查的执行主体既可以是专门的政府机构和技术人员，也可以是公众、报社或其他组织。

应急管理中的监督审查是一项技术性、时效性、科学性很强的工作，动态的应急过程需要有相应的监督管理与之匹配，即动态的全过程监督对于明确责任主体、实施公平公正的奖罚有重要作用。

1) 监督审查的内容

我国在传统突发事件应对活动中，并没有明确应急过程中监督审查的地位和作用，只是单纯地进行应急管理和结果监督，没有形成一个完善的监督审查机制，造成许多事后处理的问题。可采用如下手段制定一个完整的监督审查机制[18]：

(1) 舆论导向监审。舆论导向监审可分为外部监审和内部监审：外部监审，主要针对突发事件对人的心理影响很大、且其中大部分影响来自媒体舆论，故正确的外部舆论导向作用对于应急管理处置具有重要作用，它可以树立良好的突发事件应急管理形象；内部监审，主要鉴于我国应急管理过程监督法制的不健全，舆论的督导力量可以起到关键作用，对某些法律管不了且没法管的事件，舆论监督就有了用武之地。

(2) 法制法规监审。在突发事件的应对中，政府相关部门肩负很多责任，同时也被赋予很多权力。没有良好的监督审查法制，公民的权益有时就难以得到保障，权力可能会被滥用。因此，建立更加完善的监督审查相关的法制法规是应急管理法制化的重要一环。

(3) 应急物资监审。突发事件的应对中，必然会遇到救灾物资的使用和分配问题，资源分配利用的公平性和有效性会直接关系到突发事件应对的成败。鉴于应急物资分配问题的严重影响，合理有效的财政和物资监审必不可少。

(4) 应急技术监审。应急管理中，需要专门对整个突发事件的处理过程进行记录和跟踪报告，以加强处理的透明度，并对事件起因、处理、损失和善后进行评估，这就是应急技术监审。应急技术监审人才要求具备很强的专业背景、动态跟踪能力、整体评估能力和政策把握能力。

(5) 协调管理监审。效率是应急管理的关键，效率的提高离不开有效的协调管理。应急管理中的协调机制有助于掌控全局，集中应急各部门优势资源来应对突发事件。而对协调机制的监管就是协调管理监审的主要工作。

2) 应急过程监审的分类

突发事件的监审强调预防监审与应急监审并重，结合应对突发事件的四阶段理论，具体可将应急过程监审分为预备监审、响应监审、处置恢复监审以及事后处理监审[18]。

(1) 预备监审，主要是指针对突发事件预防、准备阶段的应急活动进行监督审查的行为。这个阶段的监审具有预先性，可以提前发现应对突发灾害事件中存在的问题，并及时予以改正和处理，有利于杜绝应急资源的浪费，能够有效防止突发事件处置中的意外问题。

(2) 响应监审。响应阶段是指突发性事件发生后启动应急预案、并为未来应急处置布置好相关工作的一个阶段，对该阶段进行灾害情况及发展趋势的准确判断、应急预案科学选择等方面的监审必不可少。

(3) 处置恢复监审，主要是指在突发事件处置和恢复阶段对应急物资和人员的调度使用、应急人员的工作效率以及各种不合理不合法的行为予以初步处理，并为灾后重建和恢复提供有力监督审查的行为。它可细分为处置时监审和恢复时监审两个子阶段，而恢复时监审又可分为快速恢复监审和全面恢复监审。

(4) 事后处理监审，主要是指应对突发事件处置和恢复阶段后，针对奖励问责机制对整个突发事件应对过程中先进事件或个人的表彰处理、违法行为或个人的调查处理等进行监督和审查，同时为各应急阶段工作提出改进意见和反馈建议的行为。

2. 监督审查的一般工作流程

监督审查工作通常要经历建立监控标准、衡量偏差信息以及采取纠正措施三个主要步骤，其一般工作流程如图 5-11 所示[1]。

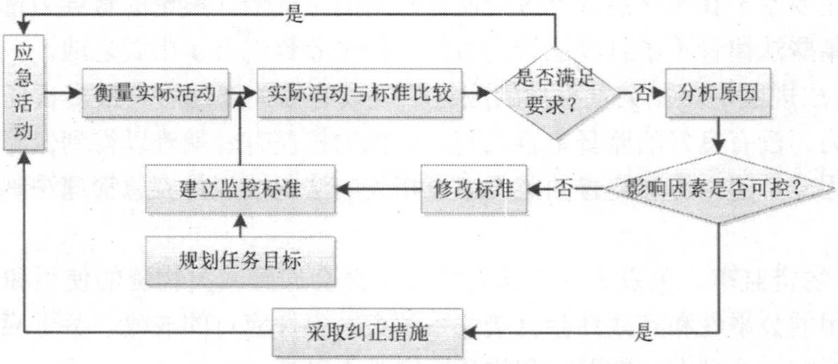

图 5-11 监督审查的一般工作流程[1]

1) 建立监控标准

监控标准是开展监督审查工作的前提、依据和尺度，也是监督审查工作的起点和基础，是检查和衡量应急活动及其结果的规范。在建立监控标准的过程中，需要明确监督审查的对象、选择关键监控点和制定监控标准体系。

2) 衡量偏差信息

衡量偏差信息涉及实际应急活动与监控标准之间的比较和判定，在信息的获取中，需要注意信息的及时性、可靠性和准确性，注意确定适宜的衡量频度，建立有效的信息反馈网络。

3) 采取纠正措施

在应急活动中，偏离应急目标和应急任务的情况时有发生，对影响较大的问题应该进行认真分析，明确是执行的问题还是衡量标准的问题，找出问题存在的主要根源，制订相应的纠正措施和实施计划时间表，并予以贯彻落实。

5.5.2 奖惩责任机制

奖惩责任机制，也称为奖励问责机制，是指为顺利完成应急管理体系所规定的应急任务、保障具体应急措施的落实，通过对应急活动参与组织、个体的行为表现与应急活动要求的符合程度的判定，对其实行奖惩所制订的应急活动行为规程。奖惩责任机制是激励机制的一种，与监督审查机制相配套运行，既有正激励也有负激励，既有精神激励也有物质激励。

1. 奖惩责任机制

奖惩责任机制是应急运行机制中不可缺少的一部分，它能够对突发事件应急管理中主体的各种行为做出正确的反馈作用：从个体角度，可以调动应急相关人员的积极性和创造性；从整体角度，可以使应急管理工作执行得更加有效合理。

1) 奖励问责机制的分类[18]

(1) 从结果上，可分为奖励和惩罚。2002 年诺贝尔经济学奖项获得者卡尼曼断言："在可以计算的大多数情况下，人们对所损失东西的价值估计，比得到相同价值时的估价高出两倍。"这说明人们对奖和罚所产生的情绪是不对称的，人们在失去某物时愤怒痛苦的程度远远超过得到某物时高兴的程度。在奖惩责任机制的设计中需要注意到这一点。

(2) 从性质上，可分为个体奖惩和整体奖惩。个体奖惩与整体奖惩的主要区别：个体奖惩不考虑整体目标的实现与否，单纯凭个人贡献依据已制定的章程进行评判奖惩；而整体奖惩在给出奖惩行为之前，首先需要考虑的是一个奖励周期后整体预期目标是否达到。

2) 奖励问责机制的特征机理[18]

(1) 原则性机理。奖惩机制需遵守及时性、一致有据性、合理性三个原则。

及时性指对于部门人员的奖惩必须在一个"奖惩周期"内完成，是奖惩机制发挥应有作用的先决条件。

一致有据性指对于个体和整体的奖惩要尽可能达到一致公平，并且奖惩有理有据，严格依照规定的章程，杜绝奖人唯亲，否则就会造成个体心理的不平衡，甚至消极怠工，影响应急大局。

合理性主要表现在三个方面：第一，要保持正确的奖惩导向；第二，奖励和惩罚都必须公开；第三，注重非显性贡献的奖励，即由于种种非主观因素本可以减少灾害损失的而实际没有避免损失的行为也应予以奖励。例如，专家预测有 7 级台风，而有关部门未予理睬，灾后造成的损失中本可挽回的部分即可看做是该专家的非显性贡献。

(2) 原理性机理。原理性机理是对整个事件过程的规律性进行刻画。如设定奖惩阈值：个体奖惩相当于考虑单一目标，只考虑单个员工的奖罚标准即可实施；整体奖惩相当于考虑多元目标，首先需确定应急目标是否实现，然后依据相关规定对多重目标值进行考察分析，得出奖惩实施办法。

(3) 流程性机理。若把各应急部门组合的整体看成是稳定的，那么一个完善的奖惩机制将使这个整体的运作类似一个良性正反馈回路。应急管理的周期取决于突发事件从发生发展到高峰到结束的时间长度，可以在突发灾害事件最初出现时提出奖惩预案，待事件结束或得到解决后按照预案评判奖惩后再予以实施，以提高应急各部门的战斗力和执行力。

2. 奖惩责任机制的一般工作流程

奖惩责任通常需要经过证据收集、事实认定、奖惩核定和奖惩落实四个主要步骤，其一般工作流程如图 5-12 所示[1]。

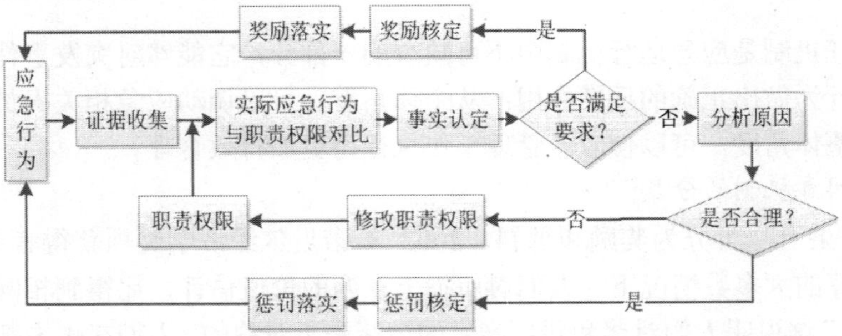

图 5-12　奖惩责任的一般工作流程[1]

1) 证据收集

奖惩责任的第一步是证据收集，需要完成以下三种数据的收集：① 原始背景数据的采集，即对应急活动实施对象及应急环境相关的数据采集；② 目标对象数据的采集，即对奖惩对象应急活动行为数据的采集；③ 间接分析数据的采集，如来自评价体系的数据、来自分析报告的数据等。

证据收集的方式多种多样，可以通过现场实物采集、数据记录等方式在事中进行证据收集，也可通过人员访谈、文件查阅等方式在事后进行证据收集。

2) 事实认定

证据收集后，为防止工作失误，要对证据进行去伪存真的分析工作，进行事实认定，以确保证据的可靠性和有效性。在事实认定过程中，应注意两个方面：① 要进行全过程分析，不可断章取义，避免出现事实认定的片面性；② 任何证据都与具体的环境条件、证据的收集方式等密切相关，需要全面考虑这些因素。

3) 奖惩核定

在证据收集和事实认定的基础上，根据奖惩责任管理办法，按照事先规定的程序，对奖惩责任进行核定。

4) 奖惩落实

根据奖惩的内容，可采取媒体刊登、会议公布、内部文件等多种方式进行宣布，并交由相关部门予以落实。

5.6　合作参与机制

突发事件发生的地域、影响的范围以及危害的程度往往难以确定，而任何应急主体应对突发事件的能力总是有限的，所以在很多情形下需要借助外界的力量来加强应对突发事件的能力。合作参与机制是应急管理体系中极其重要的运行机制，其中周边合作互助机制和社会参与机制最具有代表性，可基本反映应急活动中合作参与机制的主要内容。

5.6.1　周边合作互助机制

周边合作互助机制，是指与周边地区应急管理体系建立共同应对突发事件以及开展应急活动所制订的行为规程。

1. 周边合作互助

不论突发事件是区域内还是跨区域，一个地区或部门的资源是有限的，为了更高效地应对突发事件，周边区域提供的应急互助非常关键。联系比较紧密的城市、经济圈乃至国家之间应当建立紧密的周边合作互助机制，以期在某成员发生突发事件时，其他合作成员能提供最及时的帮助，使突发事件带来的损失减到最小。周边合作互助主要有城市内合作、城市间合作及国际化合作等形式[19]。

1) 不同程度合作

(1) 从小范围的城市内合作来看：珠海市金湾区、斗门区、高栏港经济区签订了《珠海西部地区应急管理合作协议》，2009 年 8 月起，3 个区开始在突发事件信息通报、应急资源共享、突发事件协同处置、应急联合演练等领域积极开展合作，共同提高预防和处置突发事件的能力。根据协议，各区应急管理机构在接到涉及或有可能影响其他方的突发事件信息后，将在 1 小时内通报。3 区还将充分利用应急平台等渠道，建立应急物资、救援队伍、应急管理专家等数据库，共享信息，在救援设备、应急物资等多方面相互支援。

(2) 从城市间合作来看：2009 年上半年，珠江三角洲 9 市(广州、深圳、珠海、佛山、惠州、东莞、中山、江门、肇庆)签订应急合作协议。根据合作协议，珠江三角洲 9 市将建立包括预测、预警和处置突发事件在内的信息通报机制。同时 9 市将充分利用应急平台等渠道，建立应急物资、救援队伍、应急管理专家等数据库，共享信息。一旦发生突发事件，根据事发地应急管理办事机构的请求，合作方在救援设备、救援队伍、应急管理专家等方面将给予相应支援。对于涉及跨珠江三角洲各市行政区域的突发事件，相关市将加强沟通、及时处置、协同应对、妥善做好应急工作。同时，还将通过有针对性的联合应急演练、互邀观摩应急演练等形式，共同提高应急预案演练水平。根据协议，每半年珠江三角洲九市将举办应急管理办事机构负责人联席会议，研究决定区域合作重大事宜，以推进区域合作。

(3) 从大范围的国际合作来看：2005 年 9 月 23 日，中国与瑞士两国的有关高校、科研机构在灾害应急管理领域达成合作协议，双方将在灾害预警、城市应急体系建设等前沿项目上进行合作研究和人才培养；为共同应对海域溢油污染事故，中国、日本、俄罗斯、韩国四国 1994 年通过了西北太平洋行动计划，建立起在溢油应急领域合作和互相援助的行动机制；为提高应对紧急海事灾难的能力，各国经常举行联合演习活动，中国交通运输部曾表示，作为国际社会负责任的成员，中国会继续加强与世界各国共同努力，确保海上安全，共同保护海洋环境。

2) 周边合作互助机制的原则

不同范围的周边互助协议都需遵循以下原则[20]。

(1) 公益目标原则。周边合作互助机制是以维护周边地区国家和人民生命财产安全、实现公共利益为根本目标的。

(2) 精简高效原则。互助合作体系的效率主要表现在三个方面：运行效率高、工作质量高、运转灵活高效。在合作互助机制的设计过程中，要综合衡量、整体把握，全面考虑整个合作系统的效率。各地方若需要设立常设机构以促进合作，应注意精简原则，要做到既能对突发事件应急处置快速响应又需避免不必要的开支。

(3) 资源整合原则。互助合作体系应注意资源的合理整合，可将区域内资源实行统一布局储备、集中统一调度。在突发事件发生时，由应急管理体系的中枢决策系统启动周边合作互助机制，对各地区进行统一指挥和协调，还可在必要时积极寻求国际援助、加强与红十字会和世界卫生组织等国际组织的协作。

(4) 适应环境原则。周边合作互助体系应根据内外环境的变化，及时作出回应和调整，以应对环境变化所提出的挑战。为此在进行体系设计时，要注意以下两点：第一，各应急组织保持弹性，即应急组织内单位的区分要有弹性，且对各单位权责的区分与上下层次权责的划分要保持灵活性；第二，使人员编组保持机动性，这主要体现在单位间人员调整的机动性和对特定突发事件采取临时人员编组两个方面。

(5) 科学决策原则。高效能的应急管理必须以高效率、高质量的决策为前提。为此，在设计周边合作体系时应注意：第一，便于信息的收集与管理；第二，便于意见的沟通与行动的协调；第三，便于决策和管制；第四，建立咨询机构。

(6) 现代技术原则。一方面，现代信息技术使不同部门实现信息数据共享成为可能，使信息传递速度大大提高。另一方面，现代管理技术为应急管理提供了科学的方法和模型。周边合作互助体系只有充分利用现代信息技术和管理技术，才能在第一时间获得真实的信息，并运用科学方法作出正确的应急管理决策。

2. 周边合作互助的一般工作流程

周边合作互助通常要经过签订合作互助协议、设置合作互助机构、合作互助准备工作、合作互助执行落实，以及合作互助工作总结五个步骤，其一般工作流程如图 5-13 所示[1]。

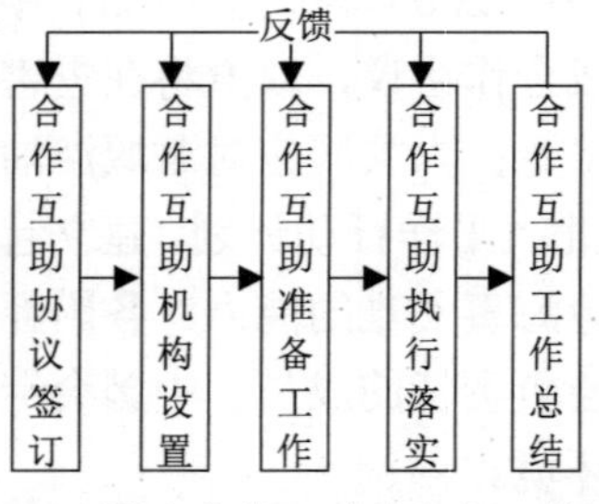

图 5-13　周边合作互助的一般工作流程

1) 签订合作互助协议

在签订协议之前，每个地区都要提供本地区的基本状况、有关突发事件的详细材料、应急管理体系的建设和资源配置情况、科研技术开发力量等内容，并在应急管理专家、应急咨询机构、应急决策者的协助下，完成协议的起草、评审和签订工作。

2) 设置合作互助机制

签订协议之后，应在固定的地区设立联络协调机构，以保持相互之间的信息沟通，保证合作互助工作的具体落实。

3) 合作互助准备工作

为有效开展应对突发事件的合作互助，在签订协议和设置机构之后，要适当进行合作互助的准备工作，如定期举行各种突发事件情形下的应急联合演练，以保证在突发事件发生时，各地区之间能够默契配合、协同作战。

4) 合作互助执行落实

执行落实合作互助的协议内容，包括支持性互助、作战性合作、交流合作、资源共享，以及工作平台互通互联建设等。

5) 合作互助工作总结

在合作互助协议的执行过程中，会遇到各种各样的新问题，有些涉及互助机构设置、有些涉及互助准备工作、有些涉及合作执行落实等，需要进行不断地总结和改进，以提升合作应对突发事件的处置能力。

5.6.2　社会参与机制

社会力量包括各企业和事业单位、社会公众、社会团体以及其他非政府组织。在应急活动过程中，他们既是应急管理的直接受众，同时也是至关重要的应急管理主体。社会参与应急活动的形式多种多样，涉及应急理论研究、应急技术开发、应急管理参与、应急宣传教育、应急响应参与等，充分开发社会应急管理资源对于提高应急能力具有重要的价值。

1. 社会参与

社会参与机制，是指为引导和组织社会力量共同开展对突发事件的防范与治理所制订的应急活动行为规程[21]。突发事件社会参与是指在应急管理的预防与准备、监测与预警、处置与救援、事后恢复与重建等各阶段，以政府组织为主导，其他各类型组织和群众共同参与、相互合作，有序高效地应对突发事件的过程。

社会参与机制的作用：① 从预防角度来看，可增强全社会的应急意识，强化应急管理体系的社会基础，提高预防工作的有效性；② 从应对角度来看，可减少突发事件的发生及其可能造成的危害，提高公众自救自助、互救互助的能力。

社会参与机制主要有以下特点：① 多组织形态参与。参与应急合作治理的主体不仅有政府组织，还包括营利组织和群众组织，它们作为当今社会中几种主要的组织形态，具有集合社会人力、物力和财力资源的功能。② 政府组织主导。只要是公共事件，无论哪种类型的应急合作治理或哪个阶段的应急合作治理，政府都要在稳定政治、经济、社会秩序方面发挥主要作用，要鼓励各类营利组织和非营利组织共同参与应急管理，并提供必要的服务、支持和监管。③ 各类组织自愿参与。各类组织有权利选择是否以及通过何种方式参与应急合作治理。④ 合作多样性，包括合作内容与合作形式的多样性。合作内容多样性是各合作主体自主选择自身优势资源参与应急合作治理，合作形式多样性是各合作主体通过协议/非协议、计划/非计划等方式进行合作。⑤ 阶段性。根据突发事件应急管理的周期性，应急合作治理也相应地具有阶段性，具体包括预防与应急准备阶段的合作治理、监测与预警阶段的合作治理、应急处置与救援阶段的合作治理，以及事后恢复与救援阶段的合作治理。

2. 社会参与的一般工作流程

社会参与通常要经过设计参与方式、资源支持、工作指导、参与应急活动和工作改进五个主要步骤，其一般工作流程如图 5-14 所示[1]。

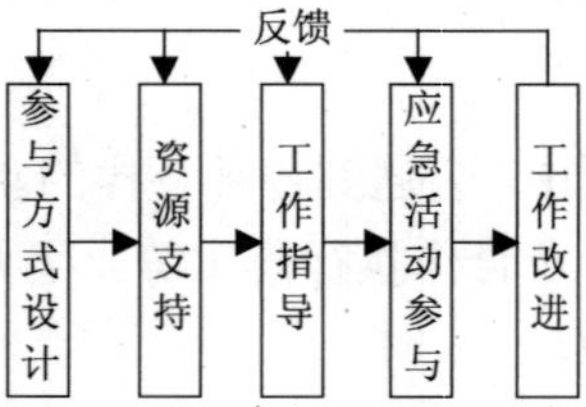

图 5-14 社会参与的一般工作流程

1) 设计参与方式

应急决策者可根据参与应急活动形式的不同，对社会力量进行分类，针对不同类型的社会力量设计不同的参与方式，从政策、资源、组织等方面给予相应的支持。如对应急理论研究与应急技术研发可采用委托外包方式、对应急组织项目可采用共建方式等。

2) 资源支持

开展突发事件应急活动社会参与需要投入大量的人力、物力和财力，应急主体应通过各种渠道筹措各种资源，为社会参与提供资源支持。如对应急理论研究与应急技术研发可利用政府财政资金和无偿基金进行全面支持；对应急应用系统开发可采用政府财政资金配套、低息贷款、有偿基金等方式进行部分支持；对应急组织项目可通过提供物质、装备的方式进行支持等。

3) 工作指导

为有效开展突发事件社会参与工作，应急决策者在完成参与方式设计和资源支持的同时，应对社会参与进行工作指导，包括政策讲解、人员素质培训、应急知识培训、装备使用培训、自救互救常识普及等，以确保社会力量能够有效地参与突发事件应急活动。

4) 应急活动参与

社会力量可根据应急决策者对社会参与应急活动的要求，开展具体的应急工作，包括理论研究、技术开发、危险防范、应急响应、辅助决策等内容。

5) 工作改进

对社会参与应急活动中出现的新问题，进行及时的调整和改进，以积极推动社会参与机制的稳步向前发展。

虽然我国大力倡导社会共同参与应对突发公共事件，但目前的支撑机制尚不健全。如一些区域突发事件的应对在很大程度上还依靠领导层层批示来启动、推动，制度和机制力量在应对工作中明显不足；在社会捐赠方面，相关优惠政策和救灾应急捐助预案不健全、机制不完善，客观上影响了灾害救助的社会动员工作。不过近年来，在应对 SARS、禽流感、南方雪灾、汶川地震等重大危机事件的过程中，我国突发事件社会参与机制也在实践中逐步完善。

参 考 文 献

[1] 张沛, 潘峰. 现代城市公共安全应急管理概论[M]. 北京: 清华大学出版社, 2007.
[2] 林善浪. 城市突发公共事件应急机制建设的模式选择——以上海市宝山区为例[EB/OL]. http://boslin.blogchina.com/565472.html. 2008-07-02.
[3] 中央政府门户网站. 中华人民共和国突发事件应对法[EB/OL]. http://www.gov.cn/ziliao/flfg/ 2007-08/30/content_732593.htm. 2007-08-30.
[4] 陈钊. 森林资源灾害应急机制及应急智能决策系统构架初步研究[D]. 北京: 北京林业大学博士学位论文, 2003.
[5] 杨静, 陈建民, 赵红. 应急管理中的突发事件分类分级研究[J]. 管理评论, 2005, 17(4): 37-41.
[6] 张长云. 提高领导干部处置突发事件能力的思考[EB/OL]. http://theory.people.com.cn/GB/ 40537/9176332.html. 2009-04-22.
[7] 刘琪, 李江, 魏薇薇. 我国突发公共卫生事件信息披露制度概述[J]. 中国公共卫生管理, 2008, 24(5): 481-482.
[8] 张曹力. 关于我国公共危机预警机制的研究[D].西安: 西安交通大学硕士学位论文, 2007.
[9] 杨峰. 完善我国公共危机预警机制的思路与对策[D]. 成都: 电子科技大学硕士学位论文, 2008.
[10] 沈小平. 增强提高预防和处置突发公共事件的能力[J]. 领导科学, 2008, (11): 12-13.
[11] 曾伟, 周剑岚, 王红卫. 应急决策的理论与方法探讨[J]. 中国安全科学学报, 2009, 19(3): 172-176.
[12] 胡象明. 构建城市公共安全应急决策参与机制的必要性和可行性[J]. 安全, 2007, (12): 1-2.
[13] 钱基伟. 领导者应急决策的策略[J]. 领导科学, 2009, (2): 42-43.
[14] 梁贤艳, 吴淑娴. 应急管理中的人力资源问题分析[J]. 管理观察, 2008, (9): 14-15.
[15] 黄样兴. 加强应急资金管理的几点思考[EB/OL]. http://www.jxzb.gov.cn/2008-10/200810231845487.htm. 2008-10-23.
[16] 薛海贵, 熊德国, 王昭. 着眼应急作战财务准备创新资金保障安全机制[J]. 军事经济研究, 2008, (9): 69-72.
[17] 张红. 我国应急物资储备制度的完善[J]. 中国行政管理, 2009, (3): 44-47.
[18] 刘斌, 陈安. 应急管理中的过程监督与奖惩机制研究[J]. 中国应急救援, 2009, (2): 14-17.
[19] 唐伟勤. 我国城市突发事件应急联动模式探讨[J]. 中国行政管理, 2008, (3): 79-82.
[20] 蒋珩. 区域突发公共事件应急联动体系研究[D]. 武汉: 武汉理工大学博士论文, 2006.
[21] 王宏伟, 李莹. 应急社会动员视野下的社区参与[J]. 安全, 2007, (12): 3-6.

第 6 章　应急管理策略

应急管理策略是指在各种法律、法规、标准和政策的范围内，按照管理职能的要求，依据应急计划与应急组织的部署，以应急运行机制为行动准则，在现有资源配备条件下，为达到对突发事件有效处置而实施的具体管理方案。

基于第 1 章介绍的应急管理基本流程(预防、准备、响应和恢复)，本章主要针对这四大环节上的管理策略逐一详述，形成以应急预防、应急准备、应急响应以及恢复重建为主的全过程应急管理策略体系。

6.1　应急预防策略

应急预防，也称为危机缓解，是指在突发事件发生之前，为了消除突发事件出现的机会或者为了减轻危机损害所做的各种防范性工作。在这个阶段，主要是实现应急管理从被动向主动应对、从结果导向到原因导向的转变，尤其要注重风险评估工作，强调通过防患于未然的策略来提高应对突发事件的能力和水平。

6.1.1　预防的主要环节

预测与预警可被认为是突发事件预防的两大关键性环节，主要包括以下活动：科学监测、数据加工及事件预报；将科学信息转化成公众可理解的警报；最大限度地广泛传播警报；促使社会公众及时采取响应行动。

1. 预测与预警

1) 预测

所谓预测，就是在突发事件发生前预先进行监测，主要包括如下三个步骤[1]：

(1) 危险源排查。危险源排查就是对可能引发风险的危险要素进行辨识。从突发事件演变的过程来看，危险源排查是应急管理在事发前最为基础的一个环节。

(2) 危险源监测。危险源监测就是在突发事件发生前对各种可能引发突发事件的重点危险源及其表象进行实时、持续、动态的监视和测量，以收集相关的数据和信息。

(3) 风险评估。风险评估即根据对危险源监测的结果，结合脆弱性分析，确定风险的大小，并判断突发事件发生的可能性。

2) 预警

所谓预警，就是预先警告，它可被认为在预防之后实施，也可被视为是预防工作的一部分，主要指危险要素尚没有转变成突发事件之前，将有关风险的信息及时告知潜在的受影响者，使其采取必要的行动，作好相应的准备。

突发事件的预测与预警是相辅相成、相互统一的关系：预测获得相关风险信息并进行判断，而预警则将其判断的结果传递给特定的公众；科学预测是精确预警的前提和基础，而只有通过有效预警才能把预测得出的结论及时传递给公众。

预测预警的最终目的是使社会公众采取响应行动、减少突发事件的不利影响，其一般工作流程如图 6-1 所示。对危险要素持续地进行监测并对警兆进行客观分析，作出科学的风险评估；若风险评估的结果显示突发事件不会发生，则返回继续监测；若风险评估的结果显示突发事件可能发生，则向社会公众发出警示信号；当社会公众采取有效的响应行动之后，预测预警流程结束。

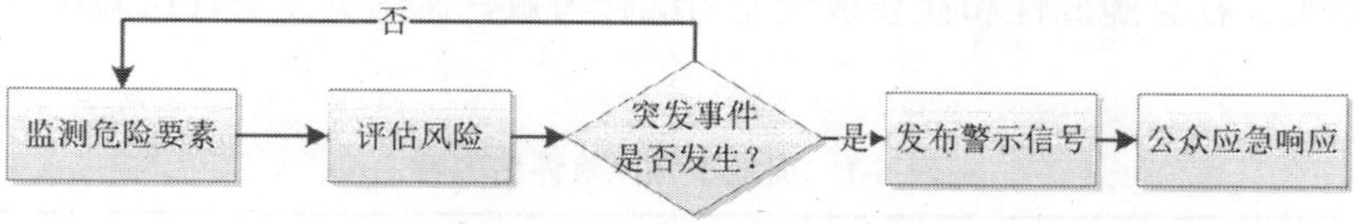

图 6-1 预测预警的一般工作流程

2. 预测与预警的关键要点

预测预警工作的主要内容包括：获取丰富的实时数据以支撑预警；根据数据确定预警的临界点；采用公众容易接受的标准化预警术语；通过多种通信渠道，将警报发送给处于风险中的公众及有关应急响应者；对公众进行教育和培训，使其有能力采取适当响应行动；定期评估预测预警的效能等。其中需要注意的关键要点有：

(1) 危险要素的排查和监测要具备良好的技术基础。现代科学技术，特别是信息技术的快速发展为有效地开展危险要素监测奠定了坚实的基础，它们能对危险要素进行不间断的跟踪，并将相关的精确数据和信息传输给应急管理者。

(2) 风险评估要求具备良好的风险分析能力。应急管理者根据技术设备提供的危险要素信息，结合应对系统的脆弱性分析，评估风险等级。

(3) 警报传播要清晰、简洁、有效。如果正确的风险判断不能够及时、有效、准确地传递给目标公众，则预测预警工作将彻底失去意义。

(4) 激发应急响应行动要能够促使社会公众迅速地采取适当的响应行动以规避风险。人们往往过于强调预测预警中的技术因素，突出科学知识与技术的重大作用，但需强调的是预测预警也具有不容忽视的社会响应制度。若由于警报内容不容易为人所理解或人们风险意识薄弱导致应急决策产生偏差，而不采取适当的应急响应行动，应急预防的目的也无从实现。

6.1.2 预防的重要策略

1. 应急预防的注意事项

1) 开展风险评估

突发事件风险评估是应急预防的重要内容与承上启下的环节：一方面，它是对人们通过科学监测手段获得数据的加工与处理；另一方面，它是人们做出应急决策的基础和依据。

一般认为，突发事件的风险是由危险要素与脆弱性两个因素共同决定的，认识风险就是要对危险要素和脆弱性进行综合评估。其中，危险要素是对社会正常运行可能造成损失或产生扰动的事件，如气象灾害中的热带气旋。而脆弱性是衡量社会在危险要素产生作用的条件下是否会遭受危害的指标，如果风险大于社会承受能力，则突发事件发生。

在实践中，应急管理部门通过先进的监测技术设备，对危险要素进行持续地跟踪，不断获取信息数据，为进行风险评估奠定坚实的基础。借鉴文献[1]，将可能导致突发事件的危险要素、社会脆弱性和社会承受能力综合考量，总结突发事件风险评估的内容列于表 6-1。

表 6-1　突发事件风险评估内容

项目	评估内容
危险要素	类型、征兆、频度(可能性)及持续时间等
脆弱性	影响程度、地理位置、人的防范能力、公众意识等
承受能力	应急可利用的资源、应急响应能力等

如表 6-1 所述，风险评估策略的具体做法是：首先进行可能导致突发事件的风险要素评估和社会脆弱性评估，并根据风险矩阵，得出突发事件风险总体水平；其次再进行社会承受能力评估，将突发事件风险与社会承受能力作比较。

2) 正确发布警报

应急预防能否真正发挥作用，不仅取决于所传递信息自身的准确性，也取决于传播的有效性和快捷性。因此，正确发布警报是应急预防的又一关键问题。在警报传播的过程中，需要注意以下几方面事项：

(1) 警报传递信息。在应急警报传播过程中，需要研究人们获取警报的具体途径以及对不同群体发布警报的恰当方式等：警报的语言必须简洁、清晰、易懂，避免使用冗长、晦涩的专业性语言；警报的内容一定要表达清楚可能发生的突发事件将会带来的威胁和影响，考虑到公众的价值判断与利益权衡等因素，可以对社会公众所采取的有针对性的响应措施提出建议；警报发布的对象仅限于可能受到突发事件影响地区的公众，以免出现警报扰民的现象；警报的发送应该预先考虑公众的文化、社会、性别、语言、教育程度等背景的差异，做到有的放矢。

(2) 警报传递手段。警报传递手段必须是有效的，具备以下特征：第一，多样性。警报传播媒介既包括报纸、广播、电视、网络等大众传媒，也包括奔走相告的人际传播方式等。第二，针对性。警报传播要针对不同群体采取不同的手段，如在广播、电视信号无法接收的情况下，可采取奔走相告的方式。第三，全覆盖性。警报的传播要确保可能受到突发事件影响的所有公众都能知晓警情。通常，应急部门应保持对特定群体发布警报手段的稳定性和经常性，使其能够密切关注相关信息。第四，互动性。警报传递手段最好具备双向可达性，以便于社会公众及时反馈警报接收状况。

(3) 警报传递制度。警报信息传递通常要由社会公众所信赖的权威机构完成，如气象局发布天气灾害预警、卫生局发布公共卫生事件预警等。一般而言，政府要负责警报原始信息的发布，以保证信息的真实性和权威性，杜绝流言和谣言。虽然在警报的传递过程中，一些非政府组织、志愿者机构可以参与其中，但是政府必须制定相关的法律，约束其他主体的传播行为，严禁故意发布虚假警情或故意夸大、缩小警情，避免趁机造谣惑众。

而且，随着突发事件事态的发展变化，警报也要相应地进行调整。对此，我国《突发事件应对法》规定："发布突发事件警报的人民政府应当根据事态的发展，按照有关规定适时调整预警级别并重新发布。有事实证明不可能发生突发事件或者危险已经解除的，发布警报的人民政府应当立即宣布解除警报，终止预警期，并解除已经采取的有关措施"[2]。

3) 促使公众采取响应行动

应急预防既要通过警报给特定的社会公众以一定刺激，也需要社会公众对警报作出相应的适当反应。也就是说，只有社会公众根据所接收的警报采取了必要的响应行动、减少了突发事件所造成的损失，应急预防的目的才算达到。如在"卡特里娜飓风"中，美国气象部门对风速、降雨量等预测得很准确，并在几个小时之前就已经发出预警，但由于种种原因，公众和政府对飓风预警的响应不足，最终导致了 1000 多人丧生的巨灾。

社会公众对警报是否作出适当响应通常受两个因素影响：

(1) 对警报可靠性的评判。如果公众认为警报不可靠，那么他们就不会采取行动。为了增强警报的可靠性，首先需要确保警报的原始发布是由公众所信赖的权威机构完成，并在警报传递的过程中注意维护其真实性，防止被扭曲。其次，由于突发事件风险具有高度的不确定性和动态演变性，应急相关部门必须尽最大努力减少错误警报的发生概率，并进行持续性的改善，以保持社会公众对于预警的信任。

(2) 对风险的认知。如果公众低估或高估了风险的严重性，那么就会出现响应不足或响应过度的情况。为了提高社会公众对风险的认知能力，必须加强公共安全教育，增强社会公众的应急意识和应急技能。具体策略有：使社会公众掌握有关警报传播的知识和鉴别警报来源可靠性的技能；在学校教育中设立公共安全的课程，以增强社会公众的风险意识等。

2. 应急预防的策略分类

为了有效预先防控危机，有多种具体的预防策略可应用在应急管理实践中，借鉴联合国开发计划署(The United Nations Development Programme, UNDP)的分类，可将应急预防策略分为组织制度建设、自然规划、设计与工程、经济性和社会性策略五类[3]。

1) 组织制度建设策略

应急预防中危机缓解目标的实现必须依托于一定的组织制度平台，组织制度建设策略意味着两方面的含义：一方面，应急管理者必须在突发事件发生之前就创建或确定担负消除、减缓危机职责的组织机构；另一方面，应急管理者必须创制一定的规则体系，以长期规范危机缓解行为，使应急预防过程具有稳定性和可预见性。

2) 自然规划策略

自然规划策略主要适用于基础设施、城乡规划、土地使用中的应急预防。广义上的自然规划策略有两方面的含义：① 第一层次上自然规划策略的重点是对危机高发地区的辨认与回避，其主旨是降低社会、组织与个人的脆弱性，属于消极的应急预防措施；② 第二层次上自然规划策略的重点是通过合理科学的规划、使用资源并改造环境，改善突发事件发生地区的自然、人文状况，最终降低灾害爆发的可能性，属于积极的应急预防策略。

3) 设计与工程策略

设计与工程策略主要属于消极的应急预防措施，其主旨在于降低社会的脆弱性，提高各种硬件设施设备的抗风险能力，有两方面内涵：一方面是指通过改良普通建筑、基础设施以及其他硬件设施的设计、结构与质量，以提高其抵抗灾害破坏的能力；另一方面是指直接设计和建设专门用于预防、抵御危机的硬件设施，如建立堤坝、水库等防洪工程设施。

4) 经济性策略

应急预防中的经济性策略也有两方面的含义：① 广义的经济性策略，主要是指应急管理者通过调整宏观经济结构，改进经济发展战略，促进经济结构的优化与经济体系的良性运转，以降低突发事件可能对经济发展造成的危害；② 狭义的经济性策略，则主要指应急管理者运用财政工具，提高突发事件承受者的抗风险能力，以缓解危机可能造成的不良影响。

5) 社会性策略

应急预防的社会性策略是指旨在推进社会公众参与危机缓解过程的具体活动，主要有三种类型：① 创建以应急预防为目的的非政府组织网络；② 建立社区基础的应急预防机制；③ 通过对公众的教育与训练创造公共安全文化。

6.1.3 预防的措施和途径

1. 加强应急预防的措施

1) 建立科学的监测指标体系

指标体系是应急管理的一个重要测量手段和工具，它依据科学的方法，对突发事件的演进过程进行分析，找出各种测量突发事件的敏感因素，以识别并确认社会风险、监测突发事件危险源、评价事件发生的可能性。

2) 综合分析监测信息

需要本着全风险应急预防的原则，建立统一的应急预防信息平台，通过技术手段汇总气象、地震、水利、森林防火等部门的监测机构所提供的信息，并综合加以分析判断。

3) 规范应急预防风险管理流程

要认真完成风险监测、风险识别、风险评估、风险排序、风险控制和风险沟通等各个环节的工作(图 6-2)，尤其要同时兼顾危险要素与脆弱性两个方面，考查其相互作用的结果。

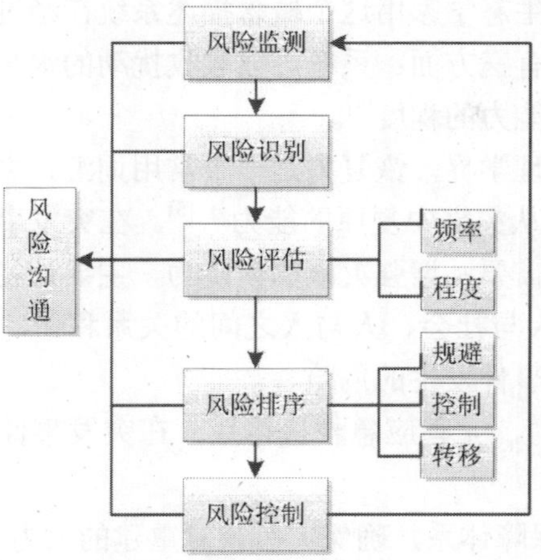

图 6-2　应急预防风险管理流程

4) 加强预警信息传播

可将媒体、非政府组织、社会公众等力量都纳入到风险管理中去，实现多手段、多途径、多渠道传播预警信息，做到动态监测、综合分析、科学预警、有效报警。

5) 发挥社会基层应急预防作用

降低应急预防的重心，发挥社会基层单位特别是社区的作用。每个社区应该针对自身特征，进行科学的风险分析与预测，编制应急预案，并通过演练不断地加以修正。

2. 加强应急预防的途径

如前所述，风险是由危险要素和脆弱性共同决定的。为了作好突发事件的预防，一方面要做好危险源的排查与控制工作，另一方面也要降低社会系统的脆弱性，同时还需要着眼未来可能发生的突发事件，提高全社会的恢复力。

降低脆弱性、提高恢复力是做好突发事件预防的两种有效手段，这两种途径在实施措施上有很强的关联性，但侧重点不尽相同：前者主要是为了防止突发事件发生，减少灾害对社会公众造成威胁的概率；后者主要是为了在突发事件发生后提高从灾损中恢复的速度。

1) 降低社会的脆弱性

脆弱性是衡量社会在危险要素产生作用的条件下是否会遭受危害的指标。如城市公共安全主要与以下指标相关：经济、社会的集中程度；城市系统的复杂性和相互关联性；城市的地理位置；城市的环境保护情况；城市的结构性缺陷；政治和制度缺陷等。

为了确保社会公众的安全，必须减少社会公众所面临的各种风险指标。需要尽可能排查、消除危险要素，包括物理的危险要素、人的危险要素、信息的危险要素。如应疏散处于灾害易发区的人口、城镇布局应尽量避开地震断裂带等。

2) 提高社会的恢复力

从机械意义上，恢复力意味着一种物质具有一定的张力，在重负之下不会折断或变形，具有一定的弹性。而生态学家用这个概念描述系统在经过暂时扰动之后又恢复平衡状态，认为恢复力的含义有三方面：系统可以吸收扰动的水平；系统的自组织能力；系统建设、增强学习与适应能力的程度[4]。

目前，在国际应急管理学界，恢复力是一个常用词汇，主要是指一个社会“快速、有效地对灾害进行响应，从灾害中复原的能力”[5]。在突发事件应急预防的过程中，必须着眼于未来防灾减灾的需要，增强灾区的恢复力，主要途径有：

(1) 实现人与自然、人与社会、人与人之间的关系和谐，减少引发突发事件的致灾因素，从源头上杜绝突发事件发生的危险。

(2) 增强应急响应能力，完善应急救援体系，在突发事件发生后实施有效应对，尽可能减轻灾害的影响。

(3) 建立良好的应急保障体系，确保灾后恢复重建的人力、物力和财力等资源充裕。

6.2 应急准备策略

在应急管理的过程中，要坚持以预防为主的原则，努力将突发事件消解在萌芽状态。但预防不是万能的，有时突发事件表现出防不胜防的特点。在这种情况下，就需要按照全风险应对的理念，在日常工作中做好突发事件应对的各方面准备，争取以不变应万变。

应急准备是指针对特定或者潜在的突发事件所做的各种应对准备工作，突发事件的应急准确策略主要包括以下几方面：第一，建立可以有效应对突发事件的应急管理队伍和救援队伍；第二，编制突发事件应急预案，为应急管理勾画出行动路线图；第三，构建突发事件应急保障体系，在应急法律、应急资金、应急物资、应急避难场所、应急通信等方面作好准备。

6.2.1 应急队伍建设

人是应急管理中的能动因素。结构合理、素质精良的应急管理队伍和应急救援队伍是有效处置各级各类突发事件的必备条件。建立高效的应急队伍是作为突发事件应急准备、提高突发事件应对能力的一项重要策略，主要包括综合性应急队伍建设和职业性应急队伍建设。

1. 综合性应急队伍策略

我国应急主要依靠三支队伍：一是公安、防汛抗旱、抗震救灾、森林消防、海上搜救、铁路事故救援、矿山救护、核应急、医疗救护、动物疫情处置等专业队伍，他们是我国应急的基本力量；二是企事业单位专兼职队伍、应急志愿者，他们是应急的辅助力量；三是中国人民解放军、中国人民武装警察部队和民兵预备役部队，他们是应急的突击力量。

从世界主要国家的应急经验来看，应急管理活动总体呈现以下特点：① 由单灾种应对向多灾种综合应对转变，尤其突出系统性风险的应对；② 由单纯注重响应向预防、处置与恢复重建并重的全过程管理转变，特别重视风险管理；③ 由单纯依靠政府应急向政府发挥主导作用、整合企业或第三部门力量协同应急转变。

与应急管理活动的特点相对应，应急队伍的建设也需要强调综合性，其原因如下：① 突发公共事件往往具有连带性和叠加性，各种风险常常发生耦合。单灾种导向的专业应急力量分散于多个部门，缺乏协同，不能有效地应对复合型的突发公共事件。不仅如此，应急救援力量的分灾种、分部门建设造成了应急救援人力资源配置的不均衡，导致了巨大的人力、装备及资金方面的浪费。② 应急救援力量缺乏整体合力，不能发挥 1+1>2 的协同效应。职能单一的应急救援力量彼此在人事管理上互不隶属，应急联动响应乏力，不能实现协同应急、合力应急。③ 应急救援成本居高不下。在社会主义市场经济条件下，应急队伍建设也要体现“成本—效益”原则。救援队伍的分灾种、分部门建设需要重复配置装备，不能实现统筹协调。此外，在应急处置过程中，应急管理部门临时组织、抽调的应急救援力量之间因职责不明或机制不顺等容易产生巨大的交易成本。

2. 职业性应急队伍策略

从突发事件的规范化管理和全球发展趋势、从防灾减灾的特殊性及其实践效果，以及从军队和武警的性质和职责等角度来看，在应急准备中除了可实施综合性应急队伍建设策略外，有时也需要一支职业性的应急队伍。

本着便捷、经济、有效的原则，为了提高行政效率和降低行政成本，可以考虑将现有相关力量作为职业化应急队伍组建的来源：① 可将公安消防部队作为组建基础；② 可从武警的水电部队、交通部队、森林部队划转一部分；③ 可从性质相近的军队建制划转一部分；④ 可从各系统的救援队伍整合一部分。

职业应急队伍的任务职责有[6]：应对各类突发自然灾害、事故灾难、公共卫生事件和社会安全事件所涉及的水旱灾害、气象灾害、地震灾害、地质灾害、海洋灾害、生物灾害和森林草原火灾以及企业的各类安全事故、交通运输事故、公共设施和设备事故、环境污染、生态破坏、各类传染病疫情和恐怖袭击事件等。为此，应当根据各类突发灾害事件处置的需要，为职业应急队伍配备人员防护、生命探测、起吊撑顶、破拆挖掘、供电照明、医疗急救等装备，以及必要的直升机、救生艇、各种车辆、重型工程机械、除雪机、水净化机、防核防化设备以及警犬等，以提高职业应急队伍救人排险的作业能力。

6.2.2　应急预案建设

如第 3 章所述，应急预案是针对可能的重大灾害事件，为保证迅速、有序、高效地开展应急救援行动、降低事故损失而预先制订的有关计划或方案。它是应急准备工作的核心内容，科学化、合理化和规范化应急预案的编制和实施，有利于增强对突发事件的应急处理能力。要作好突发事件的应急预案建设，不仅要明确应急预案的内容和功能，而且要使用科学的分类方法，根据不同的预案类型和预案级别来编制应急预案具体内容。

1. 应急预案的内容和功能

应急预案通常应具有六要素：情景、客体、主体、目标、措施、方法。缺少任何一个或多个要素的预案都是不完备的。其中情景是一切涉及预案编制和实施的突发事件相关情况和背景的总称，分为自然性情景和人文情景；客体即应急预案实施的对象，它或是受灾的人，或是工程对象，或是地点、范围、建筑、田地等；主体即应急预案实施过程中的决策者、组织者和执行者等；目标即应急预案实施所欲达到的目的或效果，应急预案的根本目标是尽可能减轻突发事件造成的生命财产损失；措施即应急预案实施过程中所采取的方式、方法和手段，分为工程性措施和非工程性措施；而方法则体现在对各种应急措施的实施进行管理上。

应急预案的基本内容包括：对紧急情况或事故灾害及其后果的预测、辨识、评价；应急各方的职责分配；应急救援行动的指挥与协调；应急救援中可用的人员、设备、设施、物资、经费保障和其他资源等；在发生紧急情况或事故灾难时保护生命、财产和环境安全的措施；现场恢复；应急培训和演习规定、法律法规要求、预案的管理等。

在应对灾害事件的过程中，不同类型的预案具有不同意义，但总体来说，应急预案必须具有消除隐患、及时出动和动态调整这三种功能：消除隐患是应急预案的第一大功能，相对应急响应而言，将突发事件消灭在萌芽状态是最理想的处置效果；及时出动，要求一旦发生突发事件，就必须采取及时有效的应对措施；动态调整，体现突发事件本身复杂多变的特性，决定了其应急响应过程也是动态变化的，动态调整的预案为科学应急决策提供依据。

2. 应急预案的分类

不同类型的预案，侧重点和表现形式不尽相同，如消防预案和防涝预案就有不同的内容。因此有必要对应急预案进行科学的分类。

1）按照应急对象的类型划分

突发事件是应急预案的对象，不同类型的突发事件其发生机理不同，所以针对不同类型的突发事件要建立不同的应急预案，主要有：自然灾害应急预案、事故灾难应急预案、公共卫生事件应急预案、社会安全事件应急预案。当然，在自然灾害应急预案这个大类别中，又可以根据不同的事件类型分为抗震减灾应急预案、抗洪防涝应急预案、恶劣天气应急预案等。

2）按照应急预案编制与执行的主体划分

按照应急预案编制与执行的主体划分，应急预案可分为国家预案、省级预案、市级预案和企业级（包括社区）预案四类。

3）按照功能与目标划分

按照功能与目标划分，分成综合预案、专项预案和现场预案：综合预案是总体、全面的预案，以场外指挥与集中指挥为主，侧重对应急救援活动的组织协调；专项预案主要针对某种特殊和具体事故(如地震、重大工业事故等)，采取综合性与专业性的减灾、防灾、救灾和灾后恢复行动；现场预案是以现场设施或现场活动为具体目标而制订和实施的应急预案，如针对某重大工业危险源、特大工程项目的施工现场、或大规模公众集聚活动制订预案。

3. 应急预案的编制过程

应急预案的编制应该基于突发事件发生发展的过程，即首先要研究突发事件本身的内在机理，只有弄清楚突发事件本身的规律和特点，才能使应急预案的编制更具有针对性和可操作性。以某个城市事故灾难应急预案为例，说明其有效应急预案编制的八步骤生成过程[7]。

1) 成立预案编制小组

成立预案编制小组，将应急有关各职能部门、各类专业应急技术有效结合，可为突发事件应急各方提供一个协作与交流的机会，有利于统一应急各方的不同观点和意见，从而有效保证应急预案的准确性和完整性。

城市事故灾难应急预案编制小组的成员一般应包括：市长或其代表、应急管理部门、下属区或县的行政负责人、消防、公安、环保、卫生、市政、医院、医疗急救、卫生防疫、邮电、交通和运输管理部门、技术专家、广播、电视等新闻媒体、法律顾问、有关企业以及上级政府或应急机构代表等。

2) 风险识别与风险评估

风险识别的目的是将城市所辖区域中可能存在的重大危险因素识别出来，作为风险评估的对象。可以通过总结历史上本城市区域发生过的重大事故灾难，将其分门别类，每种类型分成不同级别，并分析这些事故灾难的机理，明确影响这些事故灾难的因素，为应急预防、应急预警、应急应对提供依据。

风险评估是评估灾害事故发生时对城市造成破坏的可能性，以及可能导致的实际破坏或伤害程度。通过风险评估可提供以下信息：发生事故的环境特点和同时发生多种紧急事故的可能性；对人造成的伤害类型和相关的高危人群；对财产造成的破坏类型和后果；对环境造成的破坏类型和后果。

3) 分类分级

不同突发事件类型需要不同的应急预案来应对，在编制应急预案的时候，必须先对事件进行分类分级，然后根据事件的分类分级，制订不同类型和不同级别的应急预案，做到分类管理、分级处置。

4) 具体措施的制订

基于风险识别、评估，以及分级分类的结果，针对不同突发事件制订具体的应对措施，这些措施可以采用标准操作、也可以采用建议形式。

5) 应急机构及其人员职责的确定

应急预案编制过程中，人员职责的确定是一个重要环节。启动应急预案时，不同的环节需要不同的人员去执行和实施，明确人员职责是成功进行应急管理活动的重要保证。

6) 应急能力评估

应急能力直接影响应急行动的速度和有效性。依据风险分析的结果，对已有的应急能力进行评估，明确应急资源的需求和不足。应急资源包括应急人员、应急设施和设备、装备和物资等；应急能力包括人员的技术、经验和接受的培训、应急资源的配置情况等。

7) 评审与发布

应急预案的评审包括内部评审和外部评审：内部评审是指编制小组成员内部实施的评审，应急预案管理部门应要求预案编制单位在预案初稿编写工作完成后，组织编写成员内部对其进行评审，保证预案语言简洁通畅、内容完整；外部评审是由本城市或外埠同级机构、上级机构、社区公众及有关政府部门实施的评审，其主要作用是确保预案被城市各阶层接受。

城市重大事故应急预案经过政府评审通过后，应由城市最高行政官员签署发布，并报送上级政府有关部门和应急机构备案。

8) 演习与评估

为提高应急预案的合理性，应急预案经批准发布后，应急机构应积极开展应急演习和训练，从中查找问题予以改进：一方面通过演习可以提高团队技能，如决策、沟通、共享意识、领导协作能力，从而提高应急团队效能；另一方面通过演习可以进一步修改完善应急预案的内容，以增强其有效性和可操作性。

预案评估是评估预案的科学性和可操作性，其目的是发现问题、提高预案质量。在编制应急预案时应当作一些相应的评估：应急预案的编制必须基于城市重大事故风险的分析结果、城市应急资源的需求和现状以及相关法律法规要求；编制预案时应充分收集和参阅已有的应急预案，尽可能避免应急预案间的重复和交叉，且确保与其他相关应急预案的协调一致；在编制应急预案时，应考虑组织结构设置是否合理，是否具有连续性、一致性和兼容性。

6.2.3 应急保障体系建设

为做好突发事件应急准备工作，还需要建立一个有效的应急保障体系，包括：完善应急管理法律法规，为应急管理体系提供法律保障；筹措与管理应急资金，为应急管理体系建立财政保障；储备应急救援物资与装备，为应急管理体系建立物资保障；建设应急避难场所，为应急管理体系建立场所保障；打造应急通信系统，为应急管理体系建立信息保障等。其中应急法律保障策略和应急信息保障策略分别在本书第 2 章和第 8 章有详细阐述，本节仅重点介绍应急准备策略中的应急资源保障体系建设，除人力资源在应急队伍建设中有所涉及外，主要体现在应急资金、物资和场所保障三个方面[1]。

1. 应急资金保障

《国家突发公共事件总体应急预案》规定：“要保证所需突发公共事件应急准备和救援工作资金……鼓励自然人、法人和其他组织(包括国际组织)按照《中华人民共和国公益事业捐赠法》等有关法律法规的规定进行捐赠和援助。”

(1)政府的财政拨款是应急资金保障的基础。当突发灾害事件发生时，政府有义务向灾区下拨救灾资金。如第5章资源管理机制中所述，《中华人民共和国预算法》规定，各级政府预算应当按照本级预算支出额的1%~3%设置预备费，用于当年预算执行中的自然灾害救灾开支及其他难以预见的特殊开支。

(2)高效的应急资金准备需要借助社会应急动员。即国家在充分发挥政府应急主导作用的同时，应将社会和企业的力量整合起来，形成一股应对突发事件的强大合力。这是一个调动全社会所蕴藏人力、物力和财力以服务于抗灾救灾大局的策略，不仅可以大大减轻政府的财政负担、提高国家应对突发事件的能力，而且还可激发社会公众众志成城的信心和士气，提高社会和谐程度，产生良好的社会效益。

(3)除了财政拨款和社会捐助动员，应急资金还可通过政策保险和商业保险等市场化手段来提供。大力发展保险业不仅可降低政府应急资金保障的负担，而且能够提高应急管理的资金保障水平。此外，发行福利彩票、提供小额贷款等都可成为以市场化手段筹措应急救灾资金的有效渠道。

此外，应急资金保障在实现政府、社会与市场三种力量组合的基础上，还可积极接纳国际社会以人道主义为宗旨的、不附加任何政治条件的救灾捐款，以便及时、高效地应对和处置灾害。

2. 应急物资保障

突发事件应急物资保障，是实施紧急救助、安置灾民的基础，主要体现在对应急物资的储备工作，可分为实物储备、资金与能力储备以及社会储备三种形式。在提高应急物资保障能力时，要注意三种形式的并用。

一般来说，以实物形态储备的物资都是专用性强、生产周期长、不易腐烂变质的物资；以资金或生产能力形式储备的物资都是生产周期较短、平时储存又不经济的物资；社会储备的物资多为平灾通用型的物资。

1)实物储备

要努力打破分级储备的格局，尝试实现协同物资储备的模式。目前，我国基本上都是分部门、分灾种来储备物资，如民政部门和红十字会都有自己的备灾仓库，各储备单位彼此之间的信息共享程度不高，未能实现统一调度。再如2008年南方雪灾期间，某省舍近求远地调集大量麻袋，孰料本省境内的备灾仓库就有麻袋，只不过隶属于国家储备没有权限调用。若各物资储备库之间彼此信息能够共享，无疑会大大提高应急效率。

2)资金与生产能力储备

应急管理部门可以设立充足的应急物资储备金，掌握有关应急物资生产的能力，必要时可与相关应急物资生产厂家签订协议，确保物资需求激增时可采取厂家扩大生产能力、应急管理部门统一采购的方式，以保障应急物资供应。

3)社会储备

政府可以通过与商家签订应急储备的协议，来保障紧急状态下应急物资的供应。至于商家因物资储备造成的成本增加，政府应予以一定的补偿。此外，政府也可动员社会公众日常准备应急小物品，如手电筒、哨子、必备药品以及一些五金工具等，以备不时之需。

3. 应急避难场所保障

我国《突发事件应对法》规定：“城乡规划应当符合预防、处置突发事件的需要，统筹安排应对突发事件所必需的设备和基础设施建设，合理确定应急避难场所”。2003年10月北京建成我国第一个应急避难场所——元大都遗址公园，此后全国其他城市也陆续建立一些应急避难场所。

应急避难场所应有明显、统一的标识，方便社会公众识别。它可以新建，也可以指定，还可以通过统筹城乡建设规划使娱乐设施和应急避难场所建设同步进行。如国外的学校、医院和教堂常常在巨灾来临时就被指定为应急避难场所。

一般来说，应急避难场所都应具有以下三个特点：

(1) 安全。应急避难场所应该设在远离危险源的地方，以避免社会公众遭受灾后二次伤害。1923年9月1日，日本发生关东大地震，社会公众到一所学校避难，不料学校发生火灾，4万多公众不幸遇难。

(2) 方便。应急避难场所应做到设施齐全，以方便社会公众生活。目前各城市建立的地震应急避难场所，一般都设有应急指挥、应急供电、应急供水、应急篷宿、应急医疗、应急仓库、应急厕所等完备设施，尽量满足各类突发事件应急避难和紧急疏散的需求。

(3) 就近。应急避难场所的建设要考虑周围社会公众的数量，以方便其避难，通常以步行5~10min到达为宜。

另外，值得一提的是，应急安全教育也是应急准备策略中保障体系里的一项重要工作。面临紧急情况时能否采取及时、有效的避险逃生行动，能否做到临危不惧、临危不乱，这在很大程度上取决于社会公众对风险的认知程度，取决于公众是否具有足够的自救互救意识和技能。因此，开展应急安全教育对于突发事件应急准备来说也不容忽视。有效开展应急安全教育，可以增强公众忧患意识、提升风险认知能力、提高自救与互救技能、增强公众判断力、培养公众良好的应急素质，做好应急管理的思想和心理准备。

6.3 应急响应策略

应急响应是指在突发事件发生发展过程中所进行的各种紧急处置和救援工作，是应急管理的核心环节之一。突发事件发生后，需要在精心准备的基础上，根据突发事件的性质、特点和危害程度，及时组织有关部门调动各种应急资源，对突发事件进行有效的响应，以降低社会公众生命财产遭受损失的程度。

6.3.1 响应的关键环节

突发事件应急响应的基本原则有：以人为本、减轻危害；统一领导、分级负责；社会动员、协调联动；属地先期处置；依靠科学、专业处置；鼓励创新、迅速高效。

为科学高效地处置紧急情况，突发事件应急响应一般包括以下几个关键环节。

1. 接警与初步判断

应急管理部门及110、119、120、122等单位的值班人员在接到事发地有关部门或社会公众的报警后，应详细询问并记录有关突发事件的情况，其中包括事件发生的时间、地点、性质、规模及人员伤亡或财产损失情况等。之后，接警人员应视突发事件的严重程度，向相关领导及时报告。有关领导在接到报告后，应尽快组织相关工作人员，对突发事件的级别和所属管辖范围进行初步判断。

2. 先期响应

不论发生哪种级别的突发事件，事发地人民政府在迅速上报的同时，应派员立即赶往事件现场，核实、观察突发事件的情况和发展态势，并就近组织应急资源进行先期处置，以防止突发事件扩大升级。

在先期响应的过程中，现场应急管理人员应遵循"先避险、后抢险"的原则：先组织事发现场周围的社会公众进行有效的应急疏散；在确保突发事件不会对周围社会公众造成新的损害后，再开展抢险救援工作。

3. 启动应急预案

当突发事件的级别被明确后，按照分级响应的原则，拥有相应管辖权的人民政府应启动应急预案、调集应急救援队伍和应急救援物资、派出应急协调人员和专家赶赴事件现场，并成立现场应急指挥部。在突发事件事态变化时，所启动应急预案的级别也需作相应的调整。

4. 现场指挥与协调

现场指挥部应由相关部门、军地领导、专家学者联合组成，履行协调突发事件响应的职能。现场指挥部应根据突发事件的现状和发展趋势，科学、合理、果断地确定应急救援方案。

5. 抢险救援

在应急救援的过程中，各相关部门需服从指挥、各司其职、密切协作：公安干警应封锁现场，设立警戒区域，进行交通管制，维护现场秩序，确保道路交通的畅通，并防止刑事犯罪的发生；医疗卫生部门应派出医护人员赶赴现场，救治和转运伤员；环保部门应对事故现场进行环境监测；专业救援队伍应携带专业救援工具赶赴现场实施救援；必要时，人民解放军、武警部队和民兵预备役部门也需投入抢险救援中。

6. 信息沟通

现场指挥部不仅应将突发事件的发展情况和应急响应的信息及时上报给有关政府领导，还应建立新闻发言人制度，将应急响应的最新信息发布给社会公众，以做好社会舆论的引导工作，避免谣言和流言。

7. 临时恢复

应急救援活动结束后，环保部门需要对受突发事件影响的地区进行监测，卫生防疫部门要对疫病的流行进行监控，同时有关部门进行现场清理、人员清点和撤离、解除警戒，开展善后处理和应急事故调查。

8. 应急救援行动结束

当突发事件的威胁和危害得到控制或消除后，组织响应工作的应急管理部门应立即停止已采取的应急响应策略、撤销现场指挥部、关闭应急预案，以宣告应急救援行动结束。

9. 调查评估

对突发事件的起因、性质、影响、责任、经验教训等问题进行调查评估，并依法追究相关人员的责任。

6.3.2 响应的重要策略

1. 应急响应的处置策略

应急响应是一种强制性行政应急措施，其目的是为处置突发事件与救援工作的顺利开展创造条件，以维护公共安全和社会秩序。突发事件应急响应的处置策略主要包含以下几方面。

1) 救助性策略

面对已发生的突发事件，应急管理部门必须有效地组织人员对伤者进行救治、组织对受到突发事件影响的社会公众进行安全疏散，并予以妥善安置。在整个突发事件的响应过程中，要坚持先避险、后抢险，先救人、后救物。

2) 控制性策略

突发事件发生后，应急管理部门应对危险源、危险区域和所划定的警戒区逐层实施静态控制，同时进行交通管制以实施有效的动态控制。这样才能使应急响应活动有一个比较有利的外部环境，突发事件的扩散和升级才能得到及时有效的遏制，应急救援队伍、装备和物资才能够顺利地到达事发现场。

3) 保障性策略

突发事件的响应不能缺少强有力的资金、物资和人力保障。为了恢复社会生产生活的正常秩序，在应急响应过程中对基础设施应格外加以重视，因为基础设施的修复不仅可以稳定社会公众情绪，更能有力保障应急救援队伍、装备和物资的顺畅运输。另外，也需要确保基本生活必需品的供应(如食品、饮用水、燃料等)，这些都是灾时民生保障策略的基本措施。

4)动员性策略

在突发事件应急响应的过程中，应急管理部门常常需要启用本级政府的财政预备和应急物资储备。必要时，应急管理部门可开展社会动员，紧急征用企业及社会所储备的物资、设备、设施和工具。同时，社会公众也有义务参与突发事件的响应工作，特别是有特定技术专长的社会公众，更应在突发事件响应的过程中积极发挥自己独特的作用。

5)稳定性策略

突发事件发生后，可能会出现某种程度上的社会混乱，应急管理部门应协调国家执法机关采取有效的稳定性策略，严厉打击干扰应急工作开展的违法犯罪活动，为突发事件应急响应创造一个良好的外部环境。

2. 应急响应中需要注意的问题

为实现高效、有序的突发事件应急响应，避免次生灾害、保护应急救援队伍、进行现场指挥、实现应急联动是应急管理者必须解决的四个重要问题。

1)防范次生灾害

灾害链中最早发生的、起主导作用的灾害称为原生灾害，而由原生灾害所诱导出来的灾害则称为次生灾害。如 2008 年的“5·12”汶川地震是原生灾害，地震导致的山体滑坡和泥石流则为次生灾害。

现代社会里的突发事件危害都具有很强的连带性和扩散性，在处置突发事件时，为了预防次生灾害事件，需要以动态发展和普遍联系的观念来应对，打破应急部门各自为战的局面，努力实现各应急部门之间的协调。因为各自为战的结果很可能就是次生灾害产生的原因，极有可能在处置一种灾害的过程中又引发了另一种灾害。如在 2008 年我国南方暴风雪灾害应急响应的过程中，由于抗冰保交通任务迫在眉睫，应急部门使用了大量的氯盐融雪剂，却没有综合考虑其对环境的破坏作用，结果导致京珠高速公路边韶关的一些村镇水源受到污染。

2)保护应急救援队员

不仅要鼓励应急救援队员有赴汤蹈火的英雄主义精神，也要大力提倡珍惜生命、科学救援：在实际响应工作中，应急管理者应注意救援队员的轮换和劳逸结合，而且需要在建立应急救援队员资格考评与分类体系的基础上，根据救援队员的个人特点分配不同的救援任务；在平时应急训练中，对救援队员注意增强其自我防护的意识和技能，且也要注意为应急救援队员配备必要的防护装具和通信工具。

另外，保护应急救援队员也包括对救援队员进行及时、必要的心理干预。因为在突发事件应急响应的过程中，他们可能会长时间目睹现场灾害场景，心理受到一定的影响是正常的，需要一定的心理干预来舒缓和释放心理压力。

3) 现场指挥

突发事件现场指挥是一项技术含量很高的工作，一方面为了有效地监督和指导应急工作，应急指挥高层领导对具体的应急响应工作可给予方针、原则性的指示，尤其要注意各应急部门之间的协调；另一方面，突发事件的响应也要发挥管理专家和技术专家的作用，发挥其外脑辅助决策的作用，以增强应急响应决策的科学性。

4) 应急联动

在突发事件响应的过程中，需要进行应急联动，打破部门分割、条块分割、军地分割的现象，形成协同应急、合成应急的局面。一般来说，应急联动需要强调以下三个方面。

(1) 部门联动。在响应突发事件的过程中，部门分割、各自为战是大忌，它不利于对突发事件进行综合性的响应。例如，在有关基础设施的突发事件响应中，水、电、气、热等部门因官网之间的相邻关系亟须彼此配合。

(2) 地域联动。突发事件有时涉及多个行政区域或扩散至某一行政区域之外，相邻省市应建立地域联动机制，在响应突发事件方面相互支持，否则地域分割会严重影响应急效率。

(3) 军民联动。此处“军”泛指武装力量，包括人民解放军、武警官兵和民兵预备役部队，他们是我国处置突发事件的骨干和突击力量。军民联动最大的障碍在于军民双重领导体制，必须在现有体制下探讨应急响应中军民合作的机制，使军民合作在响应突发事件方面更为顺畅。

图 6-3 是一个地域联动的例子，区域应急联动中心下设采购、运输保障和应急物资调度中心等部门，并通过应急物资信息平台进行协调指挥[8]：应急联动中心控制和管理各部门的作业，向各部门发布指令信息，同时各部门实时回馈信息，各部门之间实现信息的双向传递；物资的采购业务主要由采购部门负责，物资的在途运输由运输部门负责，物资在调度中心的分拣、加工和包装由调度中心管理部门负责，物资的配送由管理部门和运输部门共同负责。

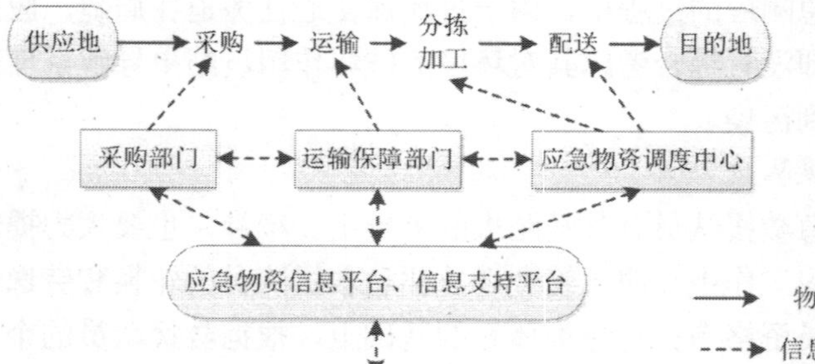

图 6-3　基于地域联动的应急响应资源调度流程[8]

6.3.3　分类分级的应急响应

不同类型、不同级别的突发事件需要相应类别、相应级别的应急响应措施予以应对，对应于第 5 章中所述的事件分类分级机制，我国在《突发事件应对法》中具体明确了分类分级的应急响应策略[9]。

1. 分类应对

在我国，根据事件的发生过程、性质和机理，突发公共事件主要分成四类：自然灾害、事故灾难、公共卫生事件，以及社会安全事件。

1) 自然灾害、事故灾难、公共卫生事件的应急响应

自然灾害、事故灾难或公共卫生事件发生后，履行统一领导职责的应急管理者可以采取下列一项或者多项应急响应措施[9]：① 组织营救和救治受害人员，疏散、撤离并妥善安置受到威胁的人员以及采取其他救助措施；② 迅速控制危险源，标明危险区域，封锁危险场所，划定警戒区，实行交通管制以及其他控制措施；③ 立即抢修被损坏的交通、通信、供水、排水、供电、供气、供热等公共设施，向受到危害的人员提供避难场所和生活必需品，实施医疗救护和卫生防疫以及其他保障措施；④ 禁止或者限制使用有关设备、设施，关闭或者限制使用有关场所，中止人员密集的活动或者可能导致危害扩大的生产经营活动以及采取其他保护措施；⑤ 启用本级人民政府设置的财政预备费和储备的应急救援物资，必要时调用其他急需物资、设备、设施、工具；⑥ 组织公民参加应急救援和处置工作，要求具有特定专长的人员提供服务；⑦ 保障食品、饮用水、燃料等基本生活必需品的供应；⑧ 依法从严惩处囤积居奇、哄抬物价、制假售假等扰乱市场秩序的行为，稳定市场价格，维护市场秩序；⑨ 依法从严惩处哄抢财物、干扰破坏应急处置工作等扰乱社会秩序的行为，维护社会治安；⑩ 采取防止发生次生、衍生事件的必要措施。

2) 社会安全事件的应急响应

社会安全事件发生后，组织响应工作的应急管理者应当立即组织有关部门并由公安机关针对事件的性质和特点，依照有关法律、行政法规和国家其他有关规定，采取下列一项或者多项应急响应措施[9]：① 强制隔离使用器械相互对抗或者以暴力行为参与冲突的当事人，妥善解决现场纠纷和争端，控制事态发展；② 对特定区域内的建筑物、交通工具、设备、设施以及燃料、燃气、电力、水的供应进行控制；③ 封锁有关场所、道路，查验现场人员的身份证件，限制有关公共场所内的活动；④ 加强对易受冲击的核心机关和单位的警卫，在国家机关、军事机关、国家通讯社、广播电台、电视台、外国驻华使领馆等单位附近设置临时警戒线；⑤ 法律、行政法规和国务院规定的其他必要措施。

严重危害社会治安秩序的事件发生时，公安机关应当立即依法出动警力，根据现场情况依法采取相应的强制性措施，尽快使社会秩序恢复正常。履行统一领导职责或者组织处置突发事件的应急管理者，应当按照有关规定统一、准确、及时发布有关突发事件

事态发展和应急响应工作的信息。

2. 分级应对

各类突发公共事件按照其性质、严重程度、可控性和影响范围等因素，一般分为四级：Ⅰ级(特别重大)、Ⅱ级(重大)、Ⅲ级(较大)和Ⅳ级(一般)。

1)Ⅲ级和Ⅳ级应急响应

发布Ⅲ级、Ⅳ级警报，宣布进入预警期后，县级以上地方各级人民政府应当根据即将发生的突发事件的特点和可能造成的危害，采取下列应急响应措施[9]：① 启动应急预案；② 责令有关部门、专业机构、监测网点和负有特定职责的人员及时收集、报告有关信息，向社会公布反映突发事件信息的渠道，加强对突发事件发生、发展情况的监测、预报和预警工作；③ 组织有关部门和机构、专业技术人员、有关专家学者，随时对突发事件信息进行分析评估，预测发生突发事件可能性的大小、影响范围和强度以及可能发生的突发事件的级别；④ 定时向社会发布与公众有关的突发事件预测信息和分析评估结果，并对相关信息的报道工作进行管理；⑤ 及时按照有关规定向社会发布可能受到突发事件危害的警告，宣传避免、减轻危害的常识，公布咨询电话。

2)Ⅰ级和Ⅱ级应急响应

发布Ⅰ级、Ⅱ级警报，宣布进入预警期后，县级以上地方各级人民政府应当针对即将发生的突发事件的特点和可能造成的危害，采取下列一项或者多项应急响应措施[9]：① 责令应急救援队伍、负有特定职责的人员进入待命状态，并动员后备人员作好参加应急救援和处置工作的准备；② 调集应急救援所需物资、设备、工具，准备应急设施和避难场所，并确保其处于良好状态、随时可以投入正常使用；③ 加强对重点单位、重要部位和重要基础设施的安全保卫，维护社会治安秩序；④ 采取必要措施，确保交通、通信、供水、排水、供电、供气、供热等公共设施的安全和正常运行；⑤ 及时向社会发布有关采取特定措施避免或减轻危害的建议、劝告；⑥ 转移、疏散或撤离易受突发事件危害的人员并予以妥善安置，转移重要财产；⑦ 关闭或者限制使用易受突发事件危害的场所，控制或者限制容易导致危害扩大的公共场所的活动；⑧ 法律、法规、规章规定的其他必要的防范性、保护性措施。

6.4 恢复重建策略

随着突发事件事态逐渐得到控制，应急管理工作从以抢险救灾为主的阶段转为以恢复重建为主的阶段。恢复重建，是指有效控制突发事件之后，为恢复社会正常状态和秩序所进行的各种善后工作。可行的突发事件恢复重建策略，不仅要尽快恢复灾损设施、实现社会生产生活的复原、将灾害影响降到最低，还要贯彻可持续发展的理念，把恢复重建作为增强社会防灾减灾能力的契机，整体提升全社会抵御风险的水平。

6.4.1 恢复重建的过程

恢复重建是消除突发事件短期、中期和长期影响的过程，主要包括两类活动：一是恢复，使社会生产生活运行恢复常态；二是重建，对因灾害影响而不能恢复的设施等进行重新建设。因此，恢复重建不仅意味着补救，也意味着发展，需要在消除突发事件影响的过程中除旧布新。从这个角度看，恢复重建既包括挑战，也蕴藏着机遇，是突发事件处置过程中实现转“危”为“机”的关键环节。

1. 恢复重建的任务

恢复重建通常包括以下四种活动[10]：① 最大限度地限制灾害结果的升级；② 弥合或弥补社会、情感、经济和物理的创伤与损失；③ 抓住机遇进行调整，以满足人们对社会、经济、自然和环境的需要；④ 减少未来社会所面临的风险。

从总体上看，突发事件的影响主要可分为四类：社会影响、环境影响、经济影响和心理影响[10]。而恢复重建的任务就是以消除突发事件影响为基础，以谋求未来发展为导向。

1）消除社会影响

为了消除突发事件的社会影响，恢复重建需要恢复社会生活秩序，为社会公众提供基本的民生保障，使整个社会呈现常态运转的态势。在此过程中，恢复重建要注意三方面的问题：① 严防次生灾害的发生，以确保灾区公众的安全；② 保障灾后突然膨胀的重要物资的供应需求，如药品等；③ 特别关注老人、儿童、残疾人等弱势群体，尽量满足其特殊需要。

2）消除环境影响

突发事件的环境影响可分为两类：人工环境影响和自然环境影响。

从人工环境的角度看，恢复重建要完成的任务包括[10]：修复或重建居民住房，尽快使灾民安居乐业；修复或重建商业设施或工业生产设施，确保商业和工业生产运转的持续性，保持受灾地区的经济活力和发展的连续性；恢复或重建农村基础设施，保证农业生产的顺利进行；恢复或重建关键性的公共设施；恢复或重建“生命线”设施，尤其水、电、气、热、通信、交通等基础设施及服务支撑系统的问题需要优先得到解决。

从自然环境的角度看，恢复重建要完成的任务主要有：尽快恢复灾害事件所致生态系统的破坏；废物的处理及污染的管理是一个需要面对的挑战。尤其在恢复重建初期，突发事件及其应对活动所产生的废物和污染问题必须妥善加以解决，以严防大灾引发大疫。

3）消除经济影响

消除突发事件的经济影响可以从个人、企业、政府三个层面来加以审视[10]：① 个人在恢复重建中需要得到支持和帮助以维持生计，如确保就业安全等；② 在恢复重建中，有关部门要帮助企业尽快恢复或重建生产设施，最大限度地保护企业的财产安全，如为企业提供有关决策与规划的信息、或通过刺激消费者信心增长的方式帮扶企业等；

③ 政府在恢复重建过程中要发挥对宏观经济的调控作用，如对灾区企业实施税收减免政策、为个体经营者提供小额贷款等。

4) 消除心理影响

突发事件往往会给一定数量社会公众造成负面的心理影响，甚至造成严重的心理创伤。对此，应急部门在恢复重建的过程中，要注意为这部分社会公众提供心理咨询服务、开展心理危机干预、进行心理辅导。

2. 恢复重建的步骤和阶段

灾后恢复步骤一般可概括为：成立重建领导组织、核查灾区灾情、明确灾区范围与恢复方针、提出灾区恢复重建规划并进行审定、制订每一项重建工程的具体计划并进行审定、落实恢复重建计划的资金及材料供应、实施恢复重建规划与计划、依照法规和条例对恢复重建工程进行核查验收并进行质量评定和财务审计[11]。

基于上述恢复重建步骤，可总结出其基本过程大体为：准备阶段——计划阶段——实施阶段——验收阶段。借鉴文献[1]，本书认为恢复重建的过程一般需要经过以下五个阶段：

(1) 准备阶段。建立突发事件恢复重建领导小组，主要负责对受灾地区的状况进行全面评估，并给出损失评估报告。

(2) 计划阶段。恢复重建领导小组根据第一阶段损失评估情况，制订具有针对性的恢复重建计划，并向执行部门和社会公众公布。

(3) 实施阶段。为恢复重建工作动员、准备、整合各种资源，实施恢复重建计划，包括住房的恢复重建、经济的恢复重建、灾害的损失补偿、管理使用应急救灾资金以及心理干预等方面。

(4) 验收阶段。对恢复重建工作进行验收与评估。

(5) 反思阶段。从整个应急管理体系角度，对恢复重建工作进行反思，并将经验和教训纳入未来防灾减灾的规划中。

值得一提的是，现代社会中恢复重建有时也体现出未雨绸缪的思想，即恢复重建并不仅限于灾后，也可以贯穿灾害的全过程：在突发事件发生前的准备阶段，应急管理部门就可根据风险评估的情况，考虑制订灾后恢复重建计划。例如，若某座城市附近火山有喷发的风险，则应急管理部门可在应急准备阶段就思考灾后如何处理火山灰等；当突发事件发生后，应急管理部门还可根据影响评估报告，再次制订出更为详细的恢复重建计划；当恢复重建计划执行完毕后，应急管理部门应及时反思、总结教训，制订新的防灾减灾方案，并重新修改和完善在准备阶段制订的灾害恢复重建计划。

在恢复重建的五阶段过程中，任务最重的在于实施阶段，下面重点就实施阶段中的恢复重建策略逐一详述，具体体现在经济恢复、灾害损失补偿，以及心理干预等方面。

6.4.2 经济的恢复重建

突发事件不仅经常造成基础设施损毁、工业停产、商业中断、农业绝收等严重的直接经济影响，还可能引发物价上涨、就业率降低、居民收入下降等难以估算的间接经济损失。对受灾区域经济进行恢复重建应着重从以下几个方面着手[12]。

1. 利用灾后重建政策，提高区域经济发展能力

(1) 利用财政转移支付与税收减免政策，改善灾区生活和生产环境问题。转移支付政策是政府通过实行财政资金转移到灾区人民生活、医疗救助等方面的补贴，使灾区迅速解决衣食住用等最基本的生活需要，并尽快恢复正常的生活生产秩序。可充分利用财政转移支付政策，加快受灾地区重大公共基础设施建设，改善灾区的生活和生产环境。为使灾区尽快担负起恢复生产的作用，税收政策是国家实施的灾后重建区域政策之一。可充分利用税收减免政策，即有重点、有选择地运用优惠或限制性的税收措施，减免灾区企业的负担，从而改善企业发展的投资环境，对企业恢复生产起到积极作用。

(2) 利用信贷优惠与产业发展投资政策，解决灾区工农业生产恢复问题。利用国家倾斜性的信贷优惠与产业发展投资政策，针对当地中小企业争取信贷支持和灾后贷款投放的需求，积极支持工农业生产尽快恢复。

(3) 利用人口管理与开发政策，解决灾区劳动力培训和就业问题。在加快经济重建的过程中，尽量为灾区劳动力提供就业岗位的机会，切实解决民生问题。

(4) 利用灾区特殊开放政策，鼓励国内外重建资金再投入。灾区政府应利用类似特区的某些特殊开放政策，以各种激励措施吸引其他地区或国外对灾区的投资项目。

2. 利用多种来源的恢复重建资金，保障经济的恢复重建

能否充分获得恢复与重建资源，是做好灾区经济恢复重建的关键性问题。面对突发事件灾害，与应急保障体系中应急资金的多来源筹集类似，恢复重建中也有必要集结财政、金融、保险以及国内外融资等多方资金，形成一种政府、市场以及其他利益相关者共同捐助参与的风险责任分担机制，建立可持续、高效的经济恢复重建保障机制。

3. 利用对口援建支持，带动区域经济发展步伐

对口支援省(市)大量人力、物力、财力的支援，对经济恢复重建工作起到积极作用。

一方面，统筹安排援建资金，建立使用监督机制。灾区应该对中央财政建立的灾后支援基金、对口省市援建资金、社会捐助资金，以及受灾地区自筹资金进行统筹安排，建立严格的使用监督机制，合理投入利用，提高资金使用效率，使灾区各项援建项目落到实处。

另一方面，加强与对口援建省市的区域合作。灾区应找准本区域发展的薄弱环节，充分利用援建省市的优势资源，在区位优势、产业优势、资金项目优势等方面，加强区域经济合作，着力把“输血”功能转化成地方经济发展的“造血”功能，把短期援建手段变为长期经济发展措施，以带动本地区的经济发展。

4. 发挥灾区自然优势，增强区域经济发展效益

加快灾后经济重建，应结合当地区域经济特点，充分发挥自然优势和区位优势，把现有优势转化为商品和产业优势，不断增强灾区经济发展效益。

5. 加强灾害防御工程，提高社会经济系统的承灾能力

一个社会的承灾能力越弱，灾后物质损失就越大，而物质在灾后的大量更新则会延缓经济复苏，因此提高易损性承灾体的承灾能力也是恢复重建工作的重要内容之一。可以通过加强安全设备、加速固定资产的更新换代、研发防灾技术等方式，来提高社会经济系统的承灾能力，以减少灾后经济损失，从而相对加快灾区经济复苏的速度。

6.4.3 灾害的损失补偿

近年来，全球因地震、海啸、飓风、洪水等重大灾害平均每年导致数十万人伤亡，直接经济损失高达数千亿美元。要尽快恢复这些社会经济损失，就需要实施全面的灾害补偿策略和合理的救灾资金管理策略。

1. 损失补偿的手段

与应急资金的来源相似，灾害后的损失补偿也主要来自三个方面：政府方面、保险方面，以及社会捐助方面。

1）政府补偿

政府是应急管理的重要行为主体，在恢复重建过程中，政府下拨救灾款项以帮助灾区恢复生产生活秩序，这是灾害损失补偿的主要手段。例如，“9·11”恐怖袭击事件发生后，美国应急管理署和纽约州下拨了大笔的救灾款项，截至2001年12月，总拨款额度已经超过7亿美元。其中，以公共援助基金形式拨款3.44亿美元，以帮助纽约市修复受损的基础设施，清除、运输废墟等；以赠款和贷款形式，提供个人援助超1.96亿美元，用于修建临时灾害住房等。

2）灾害保险

灾害保险在灾害损失补偿中的作用非同寻常，其优势主要体现在：① 可集中全社会力量对灾害损失进行补偿，具有转移风险、分担损失的作用；② 灾害保险可以适应灾害补偿需求的波动，自我调适能力较强；③ 承保时，保险公司需要评估投保者的安全状况，有利于贯彻预防为主的原则，有利于灾害风险评估的全面与深化。

3）捐助

灾害发生后，国内外社会各界出于人道主义的立场，自发地捐款、捐物，这是灾害补偿的另一种手段，主要分为国内社会捐助与国际社会捐助。2001年1月26日，印度古吉拉特邦发生强烈地震，造成2万多人死亡、16万余人受伤，损失超过21亿美元。灾害发生后，联合国粮食署、联合国儿童基金会、国际劳工组织、世界卫生组织等国际组织以及世界许多国家都对印度伸出了援助之手，这些慷慨捐助对印度实现灾后的恢复

重建发挥了巨大的作用。

2. 救灾资金的管理

我国 2008 年实施的《救灾捐赠管理办法》第五条规定，救灾捐赠款物的使用范围包括：解决灾民衣、食、住、医等生活困难；紧急抢救、转移和安置灾民；灾民倒塌房屋的恢复重建；捐赠人指定的与救灾直接相关的用途；经同级人民政府批准的其他直接用于救灾方面的必要开支[13]。

救灾资金的使用和管理应以应急效用最大化为目标，必须遵照以下四个原则[1]。

1) 专项管理、专款专用

必须保证救灾资金用于对灾害的救助，救灾资金不得挤占、截留、挪用、盗用和贪污，不得实施有偿使用，不得提取周转金，不得用于扶贫支出，不得擅自扩大使用范围。设立救灾资金专用账户，进行专项管理，以确保专款专用。

2) 统筹安排、重点使用

面对同样一场灾害，不同地区、不同人群脆弱程度不同。脆弱程度高的地区和人群，灾害损失严重，反之亦然。因此，救灾资金的使用应统筹安排、集中调配，突出重灾地区和重灾户，适当向老、少、边、穷地区倾斜。

3) 及时拨付、公开透明

灾害发生后，报灾、核灾应该做到迅速、快捷，救灾资金的分配、审批、拨付应做到高效、及时，必要时可特事特办、急事急办，先进行应急拨款，再办理结算手续。若救灾资金不能及时拨付，灾害影响就不能及时得到控制，甚至会出现灾害扩大升级的现象。

此外，救灾资金的使用必须规范、合理、公开、透明，将救助对象、分配方案、发放程序与救灾账目置于社会公众的监督之下。

4) 有效监管、注重效益

救灾资金的使用应当得到行之有效的监管，彻底扭转“重筹集、轻监管”的现象，以使救灾资金发挥最大效益。审计、民政等相关部门应对救灾资金的使用情况进行监管，并及时公布有关结果，接受广大社会公众的监督。同时，司法部门要对挪用、贪污救灾资金等违法犯罪行为予以严惩，加大涉及救灾资金犯罪的成本。另外，还可对救灾资金的使用进行合理的绩效评估，找出差距和问题，不断提升救灾资金的使用效益。

总之，救灾资金的有效管理需要一整套严格制度的保障，包括：严格的救灾资金审批制度，实现审批程序的简洁、迅速、灵活；严格的救灾资金分配制度，实现资金分配的公平、公正、合理；严格的救灾资金的拨付制度，实现资金拨付的及时、高效；严格的救灾资金审计、监督制度，实现救灾资金使用的科学、公开、透明；严格的救灾资金追查制度，实现救灾资金管理有法可依、违法必究；严格的救灾资金绩效评估制度，实现救灾资金使用效益的不断提高。这些制度可以为救灾资金使用过程中可能出现的违规、违纪行为设置一道道防线，进而确保恢复重建工作的顺利进行。

6.4.4 适当的心理干预

心理干预与辅导也是恢复重建工作的重要内容之一，因为突发事件会对受害者及其家属、甚至救援者的心理造成极大的影响，使其引起焦虑、恐惧、抑郁、强迫、脾气暴躁、过度警觉等心理行为反应，甚至留下终身无法弥合的心理创伤。

1. 突发事件与心理问题

根据国外学者的研究，对于突发事件与心理问题的关系，必须注意以下几点：① 突发事件对人的心理既存在负面影响，也存在着正面影响。例如，重大灾害容易产生负面影响，如缺少耐心、伴有恐惧心理，但也会产生一些正面的影响，如家庭关系密切、人们不再看重物质财富、家庭幸福感增强等。② 突发事件一般不会给人造成重大的心理问题，但许多人会出现中度的心理紧张，在灾后恢复重建的过程中感到沮丧。不过随着时间的流逝，大部分人仍会有较好的自我调节能力，心理压力趋缓。③ 精神卫生部门需要特别关注的对象包括灾前有精神疾患者、目睹亲人死亡或严重受伤者、单身女性家长、儿童、参与艰难搜救任务的应急响应者，以及工作负担沉重的医务人员等。

国际危机心理学家对"创伤后应激障碍"(post-traumatic stress disorder，PTSD)给予了高度的关注。它是指"个体对异乎寻常的、威胁性的、灾难性的生活事件而延迟出现或持续存在的反应，以再度体验创伤为特征，并伴有情绪的易激惹和回避行为。PTSD症状通常在创伤后立即出现，但也有可能会经过一段无明显症状的间歇期后才发病，间歇期可长达半年以上，一旦出现则可持续 1 个月至数年"[14]。

例如，1999 年 8 月，土耳其发生强烈地震，造成灾区人员重大伤亡。3 年后，伦敦大学的精神病学家对当年土耳其地震的 769 名幸存者进行了调查。这些幸存者已经从震中地区迁居到了为无家可归者修建的永久住所中。调查结果显示，40%的人患有创伤后应激障碍，18%的人患有应激障碍与抑郁并发症。专家们通过线性回归分析得出结论，创伤后应激障碍与地震中受到惊吓有关，而抑郁则与失去亲人有关[1]。因此，突发事件的心理干预是灾后恢复重建中需要进行的一项长期而艰苦的工作。在美国，红十字会、志愿者组织以及教会等均会在灾害应对与恢复阶段积极开展心理干预活动。

此外，突发事件由于经常导致群死群伤，应急现场救援人员也可能成为 PTSD 患者[1]。例如，消防队员、医疗工作者和警察由于职业原因会目睹许多残酷的现实，尤其面临重大灾害时，他们可能每天都会看到恐怖、惊人的伤亡。这种反复发生的创伤事件将产生一种积累效应，可能使得应急救援人员出现体重减轻、愤怒、抑郁、酗酒、愧疚、胸痛、头疼、记忆力减退、失眠等症状，这些都是 PTSD 的信号和征兆，需要进行科学的心理干预予以恢复。

2. 心理干预的措施

在突发事件的响应与恢复阶段，应急管理部门应动员全社会的精神卫生资源，尤其要发挥心理专家、红十字会及慈善组织的作用，对社会公众特别是受害者及其家属进行必要的心理干预和疏导。一方面，可通过媒体等手段对灾区公众的心理进行整体性引导；另一方面，可对重点人群，如应急救援人员进行特殊的心理干预。例如，可以采用“分享叙述法”来缓解应急救援人员的压力，即应急救援者可在精神卫生专家的引导下，讨论关于突发事件处置压力的感受等[1]。

在恢复重建过程中，实施心理干预的措施主要包括：① 将心理承受能力的培养作为公共安全教育的一项长期内容。通过公共安全教育，有效地增强社会公众的心理承受能力，减缓突发事件的冲击。② 鼓励社会公众灾时开展自救、互救的活动，使人们相互激励，减轻突发事件对个体心理的震荡。③ 对突发事件中心理脆弱的群体给予物质和精神上的特殊关爱。尤其要利用事缘、血缘、业缘、地缘的关系，疏导、安慰这些群体，减少他们的精神压力，缓解突发事件给他们所带来的心理伤害。④ 开展专业心理咨询和治疗。应急管理部门应建立心理救援队伍，设立心理医生档案库。突发事件发生后，有效利用专业人士的科学知识和技能，排解心理脆弱者的精神压力，帮助他们客观、冷静地看待现实。⑤ 做好长期心理恢复的准备。由于突发事件的心理问题可能会有很长的间歇期，因而对患者的心理干预必须持之以恒。

参 考 文 献

[1] 王宏伟. 突发事件应急管理: 预防、处置与恢复重建[M]. 北京: 中央广播电视大学出版社, 2009.
[2] 李飞.《中华人民共和国突发事件应对法》释义及实用指南[M]. 北京: 中国民主法制出版社, 2007.
[3] 毛飞. 危机缓和: 一种前瞻性的危机管理行动[J]. 理论与改革, 2004, (1): 36-39.
[4] Klein R J T, Nicholls R J , Frank T. Resilience to natural hazards: how useful is the concept? [J] Environment Hazards, 2003, 5(1-2): 35-45.
[5] McEntire D A. Disaster Response and Recovery: Strategies and Tactics for Resilience [M]. New Jersey: John Wiley & Sons, 2007.
[6] 马庆钰. 建立国家职业应急救援队伍的设想[J]. 中国行政管理, 2009, (4): 38-40.
[7] 计雷, 池宏, 陈安等. 突发事件应急管理[M]. 北京: 高等教育出版社, 2006.
[8] 宋英华. 突发事件应急管理导论[M]. 北京: 中国经济出版社, 2009.
[9] 中央政府门户网站. 中华人民共和国突发事件应对法[EB/OL]. http://www.gov.cn/ziliao/flfg/2007-08/30/ content_732593.htm. 2007-08-30.
[10] 突发应急网.试析汶川震后的恢复与重建[EB/OL]. http://www.emss.org.cn/news/news.asp? id=50495&ct=dj. 2010-05-14.
[11] 邹铭, 史培军, 周武光等. 中国洪水灾后恢复重建行动与理论探讨[J]. 自然灾害学报, 2002, 11(2): 29-30.
[12] 柴箐. 汶川地震灾后重建与区域经济发展探讨[J]. 经济研究导刊, 2009,(18): 133-135.
[13] 中央政府门户网站. 救灾捐赠管理办法[EB/OL]. http://www.gov.cn/flfg/2008-05/09/content_ 965425.htm. 2008-05-09.
[14] 百度百科. 创伤后应激障碍[EB/OL]. http://baike.baidu.com/view/1023908.htm. 2010-05-16.

第三部分　现代应急管理方法

第 7 章　应急风险管理

风险管理是研究风险发生规律和风险控制技术的管理科学，包括风险识别、风险衡量与评价、风险控制和处理等方面。风险管理与应急管理有着错综复杂的联系：一方面，现实生活中大量的风险都直接导致应急管理活动的必要实施；另一方面，不论当前处于应急管理的哪个阶段，都需要不断识别、评估并控制可能出现的风险。因此，风险管理理论精髓应被贯穿于应急管理的整个过程。科学全面的风险管理过程有助于积极有效地开展应急管理活动。

7.1　风险与风险管理

“风险”一词主要来源于金融管理活动，含有很强的计量因素，这些计量因素用于在面临各种各样的风险来源时估计其成本和收益。风险管理则是以风险为研究对象，以最小管理成本获得最大安全保障为目的，以减少风险事故造成的损失和产生的不利影响。

7.1.1　风险的构成和分类

首先需要了解风险的含义、构成和分类，这是理解风险管理理论的出发点。

1. 风险的含义

风险的基本含义是未来损失的不确定性，表示某种事件可能会发生、且如果发生其结果是不利的。换句话说，风险不仅包含着对未来的疑虑，也隐含着发生的结果将会比较糟糕。

目前国内外学术界对风险的概念有多种阐释，概括起来主要有以下几种：① 风险是指事件未来可能结果发生的不确定性；② 风险是指损失发生的不确定性；③ 风险是一种无法预料的、实际后果可能与预测后果存在差异的倾向；④ 风险是指潜在损失的变化范围与变动幅度等。

这些定义都无一例外地关注了两个共同点：不确定性和损失。

1）不确定性

当风险存在时，至少有两种可能的结果，并且无法预知哪种结果将会出现。例如，我们在每天早上出门时，面临着今天是否会下雨的风险，所谓“天有不测风云”。这种“下雨”与“不下雨”之间的无法判断，就是不确定性。

2）损失

风险事件发生后至少一种可能性是不尽如人意的。例如，出门后，天突然下起了大雨，却由于没有带伞导致全身都被淋湿了；又如购买彩票没有中奖，或者投资者由于没有把握好投资机会而损失了收益等，这些都是风险事件带来的损失。

2. 风险的构成

从理论界针对风险作出的多种解释来看，当前风险的范围应涵盖导致不利事件发生的原因及其出现概率、未来可能发生的不利事件本身及其发生概率、不利事件可能导致的后果及其范围和严重程度等内容。故通常认为，风险是由风险因素、风险事故和风险损失三要素构成，三者之间的关系见图 7-1。它们之间存在一定的因果关系，即风险因素的存在导致或增加风险事故的发生，而风险事故一旦发生就会导致风险损失。三者的串联构成了风险形成的全过程。

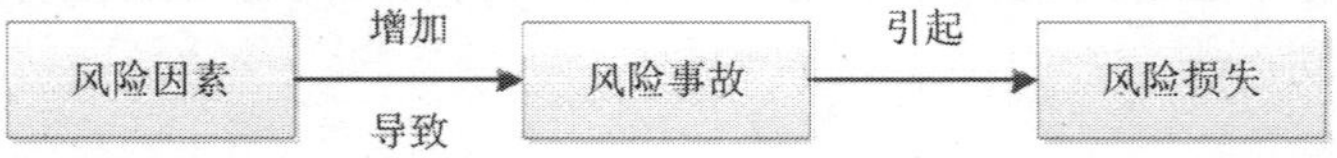

图 7-1　风险要素结构图

1) 风险因素

风险因素是指引起或增加风险事故发生的机会或扩大损失幅度的原因和条件。它是风险事故发生的潜在原因，是造成损失的内在或间接原因。

根据风险因素的性质不同，通常分为实质风险因素、道德风险因素和心理风险因素三种类型[1]。而道德风险因素和心理风险因素由于均与人行为有关，可合并被称为人为风险因素。

(1) 实质风险因素是指某一标的本身所具有的足以引起或增加损失机会和加重损失程度的客观原因和条件。如汽车刹车失灵、恶劣天气等，都是造成车祸的实质风险因素。对于这些实质风险因素，有些可以在一定程度上加以控制，有些在一定的技术条件下则无能为力。

(2) 道德风险因素是指因有犯罪意图、图谋不轨或不诚实品质而引起或增加损失的条件。这种风险主要强调人的恶意或故意行为造成的损失。如财产险投保人为了骗取保险赔款故意纵火；又如在人寿保险中，一些身体状况差或职业风险度比较高的人，有意投保高额死亡保险和人身意外伤害保险等。

(3) 心理风险因素是指与人心理状态有关的原因而引起或增加损失的条件。人的过失、疏忽、知识水平有限等，都属于心理风险因素。例如，当火灾发生时，若室内有人尚未救出，就不能使用含有二氧化碳、四氯化碳成分的蒸汽灭火器，以防止留在室内的人中毒死亡。又如，2010 年 11 月 15 日上海一高层公寓的重大火灾，不少被困居民正是由于缺乏科学的消防常识，因此最终造成惨重伤亡。

2) 风险事故

风险事故是造成生命财产损失的偶发事件，又称风险事件。风险事故是损失的媒介，是造成损失的直接或外在原因，即风险只有通过风险事故的发生才能导致损失[2]。换句话说，风险事故是促使风险因素由可能变为现实的事件，是风险因素到风险损失的中间环节。如汽车刹车失灵造成车祸与人员损伤，其中刹车失灵是风险因素，车祸是风险事故。如果仅有刹车失灵而未发生车祸，就不会导致人员伤亡。又如一段河堤年久失修，经不起大水的冲击，但如果这个区域没有作为风险事故的大暴雨，也不会导致水灾损失。

值得一提的是，有时候风险因素与风险事故很难区分，某一事件在一定条件下是风险因素，在另一条件下则转变为风险事故。如下冰雹，使得路滑而发生车祸、造成人员伤亡，这时冰雹是风险因素，车祸是风险事故；但若冰雹直接击伤行人，那么冰雹就成了风险事故。因此，应该以导致损失的直接性和间接性来区分风险事故和风险因素：导致损失的直接原因是风险事故，间接原因则为风险因素。

3) 风险损失

风险管理中的损失是指非故意、非预期和非计划经济价值的减少或消失。从风险损失的含义上来看，包括两方面条件：① 是非故意、非预期和非计划的。任何由于故意、预期、计划的事件所造成经济价值的减少，都不属于损失的范畴。如物品的折旧、自然损耗是固定资产自然而有计划的经济价值减少，故不能被视为风险损失。② 风险损失是经济损失，即必须能以货币来衡量。如人的记忆力随着年龄的增长而逐渐衰退，因无法计量其经济价值减少的程度，不能称为风险损失。又如车祸使受害人丧失一只胳膊，车祸的发生显然满足非预期、非计划的第一个条件，而人的胳膊虽不能以经济价值来衡量，但失去胳膊所需的医药费以及因残废而导致的收入减少可以用货币来衡量，又满足经济损失第二个条件，因此是风险损失。可见，风险损失的两个条件缺一不可，否则不能构成损失。

通常可将风险损失分为两种形态：直接损失和间接损失。前者指直接的、实质的损失，强调风险事故对于标的本身所造成的破坏，是风险事故导致的初次效应。如突发气象灾害事故导致财产的损毁、人身的伤亡等。后者强调由于直接损失所引起的破坏，即风险事故的后续效应，包括额外费用损失和收入损失等。其中，额外费用损失包括由风险事故引起的施救费用、医疗费用、清理场地的费用等。而收入损失是指由风险事故引起经营收入减少的损失，如某公司厂房被洪水冲毁，造成公司停业，导致公司经营收入的减少，发生收入损失。

3. 风险的分类

准确划分风险的类型，有助于更好地识别、评估和管理风险。按照不同的标准，风险可以划分成不同的种类[2, 3]。

1) 按照风险所导致的后果不同，可以将风险分为纯粹风险与投机风险

纯粹风险 (pure risk) 是指那些只有损失而无获利可能的风险。纯粹风险的风险事故一旦发生，对当事人而言，必有损失形成。例如，火灾、沉船、车祸等事故发生，导致的就只有受害者的财产损失和人身伤亡，而无任何利益可言。

投机风险 (speculative risk) 是指那些既有损失可能也有获利机会的风险，它所导致的结果有三种可能：损失、无损失也无获利、获利。例如，经济市场行情的变化，可能对此企业造成损失，对彼企业则可能是有利的。

纯粹风险和投机风险在很多方面有所区别：① 从风险的预测来看，纯粹风险的风险事故及其损失一般可以通过大量统计资料进行科学测算，而投机风险则难以做到，因为投机风险在很大程度上受到政治环境、市场变化和道德因素等条件的制约。② 从风险的控制方面，鉴于纯粹风险通常可预测，故可通过采取一定措施来影响产生这些风险的原因，从而达到降低纯粹风险的目的。而大多数投机风险则不具备这样的性质，承载体只能从提高自身风险承受能力等角度来尽可能规避投机风险。③ 从损失的角度来说，纯粹风险所造成的损失是社会财富的净损失。而投机风险事故并没有改变社会财富的总量、没有产生净损失，只是将社会财富在一定范围和程度上进行了重新分配。

2）按照形成损失的原因不同，可以将风险分为自然风险、社会风险、经济风险和政治风险等

自然风险（natural risk）是指因自然力的不规则变化而给人类经济生活、物资生产和生命安全等带来损失的可能性。如地震、海啸、暴风雨、洪水、火灾等。

社会风险（social risk）是指由于个人或团体的行为，包括过失行为、不当行为和故意行为，对社会生产和人类生活造成损失的可能性。如抢劫、偷盗、罢工、玩忽职守、暴动等。

经济风险（economic risk）是指生产和销售等经营过程中，由于受市场供求、经济贸易条件等因素变化的影响，或者由于经营决策失误，而导致经济上遭受损失的可能性。例如，生产的减产、价格的涨落、经营亏损等。

政治风险（political risk）是指因政局政策变化、投资环境恶化等原因，使债权人可能遭受损失的可能性。例如，因输入国家发生战争、革命、内乱而中止货物进口的损失。

需要注意的是，自然风险、社会风险、经济风险和政治风险是相互联系、相互影响的，有时很难明确区分。例如，由于人的行为引起的风险，若以某种自然现象表现出来，则风险本身就属于自然风险，但由于它是人们不当的行为所致，因此又属于社会风险。又如，由于价格变动引起产品销售不畅、利润减少，这本身是一种经济风险，但价格变动导致某些部门、行业生产不景气，造成社会不安定，于是又是一种社会风险。另外，社会问题的积累可能演变成政治问题，因此社会风险中往往也酝酿着政治风险。

除上述介绍的两种风险划分，还有其他分类方法。例如，从风险产生的背景看，可分为静态风险（static risk）与动态风险（dynamic risk）；依照承担风险的主体分，可分为个人风险（personal risk）、家庭风险（family risk）、企业风险（business risk）、国家风险（country risk），其中个人风险、家庭风险和一般企业风险也可谓之微观风险（micro-risk），而国家（政府）风险和跨国企业的风险则称为宏观风险（macro-risk）；按照风险所涉及的范围分类，可分为基本风险（fundamental risk）和特定风险（particular risk）；按照能否预测和控制，可分为可控风险（manageable risk）和不可控风险（non-manageable risk）。

7.1.2 风险管理的内涵和流程

风险管理是涉及社会政治、经济领域的重要课题，是一项复杂的系统工程，包括对各种风险因素的预警、对风险事故的防范和对已发生损失的处理。为成功实现风险管理

目标，需要清晰地了解风险管理理论的内涵及其流程。

1. 风险管理的内涵

风险管理理论的应用极为广泛，且在各个应用领域所呈现的管理目标也不尽相同。例如，对于现代企业来说，风险管理就是通过风险的识别、预测和衡量，选择有效手段有计划地降低风险带来的损失成本，以获得企业安全生产经营的经济保障。而对于一个工程项目而言,风险管理是指对项目风险从识别到分析乃至采取应对措施等一系列过程,它包括将积极因素对项目流程所产生影响最大化和使消极因素产生影响最小化两方面的内容。

因此，对风险管理内涵的界定如同风险的含义，有许多不同角度的阐释，大致可从风险管理的主体和核心两方面来理解。

1) 风险管理的主体

风险管理的主体，可以是个人、家庭和企业，也可以是政府、事业单位和社会团体，还可以是跨国集团和国际联合组织等。不论何种形式的主体，风险管理所依据的管理理念、管理技术和管理方法都是相同的，都是寻求以最小的成本来获得最佳处理风险事故的方案。

不同主体所进行风险管理的侧重点会有所不同：① 个人、家庭的风险管理是对人身风险、家庭财产风险和责任风险的管理；② 企事业单位的风险管理是对企业生产风险、销售风险、财务风险、技术风险、信用风险和人事风险的管理；③ 政府的风险管理是以维护政府机构业务活动和人民生活安定为出发点，是对整个社会的生命、财产和责任风险的管理。

依托不同主体进行有针对性的风险管理，有利于减少社会资源的浪费、实现社会资源的优化配置。

2) 风险管理的核心

风险管理的核心是降低损失：一方面在风险事故发生前防患于未然，尽可能准确地预见可能发生的损失；另一方面在风险事故发生后，采取一些消除和减少损失的措施。

事实上，风险管理的每个环节都是为了减少损失：风险识别是为了减少风险事故的发生；风险分析是为了衡量和评价风险事故可能造成的损失，以预先做好减少损失的安排；风险应对是为了降低已发生风险事故所造成的损失。

简言之，风险管理实际是一种决策过程，是研究风险发生规律和风险控制技术的一门管理学科。风险管理者通过识别、分析风险，并在此基础上优化组合各种风险管理技术，进而实施有效应对策略来妥善处理风险所致的损失，以达到最少成本获得最大安全保障的目标。

2. 风险管理的流程

为了能够对风险实施有效管理，使风险主体摆脱风险的困扰，并以最小代价降低风险，在风险管理中需要遵循科学的流程步骤。不论什么类型的风险，其管理流程一般都包括如下几个步骤，如图 7-2 所示[3]。

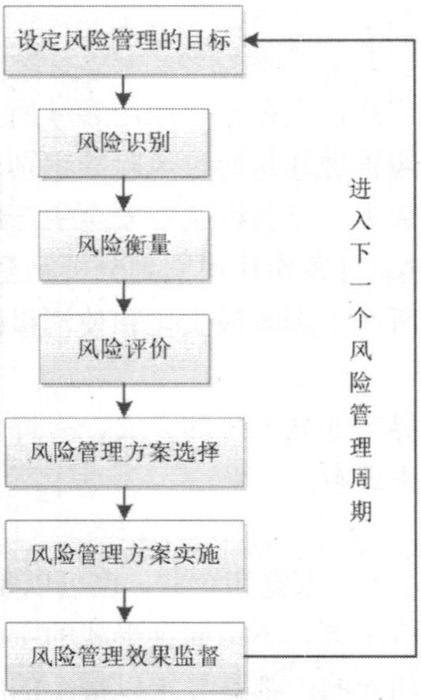

图 7-2　风险管理流程

1) 设定风险管理的目标

目标是行动的纲领。风险管理的第一步就是要明确风险管理者希望其风险管理计划做什么。风险管理是要付出代价的，为了从与风险管理相关的投入中获到最大收益，必须设定一个目标，通过这个目标把整个风险管理工作串起来，其中涉及的每一项具体工作都可作为这整个系统中的有机组成部分。风险管理的目标应与风险管理者的整体战略规划相一致，不仅需要强调风险与收益之间的平衡，还应考虑风险管理者对安全性的态度和接受风险的意愿。

2) 风险识别

风险识别是对风险的感知和发现，是风险管理中非常重要的一项工作。识别风险，有助于风险管理者及时发现风险因素和风险源，减少风险事故的发生。可以说，整个风险管理工作的成效如何，很大程度上依赖于风险识别。

3) 风险衡量

在识别风险之后，下一步便是衡量风险损失的影响，包括衡量潜在的损失频率和损失程度。损失频率是指在一定时期内损失可能发生的次数，而损失程度是指每次损失所造成的规模，如损失金额的大小。换句话说，风险衡量就是在风险识别的基础上，以损失频率和损失程度为主要指标，来衡定风险的高低及其严重度。它是一项极其复杂的过程，风险的高低不能单靠损失频率的高低或者损失程度的大小来衡量，必须把这两方面因素结合起来考察。

4) 风险评价

风险评价是指在风险衡量的基础上，对引发风险事故的风险因素进行综合评价，为选择合适的风险管理方案提供依据。在风险评价的过程中，需要结合各风险主体的特性和目标，根据不同主体自身的风险态度和风险承受能力，对风险的相对重要性和缓急程度进行判定。这种判定既要考虑一些主观定性的标准，也有客观定量的分析。

5)风险管理方案选择

对风险进行衡量、评价之后，需要选择适当处理风险的方案。一种相对简单但实用的风险管理方案选择方式是：以所设定的风险管理目标为基础，对损失频率和损失程度两方面进行矩阵式考量(图 7-3)。一般来说，主要有四种基本方案可供风险管理者选择：风险规避、风险控制、风险自留和风险转移。

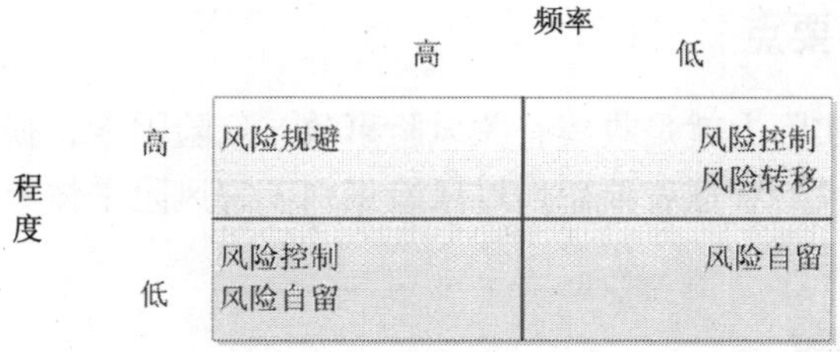

图 7-3　风险方案的选择

从图 7-3 可以看出，损失程度小的风险一般采取风险自留或风险控制的方案，而损失程度大的风险通常采取转移风险或风险规避的方案。选择合适的风险管理方案，可以有效减少风险事故的发生，真正做到降低或控制损失。

6)风险管理方案的实施

风险管理方案的实施是风险管理中必不可少的环节，也是风险管理理论真正付诸实践的重要步骤。风险管理的决策和计划，只有通过贯彻执行，才能产生预期的成效。为保证风险管理方案的有效实施，需要制定完善的管理制度和工作程序、需要在实施过程中进行必要的检查和监控，以便发现问题及时解决。

7)风险管理效果监督

风险管理方案实施后并不等于风险管理流程的结束，还必须对其实施效果进行定期监督。监督的目的有两个：① 为了考察是否达到预先设定的风险管理目标；② 为了应对不断变化或新产生的风险因素。

对整个风险管理过程(包括风险识别、风险衡量、风险评价，以及风险管理方案的适用性和效果性)进行实时的监督检查，及时了解已实施风险管理工作的绩效，发现实施方案中的困难及新的风险因素，进而调整既定的风险管理方案以适应新环境，是相当重要且必要的。

总之，整个风险管理流程并不是直线型的，而是如图 7-3 所示上述步骤周而复始的循环，所谓持续不断进行风险管理正是这个道理。以下将对风险管理的主要几个环节作详细介绍。

7.2 风险识别

要针对某个主体开展风险管理，首先需要了解这个主体面临的风险有哪些，这些风险如果发生、会有什么后果，以及会导致风险事故的原因有哪些，这个过程叫做风险识别。风险识别在整个风险管理中占有重要地位，是风险管理者有针对性处理风险的基础，只有全面发现和识别风险，才能准确地衡量风险和选择风险管理方案。掌握并合理运用识别风险的要点和方法，可以有效预防风险事故的发生。

7.2.1 风险识别的要点

风险识别的过程实际上就是收集有关风险事故、风险因素、损失暴露、危害和损失等方面信息的过程。风险管理者要想通过风险识别了解风险主体所面临的风险，需要关注以下几个方面的要点。

1. 发现或调查风险源

风险源是指那些可能导致风险后果的因素或来源。例如，洪水风险的风险源就包括降水、地形和土地利用方式：大量集中的降水可能使得局部地区排水不畅；即使降水不是那种短期大量的暴雨，低洼的地形、河道两侧以及山脚下都有可能在普通降水过后被淹没；人类对土地的利用方式也可能是洪水风险损失的一个原因，因为若在蓄滞洪水区没有居民、耕地和工厂，即使这个地方完全被水淹没，也不会造成大量损失。

在风险事故发生之前，准确发现引发风险事故的风险源，是风险识别的基础和核心。只有发现风险源，才能改变风险因素存在的条件、有效防止风险因素的增加或聚集，从而有的放矢地选择风险管理方案。

2. 测定风险源

风险管理者认知、理解和测定风险源的能力，是风险识别的关键。不同的风险管理者，其测定风险源的能力和水平是不同的。如果风险管理者缺乏经验，对已经暴露的风险源视而不见，其结果必然导致本可以避免的风险事故的发生。

加强风险管理人员的责任意识教育，培训风险管理人员测定风险源的能力，可以提高风险管理水平，降低风险主体的损失。例如，某油库管理员李某经常在工作时间吸烟，显然，李某吸烟是引发油库着火、爆炸的重要风险源。某风险管理员王某在现场调查中闻到李某身上有很大的烟味，并在仓库地上发现了烟灰。随后，王某将此事及时向部门领导汇报，给予了李某警告处分，并调换了李某的工作岗位。这个例子中王某对风险源的准确测定有效避免了油库安全事故的发生。

3. 预见危害

危害是指风险主体遭受的损失程度比较大，是造成风险损失的原因。有时，尽管在不同环境下，产生风险事故的形式不同，但风险事故带来的危害却是相同的。例如，火灾危害可能产生于物质环境(如闪电)，也可能产生于社会环境(如纵火、骚乱)。若能在风险事故前准确地预见到危害，便可能将产生危害的条件消灭在萌芽状态，有效避免风险事故的发生。

4. 重视风险暴露

重视风险暴露也是风险识别的重要要点之一。所有可能面临损失的物体，都有风险暴露的可能。例如，放在家具旁边的、沾满汽油的破布是风险因素，这块破布有引发火灾的风险，整幢房子可能因此被烧毁，这就是属于风险的暴露。此例中，房子被烧毁作为风险事故，与沾有汽油的破布这个风险因素有着较为密切的关系。重视风险暴露，往往就是需要重视风险因素与风险事故之间的关系。

7.2.2 风险识别的方法

针对不同的风险主体和风险阶段，风险识别的方法随之不同。为了更好地识别风险，风险管理者首先需要获得具有普遍意义的风险管理资料，然后运用一系列具体的风险识别方法去发现风险。风险识别的方法有许多种，概括起来主要有风险分析调查法、风险因素预先分析法、风险事件图解分析法、风险事故事后分析法[1-3]。

1. 风险分析调查法

风险分析调查法是指保险公司、有关咨询机构、研究机构或者学术团体的专业人员就风险主体可能遭遇的风险进行详尽的调查与分析，主要有以下几种具体操作：

(1) 现场调查。现场调查是一种常用的识别风险方法，是由风险管理人员亲临现场，通过直接观察风险主体的设备、设施、操作和流程等，了解风险主体的运营活动和行为方式，调查其中存在的风险隐患。例如，保险代理人对投保寿险业务的被保险人要了解其是否从事危险职业、是否有遗传病、是否有慢性病或者不治之症等。通过亲临现场的调查，风险管理者能够发现潜在的风险隐患，并督促有关管理部门采取相应的整改措施。

(2) 专家调查(又称德尔菲法)。用专家调查法进行风险识别的过程是：由风险管理小组选定相关领域的专家，并与这些适当数量的专家建立直接函询联系，通过函询收集专家意见，然后加以综合整理，再匿名反馈给各位专家，再次征询意见。这样反复经过四至五轮，逐步使专家的意见趋向一致，以此作为最后预测和识别风险的根据。在运用此方法时，要求在选定的专家之间相互匿名。

(3) 会谈(又称头脑风暴法)。头脑风暴法一般是在一个专家小组内进行，通过专家会议，发挥专家的创造性思维来获取未知信息。这种方法要求主持人在会议开始时的发言能激起专家们的思维灵感，促使专家们感到急需回答会议提出的问题，通过专家之间的信息交流和相互启发，从而诱发专家们产生“思维共振”，以达到互相补充并产生“组合效应”，获取更多的未知信息，使预测和识别风险的结果更准确。

(4) 保险调查。采用保险调查法进行风险识别主要有两种形式：① 风险管理者可根据保险公司或专门保险刊物所提供的保险险种一览表，对自身可保风险加以识别；② 风险管理者可委托保险咨询服务机构对风险主体的风险进行调查设计，找出相关领域存在的风险。

(5) 情景分析。情景分析法是指被咨询团体通过对相关问题的系统分析，设计出风险主体可能遭遇的多种未来场景，然后用类似于撰写电影剧本的手法，对风险发展态势做出自始至终的情景和画面描述，以帮助风险管理者识别风险。值得一提的是，情景分析法尤其适用于对可变因素较多的事件进行风险识别，它在假定关键影响因素有可能发生的基础上，构造出多重情景，呈现未来多种可能的结果，以使风险管理者采取适当措施防患于未然。

2. 风险因素预先分析法

风险因素预先分析法多针对某个具体项目或活动进行风险识别。例如，在设计、施工、生产等活动开始之前，对所存在的风险因素类型、风险因素出现的条件、导致事故的后果预先做出概率分析，这种方法称为风险因素预先分析法(preliminary hazard analysis，PHA)。

做好风险因素预先分析的关键在于：对项目/活动的目的、项目/活动的过程、操作条件和环境条件要有充分的了解。此方法尤其适用于新开发的系统，如新设备、新工艺等，而人们往往对新开发系统存在的风险因素缺乏足够认识，因此风险管理者必须重视对其进行风险因素的预先分析。这种方法在风险识别中的运用主要有以下两个步骤。

1) 分析出现事故的可能类型

全面了解风险主体可能出现的事故类型，需要广泛收集相关资料：① 了解某风险主体以及国内外同类风险主体曾经出现过的事故；② 认真听取工程技术人员、操作人员讲述经验、教训和建议；③ 深入调查风险主体的外部环境(如地理位置、气候条件、社会环境等)，以了解外部环境可能给风险主体带来的灾害事故；④ 必须从理论上对项目/活动中所涉用原材料和成品的物化性质、工艺流程等进行深入分析。

2) 识别风险源的转化和触发条件

在进行风险源的调查时，为了使识别分析规范化，风险识别者可设计一定的表格使之不容易产生遗漏。例如，波音飞机公司为调查风险源而设计了一种“确定风险源校核表”，列明的风险源包括燃料系统、电容器、弹簧装置、悬挂系统、气体发生器、发电机、射频电源、放射性能源、落体、弹射体、加热装置、泵、风机、旋转机械、核装置等，以及危险的工艺及事件。

通常由风险源到风险事故的转化过程是：风险源在一定内、外部因素或两者共同作用下，使风险主体处于危险状态，这些内外部因素称为转化条件。需要注意的是，处于危险状态的风险主体并不一定都会发生事故，只有在某些特定条件下或经过一定变化才会发生事故，这种特定条件就称为触发条件。

3. 风险事件图解分析法

风险事件图解分析法是采用直观图示方式来识别风险主体面临潜在风险损失的重要方法，主要包括：流程图法、因果图法和事故树法[4, 5]。

1) 流程图法

将风险因素按照生产经营的过程和日常活动的内在逻辑联系绘成流程图，并针对流程图中的关键和薄弱环节进行调查，以识别风险。绘制流程图通常按照以下步骤进行：① 确定活动(或工序)的先后顺序，不能将活动(或工序)的先后顺序颠倒；② 分清流程中的主要和次要活动(或工序)，其中主要活动(或工序)必须绘制在流程图上；③ 先绘制流程图的主体部分，再加入分支和循环。具体操作可先将主要活动(或工序)用方框标出，再将主要活动(或工序)的路径用箭头标出，最后再画出次要活动(或工序)。现以某公司劳保用品发放的简单流程为例，演示流程图法如何识别潜在风险(图 7-4)。

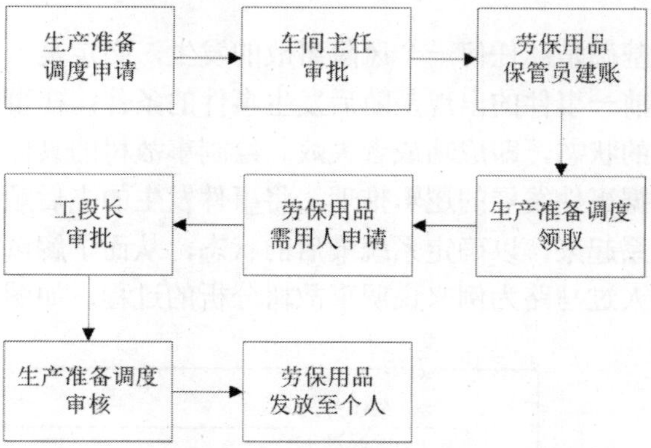

图 7-4 劳保用品发放流程图

2) 因果图法

因果图法，又称鱼骨图法，是一种用于分析风险事故与风险事故原因之间关系的方法，它从导致风险事故的原因出发，推导出可能发生的结果。绘制因果图可按照以下步骤进行：① 确定风险事故，因果图中的风险事故是根据具体风险管理目标确定的。② 将风险事故绘在图纸的右侧，从左至右画一个箭头，作为风险因素分析的主骨，接下来将影响结果的主要原因作为大骨，即风险识别的第一层次原因。③ 列出影响大骨(主要原因)的原因作为中骨，作为风险分析的第二层次原因，再用小骨列出影响中骨的原因，作为风险分析的第三层次原因，如此类推。④ 确定各风险因素对风险事故的影响程度，标记出对风险事故产生显著影响的重要因素，可以比较清楚地呈现风险因素和风险事故的内在联系。现以林地火灾的发生为例，展示因果图法识别风险的过程(图 7-5)。

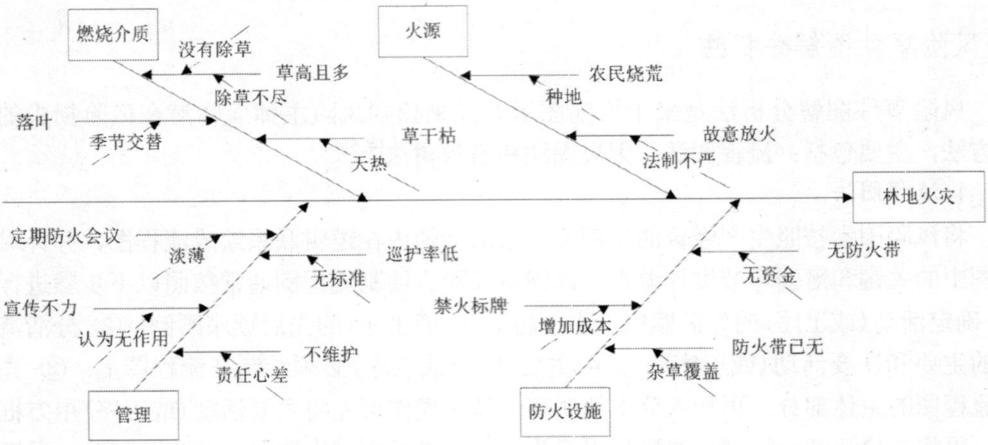

图 7-5　林地火灾因果图

3) 事故树法

事故树法的理论基础是：任何一个风险事故的发生，必定是一系列事件按照时间顺序相继出现的结果，前一事件的出现是随后发生事件的条件；在事件的发展过程中，每一事件都有两种可能的状态，即成功或者失败。绘制事故树的具体操作过程是：从事件的起始状态出发，根据事件发展的逻辑推理，将事件发生的先后顺序和系统构成要素的状态(成功或失败)联系起来，以确定系统最后的状态，从而了解风险事故发生的原因和发生的条件。现以行人过马路为例来说明事故树分析的过程，如图 7-6 所示。

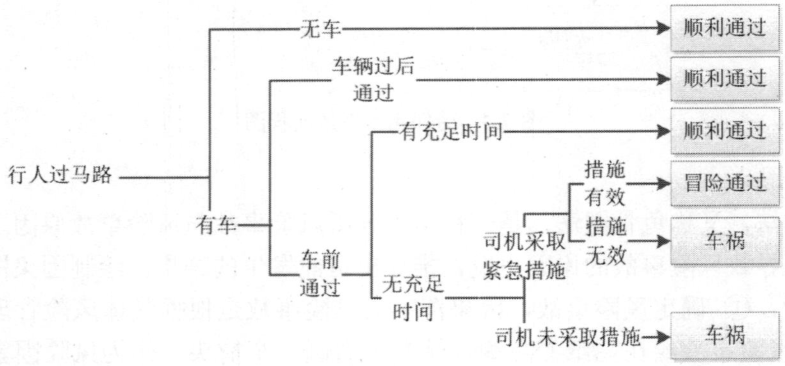

图 7-6　行人过马路事故树

4. 风险事故事后分析法

虽说识别风险最好在事故发生之前，但并不意味着一旦风险事故发生，就不必进行风险识别了。在风险事故正在发生或发生后进行事后分析与识别，有助于风险管理应对水平的不断提高和完善。例如，一个项目工程完成之后进行事后分析，总结出此项目风险管理成功或失败的原因，可能存在的失败原因有：沟通不够、决策者远离项目现场、项目各有关方责任不明确、仓促进行各种变更(变更责任人、项目范围或项目计划)、决策时未征求各方面的意见等。经过详细的风险事故事后分析，风险管理者可以总结很多事前没有想到的风险因素，能够对于有效提高风险防范力起到积极作用。

当然，还有许多其他风险识别方法，如分析辨识政府形成的政策对风险主体可能产生不利来源的政策分析法，以及通过制定一个识别风险的框架来概括所有可能损失的风险损失清单法等。这些风险识别方法各具特色，在识别风险的具体操作中，需要灵活、综合地加以运用，以便及时发现各种可能引发风险事故的风险因素。

7.3 风 险 分 析

风险分析是在风险识别的基础上，对风险进行定量衡量和定性评价，是对风险认识的深化，为风险管理决策和风险应对措施的实施奠定基础。只有经过风险衡量与风险评价这两个步骤的分析过程，才能有助于选择合理的风险管理方案，最终实现以最小费用支出获得最佳风险管理效果的目的。

7.3.1 风险衡量技术

风险衡量即风险的量化与度量，所研究的是损失的“不确定性”，是在对过去损失资料分析的基础上，运用概率论和数理统计方法对特定风险事故发生的损失频率和损失程度做出估计与衡量，以此作为选择风险管理策略的依据。

风险衡量主要需要做好两方面的工作：一是估计损失发生的次数，即损失频率。损失频率测量的是在单位时间内损失事件发生的平均次数，通过资料积累和观察，以发现造成风险损失的规律性。例如，一个时期一万栋房屋中有十栋发生火灾，则风险发生的频率是 1/1000，依此可对频率高的风险主体进行重点防范；二是估计每次损失可能造成的规模，即损失程度。又如，某风险事故损失的平均成本为每年 4 万元，这就是对损失程度的估计。估计损失频率或损失程度的大小是风险衡量的两个关键技术。

1. 损失频率的衡量

衡量损失频率最常用的是概率统计方法，下面先阐述如何运用传统的二项分布和泊松分布来有效衡量损失的频率，再介绍一种新兴的运用模糊数进行损失频率衡量的方法。

1）运用二项分布进行衡量

二项分布是用来衡量损失频率的一种重要随机模型。用随机变量 N 来表示在特定时期内发生损失的次数，n 表示风险主体的数量，每个风险主体的结果或者是 0、或者是 1，即任何风险主体在所考虑时期内发生损失的次数低于两次。另假定每个风险主体都以相同的概率 p 发生损失，$1-p$ 是没有发生损失的概率。并且模型还假定 n 个风险主体之间是相互独立的，即任何一个风险主体是否发生损失，与其他风险主体是否发生损失无关。因此，由二项分布模型，风险主体发生损失次数的概率分布可表示为

$$P(N=x)=\frac{n!}{x!(n-x)!}p^x(1-p)^{n-x},\quad x=0,1,2,\cdots,n$$

如果风险主体损失次数N的概率分布服从上式，则根据二项分布的性质，容易计算出损失次数的均值和方差：$E[N]=np,\mathrm{var}[N]=np(1-p)$。

现以一个简单的例题说明，如何运用二项分布进行风险损失频率的衡量。

例 7-1[3] 某企业有 5 栋建筑物。根据过去的损失资料可知，其中任何一栋在一年内发生火灾的概率都是 0.1，且相互独立。一栋建筑物在一年内发生两次火灾的可能性极小，几乎可以忽略不计。试衡量下一年度该企业

(1) 不发生火灾的概率；

(2) 两栋以上建筑物发生火灾的概率；

(3) 火灾次数的平均值和标准差。

分析 由已知条件可知：风险主体总数为$n=5$个，每栋建筑物发生火灾的概率均为$p=0.1$；这 5 栋建筑物相互独立，发生火灾时不会相互影响；一栋建筑物在一年内发生两次火灾的可能性极小，可认为其概率为 0。

满足这三个条件，故建筑物发生火灾的栋数可以用二项分布来描述，其概率分布为

$$P(N=x)=\frac{5!}{x!(5-x)!}0.1^x(1-0.1)^{5-x},\quad x=0,1,2,\cdots,5$$

发生火灾的栋数及其相应概率可列于表 7-1 中。

表 7-1 发生火灾栋数及其概率

发生火灾栋数 N	概率
0	$P(N=0)=0.5905$
1	$P(N=1)=0.3281$
2	$P(N=2)=0.0729$
3	$P(N=3)=0.0081$
4	$P(N=4)=0.0004$
5	$P(N=5)=0.0000$

由此可解答，

(1) 下一年度不发生火灾的概率为

$$P(N=0)=0.5905$$

(2) 两栋以上建筑物发生火灾的概率为

$$P(N=3)+P(N=4)+P(N=5)=0.0085$$

(3) 下一年度发生火灾次数的平均值和标准差分别为

$$np=5\times0.1=0.5,\quad \sqrt{np(1-p)}=\sqrt{5\times0.1\times0.9}=0.67$$

这种利用二项分布进行损失频率衡量的技术虽然操作简单，但对实际问题的要求较高，其中最为关键的是要求所有风险主体都具有相同的损失频率 p，此关键因素通常只能通过历史损失数据估计而得。

2) 运用泊松分布进行衡量

如果可能的损失次数 N 不是有限的，那就无法应用二项分布模型来衡量损失频率，此时可以采用泊松分布做近似估计。尤其当风险主体数量 n 很大而事故发生频率 p 很小、每个风险主体在某较短时间段发生风险损失的频率相同、且此时间段损失的发生与否同其他时间段不相关时，适合用以下泊松模型来分析，即

$$P(N=x)=\mathrm{e}^{-\lambda}\frac{\lambda^x}{x!},\quad x=0,1,2,\cdots,n$$

式中，λ 为所考虑时间段内的平均损失次数；e 为自然数，e=2.718 281 8。同二项分布模型类似，泊松模型中也只有一个关键参数：$\lambda=E[N]$，它也可以通过对所观察到的历史数据加以估计而得。

现同样以一个简单例题说明如何运用泊松分布进行风险损失频率的衡量。

例 7-2　某市在过去两年内由于司机酒后开车发生交通事故的记录如表 7-2 所示。试用泊松分布估算一个月内的事故发生频率。

表 7-2　司机酒后开车发生事故的记录

每月发生此类事故的次数 X	0	1	2	3	4	5	6
频数 f	2	1	3	5	6	4	3

解　令 X 表示每月由于司机酒后开车造成交通事故的次数，由已知条件可知，$X\sim P(\lambda)$。

根据已知数据及泊松分布性质，可近似计算出关键参数

$$\lambda\approx E(X)=\frac{\sum_{i=0}^{6}x_i f_i}{\sum_{i=1}^{6}f_i}=\frac{0\times2+1\times1+2\times3+3\times5+4\times6+5\times4+6\times3}{2+1+3+5+6+4+3}=3.5$$

将 $\lambda=3.5$ 代入泊松分布公式，所得结果列于表 7-3 中。

表 7-3 交通事故次数及其概率

交通事故数 X	发生该类交通事故的概率 P
0	0.03019
1	0.1057
2	0.1850
3	0.2157
4	0.1888
5	0.1321
6	0.0771
7	0.0385
8	0.0169

从计算结果可以看出：

(1)在任何一个月内，不发生此类交通事故的概率为 0.030 19。概率很小，这意味着一个月内不发生此类交通事故的可能性较小。

(2)发生一次以上交通事故的概率 $P=1-0.030\,19=0.9698$。也就是说，未来任何一个月发生此类交通事故的可能性很大。

(3)在已知的历史资料表 7-2 中，一个月内事故发生的最高次数是 6 次，然而从衡量结果表 7-3 的数据看来，在未来任何一个月中，有可能出现多于 6 次的情况($X=7$ 或 8)。这主要是因为所考察历史数据的时间不够长(两年)，没有出现事故多于 6 次的小概率事件。

3)运用梯形模糊数进行衡量

模糊数方法对不确定性描述具有独特的优势，将其用在对损失发生频率的刻画上十分有效，而当中梯形模糊数由于其较直观的几何解释且能够直接被定量化处理，因此是最为广泛被运用的模糊数形式。

梯形模糊数的定义为：模糊集合 $\tilde{A}=(a,b,c,d)$，其中 $a<b<c<d$，且 $a,b,c,d\in R$，

如果满足隶属度函数 $\mu_{\tilde{A}}(x)=\begin{cases}\dfrac{(x-a)}{(b-a)}, & a\leqslant x\leqslant b\\ 1, & b\leqslant x\leqslant c\\ \dfrac{(x-d)}{(c-d)}, & c\leqslant x\leqslant d\\ 0, & 其他\end{cases}$，就被称作梯形模糊数(图 7-7)。

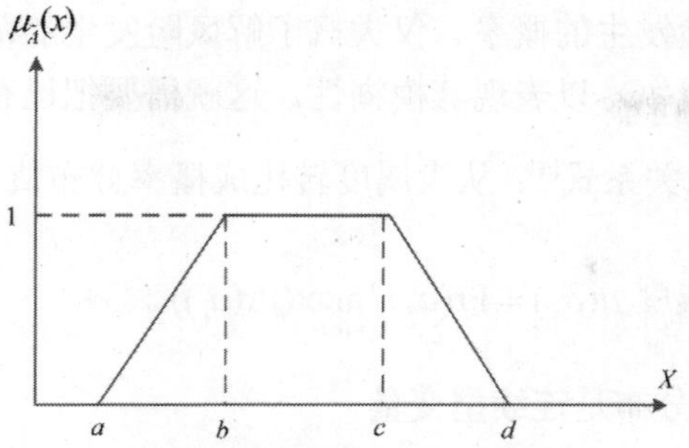

图 7-7　梯形模糊数 $\tilde{A}$

给定两个梯形模糊数 $\tilde{A}=(a,b,c,d),\tilde{B}=(e,f,g,h)$，有如下基础运算法则[4]。

(1) 两个模糊数相加：$\tilde{A}\oplus\tilde{B}=(a+e,b+f,c+g,d+h)$

(2) 两个模糊数相乘：$\tilde{A}\otimes\tilde{B}=(ae,bf,cg,dh)$

(3) 模糊数与实数 k 相乘：$k\otimes\tilde{A}=(ka,kb,kc,kd)$

(4) 两个模糊数相除：$\tilde{A}/\tilde{B}=\left(\dfrac{a}{h},\dfrac{b}{g},\dfrac{c}{f},\dfrac{d}{e}\right)$

(5) 模糊数除以实数 k，$\tilde{A}/k=\left(\dfrac{a}{k},\dfrac{b}{k},\dfrac{c}{k},\dfrac{d}{k}\right)$

(6) 实数 k 除以模糊数，$k/\tilde{A}=\left(\dfrac{k}{d},\dfrac{k}{c},\dfrac{k}{b},\dfrac{k}{a}\right)$

由以上法则可以得到如下性质：$\begin{matrix}\tilde{A}\oplus\tilde{B}=\tilde{B}\oplus\tilde{A},\quad k\oplus\tilde{A}=\tilde{A}\oplus k\\ \tilde{A}\otimes\tilde{B}=\tilde{B}\otimes\tilde{A},\quad k\otimes\tilde{A}=\tilde{A}\otimes k\end{matrix}$。

由于实际问题中常常以概率分布的形式来表示风险的发生，故下面分别基于离散型变量和连续性变量，利用模糊计算来衡量损失频率。

(1) 风险发生的概率分布是离散型变量。

风险 A 发生的概率为 $\Pr(A)=\dfrac{a_1}{\Pr(a_1)}+\dfrac{a_2}{\Pr(a_2)}+\cdots+\dfrac{a_n}{\Pr(a_n)}$，$a_i$ 表示风险 A 发生的几种情况，$\Pr(a_i)$ 表示 a_i 出现的概率。若 A 的几种情况 a_i 与 B 的几种情况 b_i 是相互独立的，则风险 A 和 B 同时发生的概率为 $\Pr(A+B)=\sum_{j=1}^{m}\sum_{i=1}^{n}\dfrac{a_i+b_j}{\Pr(a_i)\cdot\Pr(b_i)}$。

当无法准确表示风险发生的概率、仅大概了解风险发生的范围时，则常常用隶属度的方式来描述风险发生概率，以表现其模糊性。这就需要把已有的隶属度与概率分布做相互转化，存在以下转化关系式[4]：从隶属度转化成概率分布值 $\Pr(a_j)=\mu(a_j)\Big/\sum_{i=1}^{n}\mu(a_i)$；从概率分布值转化成隶属度 $\mu(a_j)=\Pr(a_j)\Big/\max_{i\in N}(\Pr(a_i))$。

(2) 风险发生的概率分布是连续型变量。

用隶属度描述的风险发生范围较符合人们的思维逻辑，在很多风险决策问题中被采用。而在连续变量情形下，常常运用能足够显示有用信息的三角模糊数 (a,b,c) 来表达隶属度。

因此，现以三角模糊数表示的隶属度为例说明连续型变量的概率计算。

变量 $A(a,b,c)$ 的隶属度为 $\mu_x(A)=\begin{cases}\dfrac{x-a}{b-a}, & a\leqslant x<b\\ \dfrac{c-x}{c-b}, & b\leqslant x<c\end{cases}$

变量 $B(a',b',c')$ 的隶属度为 $\mu_x(B)=\begin{cases}\dfrac{x-a'}{b'-a'}, & a'\leqslant x<b'\\ \dfrac{c'-x}{c'-b'}, & b'\leqslant x<c'\end{cases}$

借鉴离散情形的转化公式，首先将隶属度转化成概率分布函数：$\Pr(a_j)=\mu(A)/\int\limits_{y\in\delta}\mu_y^{-1}(A)\mathrm{d}y$。

若 A 与 B 相互独立，则风险 A 和 B 同时发生的概率为

$$
\Pr(z=A+B)
$$

$$
=\begin{cases}
\displaystyle\int_{a'}^{z}\int_{a}^{z-y}\frac{x-a}{(b-a)\cdot\int\limits_{y\in\delta}\mu_y^{-1}(A)\mathrm{d}y}\cdot\frac{y-a'}{(b'-a')\cdot\int\limits_{y\in\delta}\mu_y^{-1}(B)\mathrm{d}y}\mathrm{d}x\mathrm{d}y, & a\leqslant x<b,a'\leqslant y<b'\\
\displaystyle\int_{a'}^{z}\int_{b}^{z-y}\frac{c-x}{(c-b)\cdot\int\limits_{y\in\delta}\mu_y^{-1}(A)\mathrm{d}y}\cdot\frac{y-a'}{(b'-a')\cdot\int\limits_{y\in\delta}\mu_y^{-1}(B)\mathrm{d}y}\mathrm{d}x\mathrm{d}y, & b\leqslant x<c,a'\leqslant y<b'\\
\displaystyle\int_{b'}^{z}\int_{a}^{z-y}\frac{x-a}{(b-a)\cdot\int\limits_{y\in\delta}\mu_y^{-1}(A)\mathrm{d}y}\cdot\frac{c'-y}{(c'-b')\cdot\int\limits_{y\in\delta}\mu_y^{-1}(B)\mathrm{d}y}\mathrm{d}x\mathrm{d}y, & a\leqslant x<b,b'\leqslant y<c'\\
\displaystyle\int_{b'}^{z}\int_{b}^{z-y}\frac{c-x}{(c-b)\cdot\int\limits_{y\in\delta}\mu_y^{-1}(A)\mathrm{d}y}\cdot\frac{c'-y}{(c'-b')\cdot\int\limits_{y\in\delta}\mu_y^{-1}(B)\mathrm{d}y}\mathrm{d}x\mathrm{d}y, & b\leqslant x<c,b'\leqslant y<c'
\end{cases}
$$

事实上，由三角模糊数表示的隶属度公式可得：$\mu_y^{-1}(A)=\begin{cases}(b-a)\cdot y+a, & 0\leqslant y<1\\ c-(c-b)\cdot y, & 0\leqslant y<1\end{cases}$，故有

$\int\limits_{y\in\delta}\mu_y^{-1}(A)\mathrm{d}y=\int_0^1\{[(b-a)\cdot y+a]+[c-(c-b)\cdot y]\}\mathrm{d}y$。

例 7-3　某企业有 10 栋建筑物。根据过去的损失资料可知，该企业在一年内发生火灾建筑物数量的隶属度为 $\mu(A)=\frac{0}{0}+\frac{1}{0.125}+\frac{2}{1.0}+\frac{3}{0.125}+\frac{4}{0}$。试用发生火灾的建筑物数量隶属度和概率密度函数衡量连续两年该企业发生火灾的风险。

解　首先将隶属度转化成概率分布值为 $\Pr(A)=\frac{0}{0}+\frac{1}{0.1}+\frac{2}{0.8}+\frac{3}{0.1}+\frac{4}{0}$，该企业连续两年发生火灾的风险为

$$\Pr(A+B)=\frac{0}{0}+\frac{2}{0.01}+\frac{3}{0.16}+\frac{4}{0.66}+\frac{5}{0.16}+\frac{6}{0.01}$$

$$\mu(A+B)=\frac{0}{0}+\frac{2}{0.015}+\frac{3}{0.242}+\frac{4}{1.0}+\frac{5}{0.242}+\frac{6}{0.015}$$

2. 损失程度的衡量

损失程度是指风险事故可能造成的损失值。损失程度的衡量是风险科学分类的基础，某个特定的风险最终归类为致命风险、严重风险和一般风险，其主要划分依据就是损失的可能程度。在衡量风险损失程度时，通常需要考虑四方面因素：损失形态、损失单位数、损失金额和损失时间。

1) 损失形态

同一原因导致的多形态损失，不仅要考虑风险事故所致的直接损失，还要考虑风险事故引起的相关间接损失。一般说来，间接损失比直接损失更严重。例如，汽车碰撞发生的概率虽大于因汽车碰撞而产生责任损失的概率，但因损失诉讼所致的责任损失往往大于汽车因碰撞所产生的损失，因此，汽车责任风险所导致的责任损失通常大于财产损失风险。

2) 损失单位数

单一风险事故所引起损失的单位数越多，其损失程度就越严重，损失程度和损失单位数大多呈正相关关系。例如，一次事故造成 20 人受伤和造成 100 人受伤的损失程度是不同的。显然，造成 100 人受伤比造成 20 人受伤的损失程度大。

3) 损失时间

风险事故发生的时间越长，损失的程度往往越大。例如，20 年里每年损失 1 万元，连续发生 20 年的损失程度，显然比 20 年内某一年发生 1 万元损失的程度大。此外，估

计损失程度有时也需要考虑损失的时间价值。例如，某单位在几年内弥补 200 万元的损失显然比在一个季度内弥补 200 万元的损失要小得多。

4) 损失金额

损失金额直接显示损失程度的大小：损失金额越大，损失程度就越大。在一些特殊情况下，损失金额的大小使损失频率、损失时间的估计变得微不足道。例如，20 年里每年损失 1 万元，连续发生 20 年的损失程度，与第一年一次性发生 20 万元的损失相比，显然后者损失的程度远大于前者。

从上述对损失程度影响因素的分析可以看出，风险的大小不仅取决于损失发生的频率，也依赖于损失的程度。例如，风险主体的损失可能是由多次小的过失所引起，也可能是由一次大的过失所致，风险事故造成的经济损失是风险衡量的核心。现以应用正态分布作为每次风险事故所致损失金额的概率分布为例，说明如何利用统计分布对经济损失进行衡量。

例 7-4 一个村庄每次遭受洪水灾害而导致的损失金额见表 7-4。

表 7-4 洪水灾害所致损失金额

损失金额/百元	5~15	15~25	25~35	35~45	45~55	55~65	65~75
次数	2	9	28	30	21	5	1

求：(1) 每次灾害所致损失金额小于 500 元的概率是多少？

(2) 每次灾害所致损失金额在 4500 元和 6000 元之间的概率是多少？

(3) 每次灾害所致损失金额大于 7500 元的概率是多少？

解 由已知数据，发现可应用正态分布来刻画洪灾所致损失金额的分布，故设每次灾害所致损失金额是一个服从正态分布 $N(\mu, \sigma^2)$ 的随机变量 X。

为确定正态分布的两个关键参数，首先计算损失金额中值和频数的相关值列于表 7-5 中。

表 7-5 损失金额的中值与频数

损失金额/百元	5~15	15~25	25~35	35~45	45~55	55~65	65~75
中值 x_i	10	20	30	40	50	60	70
x_i^2	100	400	900	1600	2500	3600	4900
频数 f_i	2	9	28	30	21	5	1
$f_i x_i$	20	180	840	1200	1050	300	70
$f_i x_i^2$	200	3600	25 200	48 000	52 500	18 000	4900

损失金额的期望值：$\mu = \dfrac{\sum f_i x_i}{\sum f_i} = \dfrac{3660}{96} = 38.125$

损失金额的标准差：$\sigma=\sqrt{\dfrac{\sum f_i x_i^2}{\sum f_i}-\left(\dfrac{\sum f_i x_i}{\sum f_i}\right)^2}=\sqrt{\dfrac{152\,400}{96}-\left(\dfrac{3660}{96}\right)^2}=11.575$

(1) 每次灾害所致损失金额小于 500 元的概率为

$$P(X<5)=F(5)=\Phi\left(\frac{5-38.125}{11.575}\right)=\Phi(-2.86)=1-\Phi(2.86)=0.0021$$

(2) 每次灾害所致损失金额在 4500 元和 6000 元之间的概率为

$$\begin{aligned}P(45<X<60)&=F(60)-F(45)=\Phi\left(\frac{60-38.125}{11.575}\right)-\Phi\left(\frac{45-38.125}{11.575}\right)\\&=\Phi(1.89)-\Phi(0.594)=0.470\,62-0.222\,40=0.248\,22\end{aligned}$$

(3) 每次灾害所致损失金额大于 7500 元的概率为

$$\begin{aligned}P(75<X<\infty)&=F(\infty)-F(75)=\Phi(\infty)-\Phi\left(\frac{75-38.125}{11.575}\right)\\&=\Phi(\infty)-\Phi(3.186)=1-0.993=0.0007\end{aligned}$$

7.3.2　风险评价方法

如果说风险衡量是对风险状况的客观反映，那么风险评价则是依据风险衡量的结果，对风险及其所造成的损失进行总体的认识和评定。换句话说，风险评价就是指在风险识别和风险衡量的基础上，将损失频率、损失程度，以及其他因素相结合统一考虑，对风险的状况进行综合评定。风险评价的目标是尽量使评价的预期损失接近实际发生的现实损失，以减少风险事故评价的偏差，为风险管理者提供可靠的决策依据。

风险评价对风险决策管理的影响比较大，采用科学的风险评价方法至关重要。一般来说，按照评价结果的形式，其方法可以分为定性、半定量和定量三种类型。本节主要介绍几种国际上比较流行的定性、半定量风险评价方法[5-8]，至于定量的风险评价方法(如模糊综合评价法)将会在 7.5 节应急物流风险管理实例中稍有涉及。

1. 专家评分法

专家评分法主要是利用专家的经验等隐性知识，主观判断每一单个风险主体并赋予其相应的权重，如 0~10 的一个数，这是最简单、也最容易应用的一种风险评价方法(在 7.5 节实例中也有应用)。具体操作是：首先要识别出与评价对象相关的风险因素、风险事件或发生风险的环节，列出风险评价表；其次请有经验的专家对可能出现的风险因素或风险事件的重要性进行评价，如可以赋予 0~10 作为权重值，其中 0 代表没有风险、10 代表风险最大；然后把各个风险的权重值相加，同风险评价基准进行分析比较，综合得出风险水平。

2. 检查表评价法

根据安全检查表，对每个检查对象按照一定标准给出分数，对于重要的项目确定较高的分值、对于次要的项目确定较低的分值，再按照每一检查项目的实际情况评定一个分数。每一检查对象必须满足相应条件时，才能得到这一项目的满分，不满足条件时将得到低于满分的评定分，所有项目评定分的总和不超过100分。由此，就可以依据被调查风险主体的得分，评价风险因素的风险度和风险等级。

检查表评价法的优点是，可以综合评价风险单位的状况、且评价结果之间易于比较。得分达到一定标准即为合格，相反则为不合格。这种风险评价方法的缺点是，评价结果的准确性很大程度上依赖于检查表列举风险因素的全面性。检查表设计得是否翔实、是否全面考虑到引发风险的各方面因素，是检查表评价法能否有效实施的关键。

3. 优良可劣评价法

类似于检查表评价法，优良可劣评价法是从风险主体的特点出发，根据风险管理者以往管理风险的经验和状况，也对风险因素列出全面的检查项目，但与检查表评价所不同的是，它将每一检查项目分成优良可劣若干个等级。

在运用优良可劣等级进行风险评价时，通常由风险管理人员和操作人员共同进行，以此确定被检查风险主体的风险状况。优良可劣评价法比较直观、可操作性较强。例如，建筑施工、电气防爆、化学试验、工艺操作等，都可以采取这种方法评价风险。需要注意的是，如果被检查评价单位被评估为可或者劣时，就亟须采取相应的措施加以改进。

4. 单项评价法

单项评价法是指风险管理者针对风险主体列举出各项必须符合的标准，凡是需要符合一项或一项以上标准的项目，就被评价为风险管理的重点。例如，某风险管理部门针对产量、质量、成本、交货期、安全生产等几方面标准，可将企业设备分为以下7类，只要有一项达标者，即为风险管理中需重点管理的设备：①不管有没有备用机，一旦突然停机，马上会使整条生产线停工的设备；②产生故障后会影响到关联设备的正常作业，无备用机或虽有备用机但转化难度大、且转换时间长的设备；③对产品的加工质量有较大影响的设备；④一旦发生意外事故，需要大笔抢修费或者会使产品制造成本有较大上升的设备；⑤计划外的故障会经常影响到交货期，导致索赔或者失去较多销售机会的设备；⑥精度高且修理难度比较大的设备；⑦发生意外事故会影响到安全操作和污染环境的设备。

单项评价法的优点是，管理比较简单，只要被评价风险主体具备风险项目中的一项便是风险管理的重点，这种方法易于突显风险因素，可以提高风险管理的效率。单项评价法的缺点是，与检查表和优良可劣评价法一样，风险管理者对可能发生风险事故的列举是否全面，以及对风险因素重要性是否评估得准确，都会影响风险评价的成败。

5. 直方图评价法

直方图评价法是利用直方图形象直观地反映数据分布的特征，以观察和分析风险的概率分布。通过观察直方图的形状和分布状况，可以评价风险因素的稳定性。

1) 建立直方图的步骤

建立直方图的步骤是：① 将各组端点 u_1，u_2，…，u_r，u_{r+1} 标在直角坐标系的横轴上；② 分别以线段$[u_r，u_{r+1}]$为底边、以该组频率密度 F_r 为另一边作矩形，那么 r 个矩形就构成了直方图(图 7-8)。显然在频率直方图中，每个小矩形的面积等于相应组的频率，且各矩形的面积之和恰好等于 1。

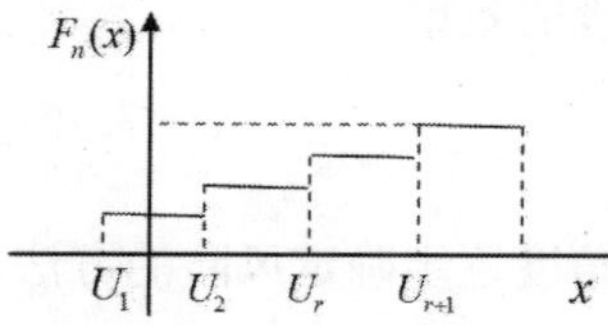

图 7-8　直方图分布图

2) 直方图的类型

根据直方图形状的不同，可以将直方图分为两种：正常型和异常型。

(1) 正常型。正常型是左右对称的山峰形状，图的中部有一峰值，两侧的分布大体对称，且其偏离峰值方柱的高度越小、越符合正态分布。这种形状表明该图形所反映的风险处于稳定状态。

(2) 异常型。与正常型分布状态相比，带有某种缺陷的直方图为异常型直方图，常见的异常型直方图有以下几种：

偏峰型。直方图的顶峰偏向一侧，这往往是由于只控制了一侧界限或者一侧控制严格、一侧控制宽松所造成的。根据直方图顶峰偏向的位置不同，有左偏峰型和右偏峰型。

双峰型。一个直方图出现两个顶峰，这往往是由于风险管理者将两种不同的损失分布混在一起造成的。例如，两班工人的操作水平差距较大，将其加工产品的质量数据混在一起所作的直方图则会呈现双峰型。

平峰型。在整个分布范围内，损失频率的大小差距不大，形成平峰直方图，这往往是由于某种风险因素变化缓慢造成的。例如，工具的磨损、操作者的疲劳等因素造成安全事故的风险，都有可能出现这种平峰型直方图。

陡壁型。直方图的一侧出现陡壁状态，这是由于人为地剔除了一些数据，进行不真实的统计造成的。

孤岛型。在远离主分布中心处，出现孤立的小直方图，这表明风险项目在某一短时间内受到异常因素的影响，使事件环境突然发生比较大的变化。例如，短时间内原材料发生变化或者由于技术不熟练工人替班操作造成生产过程的风险，会可能出现孤岛型直方图。

锯齿型。直方图出现参差不齐的形状，频数不是在相邻区间减少，而是在隔区间减少，形成了锯齿状。造成这种现象的原因，不是数据本身的问题，主要是由于绘制直方图时分组过多或者测量仪器精度有缺陷等造成的。

3) 直方图评价法的优缺点

直方图评价法的优点是，通过观察直方图的分布状态，并将其与公差标准相比较，可以评价风险因素是否存在风险隐患、分辨风险主体是否存在异常状态，便于风险管理者采取必要措施将风险隐患和异常状态消除在萌芽状态。风险主体分布的界限越偏离规定的标准，风险就越大。

直方图评价法的缺点是，这种方法只能提供风险主体所处风险的大致状况，却无法提供存在风险隐患的原因。同时，直方图评价需要有关风险主体的大量统计数据，且这些数据的真实性严重影响风险评价的效果。

6. 矩阵图评价法

矩阵图评价法是一种从多维角度逐步确定风险的方法，具体操作是：从问题的各种关系中找出成对要素 $L_1,L_2,\cdots,L_i,\cdots,L_n$ 和 $R_1,R_2,\cdots,R_i,\cdots,R_n$，用数学上矩阵的形式排成行和列，在其交点处标示出 L 和 R 各因素之间的相互关系，从而确定关键点(图 7-9)。通过在交点处给出行和列对应要素的关系和关系程度，可以大致判断出评价风险的关键因素。

		R					
		R_1	R_2	…	R_i	…	R_n
L	L_1						◎
	L_2	○	◎				○
	…						
	L_i				○		△
	…						
	L_n	△			◎		○

图 7-9 矩阵概念图例

◎表示主要风险因素；○表示次要风险因素；△表示可疑风险因素

1) 制作矩阵图的步骤

制作矩阵图通常需要经过以下几个步骤：

(1) 列举出影响风险事故发生的各类风险因素。在列举风险因素时，应尽可能做到全面，不遗漏重要风险因素。

(2) 确定风险因素间的对应关系，找出具有对应关系的风险因素。风险因素之间、风险因素与风险事故之间所具有逻辑上的对应关系是建立矩阵图的基础。如果风险因素之间、风险因素与风险事故之间不存在对应关系，则无法绘制任何形式的矩阵图。

(3) 根据成对风险因素的个数，确定合适的矩阵图类型，将具有对应关系的风险因素排成行和列，并把共同的风险因素置于矩阵图的中间位置。

(4) 在成对风险因素的交点处标示其重要程度，一般用符号表示风险因素之间相互关系的重要程度。通常用“◎”表示与引发风险事故关系密切的风险因素，即主要风险因素；用“△”表示与引发风险事故有关系的风险因素，即次要风险因素；用“○”表示可能与引发风险事故有关的风险因素，即可疑风险因素。

(5) 针对主要风险因素采取必要的对策和措施，并制作对策表。根据对策一览表，逐一将对策付诸实施，以降低风险事故发生的概率。

2) 矩阵图评价法的优缺点

矩阵图评价法的优点是，采用多维思考方式来有效评价风险因素，可用来对导致风险事故发生的各种风险因素有一个大致的评价，可以分辨出主要风险因素、次要风险因素和可疑风险因素，使评价的风险因素能够被简单明了地呈现，并为风险决策管理提供可靠的依据。

矩阵图评价法的缺点是，风险管理者对风险因素重要性的认识具有主观性，尤其在确定不良现象及其造成原因间的关联程度时，容易掺入评价者的主观意见，要完全真实地反映风险因素状况具有一定的困难。另外，风险管理者获得相关的数据资料比较困难，这也会在一定程度上影响矩阵图风险评价的准确性。

当然，与风险识别和风险衡量的方法阐述一样，本书仅介绍几种主要风险评价方法的操作和优缺点，还存在许多其他风险评价的方法，如风险度评价法、层次分析法、人工神经网络法等。需要注意的是，风险评价过程有时分步骤单独实施，有时是与风险识别、风险衡量同时进行的，在应急风险管理中，往往很难严格区分哪一步骤属于风险识别、风险衡量，哪一步骤属于风险评价。不过可以肯定的是，风险识别、风险衡量和风险评价都是为进一步明确风险管理决策提供应对措施上的依据。

7.4 风险管理决策

在衡量和评价风险之后，风险管理者必须选择最恰当的风险应对方法或综合方案，以达到减少风险事故损失的目的。基于对各种风险的识别和分析，以一定准则来选择合理应对策略与控制措施的过程就是风险管理决策。通常，风险管理决策方法主要包括风险规避（risk avoidance）、风险控制（risk control）和风险转移（risk transfer）。

7.4.1 风险规避

风险规避是指风险管理者主动采取措施，放弃承担风险或完全拒绝承担风险的行为。风险规避是一种有意识尽量将风险发生的概率降低直至零的行为，是风险管理者设法回避损失发生可能性的行为。

1. 风险规避的方式

风险规避是风险管理决策的有效方法之一，它主要适用于发生频率高且损失程度比较大的特大风险、损失频率虽不大但损失后果严重且无法得到补偿的风险，以及采用其他风险管理决策方法所需成本较高且超过风险规避成本等情形。

风险规避的方式主要有两种：完全拒绝承担风险和放弃原先承担的风险。

1) 完全拒绝承担风险

完全拒绝承担风险的特点在于风险管理者预见到风险事故发生的可能性，并在风险事故未发生之前就进行了处理。例如，一位有权选择购买方式的买者，可以让卖者承担货物在运输途中损失的风险，直到货物运抵自己的仓库为止，这样买者就有效地规避了货物在运输过程中面临的各种风险。

2) 放弃原先承担的风险

放弃原先承担风险的特点在于风险因素已经存在，被风险管理者发现并及时进行了处理。例如，某药厂发现其生产的药品会产生严重副作用，因此药厂决定停止生产该药品，这样某药厂就放弃了原来承担的责任风险，避免了由于药品不合格可能导致的责任风险。

2. 风险规避的优缺点

风险规避方法的优点是可以避免损失的发生，它是一种最彻底、最主动避免风险的方法，可以完全消除风险事故造成的经济损失。当风险管理者预期风险事故造成的损失比较大、且无法转移风险时，通常会采取风险规避的方式。

风险规避的缺点体现在以下几个方面：

(1) 风险规避是风险管理者面对损失的主动放弃，是一种无奈的选择。风险管理者在规避风险的同时，也放弃了获得经济收益的机会，尤其在经济活动中，风险和收益往往是并存的。例如，为了规避风险损失，某企业选择了不再投资建厂，这就放弃了工厂建成投产后所带来的经济收益。

(2) 风险规避面临着某些不适用的情形：① 某些风险事故造成的损失不可避免，采取风险规避的方法是无效的。例如，地震、海啸、暴风雨等自然灾害给人类造成的损失比较大，这些风险事故的发生是自然力造成的、无法由人控制，因而无法采取风险规避的方法；又如，生老病死是人类的自然规律，不可能由于风险规避而消失。对于这类风险采取规避的办法显然也无效。② 风险规避适用于某项工程的计划阶段，却不适用于工程已经进入实施的阶段。例如，某工程已经投产开工，就不适宜采取风险规避的方式，否则会造成前期投资的损失。

(3) 规避某种风险很可能会产生另一种风险。当风险管理者改变工作状态或工作方案以规避某种风险时，就有可能面临另一种新的风险。例如，为了到达目的地，某人决定不乘坐飞机而改乘汽车或火车，虽然可以规避飞机失事的风险，但却面临汽车或火车碰撞的风险。

7.4.2 风险控制

风险控制是指风险管理者有意识地采取措施防止风险事故发生，以控制或减少事故造成社会经济损失的行为。按照目的不同划分，风险控制方法通常可分为风险预防和损失抑制。

1. 风险预防

风险预防是在风险事故发生之前，以降低损失发生的概率为目的，针对风险因素采取积极的干预措施，旨在消除引发风险事故的根源。例如，建造防火墙、实施生产质量管理、驾驶技术考核、颁布安全生产条例、提供劳动保护用品、检查通风设备、改进产品设计等，都是以减少损失发生的频率为目的，属于风险预防。风险预防是一种行动或安全设备装置，在损失发生前将引发事故的因素或环境进行隔离和控制，它在风险控制方法中占有极其重要的地位。风险预防的方法主要有以下几种[8]。

1) 消除法

这是从根本上消除危险源的首选方法，也是最彻底的方法。例如，在生产现场有相当多的危险源，如栏杆缺口，导线绝缘破损，压力容器泄漏，旋转机械的异常运行，温度、压力、流量等参数的超标等，这些都是可以消除的，对于此类危险源，一经发现应当立即消除。

2) 代替法

在条件允许的情况下，用低风险、低故障率的设备代替高风险设备。例如，在检修过程中，用新型清洗剂代替汽油来清洗轴承等零部件，可以有效防止使用易燃易爆物品而引发火灾事故。

3) 隔离法

对危险源进行隔离，是安全生产中最常用的方法。针对客观存在的危险源，利用各种手段对其进行有效的隔离和控制，以确保危险源在指定区域或范围内处于可控、在控状态。

4) 工程物理法

如果风险预防的措施侧重于风险的物质因素，则称为工程物理法。例如，防火结构的设计、防盗系统的设置、机器的安全检查等都属于工程物理法。依据工程物理法的理论，需要采取的具体措施主要包括：

(1) 预防风险因素的产生。例如，保持汽车刹车系统处于良好状态，以保证其功能不致失控，可以预防刹车失灵这一风险因素的产生，从而预防车祸事故的发生。

(2) 减少已经存在的风险因素。例如，用新的电线替换已经老化、破损的旧电线，可以减少已存在电线老化的风险因素，达到预防出现失火事故的目的。

(3) 防止已经存在的风险因素释放能量或者限制其能量释放的速度。例如，限制生产车间易燃(爆)物质存放量的规定，可以减少发生火灾的风险因素，防止火灾的发生。

(4) 改善风险因素的时间和空间分布。例如，用道路护栏、过街天桥、地下通道分离行人和机动车辆，可以避免机动车撞人的风险。又如，在建筑施工中安装防护栏，可以防止登高工人跌落的风险。

(5) 隔离风险因素与人、财、物。例如，利用防火墙将两栋紧挨的房子分开，当其中一栋房子发生火灾时，防火墙可以阻止火势蔓延、减少损失，而对未遭受火灾的房子而言，防火墙就起到了风险预防的作用。

(6)改变风险因素的基本性质。例如，在容易产生静电的绝缘体材料中，加入少量抗静电的添加剂，可以增强材料的吸湿性，防止火花的产生，从而起到预防火灾事故发生的作用。

(7)增强单位或个人的防护能力。例如，为了防止粉尘危害职工身体健康，要求作业工人佩戴防尘口罩、防尘衣、防尘面罩等，以此来增强个人防护能力，可以预防职业病的产生。

(8) 防止风险因素的聚集。例如，在密封的空间中，当易燃易爆物质达到一定浓度、又有明火进入时，就会产生爆炸。但如果使作业空间通风，降低易燃易爆物质的浓度，就能起到防止风险因素聚集、预防爆炸事故发生的作用。

5)人们行为法

如果风险预防的措施侧重于对人员的行为教育，则称为人们行为法。人们行为法是指以人们过失行为作为风险预防的出发点，通过风险管理知识教育、操作规程培训、安全态度教育等，来纠正人们的不安全行为。例如，实施职业安全教育、消防教育等都属于人们行为法。通常人们行为法主要包括三方面内容：

(1)安全法制教育。为了保证人员和财产免遭损失，国家制定了一系列法规、法令和标准，进行安全法制教育。例如，我国政府颁布了《安全生产法》、《消防法》、《化学危险品安全管理条例》等，从安全管理的各个方面，对企业生产进行规范化管理和法律约束，其目的在于提高风险管理意识，防范人们行为过失造成的重大损失。

(2)安全技能教育。安全技能教育主要是指风险管理者对职工进行特种作业培训和继续技能培训等各种行之有效的安全教育。通过安全技能教育，促使人们遵守风险管理行为准则，预防风险事故的发生。

(3)安全态度教育。安全态度教育是风险管理者对职工风险意识培养的重要方面。加强安全态度教育，可以减少人为风险因素造成的损失，可以控制运用工程物理法无法预防和处理的风险事故。

6)规章制度法

规章制度法是指国家、企业制定相应的规章制度，要求风险管理者在相关规章制度的范围内进行社会经济活动，从而有效预防风险事故的发生。例如，为了防止商业银行倒闭而给社会经济带来负面影响，中央银行建立的法定存款准备金制度，就是防范金融风险的有效措施之一。

总之，风险预防的方法多种多样，风险管理者对某一具体风险事件，往往采取多种预防方法相结合的方式，如综合运用工程物理法、人们行为法以及规章制度法等，以达到防止风险事故发生的目的。

2. 损失抑制

与风险预防不同，损失抑制是指在风险事故发生时或发生后，采取适当措施来减少损失发生的范围或严重程度。损失抑制是针对风险事故已有损失的应急性对策，是以减少损失的程度为目的，是风险管理者采取的补救性措施，以防止损失的进一步扩大。

通常，损失抑制是在损失程度较大、且无法进行风险转移或风险规避的情况下才运用的。例如，汽车制造商在生产的车辆上安装安全气囊，这是损失抑制的重要设施。安全气囊虽不能阻止交通事故发生，但一旦事故发生，安全气囊能够减轻车上人员受到的伤害。

损失抑制的方式很多，常用的有分散风险单位和备份风险单位两种。

1）分散风险单位

分散风险单位是指将风险单位划分成若干个体积小且价值低的独立单位，分散在不同的空间，以减少风险事故的损失程度。分散风险单位的目的是为了减少任何一次事故发生所造成的最大可能损失。例如，使用耐火材料将建筑物内的空间分成几个小部分，如果某一部分空间发生火灾，其他部分就不会受到火灾的影响。但有时因为增加风险单位的数量，会出现提高风险事故发生频率的现象。例如，用两个仓库代替一个仓库存放货物，在降低了储存货物遭受风险事故损失程度的同时，却使得两个仓库都面临着遭受火灾或者其他损失的风险。

2）备份风险单位

备份风险单位是指再准备一份风险单位所需的零部件或设备，在原有零部件或设备不能正常使用时，备份风险单位可以代替原有设备发挥作用。使用备用的零部件或者设备，有助于抑制损失。例如，某医院每天大约需要6辆救护车，为了防止一些车辆发生故障、暂时不能使用而造成损失，医院决定再购买2辆救护车备用。通过备份风险单位的方式，医院解决了救护车紧缺或其在关键时刻无法正常运营的问题，起到一定损失抑制的作用。

需要注意的是，分散风险单位和备份风险单位这两种损失抑制方法，虽然都是对风险事故发生的结果采取一定措施来降低损失程度，但它们之间也存在一些区别，具体见表7-6。

表7-6 分散风险单位和备份风险单位的区别

类型	目的	采取的措施	对损失频率的影响
分散风险单位	使原有的风险单位变小，减少损失的程度	分离风险	因增加风险单位的数量，而提高了风险事故发生的频率
备份风险单位	通过重置风险单位，抑制损失	复制风险	不一定增加风险单位，故对风险事故发生频率无明显影响

7.4.3 风险转移

风险转移是指风险管理者将某一风险主体的损失责任转移给另一个主体来承担的风险管理行为，它与风险规避、风险控制这两种方法的比较总结列于表7-7。

表 7-7 风险规避、风险控制和风险转移的比较

项目	风险规避	风险控制	风险转移
处理风险的方式	风险管理者主动放弃或终止风险	以主动采取措施应对风险为手段，处理风险管理者不愿放弃且不能转移的风险	并未对风险做任何处理、允许其继续存在，而是将损失的责任转移给第三方来承担
管理风险的目的	为了消极地放弃或终止风险	积极对风险事故所致的损失频率和程度加以改善，使风险事故被控制在安全界限内	将风险事故可能带来的损失转移，以达到避免或减少损失的目的

风险转移的方法主要分为两类：一类是非保险转移，另一类是保险转移。

1. 非保险转移

非保险转移风险的方式有两种：把财产/活动的所有权或管理权转移给他人，即转移风险源；签订消除、减少转移方承担损失责任的条款或者消除转移方对他人承担的义务。

1) 转移风险源

转移风险源的所有权或管理权，可以部分或全部地将损失责任转移给他人承担。通常可采用下面几种方式转移风险源：

(1) 出售财产。风险管理者出售财产的同时，也将与财产相关风险全部转移给了购买该财产的个人或单位。例如，某人出售其所拥有的一幢房屋，这个房屋所面临的火灾等风险就随着房屋的出售被转移了出去。

(2) 租赁财产。财产租赁是指一方把自己的房屋、场地、运输工具或者设备等出租给另一方使用，并收取一定租赁费，这种行为可以使财产所有人部分地转移风险。例如，若双方租赁协议中规定，承租人对自己过失造成租借物的损坏、灭失，必须承担赔偿责任，则出租人就将财产面临的潜在损失风险转移给了承租人。

(3) 分包。风险管理者利用分包的方式，也可起到转移风险源的作用。例如，建筑工程中，承包商可利用分包合同转移风险，若承包商担心工程中电气项目的原材料和劳动力成本增加，就可以雇佣分承包商承接电气项目，显然这样承包商就通过分包减少了其承担的风险。

2) 签订转移风险的合同

签订合法有效的合同和条款，也是转移风险的一种方式，常见的有以下几种条款形式：

(1) 签订免除责任条款。签订免除责任条款是指合同的一方运用免责条款，将合同履行中可能发生的、对他人人身伤害或财产损失责任转移给另一方承担。例如，医生在给生命垂危的病人实施手术之前，会要求病人家属签字同意，若手术失败，医生不负责任。在这份协议中，医生没有避免带有风险的手术活动，而是通过免责协议转移了可能引起的责任风险。

(2) 签订转移责任条款。经济合同中的某些条款，可以起到转移财产风险或人身损失的作用。例如，建筑工程中，承包方可以在合同条款中约定，如果因为发包方的原因，致使工期延长而带来的损失，承包方有权追加承包工程的金额。这样承包方就运用相关条款将潜在的损失风险转移给了发包方。

(3) 签订保证合同。保证合同是指由保证人因被保证人行为不忠或不履行某种规定义务导致损失，而对权利人予以赔偿的一种书面合同。权利人借助保证合同条款可将被保证人违约风险转移给保证人，一旦发生合同规定的损失，权利人可从保证人处获得经济损失的赔偿。

2. 保险转移

保险转移是指通过分摊风险和意外损失来进行风险转移的方法。一旦发生保险责任范围内的风险事故，可由保险人向被保险人补偿其经济损失。风险管理者可根据风险主体自身特点选择投保某种商业保险，从而将一些人身、财产和责任风险转移给保险公司。

利用保险来进行风险转移的运作机制是：面对风险的各类主体投保商业保险，保险公司根据大数法则，将风险主体结合起来，按照损失分摊原则建立保险基金用来补偿发生风险事故的风险主体。换句话说，保险公司将少数风险主体遭受的损失交由同一险种的所有投保人共同分摊，这样，同一险种所有投保人的保险费用也就补偿了个别投保人发生风险事故的实际损失。

风险管理者采取保险方式转移风险，通常需要经过下面几个步骤[9]：

(1) 选择保险的范围。风险管理者可以根据标的物(即允许投保的风险主体)的风险状况、风险的轻重缓急程度，将需要投保的险种分为：基本保险、合意的保险和适用的保险。

(2) 选择保险人。风险管理者在选择保险人的时候，需要考虑保险公司的财务安全性、保险公司所能提供风险管理服务的质量、保险公司的信誉及其保险费用等。

(3) 保险合同条款谈判。若使用已经拟定的保险单、批单和附属保险单，风险管理者必须与保险公司对这些文件达成一致的意见，以此作为保险合同成立的基础。

(4) 定期审查保险计划。风险管理者必须定期审查风险主体的保险计划，例如，检查保单提供保障的范围是否保障了风险主体的重大风险隐患、检查风险主体索赔是否得到及时的补偿、评估保险公司风险管理服务的质量，以及比较保险费率的高低以决定是否继续向该保险公司投保等。

7.5　应急物流风险管理实例

在介绍了风险管理理论之后，本节借鉴文献[10]，围绕应急物流中风险管理实例，提出应急物流风险管理的框架模型，具体展示风险管理理论如何被应用在应急管理运作中。

7.5.1　应急物流风险识别

应急物流是指在应对突发灾害事件过程中所采取的一种物流运作模式。影响应急物流运作的风险因素很多，且各风险因素所引起后果的严重程度也不同。现从系统的观点出发，将引起应急物流风险的诸多复杂因素分解成比较简单、易被认识的基本单元，继而找出风险因素间的本质联系，以便分析它们引起应急物流变化的严重后果。

在对应急物流运作的风险进行识别时，风险识别的参与者应包括：应急物流管理队伍、风险管理小组以及来自各风险领域的专家。根据 7.2 节理论，在此主要从技术、环境、管理、操作四个方面对应急物流运作各阶段的风险因素进行识别，如图 7-10 所示[10]。

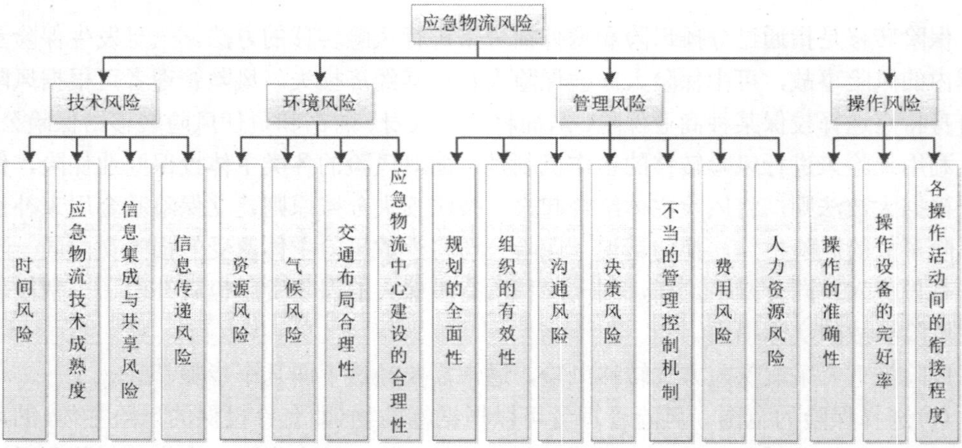

图 7-10 应急物流风险种类[10]

7.5.2 应急物流风险分析

进行应急物流风险分析的一个关键问题是数据采集，但在应急物流运作中又难以准确地收集相关风险信息数据，继而难以进行定量分析。基于上述原因，此处采用 7.3 节介绍的定性专家评分法、结合一种定量模糊评价法对应急物流风险发生的概率及其后果进行判定。

1. 应急物流风险发生损失概率的衡量

应急物流风险事件发生的概率很难进行直接定量化判定，通常由专家在拥有少许历史资料的基础上，依据自己的经验进行主观估计，得到风险发生损失的概率，具体步骤如下：

(1) 风险事件发生可能性的划分，可以将应急物流风险发生的可能性分为五个等级：a、b、c、d、e，如表 7.8 所示。

(2) 组织专家对风险事件发生概率进行判定。在此仅就应急物流运作技术反应阶段的“信息集成与共享风险”进行举例分析。依据专家评价法，可召集 10 名专家对风险发生的可能性进行估计，将评估结果列于表 7-8。

表 7-8　风险事件发生损失概率的划分及专家评价

等级	a	b	c	d	e
风险事件发生的可能性	极小可能性	不大可能性	很可能发生	极有可能发生	接近肯定发生
专家评价	0	0	1	2	6

2. 应急物流风险发生损失程度的衡量

由于应急物流运作风险由许多因素影响，并且这些风险因素大多是定性指标、难以定量化，对其损失程度评估难免带有模糊性和主观性。为使衡量结果尽量客观，此处采用模糊数学的方法进行综合评判。

模糊综合评价法是一种采用精确数学方法来描述边界不清、不易定量因素的一种评价方法，可以处理用其他评判方法无法处理的模糊信息。具体步骤如下。

1) 确立风险评价指标集

指标集的建立应该全面完整、简明科学，力求从系统角度找出风险评价指标的组成集合，记为：$U=\{U_1,U_2,\cdots,U_n\}$。通常风险管理都十分重视“进度、费用及技术性能”这三个因素[11]，故将这三个指标称做一般性指标。同时考虑到应急物流运作的突发性、不确定性、非常规性等特点，在应急物流风险管理中还需要重视“可靠性和柔性”这两个因素，称做独有性指标。因此，应急物流运作中的风险评价指标集可取为

$$U=\{柔性\ U_1,\ 进度\ U_2,可靠性\ U_3,\ 费用\ U_1,\ 技术性能\ U_5\}$$

2) 确立风险评价指标的权重集

为防止指标权重确定的片面性和主观性，可通过同行专家评分法、也可运用模糊互补判断矩阵的方法，来科学的确定权系数大小。下面分别介绍如何应用这两种方法来确定权重。

(1) 专家评分法。根据各个风险评价指标的重要程度，对各风险评价指标赋予相应的权数 a_i，从而组成风险评价指标的权重集合，记为 $A=\{a_1,a_2,\cdots,a_n\}$，且 $\sum\limits_{i=1}^{n}a_i=1$，其中 $a_i\geqslant 0$。

专家评分法决定权重的具体步骤是：先由专家按百分制对风险因素指标权重进行估计，然后采用下式进行归一化处理，即

$$a_j=\sum_{i=1}^{n}r_i b_{ij}\Bigg/\sum_{j=1}^{m}\sum_{i=1}^{n}r_i b_{ij}$$

式中，m 为评估因素指标数目；n 为专家人数；r_i 为第 i 个专家的可信度 $(0\leqslant r_i\leqslant 1)$；$b_{ij}$ 为第 i 个专家对第 j 个风险因素指标权重的初步估计；a_j 为风险因素指标 j 的最终权重数。

(2)模糊互补判断矩阵法。在复杂得多属性决策中，当风险因素评价指标较多时，确定各指标权重较困难，常采用判断矩阵表示决策者对于风险因素指标权重比较的偏好信息。

从判断矩阵中元素构成的方式来看，大致分为两类：一类是正互反判断矩阵；另一类是模糊互补判断矩阵。与正互反判断矩阵相比，模糊互补判断矩阵更符合人们心理习惯，更容易被决策者掌握。

模糊互补判断矩阵的定义是[12]：若二元对比矩阵 $P=(p_{jk})_{n\times n}$ 满足 $p_{ii}=0.5,\quad i=1,2,\cdots,n$；$p_{jk}+p_{kj}=1,\quad k,j=1,2,\cdots,n$，则称矩阵 P 为模糊互补判断矩阵。

互补判断矩阵 $P=(p_{ij})_{n\times n}$ 能够给出各个风险因素指标比较的重要程度，用 $(0,1)$ 之间的模糊数表示指标 i 相对于指标 j 的重要程度：$p_{ij}=0.5$ 表示同样重要；$p_{ij}<0.5$ 表示指标 i 不如指标 j 重要，数值越小越不重要；$p_{ij}>0.5$ 表示指标 i 比指标 j 重要，数值越大越重要。

决策者对所有风险因素指标进行两两比较，并构造一个完整的判断矩阵，这需要进行 $n(n-1)/2$ 次比较。通过互补判断矩阵，可确定各个风险因素指标的权重为

$$w_i=\frac{\sum\limits_{j=1/j\neq i}^{n}p_{ij}}{\sum\limits_{i=1}^{n}\sum\limits_{j=1/j\neq i}^{n}p_{ij}}$$

现用专家评分法确定应急物流运作中各风险因素指标的权重，仍然以“应急物流运作中的信息集成与共享风险”为例进行分析，组织专家对各风险评价指标权重进行初步评估，并将评估结果列于表 7-9，其中专家的可信度{0.95,0.85,0.75,0.85,0.75, 0.9,0.8,0.7,0.9,0.8}。

表 7-9 风险因素评价指标权重初步的评估结果[10]

评价指标	专家									
	E_1	E_2	E_3	E_4	E_5	E_6	E_7	E_8	E_9	E_{10}
U_1	85	90	90	85	90	90	90	90	85	95
U_2	100	95	90	95	100	95	95	85	100	90
U_3	95	85	95	90	95	85	85	95	90	85
U_4	70	75	75	75	75	75	75	75	70	75
U_5	80	80	80	80	80	80	80	75	75	80

然后利用 $a_j=\sum\limits_{i=1}^{n}r_ib_{ij}\Big/\sum\limits_{j=1}^{m}\sum\limits_{i=1}^{n}r_ib_{ij}$ 对风险因素评价指标权重进行综合处理，得 $A=\{0.207,0.221,0.209,0.177,0.186\}$。

3) 确定风险损失程度的评估等级

$V=\{V_1,V_2,\cdots,V_n\}$，其中，V_i 是 U_i 对不同损失程度的隶属度。一般可将风险程度等级分为 5 级：影响极小或无影响的损失为 V_1；采取一些缓解措施使其影响可接受的损失为 V_2；采取重大缓解措施使其影响可接受的损失为 V_3；无法采取任何缓解措施、其影响勉强可接受的损失为 V_4；无法采取任何缓解措施、且影响不能被接受的损失为 V_5。

组织专家对“应急物流运作中的信息集成与共享风险”进行风险损失程度的评估，其结果见表 7-10。

表 7-10　风险损失程度的评估结果[10]

评价指标	V_1		V_2		V_3		V_4		V_5	
	评估人数	比例/%	评估人数	比例/%	评估人数	比例/%	评估人数	比例/%	评估人数	比例/%
U_1	0	0	3	30	4	40	2	20	1	10
U_2	1	10	3	30	3	30	2	20	1	10
U_3	0	0	1	10	3	30	4	40	2	20
U_4	0	0	3	30	3	30	3	30	1	10
U_5	0	0	2	20	4	40	3	30	1	10

4) 建立风险损失的模糊评判矩阵

由 3) 的结果建立风险单因素损失评价模糊评判矩阵 $C=\begin{pmatrix} c_{11} & c_{12} & \cdots & c_{1n} \\ c_{21} & c_{22} & \cdots & c_{2n} \\ \vdots & \vdots & & \vdots \\ c_{n1} & c_{n2} & \cdots & c_{nn} \end{pmatrix}$，此模糊评判矩阵可由模糊评价统计的方法得到。所谓模糊统计的方法是指在风险因素相关背景、数据和情况的基础上，专家对被评价对象(此处为应急物流风险因素指标)按风险事件发生后的损失评估来确定等级，然后统计所有专家在各风险等级间的频数 m，由以下式子 c_{ij}=对第 i 个风险因素做出第 j 等级评价的专家人数 m/参加评价的总专家人数，可求得模糊评判矩阵中的元素 c_{ij}，最终构成一个模糊评判矩阵。

基于表 7-9 中所列结果，对“应急物流运作中信息集成与共享风险”建立模糊评判矩阵，得风险损失的模糊评判矩阵

$$C=\begin{pmatrix} 0 & 30 & 40 & 20 & 10 \\ 10 & 30 & 30 & 20 & 10 \\ 0 & 10 & 30 & 40 & 20 \\ 0 & 30 & 30 & 30 & 10 \\ 0 & 20 & 40 & 30 & 10 \end{pmatrix}$$

5) 进行综合风险损失的判定

即计算风险评价指标权重向量与模糊评判矩阵的乘积

$$L = A\cdot C = (a_1, a_2, \cdots, a_n)\cdot\begin{pmatrix} c_{11} & c_{12} & \cdots & c_{1n} \\ c_{21} & c_{22} & \cdots & c_{2n} \\ \vdots & \vdots & & \vdots \\ c_{n1} & c_{n2} & \cdots & c_{nn} \end{pmatrix}$$

$$= (0.207, 0.221, 0.209, 0.177, 0.186)\begin{pmatrix} 0 & 30 & 40 & 20 & 10 \\ 10 & 30 & 30 & 20 & 10 \\ 0 & 10 & 30 & 40 & 20 \\ 0 & 30 & 30 & 30 & 10 \\ 0 & 20 & 40 & 30 & 10 \end{pmatrix}$$

$$= (2.21, 23.96, 33.93, 27.81, 12.09)$$

按照最大隶属原则，此例中“信息集成与共享风险”的损失程度对应于采取重大缓解措施能使其影响可接受的 V_3。

3. 应急物流风险等级的评价

风险等级表示潜在风险对风险主体影响程度的大小，是对事件发生概率和事件后果的一种综合度量，在此可将应急物流风险等级分为高、中、低三级，详见表 7-11。

表 7-11　应急物流风险矩阵

概率	程度				
	V_1	V_2	V_3	V_4	V_5
a	低	低	低	低	中
b	低	低	低	中	中
c	低	中	中	中	高
d	低	中	中	高	高
e	低	中	高	高	高

在对应急物流风险损失概率与损失程度判定的基础上，根据表 7-11 可对应急物流风险的等级进行评价。例如，若应急物流反应阶段信息集成与共享风险损失发生的概率为 e，而由以上模糊综合评价判定其风险程度为 V_3，查表 7-11 便可得出其风险等级为高。

7.5.3　应急物流风险管理决策

综合以上风险识别、衡量及评价结果，能够得到应急物流风险管理决策方案，详列于表 7-12[10]。

表 7-12　应急物流风险管理决策方案[10]

类别	风险因素	风险造成的后果	风险的应急管理对策
技术风险	时间风险	降低响应速度及交货柔性	利用现代通信技术加速信息传输速度及实施科学运作管理，加强对应急物流各环节的实时控制
	应急物流技术成熟度	降低运作的有效性、可靠性，影响运作的进度	充分利用现代较成熟的技术，积极发展先进的应急物流技术
	信息集成与共享风险	降低信息准确性、时效性及信息系统的先进性	采用应急反应电子信息公用数据标准，实现政府、地方与市民之间的信息共享一体化
	信息传递风险	降低信息传递速度、质量	设计合理、稳健的应急物流管理信息架构，提高信息系统运行的可靠性
环境风险	资源风险	影响运作进度，降低应急物流运作的连续性	加强有关应急物资的储备，并提高在应急情况下资源的获取能力
	气候风险	降低运输、配送及其他环节的可操作性	分析气候对物流运作的影响，加强在不同气候下的适应性应急训练，做好充分应对措施
	交通布局合理性	降低运输、配送环节的效率	在现有交通布局的条件下，充分优化物流运作的高效性
	应急物流中心建设的合理性	影响对应急事件的反应方式和速度	进一步加强应急物流中心的规划设计与运作管理
管理风险	规划的全面性	降低运作的柔性，影响运作进度	加强应急物流运作机制和管理的研究，深入分析应急物流运作的影响因素
	组织的有效性	降低运作的协调性、一致性及效率	加强应急物流机构运作流程间及不同应急机构间的沟通和联系
	沟通风险	降低运作环节的无缝性及协同运作的能力	充分利用现代信息技术，建立多种沟通渠道，加强合作关系，实施有力监督
	决策风险	降低运作目标的正确性、清晰性	掌握充足的信息，组建有效的决策团队及基于历史数据构建高效的智能决策支持系统
	不当的管理控制机制	降低物流运作的可控性，随机性增大	构建完整的风险管理结构和系统的运作体系，实时进行运作评价并及时修正反馈
	费用风险	给应急物流运作费用带来超支的可能	明确各机构的任务，合理进行运作费用预算，提高对技术运用、运作进度的控制力
	人力资源	降低运作管理的智力支持	加强应急物流管理人才挖掘、培训
操作风险	操作准确性	影响运作的进度	加强平时应急操作训练，熟悉操作设备的性能
	操作设备的完好率	影响运作的进度，增加费用	加强平时应急设备的保养，提高维修技能
	各操作活动间的衔接程度	影响进度及运作目的达成	加强操作的实时控制，提高各个操作机构自身各阶段及机构间活动衔接的无缝性

参 考 文 献

[1]　刘钧. 风险管理概论(第二版)[M]. 北京: 清华大学出版社, 2008.

[2]　刘新立. 风险管理[M]. 北京: 北京大学出版社, 2006.

[3]　顾孟迪, 雷鹏. 风险管理(第 2 版)[M]. 北京: 清华大学出版社, 2009.

[4]　Chou S Y, Chang Y H , Shen C Y. A fuzzy simple additive weighting system under group decision-making for facility location selection with objective/subjective attributes[J]. European Journal

of Operational Research, 2008, 189(1): 132-145.

[5] Fabiano B, Currò F, Reverberi A P, et al. Dangerous good transportation by road: from risk analysis to emergency planning[J]. Journal of Loss Prevention in the Process Industries, 2005, 18(4-6): 403-413.

[6] Zimmer M, Wassmer R, Latasch L, et al. Initiation of risk management: incidence of failures in simulated emergency medical service scenarios[J]. Resuscitation, 2010, 81(7): 882-886.

[7] Pezzullo L , Filippo R D. Perceptions of industrial risk and emergency management procedures in Hazmat Logistics: a qualitative mental model approach[J]. Safety Science, 2009, 47(4): 537-541.

[8] Contini S, Bellezza F, Christou M D, et al. The use of geographic information systems in major accident risk assessment and management[J]. Journal of Hazardous Materials, 2000, 78(1-3): 223-245.

[9] Harrington S E, Niehaus G R. 风险管理与保险[M]. 陈秉正, 王珺, 周伏平译.北京: 清华大学出版社, 2005.

[10] 赵勇, 封少娟, 刘佳. 应急物流风险分析研究[J]. 物流科技, 2006, 29(9): 9-13.

[11] Kourniotis S P, Kiranoudis C T , Markatos N C. A systemic approach to effective chemical emergency management[J]. Safety Science, 2001, 38(1): 49-61.

[12] 徐泽水. 残缺互补判断矩阵[J]. 系统工程理论与实践, 2004, 24(6): 91-97.

第8章　应急协调管理

一个完善的应急管理体系只有保证各方面高效协调的运作，才能实现各职能机构协同作战，实现应急活动中人力、物力、财力等资源的优化运作，从而有效控制并减小突发事件所造成的损失。因此，应急体系中的协调运作管理同样值得关注。

本章拟从几个不同角度探讨应急活动中的协调机制，包括：应急准备中的资源储备协调、应急救援中的资源调配协调、贯穿应急整个过程的信息协调，以及基于契约的应急协调模式。

8.1　应急资源储备协调

应急资源是指在突发事件的应急管理中，能够短时间内被迅速调度或积极响应的各类资源的总称，既包括防灾、救灾、恢复等环节所需要的各种物资资源，也包括突发事件应急救援中所需的技术和人才等资源。在应急准备活动中，对应急资源进行协调储备以保障对受灾区域的资源供应，是应急资源协调管理的关键问题之一。

8.1.1　应急资源

合理储备应急资源是应急准备环节中首要完成的协调保障工作。鉴于突发事件具有不确定性、突发性强、涉及面广、破坏力大的明显特征，有时很难预测突发事件的发展态势，故事先做好各种救灾的综合应变措施、加强各种资源的合理储备至关重要。

充足的应急资源是实施紧急救助、安置灾民的基础和保障，它主要包括救灾物资、应急设备与设施、预防突发事件的技术和救灾人才等形式[1]（表8-1）。

表8-1　应急资源的分类

类型	内容
救灾物资	救生类：救生船（艇）、救生圈（衣）、探生仪器、小型起重设备等 生活类：衣被、方便食品、救灾帐篷、净水器械等
设备与设施	基本装备：通信装备、交通工具、照明装备和防护装备等 专用救援装备：侦检装备、医疗急救器械和急救药品、应急设备等
技术资源	卫星遥测、通信和高精度对地观测技术，以及计算机网络技术等空间和属性数据
人才资源	对各种突发事件进行研究的人才 进行突发事件应急救援的人才：各级政府、气象、公安消防、医疗和军队等

1. 救灾物资

为切实保障应对突发事件时救灾物资的供应投放，在常态下应建立若干救灾物资储备中心，即救灾物资仓库，专项储存用于紧急抢救、转移、安置灾民和安排灾民生活的各类物资。在救援物资的准备过程中，需要注意以下事项。

1)编制救灾物资分类目录

救灾物资一般分为两类：① 简单的救生类，如救生船(艇)、救生圈(衣)、探生仪器、小型起重设备等；② 生活类，如衣被、方便食品、救灾帐篷、净水器械等。

2)救灾物资的科学储存管理

为保质保量供应救灾物资，要按照“分类管理、管理科学、进出规范”的原则，引入现代化管理手段，做好物资的购置、入库、保管、出库、维护等方面储存管理工作：① 建立救灾储备物资管理制度；② 严格救灾物资储备仓库的建设和管理标准；③ 规范救灾储备物资入库、出库、存放管理的要求。

3)救灾物资的合理调拨利用

必须严格按照相关制度和程序，做好救灾储备物资的调拨管理，严防意外事件或贪污挪用现象的发生：① 建立救灾储备物资的使用审批程序；② 明确救灾储备物资的调运接受要求；③ 加强救灾物资的调拨管理检查。

4)救灾物资的使用和回收

为提高物资的使用效率、节约成本费用，需要加强对救灾物资的使用和回收工作：① 明确救灾储备物资发放使用要求，做到公开发放；② 订立回收物资合同，以明确责任；③ 确定救灾储备物资使用回收期限以及报废处理办法，及时处理报废物资，避免造成不良影响。

2. 应急设备与设施

应急设备与设施的储备是开展应急救援工作必不可少的前提，为保障应急救援工作的有效实施，各应急部门需要在应急准备阶段做好应急设施设备的配备。其中装备资源尤为重要，只有依靠精良的装备才能更有效发挥应急救援能力。根据实用性、功能性、耐用性、安全性以及客观条件配置，应急装备通常可分为两大类：基本装备和专用救援装备。

1)基本装备

基本装备，通常是指应急救援工作所需的通信装备、交通工具、照明装备和防护装备等。

(1)通信设备。通信设备分为有线和无线两类，在应急救援工作中，常常采用无线和有线两套装备配合使用，如移动电话、固定电话、对讲机、传真机等。

(2)交通工具。良好的交通工具是实施快速救援的可靠保证，在应急救援中可配合运用汽车、飞机、铁路运输等不同工具，以提高救援行动的快速机动能力。

(3)照明装备。照明装备的种类较多，在配备照明工具时除了应考虑照明的亮度外，还应该根据突发事件现场的特点，注意其安全性能。如工程救援所用的电筒应选择防暴型电筒。

(4)防护装备。个人防护装备包括防毒面具和防护服。应急救援行动中的各类救援人员均需配备个人防护装备。如救援指挥人员、医务人员和其他进入污染区域的救援人员应配备密闭型防毒面罩。

2) 专用救援装备

专用救援装备主要指各专业救援队伍所用的专用工具或物品，这些装备需要具备实用、耐用和安全的原则，也可利用救援经验及时动手研制一些简易可行的救援工具进行储备。

(1) 侦检装备。这类装备具有快速准确的特点。例如，应急救援中采用的专用检测车，车上不仅配有取样器、检测仪器，还装备了计算机处理系统，能够及时对水源、空气、土壤等样品就地进行分析处理，以提供应急管理所需的各种救援数据。

(2) 医疗急救器械和急救药品。为便于紧急调用，需要编制突发事件医疗急救器械和急救药品配备标准，且需根据不同突发事件种类，对应急器械和药品按标准、按需合理配置。如应急救援中按标准数量配备救护车、担架、氧气、急救箱等医疗支持设备。

(3) 应急设备。应急救援所需的常用应急设备和工具有：消防设备(输水装置、软管喷头、自用呼吸器、便携式灭火器等)；危险物资泄漏控制设备(泄漏控制工具、探测设备、封堵设备、解除封堵设备等)；应急电力设备(备用的发电机等)；重型设备(翻卸车、推土机、起重机、叉车、破拆设备等)。

3. 技术资源

科学技术的发展为突发事件应急救援提供了有效手段，随着卫星遥测、通信和高精度对地观测技术的发展，以及计算机网络技术的日益增强，利用地理信息技术、全球定位系统可以迅速获得突发事件信息，并及时启动应急管理措施来实施应急救援。

1) 技术储备工作

在应急过程中，要加强科技开发与转换能力，利用现有一些成熟应急技术进行技术沉淀、扩充技术资源，为突发事件的科学化应急管理提供技术保障，包括以下两方面工作。

(1) 应急技术的基础性研究，主要是对各种突发事件的内在机理、群发和伴生特性以及它们在时间和空间上的变化规律等方面的研究。

(2) 应急技术方案的应用性研究，主要是以现代航天、通信、遥感以及信息处理技术为基础，对各类突发事件的发生、发展、消亡以及影响它们的各种因素进行连续观测和监视。

2) 应急安全信息

在技术资源中，通常也需要重点关注一些与安全相关的信息，它们是在实现安全规划、应急指挥、事故分析模拟等过程中所必需的数据，这些数据一般与地理信息相关联，主要包括空间数据和属性数据。尤其在应急准备过程中，应突出安全信息的收集、协调和共享，建立应急信息协调系统，以提高突发事件的应急处置效率。

(1) 空间数据主要包括消防安全设施、危险源、重点防护保卫目标、应急救援力量的空间分布，以及供水、供电、供气的管道分布和闸门开关位置分布等安全信息。

⑵属性数据包括如救援设施、装备、物资、药品等使用情况的数据信息。

4. 人才资源

应急人才资源主要分为两类：对各种突发事件进行研究的人才和进行突发事件应急救援的人才队伍。提高应急人才资源的储备水平，不仅需要建立应急救援人力资源库，方便平时的管理、核查和灾时调用，还需注重加强基层救援技术专业队伍的建设，以不断提高社会群防群救的能力。

在应急救援工作中，往往需要来自以下各部门不同方面人才的协调配合。

⑴各级政府。常态下由政府制订应急预案，明确责任，依据应急任务需求进行编组及任务分配，并根据作业流程组织协调实施操作演练；若遇突发事件，由政府统一指挥、立即进行灾情的搜集与研究判断，并下达各项应急救援命令。

⑵气象部门。若发生自然灾害突发事件时，能够及时发布灾害地区的气象预报。

⑶公安消防部门。在突发事件发生时，公安消防部门及时处警，进行第一时间的救援工作，对事故现场或灾区实施交通与道路管制、进行通信和治安的维护。

⑷医疗部门。建立紧急医疗救护系统，将伤者及时送至医疗院所，并对灾区进行防疫工作。

⑸军队。将受过各种特种训练的官兵投入应急救灾工作，如打通灾区对外联系通道、就地救助伤者等，以争取应急救援时效。

8.1.2 应急资源储备模式

为了最大限度降低突发事件造成的损失，保障人们的生命财产安全，需要建立各级应急资源储备体系，一方面可通过做好预防工作避免许多突发事件的发生，另一方面可保证当突发事件发生时能够及时控制灾害发展的势头。

当自然灾害等突发事件发生时，短时间内需要供应大量应急资源，这要求在应急准备时期做好充足的资源储备。本节以应急资源中的救灾物资为例，介绍几种目前我国常用的应急物资储备模式：政府储备、协议企业实物储备、协议企业生产能力储备以及其他储备方式[2]。

1. 政府储备模式

政府储备是指国家及各级地方政府为了应对突发事件，对一些至关重要的应急物资在各级应急物资储备库进行储备的活动[2]。政府储备分为中央储备和地方政府储备，是应急物资最主要、最直接、最可靠的来源。较大型的突发事件发生后，首先从当地政府应急物资储备库运送和分配应急物资，当地应急物资储备库应急物资不能满足需求时，会从临近区域地方应急物资储备库、中央级救灾物资储备库调拨，甚至发生全国范围的应急物资调运。

政府储备模式的优点：具有物资供应迅速、保障能力强等特点；政府应急物资储备基本形成了点面结合的仓储网络，有利于全方位对储备物资进行统一规划管理；政府储备库高度的组织性和纪律性，可确保完成应急储备物资的大规模异地调运。而政府储备模式的缺点是，由政府独自承担应急物资的储备任务，管理压力较大、管理成本较高，且不利于应急物资的轮换。这种储备模式通常是针对非常重要、紧缺且需求紧急的物资，如国内缺乏的资源，生产水平低、缺少替代品、运输线长的产品等。

政府进行应急物资储备，会产生应急物资的采购成本和储存成本。假设历年来某类应急物资的年平均需求量为D，政府对该类应急物资的储备量为D，该年当地对于应急物资的需求也为D。应急物资单位价格为P，单位产品在单位时间内的储存成本为C_2。则政府储备库在单位时间内储备数量为 D 的应急物资所耗费的总成本 C 可表达为$C=DP+DC_2$。

2. 协议企业实物储备模式

协议企业实物储备是指国家及各级政府在实物储备之外，通过与相关企业签订储备合同，将一部分应急物资交由企业储备管理，以保证应急物资供应的方式[2]。

协议企业以实物形式进行应急物资储备主要是为了应对突发事件，是应急资源储备管理体系中一个重要的有机构成：政府部门在与相关企业签订协议时，可以通过应急物资储备补贴的方式对协议企业实物储备进行一定额度的补偿，使协议企业愿意持有适量的应急储备物资，以供应急需求产生时可迅速被调用。

采用协议企业实物储备模式的优点[2]：一方面，可以有效利用企业储备的规模优势，降低应急物资储备成本；另一方面，也便于储备物资的轮换，有利于应急物资品质的提高。尤其对于保质期较短的物资，由协议企业进行储备是一种较好的方式。例如，地方政府往往都会与辖区内的几家大型生产企业和商贸流通企业签订储备协议，进行食品类、生活用品类物资及部分救生器材的储备，以满足突发事件中应急物资的需求。

但需要注意的是，企业毕竟以盈利为目的，其保障能力较政府要低。故在协议企业储备模式中，政府要加强对协议企业的监管，以保证协议企业应急物资实物储备的数量和品质。

协议企业实物储备模式下，应急物资的储备完全交由协议企业完成，假设历年来某类应急物资的年平均需求量为D，协议企业对该类应急物资的储备量为D，该年当地对应急物资的需求也为D。应急物资单位价格为P，应急物资单位生产成本为C_1，单位产品在单位时间内的储存成本为C_2'。政府支付协议企业储备应急物资的补贴C_3，设C_3为协议储备量的一次函数，即$C_3 = a + \alpha D$。其中α为储备量D的分段函数，即

$$\alpha = \begin{cases} \alpha_1, & 0 < D \leqslant H_1 \\ \alpha_2, & H_1 < D \leqslant H_2 \\ \quad \cdots\cdots & \\ \alpha_n, & H_{n-1} < D \leqslant H_n \end{cases}，且 \alpha_1 < \alpha_2 < \cdots < \alpha_n$$

协议企业在单位时间内储备数量为 D 的应急物资所支出的成本为 C_s，则有 $C_s = C_1D + C_2'D - a - \alpha D$。相应地，政府所支出的成本可表达成 $C_r = PD + a + \alpha D$。应急资源储备体系(政府和协议企业双方)总成本为 C，$C = C_s + C_r = (C_1 + C_2')D + PD$。

由于协议企业实物储备在保障能力上不及政府储备库储备，因此，对于某类应急物资采用协议企业实物储备模式应该满足以下两个条件：

(1)采用协议企业实物储备模式时，其储备成本应小于采用政府储备库储备模式时的成本，即 $C_2' < C_2$，即协议企业在单位时间内储备单位应急物资的成本要小于政府单位时间单位物资的储备成本。

(2)储备量为 D 的应急物资，采用协议企业实物储备模式时，政府支出成本应小于采用政府储备库储备模式时的政府支出成本，即 $PD + a + \alpha D < PD + C_2D$，也就是 $a + \alpha D < C_2D$，政府支付协议企业的补贴应小于政府储备同样数量应急物资的储备成本。

3. 协议企业生产能力储备模式

协议企业生产能力储备是指政府选择具有一定生产能力的企业作为储备企业，由储备企业保有一定的富余生产能力，当突发事件发生时可根据实际需要，在短时期内迅速提高其生产能力、进行紧急生产、提供足够应急物资满足应急需求的模式[2]。在实践中，一般可通过政府与企业签订紧急供货协议、紧急征用合同或采用期权的方式予以实现。

协议企业生产能力储备主要针对因实物储备过少而影响应急救援、或者因实物储备过多而增加成本的情况。这种储备模式通常适用于不易长期储存或储存需占太多空间、且转产时间短而生产无需很长周期的物资，主要有以下三种类型：医药或食品等保质期相对较短、不易做实物储备的物资；物资需求量小、本区域资源相对丰富且获取容易的物资；物资生产周期短、扩大生产容易的物资。但由于物资生产毕竟需要一定时间，因此该模式较协议企业实物储备模式的保障能力更弱，不适用于时效性强的应急物资储备。

协议企业生产能力储备模式下，假设历年来某类应急物资的年平均需求量为 D，协议企业对该类应急物资的生产能力储备量为 D，该年当地对于应急物资的需求也为 D。应急物资单位价格为 P，应急情况下物资单位生产成本仍为 C_1。协议企业所获生产能力的补贴为 C_4，$C_4 = d + \gamma D$。协议企业保有生产能力的能力储备成本为 C_4'，且 $C_4' = e + \delta D$。

协议企业在单位时间内对数量为 D 的应急物资进行生产能力储备时，所支出的成本为 C_s，则 $C_s = C_1D + (e + \delta D) - (d + \gamma D)$。相应地，政府支出的成本为 $C_r = PD + d + \gamma D$。应急资源储备体系的总成本为 C，$C = C_s + C_r = PD + C_1D + (e + \delta D)$。

由于协议企业生产能力储备在保障能力上不及政府储备库储备，因此，对于某类应急物资采用协议企业生产能力储备模式应该满足以下两个条件：

(1)储备量为 D 的应急物资生产能力，采用协议企业生产能力储备模式时，其储备成本应小于采用政府储备库储备模式的成本，有 $e + \delta D < C_2D$，即协议企业在单位时间

内对单位应急物资生产能力的保有成本要小于政府单位时间单位物资的储备成本。

(2) 储备量为 D 的应急物资生产能力，采用协议企业生产能力储备模式时，政府支出成本应小于采用政府储备库储备模式时的政府支出成本，有 $PD+d+\gamma D<PD+C_2D$，即 $d+\gamma D<C_2D$，政府给协议企业的补贴应小于政府储备同样数量应急物资的储备成本。

4. 其他储备方式

面对突发事件，除上述三种储备模式常被用来保障应急物资的需求外，政府还会采用直接征用、紧急采购、社会捐赠、国际援助等方式获取应急物资[2]。

(1) 直接征用就是指政府依据应急法律法规，在事先不履行物资筹措程序的情况下，对一些生产流通企业所生产或经销的物资进行征用，以满足应急需要。事后，政府再对所征用物资的品种、规格、数量以市场平价与企业进行结算和补偿。

(2) 对于食品、生活必需品、部分建材工具等来源广且易获取的普通物资，政府也经常直接向制造商进行紧急采购，以减少流通环节、降低采购流通成本、加快应急资源筹措速度。例如，在 2008 年四川汶川地震中，根据四川省提供的急需救灾药品清单，发改委协调中国医药集团立即进行市场紧急采购 6%羟乙基淀粉 130/0.4 氯化钠注射液 10 万瓶、甘露醇 200 件、敌敌畏 1000 件，紧急发往成都[3]。

(3) 重特大突发事件发生后，社会各界会自发或有组织地捐款捐物，捐赠的物资在一定程度上也能缓解应急资源的需求。一般而言，社会捐助物资的数量与突发事件大小及政府、媒体的宣传号召力度呈正相关。2008 年的四川汶川地震激发了国内外社会各界空前的捐赠热情，半个多月就募捐了数百亿元捐赠款物，极大地推动了抗震救灾工作的开展，也为灾后重建工作打下了基础。

8.1.3　应急资源协调储备模式

考虑到应急物资种类的多样性、需求环境的复杂性，单纯采用一种储备方式对某种应急物资进行储备，有可能会产生保障能力不足、储备成本过高、资源得不到有效利用等诸多问题。根据不同储备方式在保障能力和储备成本上的差异，应急管理中可以多样化某些应急物资的储备主体，即以多种储备方式联合的模式进行协调储备。

依照“科学性、互补性、应急需求保障、储备成本节约化”的原则，将政府储备、协议企业实物储备、协议企业生产能力储备这三种储备方式进行不同的组合，可构成多种应急资源协调储备模式。以不同模式协调储备适当种类的应急物资，能够在保障应急需求的前提下节约储备成本、提高资源利用效率。借鉴文献[2]，将各种储备模式的比较总结于表 8-2 中[2]。

表 8-2 应急资源储备模式比较

储备模式	储备主体	政府成本	协议企业成本	保障能力/总成本排序
政府储备	政府	采购成本 储存成本	生产成本	1
协议企业实物储备	协议企业	采购成本 实物补贴	生产成本 储存成本	4
协议企业生产能力储备	协议企业	采购成本 生产能力补贴	生产成本 生产能力持有成本	6
政府与协议企业实物协调储备	政府和协议企业	采购成本 储存成本 实物补贴	生产成本 储存成本	2
政府与协议企业实物、生产能力协调储备	政府和协议企业	采购成本 储存成本 实物补贴 生产能力补贴	生产成本 储存成本 生产能力持有成本	3
协议企业实物、生产能力协调储备	政府和协议企业	采购成本 实物补贴 生产能力补贴	生产成本 储存成本 生产能力持有成本	5

本节拟重点介绍应急物资的三种协调储备模式：政府与协议企业实物协调储备，政府与协议企业实物储备、生产能力协调储备，以及协议企业实物、生产能力协调储备。

1. 政府与协议企业实物协调储备模式

在该种储备模式下，应急物资由政府和协议企业共同以实物的形式进行协调储备：政府储备的应急物资从协议企业处购进，在自身储备的同时，也以政府补贴形式由协议企业储备一定量的应急物资。

采用这种协调储备模式的优点：一方面可以利用协议企业储备的成本优势，另一方面有了政府的共同参与可更有效地保证应急物资保障能力。采用这种储备模式的通常是救援运输、防护类等重要级应急物资以及生命救助、生命支持、临时食宿类等紧急级应急物资。在此种协调储备模式下，需要综合保障能力和储备成本对应急物资的储备量做出优化决策。

设政府储备量为 D_1，协议企业储备量为 D_2，应急物资需求量为 D，有 $D = D_1 + D_2$。应急物资单位价格为 P，单位生产成本为 C_1，政府单位时间单位产品储存成本为 C_2，协议企业单位时间单位产品储存成本为 C_2'，协议企业实物储备补贴为 C_3，$C_3 = b + \beta D_2$。

则有政府的支出成本为 C_r，$C_r = PD + C_2 D_1 + b + \beta D_2$。协议企业的支出成本为 C_s，$C_s = C_1 D + C_2' D_2 - b - \beta D_2$。应急储备的总成本为 C，$C = PD + C_1 D + C_2 D_1 + C_2' D_2$。

对于某类应急物资，若采用政府与协议企业实物协调储备模式需要满足以下三个条件：

(1) 总储备量为 D 的应急物资，采用政府与协议企业实物协调储备模式时，总成本小于采用政府储备模式的总成本，即 $PD + C_1 D + C_2 D_1 + C_2' D_2 < PD + C_2 D + C_1 D$，可得

$C_2' < C_2$，说明协议企业在单位时间内储备单位应急物资的成本要小于政府单位时间单位物资储备成本。

(2) 对于政府，采用政府与协议企业实物协调储备模式的支出应不大于单纯采用政府储备模式的支出，即 $PD + C_2D \geqslant PD + C_2D_1 + b + \beta D_2$，也就是 $C_2D_2 \geqslant b + \beta D_2$，说明政府支付协议企业的补贴应不大于政府储备同样数量应急物资的储备成本。因此，协议企业的储备量 D_2 要满足条件 $D_2 \geqslant b/(C_2 - \beta)$，这就为政府对协议企业的选择提出了要求。

(3) 企业是盈利型组织，作为应急物资的协议储备企业对于应急物资的储备存在成本，政府补贴必须达到一定比例，即 $b + \beta D_2 \geqslant hC_2'D_2\ (0 < h < 1)$。此时，企业才会进行应急物资储备。

在政府与协议企业实物协调储备模式下，由于政府对协议企业储备物资的控制力不及政府自身储备，故协议企业储备也存在一定的风险，政府通常会通过采用多源供应、签订多个协议企业来分散这种风险。但需要注意的是，由于协议企业的补贴是储备量的线性函数 $C_3 = b + \beta D_2$（b 是每一个协议企业的固定补贴，β 是一个分段函数），储备量越低，单位应急物资的储备补贴越低。若增加协议企业数量，不仅会导致单位应急物资储备补贴的降低，也增加了固定补贴金额。因此，在政府与协议企业实物协调储备模式下，要协调好保障能力与补贴成本的关系，选择最为恰当的协议企业数量以及与各企业签订的最优协议储备量。

2. 政府与协议企业实物、生产能力协调储备模式

在这种储备模式下，对某类应急物资，政府和协议企业保有实物储备的同时，也由协议企业保有一定生产能力储备。当突发事件发生时，首先动用实物储备，实物储备不足时启用生产能力储备进行紧急生产，以满足应急物资需求[2]。

假设突发事件下对某类应急物资的需求总量为 D，划分成由政府储备 D_1，协议企业储备 D_2，剩余量 D_3 则由企业进行生产能力储备。当突发事件发生时，由协议企业启动生产能力储备进行生产，且设应急时生产成本与常态下生产成本相等。设协议企业所获实物储备补贴为 C_3，$C_3 = b + \beta D_2$。协议企业所获生产能力的补贴为 C_4，$C_4 = d + \gamma D_3$。协议企业单位时间单位物资储存成本为 C_2'，协议企业保有生产能力储备的成本为 C_4'，且 $C_4' = e + \delta D_3$。

此时，政府成本支出为 $C_r = PD + C_2D_1 + b + \beta D_2 + d + \gamma D_3$，协议企业实物储备成本为 $C_s = C_1D_2 + C_2'D_2 - b - \beta D_2$，协议企业生产能力储备成本为 $C_s' = C_1D_3 + (e + \delta D_3) - (d + \gamma D_3)$。应急储备总成本 $C = PD + C_1D + C_2D_1 + C_2'D_2 + e + \delta D_3$。

对于某类应急物资，采用政府与协议企业实物、生产能力协调储备模式需满足六个条件：

(1) 储备量 $D_1+D_2+D_3$ 的应急物资用政府与协议企业实物、生产能力协调储备的总成本要低于政府储备库储备总成本，即 $PD + C_1D + C_2D_1 + C_2'D_2 + e + \delta D_3 < PD + C_1D + C_2D$，可得 $C_2'D_2 + e + \delta D_3 < C_2(D_2 + D_3)$，说明单位时间内协议企业以实物和生产能力形式储备

应急物资的成本要小于政府储备同样数量应急物资的成本。

(2)对于政府，采用政府与协议企业实物、生产能力协调储备模式储备 $D_1+D_2+D_3$ 量的政府支出成本要低于单纯采用政府储备的政府支出成本，即 $PD+C_2D_1+b+\beta D_2+d+\gamma D_3<PD+C_2D$，可得 $b+\beta D_2+d+\gamma D_3<C_2(D_2+D_3)$，说明政府支付协议企业的实物和生产能力总补贴应小于政府储备同样数量物资的储备成本。

(3)对于政府，采用协议企业实物和生产能力协调储备 D_2+D_3 的补贴要小于只采用协议企业实物储备的补贴，即 $b+\beta D_2+d+\gamma D_3<b+\beta'(D_2+D_3)$。

(4)对于协议企业，采用实物和生产能力协调储备 D_2+D_3 的成本要低于单纯采用实物储备的成本，即 $C_2'D_2-b-\beta D_2+(e+\delta D_3)-(d+\gamma D_3)<C_2'(D_2+D_3)-b-\beta'(D_2+D_3)$，也就是 $-\beta D_2+(e+\delta D_3)-(d+\gamma D_3)<C_2'D_3-\beta'(D_2+D_3)$。

(5)政府对于协议企业实物储备的补贴必须达到协议企业实际储备成本的一定比例，即 $b+\beta D_2\geqslant hC_2'D_2\ (0<h<1)$，协议企业才会进行应急物资实物储备。

(6)政府对于协议企业生产能力储备的补贴要达到企业生产能力储备成本的一定比例，即 $d+\gamma D_3\geqslant l(e+\delta D_3)\ (0<l<1)$，协议企业才会进行应急物资生产能力储备。

3.协议企业实物、生产能力协调储备模式

在这种储备模式下，政府不再保有应急物资储备，应急物资储备由协议企业以实物和生产能力储备的方式进行。政府与协议企业签订协议时，对于协议企业的实物储备和生产能力储备分别给予一定补贴，使协议企业愿意持有适量的实物储备和富余生产能力，以备突发事件时以市场平价来提供大量的应急物资[2]。

假设突发事件对某类应急物资的需求量为 D，由协议企业以实物形式储备 D_2，剩余量 D_3 则进行生产能力储备，$D=D_2+D_3$。当突发事件发生时，由协议企业启动生产能力储备进行生产，且设应急时的生产成本与常态下生产成本相等。设协议企业实物储备补贴为 C_3，$C_3=b+\beta D_2$。政府支付给企业的生产能力补贴为 C_4，$C_4=d+\gamma D_3$。协议企业单位时间单位物资的储存成本为 C_2'，协议企业保有生产能力储备的成本为 C_4'，$C_4'=e+\delta D_3$。

此时，政府成本支出为 $C_r=PD+b+\beta D_2+d+\gamma D_3$，协议企业实物储备成本为 $C_s=C_1D_2+C_2'D_2-b-\beta D_2$，协议企业生产能力储备成本为 $C_s'=C_1D_3+(e+\delta D_3)-(d+\gamma D_3)$。应急储备的总成本为 $C=PD+C_1D+C_2'D_2+e+\delta D_3$。

对于某类应急物资，采用协议企业实物、生产能力协调储备模式需满足以下五个条件：

(1)采用协议企业实物、生产能力协调储备 D_2+D_3 的总成本要低于单纯采用协议企业实物储备模式的总成本，即 $PD+C_1D+C_2'D_2+e+\delta D_3<PD+C_1D+C_2'D$，也就是 $e+\delta D_3<C_2'D_3$，说明协议企业保有生产能力的储备成本要小于储备相同数量实物的成本。

(2)对于协议企业，采用实物、生产能力协调储备 D_2+D_3 的所耗成本不高于单纯储

备相同数量物资的成本，即 $C_2'D_2 - b - \beta D_2 + (e + \delta D_3) - (d + \gamma D_3) \leqslant C_2'D - b - \beta'(D_2 + D_3)$，也就是 $-\beta D_2 + (e + \delta D_3) - (d + \gamma D_3) \leqslant C_2'D_3 - \beta'(D_2 + D_3)$。

(3) 对于政府，其对协议企业实物、生产能力储备的补贴不大于只采用协议企业实物储备的补贴，即 $b + \beta D_2 + (d + \gamma D_3) \leqslant b + \beta'(D_2 + D_3)$，有 $\beta D_2 + (d + \gamma D_3) \leqslant \beta'(D_2 + D_3)$。

(4) 政府对于协议企业实物储备的补贴必须达到协议企业实际储备成本的一定比例，即 $b + \beta D_2 \geqslant hC_2'D_2\ (0 < h < 1)$，协议企业才会进行应急物资实物储备。

(5) 政府对于协议企业生产能力储备的补贴要达到企业生产能力储备成本的一定比例，即 $d + \gamma D_3 \geqslant l(e + \delta D_3)\ (0 < l < 1)$，协议企业才会进行应急物资生产能力储备。

8.2 应急资源调配协调

在紧急应对突发事件的过程中，应急管理者需要立即组织相关力量开展应急救援行动。应急救援包含两方面工作：其一是指突发事件发生后为挽救生命财产而进行的搜索与营救，另一是指灾难事件所急需的紧急应急资源帮助。不论哪一项工作的顺利开展，都必须以应急资源的有效协调调配为前提。

8.2.1 应急资源调配

应急资源的调配分非紧急调配和紧急调配。非紧急调配是指与突发事件响应无关的应急资源调配，其调配方式与一般资源调动类似。紧急调配是指与突发事件响应有关的应急资源调配，应急管理部门根据应急指挥的要求，确定调配的应急资源数量、制定应急资源的运送方式和路线，在限定时间内调集到特定的需求点，以发挥其应急功能。本节所详述的应急资源调配统指紧急调配。

1. 应急调配的特点和方式

1) 应急调配特点

由于突发事件具有紧急性、信息的高度缺失性、危害性等基本属性，使得突发事件应急资源调配不同于一般事件中的资源调配，具有以下几个特点[4]：

(1) 应急管理中的资源调配以时间最小为首要原则，这是由突发事件本身紧急性特点所决定的。突发事件发生后，需要在第一时间施予救援，否则灾情扩大很有可能造成不可估计的损失。故应急资源调配的首要原则就是最快地将救援资源运送到灾害现场，此刻时效的重要性明显优先于低成本的重要性。

(2) 对社会资源的整合与协作。突发事件的应急应对工作与全社会息息相关，它不是单个部门或者单个机构的任务，而是全社会需共同负担的责任。当有关部门在救助过程中，现有资源不能及时、有效地满足应急需求时，可以积极与社会其他部门建立协作关系。

(3) 动态时效性。应急资源的调配不是单阶段的工作，需要根据突发事件事态的实时变化或前一阶段的应急效果，有针对性动态多阶段的调配资源，直至应急活动结束。

2) 应急调配方式

对应急调配的基本要求是确保应急资源及时、准确、安全地到达指定地点，以保证应急活动的有序进行。一般来说，应急资源调配方式有以下几种：

(1) 定时调配。定时调配是指按照一定的时间间隔对同类应急资源进行的调配。这种调配一是时间比较固定，便于应急指挥机构统筹安排工作；二是大部分为应急消耗品，如防护救助类、食宿消毒类和动力照明类资源等。

(2) 定量调配。定量调配是指每次都按照固定数量对同类应急资源进行的调配。这种调配多针对不易消耗的工程建材、工程设备、运载工具和防护用品等资源。该调配方式可对集中调往不同地方的应急资源实行统一调配，以提高应急调配效率。

(3) 定时定量调配。定时定量调配是指按照固定时间间隔、固定数量，对同类应急资源进行的调配。这种调配是定时调配与定量调配的结合，计划性极强，需精心组织、合理筹划，多用于日常易耗品的调配，如食品、药品、油料等。

(4) 及时调配。及时调配是应急资源最重要的调配方式，这种调配根据突发事件的发生发展以及应急活动情况来实时响应，其操作难度较大，需要各部门密切配合、共同协作来完成。采用及时调配方式必须做到对调配时间和数量把握准确，过早或过晚、过多或过少都不利于应急活动的开展。及时调配的应急资源多为紧急类资源，如疫苗、药品、专用物资、急需设备和器材等。

(5) 超前调配。超前调配是指在对极有可能引发突发事件的潜在危险实施监测的基础上，为做好应急事件应对工作而进行的事前准备性的应急资源调配。这种调配带有事前控制的性质，是一种高级的调配形式，可大大增强对突发事件的应急保障能力。超前调配的应急资源多为抗灾减灾物资，如工程设备、工程材料、救援工具、防护品等。

依据不同应急资源特点，针对性采用不同的调配方式，做到对应急资源及时、准确、安全的调配，可以减少调配环节造成的资源浪费，提高应急救援活动的效率。

2. 应急调配的原则

科学的应急资源调配对应急活动的顺利实施至关重要，应急调配中要遵循下述原则[4-6]：

(1) 以人为本原则。在应急管理中，以人为本就是要把保障公民的生命安全和生存发展作为首要任务，增强公民的危机意识和自救互救能力。坚持以人为本，尽量预防和控制危机事件的发生，当危机发生后采用最有效的措施、尽最大努力挽救生命和保护安全，这是应急管理的最高准则，也是整个应急救援协调调配过程的根本出发点。

(2) 效率性原则。效率性原则具有两方面的含义：一方面，时间上的效率性至关重要，突发事件一旦发生，必须迅速响应，全面调动储备资源开展应急救援，以尽快缓解各类资源的供需矛盾；另一方面，应急调配过程的资源使用效率不容忽视。从资源有限性的角度看，要求应急调配活动必须有效、合理、充分地使用资源，不断降低耗费与占用资源所带来的无效、沉没，以及机会等各项成本，在满足一定应急服务水平的前提下，追求效率的优化。

(3) 公平性原则。应急调配活动不仅要注重效率，更要重视公平，这是应急协调管理的内在本质要求。需要注意的是，公平不是平均，公平要有主次。应急资源调配要把握整体平衡，调动一切资源，尽最大努力满足最普遍、最基本、最强烈的应急需求，以主要需求的解决来全面缓解资源供需矛盾。

(4) 管控结合原则。应急资源调配要坚持统一指挥，注重对关键资源的控制，全面提高协调调配效率。为确保对突发事件局面的控制，应急决策机构必须集中时间、精力和有限资源，抓主要矛盾，确保对主流信息、安全人才、安全设施、基础设施、应急救援物资等核心资源的控制，实现其科学优化配置与快速有效的调度，以保障应急总体局面的稳定与控制，从而为应急活动的其他环节提供坚实可靠的基础与强有力的支撑。

(5) 协调性原则。应急资源调配本身就是一个依照资源属性，对各类资源的供给和实际需求进行协调的过程。应急调配必须坚持协调性原则，整合各种资源，把个体的、局部的力量聚合成整体的力量，发挥资源整体的最大效用，以提高资源配置和运行效率。

(6) 开放性原则。应急救援能力不仅取决于现有资源的种类和数量，也取决于对所需资源的调配获取能力。因此，应急资源调配中，一方面，在努力提高应急资源配置效率的同时，要注意发动群众积极参与，进一步提高应急资源的吸纳能力；另一方面，不但要努力寻求外部资源协助，同时也需要密切关注其他范围的突发事件，以便及时提供支援与帮助，最大程度地减少损失。换句话说，应急资源调配不仅要将内部资源外移、以实现资源在不同区域和范围内的整合与共享，还要将外部资源内移、以增强对所需关键应急资源的可得性。

8.2.2　应急资源调配模型

应急救援调配问题是在紧急事件发生后，如何调配各种资源以满足紧急需求的问题。面对突发事件，应急救援调配系统需要根据救助资源的需求情况，从各个应急服务点调配资源参与应急，即确定参与应急的应急服务点、相应的应急物资数量及资源的运输路线。

有关应急资源救援调配的研究相对比较成熟，例如，为了协调灾害响应过程中的资源救助物流和紧急撤退物流，有研究构建一些集成的物资定位—调配模型[7-9]；也有学者通过建立随机规划模型来分析城市面临洪灾害时的救援资源分配问题[10]；还有文献考虑一些灾害中的现实因素(如车辆速度和交通堵塞)，探讨如何进行应急资源调配中的路径选择问题[11]。本节拟参照文献[12]，介绍一些有关应急资源调配的基本数学模型。

1. 一般资源调配问题

一般资源调配问题是研究如何制订最合理的物资调运方案，使总运输费用最低，其调配问题的基本模式可由图 8-1 表示。

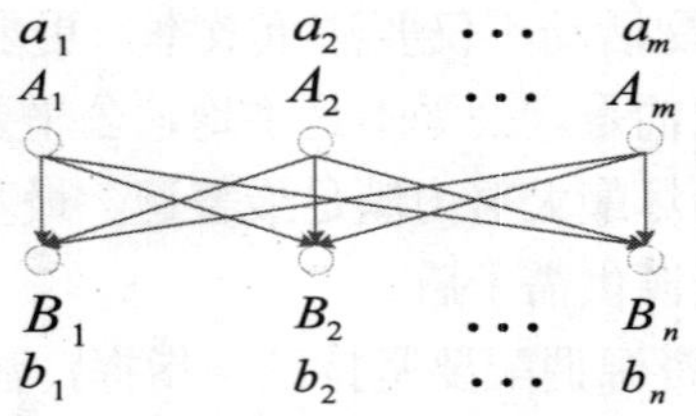

图 8-1　一般资源调配问题示意图

其中有 m 个产地可以供应物资，用 $A_i(i=1,2,\cdots,m)$ 表示。有 n 个销地需要物资，用 $B_j(j=1,2,\cdots,n)$ 表示。产地 A_i 的产量为 a_i，销地 B_j 的需求量为 b_j，从 A_i 到 B_j 单位物资的运价为 c_{ij}。

在一般资源调配问题模型中，用 x_{ij} 表示从 A_i 到 B_j 的运输量，总产量 $\sum_{i=1}^{m}a_i$ 等于总需求量 $\sum_{j=1}^{n}b_j$ 时为产销平衡问题。在产销平衡下，调配问题的基本数学模型为

$$\min z=\sum_{j=1}^{n}\sum_{i=1}^{m}c_{ij}x_{ij} \tag{8-1}$$

$$\text{s.t.}\quad \sum_{j=1}^{n}x_{ij}=a_i,\quad i=1,2,\cdots,m \tag{8-2}$$

$$\sum_{i=1}^{m}x_{ij}=b_j,\quad j=1,2,\cdots,n \tag{8-3}$$

$$x_{ij}\geqslant 0,\quad i=1,2,\cdots,m;j=1,2,\cdots,n \tag{8-4}$$

式中

$$\sum_{i=1}^{m}a_i=\sum_{j=1}^{n}b_j \tag{8-5}$$

在该模型中，式(8-1)表示问题的优化目标是选取合理的调配方案，使得总运费最小；式(8-2)、式(8-3)分别表示将生产的物资全部运出，并满足各销地的需求；式(8-4)是运输量非负的限制条件；式(8-5)表示产量与需求量相等，即产销平衡。这是一个典型的线性规划问题，可以用单纯形法来求解[13]。

2. 应急救援中的资源调配问题

突发事件应急救援中的资源调配问题与广义的一般调配问题是有区别的，一般调配

问题可描述为将物资从 m 个存储地运送到 n 个需求地，目标函数是成本最小化。但是在突发事件中，应急调配的首要问题就是如何尽快地把物资运送到指定的灾害发生地区，此时调配问题或变成带时间约束的优化问题，或目标函数不仅是成本最小化、更重要的是运送时间最短。

例如，当某地发生大范围洪灾之后，发现有 n 个居住区有人员被困，急需从 m 个连队抽调解放军赶往事发地救助被困人员。在各居民点需要解放军数量、各连队到各居民点所需时间等信息的基础上，确定各连队抽调人员的最优数量，这就是典型的应急资源调配问题。

现借鉴文献[12]，以多目标规划的数学模型为例，简单介绍应急救援中的资源调配问题。

运用与图 8-1 相同的调配场景：设有 m 个应急配送中心（记为 $A_i(i=1,2,\cdots,m)$），存有某类物资数量分别为 $a_1,a_2,\cdots,a_m$。另有 n 个需求点（记为 $B_j(j=1,2,\cdots,n)$），各点需求量分别为 $b_1,b_2,\cdots,b_n$。记第 i 个应急配送中心到第 j 个需求点的运输时间为 t_{ij}、运输单位物资费用为 c_{ij}，从第 i 个应急配送中心到第 j 个需求点的实际调配物资数量为 x_{ij}。

考虑多个应急决策目标，在救援时间最短的基础上最小化调配费用，建立如下模型：

第一级目标

$$\min T=\max\{t_{ij}\,|\,x_{ij}>0\} \tag{8-6}$$

第二级目标

$$\min C=\sum_{j=1}^{n}\sum_{i=1}^{m}c_{ij}x_{ij} \tag{8-7}$$

$$\text{s.t.}\ \sum_{j=1}^{n}x_{ij}=a_i,\quad i=1,2,\cdots,m \tag{8-8}$$

$$\sum_{i=1}^{m}x_{ij}=b_j,\quad j=1,2,\cdots,n \tag{8-9}$$

$$x_{ij}\geqslant 0,\quad i=1,2,\cdots m;\ j=1,2,\cdots,n \tag{8-10}$$

式中

$$\sum_{i=1}^{m}a_i=\sum_{j=1}^{n}b_j \tag{8-11}$$

式(8-6)~式(8-11)刻画的应急调配模型实质是一类多目标整数规划问题，可以转化成多目标网络流量优化分配问题进行求解(图 8-2)。

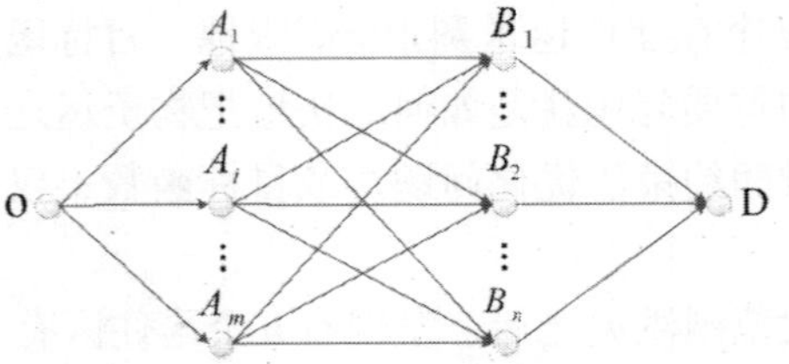

图 8-2　网络流问题示意图

根据对应急调配问题的描述，可用如图 8-2 所示的 $N=(V,W,T,C,U,X)$ 表示多目标调配的网络模型。其中，V 代表网络的节点集合(包括虚拟的起点 O、虚拟的讫点 D、中间节点配送中心 $A_i(i=1,2,\cdots,m)$ 和需求点 $B_j(j=1,2,\cdots,n)$；W 代表网络的弧集合 $\{(i,j)|i,j\in W,i\neq j\}$；$T$、$C$、$U$、$X$ 分别代表网络中各弧上运输时间集合 $\{t_{ij}|(i,j)\in W\}$、单位运输费用集合 $\{c_{ij}|(i,j)\in W\}$、容量集合 $\{U_{ij}|(i,j)\in W\}$ 和流量集合 $\{x_{ij}|(i,j)\in W\}$。

在网络流问题中各参数含义如下：

(1) 从虚拟的起点 O 到配送中心 $A_i(i=1,2,\cdots,m)$ 的弧上参数为：各弧上的运输时间和单位运输费用为 0，容量分别为 $a_1,a_2,\cdots,a_m$。

(2) 从配送中心节点 $A_i(i=1,2,\cdots,m)$ 到需求点 $B_j(j=1,2,\cdots,n)$ 的弧上参数为：各弧上的运输时间和单位运输费用分别为 t_{ij} 和 c_{ij}，且其容量不受限(可设为很大数，记为 M)。

(3) 从需求点 $B_j(j=1,2,\cdots,n)$ 到虚拟的讫点 D 的弧上参数为：各弧上的运输时间和单位运输费用为 0，容量分别为 $b_1,b_2,\cdots,b_n$。

这样应急资源调配问题就转化为多目标网络流量优化分配问题：一是求满足给定流量要求的最短时限流，二是在最短时限流的基础上寻求费用最小流。同样可以采用分层单纯形算法对其进行求解，计算出模型的有效解集，再从有效解集中找到最优折中解，最后得到从应急配送中心到需求点的流量集合 $\{x_{ij}|(i,j)\in W\}$ 即为应急资源调配方案。

3. 应急资源动态调配模型

以上应急资源调配模型只是考虑突发事件发生后，立即按救援时间最短和费用最小原则调度资源，并没有考虑到突发事件出现之后的状态变化，即上述模型刻画的是应急资源单阶段调配问题。然而，突发事件本身的随机变化与动态性决定了应急资源调配实际是一个多阶段过程，需要根据现有资源的储备量、资源配置情况以及应急资源需求，动态调整调配方案。

现在讨论一个考虑机会成本的动态资源调配模型：由于在某个突发事件的救援过程中，随着事态的发展，还可能有另外突发事件(如次生灾害)的出现。因而在进行资源调配时，调遣最近救援点的应急资源去救助目前已发生的灾害事故就不一定再是最优选择，还需要根据其他地点发生突发事件的概率进行综合优化，得出最优应急资源调配方案。这里把未来可能产生的资源需求定义为机会成本。

仍设有 n 个可能事故点(需求点)，m 个救援反应点(供应点)。设道路网络为

$G(N,A)$，地点集为 N，道路弧集为 A；救援点集为 L，救援点 i 的资源数量为 r_i。记 λ_{iv} 为从救援点 i 到发生事故点 v 的最短时间，λ_v 是 λ_{iv} 中最小值，x_{if} 为从救援点 i 派遣到事故发生点 f 的资源数量，模型的目标是使应急救援时间 $\sum_{i\in L}\sum_{f\in F}\lambda_{if}x_{if}$ 最小。

假设突发事件的发生服从泊松分布，用 p_v 表示地点 v 可能发生事故的概率。y_{iv} 为 0~1 变量，意味着若派一辆资源调配车从救援点 i 到事故点 v 时，$y_{iv}=1$，否则 y_{iv} 为 0。当 $y_{iv}=1$ 时，此救援点到事故发生地点与最近救援地点到事故发生地点的资源到达时间之差为 $\lambda_{iv}-\lambda$，则此时资源调配的机会成本为 $\sum_{i\in L}\sum_{v\in N}p_v(\lambda_{iv}-\lambda)y_{iv}$。

在实际应用中，可能需要考虑更复杂的情形。例如，多种事故发生、且存在多个提供资源的救援点时，会出现以下复杂情况的混合整数规划模型，即

$$\min\sum_{i\in L}\sum_{f\in F}\lambda_{if}x_{if}+\sum_{i\in L}\sum_{v\in N}p_v(\lambda_{iv}-\lambda)y_{iv} \tag{8-12}$$

$$\text{s.t.}\ \sum_{f\in F}x_{if}+s_i=r_i,\quad \forall i\in L \tag{8-13}$$

$$\sum_{i\in L}x_{if}=n_f,\quad \forall f\in F \tag{8-14}$$

$$\sum_{i\in L}y_{iv}=1,\quad \forall v\in N \tag{8-15}$$

$$y_{iv}\leqslant s_i,\quad \forall i\in L, v\in N \tag{8-16}$$

式中，y 为 0~1 变量，$x_{if}\geqslant 0, s_i\geqslant 0$。$s_i$ 是对目前事故实施应急派遣救援后剩余的资源。模型的优化目标是使目前应急调配的时间成本与未来可能机会成本的总和最小；约束条件(8-13)描述各救援点的应急调配资源量供需守恒关系；约束条件(8-14)刻画从各救助点调配资源以满足各事故点的资源需求；约束条件(8-15)表示针对每个可能发生的事故，都需要安排某个救助点对其进行资源救助；约束条件(8-16)表示调配应急资源应对可能发生的事故，需要在符合各救助点剩余资源数量的前提下进行。

总之，应急资源的调配一直是应急救援优化的重点和难点，可以采用最短路方法、邮递员问题法、启发式方法等一些优化模型来研究。但鉴于突发事件的动态性与多样性，很难找到一个通用方法去解决所有突发事件下的应急资源调配问题，不过随着计算机技术的不断发展，也可借助一些情景仿真工具来实现应急资源的调配优化。

8.2.3　应急资源协调调配模型

面对重大突发事件(如重特大自然灾害)，应急资源调配就需要不同属地的应急储备库、应急配送中心尽可能打破地域的限制，对应急资源进行协调调配，实现应急救助的

最大协同效应。本节拟以构建一个应急物流协调调配模型为例[14]，探讨如何实现应急物流网络中的物资协调调配以满足实时变化的应急需求。

1. 协调调配模型构建的背景

应急物资调配与一般物资调配过程最大的不同就在于，应急物资调配尤其强调对应急需求的快速响应和准确满足。但通常在应急物流产生的初期(灾害事件发生后的最初搜救期)，物资需求相关信息并不是很明朗、且无法利用历史数据做直观的判断。因此，为了实现应急物资的协调调配，首先必须分析清楚应急需求变化与物资调配响应之间的关系，尤其对于一些灾害动态变化的情况，如疾病传播、气象灾害扩散等。

图 8-3 表示的是一个灾害扩散影响下的应急物资协调调配网络，此处选择关注以扩散为特征的灾害动态变化过程具有普遍意义。因为即使灾害不具有扩散特性，许多诸如自然灾害的重大突发事件发生后也往往会导致疾病的传播，从而使得一些药品、水和食物等日常消费品的需求不断发生变化。

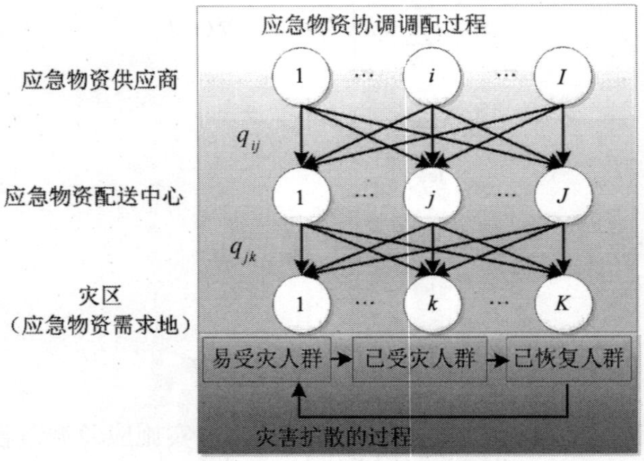

图 8-3　灾害扩散影响下的应急物资协调调配网络

在图 8-3 的应急物资协调调配模式下，假设 I 个供应商生产同一种应急物资协调配送至 J 个应急配送中心，再由这些配送中心协调调配到 K 个灾区地。整个协调调配模型的最优化目标是在满足应急物资需求前提下考虑最小化应急救援成本，值得一提的是，此救援成本综合包含了救援时间和应急救援操作成本等因素在内。

考虑在某种突发灾害爆发情形下，所影响区域的受灾者可被分成三类：①已受灾人群，其数量用 $I(t)$ 来表示；②易受灾人群，是指在 t 时刻虽没有受到灾害袭击、但依据灾害扩散规律被预测将可能遭遇灾害侵扰的人群，其数量用 $S(t)$ 来表示；③ 已恢复人群，是指已经遭遇灾害袭击、且在 t 时刻处于恢复阶段的人群，其数量用 $R(t)$ 来表示。恢复阶段的受灾者有可能会再次遭遇灾害(如连续的风暴潮)，也可能将灾害因子传播给他人(如疾病传播)。

事实上，图 8-3 中刻画的灾害扩散过程就类似于经典的传染病传播过程。为了预测灾害扩散下实时变化的应急物资需求，此模型中使用简单的传染病模型（$S \to I \to R \to S$）来分析灾害的扩散。基于 SIRS 传染病理论，易受灾人群比例 $s(t)=S(t)/N$、已受灾人群比例 $i(t)=I(t)/N$，以及已恢复人群比例 $r(t)=R(t)/N$，这三个因子满足方程(8-17)，即

$$\begin{cases} \mathrm{d}s(t)=[-as(t)i(t)+cr(t)]\mathrm{d}t \\ \mathrm{d}i(t)=[as(t)i(t)-ei(t)-bi(t)]\mathrm{d}t \\ \mathrm{d}r(t)=[bi(t)-cr(t)]\mathrm{d}t \end{cases} \tag{8-17}$$

式中，a 表示灾害的扩散率；b 表示已受灾人群的恢复率；c 表示已恢复人群再次遭受灾害的比例；e 表示已受灾人群的死亡率。

当发生一个不可预知的灾害(如传染病)，理论上需要尽快满足受灾地区对于应急救援物资的需求。然而由于灾中信息的不完全，应急救援物资的需求通常很难被预测。此处利用灾害扩散表达式(8-17)来预测动态的应急物资需求，这是有效应急物流响应的首要关键步骤。用 $d_k(t)$ 表示受灾地区 k 在 t 时刻的物资需求，鉴于受灾人数或易受灾人数越多，所需的应急物资数量就越多，故可将应急物资需求与相关人数的关系量化为 $d_k(t) \propto d_k[S(t)+I(t)]$。

2. 协调调配模型的构建

在分析如何预测灾害扩散下的动态需求后，分别讨论应急物资供应商、应急物资配送中心，以及灾区(应急物资需求地)之间的协调调配问题。

1) 应急物资供应商的协调调配

对于每个供应商 i，都有一个随机参数 $\alpha_i(t)$（其相应的累积分布函数为 $F_i(\alpha_i(t))$）影响着供应商的生产成本 $c_i(q_i(t),\alpha_i(t))$，即用 $\alpha_i(t)$ 反映灾害状况对生产成本的影响。则供应商 i 的期望生产成本函数是 $\overline{C}_i(q_i(t))=\int_{\alpha_i(t)} c_i(q_i(t),\alpha_i(t))\mathrm{d}F_i(\alpha_i(t))$。

每个供应商 i 在 t 时刻给应急配送中心调配的物资量为 $q_{ij}(t)$。假设运输成本 $c_{ij}(q_{ij}(t),\beta_{ij}(t))$ 不仅与调配量 $q_{ij}(t)$ 有关，还与灾害影响因子 $\beta_{ij}(t)$ 有关。则供应商 i 的期望运输成本函数(包含时间因素在内)是 $\overline{C}_{ij}(q_{ij}(t))=\int_{\beta_{ij}(t)} c_{ij}(q_{ij}(t),\beta_{ij}(t))\mathrm{d}F_{ij}(\beta_{ij}(t))$。

供应商的应急目标是最小化其总的救助成本，这个救助成本主要包括期望生产成本、运输成本和时间成本等。供应商 i 在应急物资协调调配中的优化目标函数可表达为

$$\min \quad \overline{C}_i(q_i(t))+\sum_j \overline{C}_{ij}(q_{ij}(t))$$

$$\text{s.t.} \quad q_i(t) \geqslant \sum_j q_{ij}(t), q_i(t) \geqslant 0, q_{ij}(t) \geqslant 0 \tag{8-18}$$

因此，供应商的最优应急物资协调调配行为可转化成如下变分不等式，即

$$\sum_{i=1}^{I}\sum_{j=1}^{J}\sum_{t=1}^{T}\left\{\begin{aligned}&\left[\frac{\partial\bar{C}_i(q_i(t))}{\partial q_i(t)}-\theta_i(t)\right]\times[q_i(t)-q_i^*(t)]\\&+\left[\frac{\partial\bar{C}_{ij}(q_{ij}(t))}{\partial q_{ij}(t)}+\theta_i(t)\right]\times[q_{ij}(t)-q_{ij}^*(t)]\end{aligned}\right\}\geqslant 0 \tag{8-19}$$

式中，$\theta_i(t)$是与供应商i目标函数(8-18)中约束条件相关联的拉格朗日乘子，其现实意义表示供应商i所耗费的最小救助成本。

2) 应急物资配送中心的协调调配

通常应急配送中心的运作成本与两方面的调配量有关：① 从供应商那获得的物资量$q_{ij}(t)$；② 送往需求地灾区的物资量$q_{jk}(t)$。但在动态灾害的影响下，与供应商生产成本类似，也需要考虑灾害对配送中心运作的影响。假设有一个随机参数$\eta_j(t)$(其相应的累积分布函数为$F_j(\eta_j(t))$)影响着配送中心j的运作成本$c_j\left(\sum_i q_{ij}(t),\sum_k q_{jk}(t),\eta_j(t)\right)$，则配送中心$j$的期望运作成本函数为

$$\bar{C}_j\left(\sum_i q_{ij}(t),\sum_k q_{jk}(t)\right)=\int_{\eta_j(t)}c_j\left(\sum_i q_{ij}(t),\sum_k q_{jk}(t),\eta_j(t)\right)\mathrm{d}F_j(\eta_j(t))$$

此外，应急物资配送中心j的运输成本$c_{jk}(q_{jk}(t),\delta_{jk}(t))$也与供应商处运输成本类似，不仅考虑其与运输量$q_{jk}(t)$有关，还与灾害影响因子$\delta_{jk}(t)$有关。则配送中心$j$的期望运输成本函数(包含时间因素在内)是$\bar{C}_{jk}(q_{jk}(t))=\int_{\delta_{jk}(t)}c_{jk}(q_{jk}(t),\delta_{jk}(t))\mathrm{d}F_{jk}(\delta_{jk}(t))$。

物资配送中心的应急目标是最小化其包括期望运作成本、运输成本以及救助时间成本在内的总成本，配送中心j在应急物资协调调配中的优化目标函数有如下表达，即

$$\min\quad \bar{C}_j\left(\sum_i q_{ij}(t),\sum_k q_{jk}(t)\right)+\sum_k\bar{C}_{jk}(q_{jk}(t))$$

$$\text{s.t.}\quad \sum_i q_{ij}(t)\geqslant\sum_k q_{jk}(t),q_{ij}(t)\geqslant 0,q_{jk}(t)\geqslant 0 \tag{8-20}$$

令$\gamma_j(t)$是与配送中心j目标函数(8-20)中约束条件相关联的拉格朗日乘子，其现实意义表示配送中心j的最小救助成本。则供应商i和配送中心j之间的应急物资调配量必须满足

$$c_{ij}(q_{ij}^*(t),\beta_{ij}(t))\begin{cases}=\gamma_j^*(t), & q_{ij}^*(t)>0\\ \geqslant\gamma_j^*(t), & q_{ij}^*(t)=0\end{cases} \tag{8-21}$$

因此，配送中心的最优应急物资协调调配行为可转化成如下变分不等式，即

$$\sum_{i=1}^{I}\sum_{j=1}^{J}\sum_{k=1}^{K}\sum_{t=1}^{T}\left\{\begin{aligned}&\left[\frac{\partial \bar{C}_j\left(\sum_i q_{ij}(t),\sum_k q_{jk}(t)\right)}{\partial q_{ij}(t)}-2\gamma_j(t)+c_{ij}(q_{ij}(t),\beta_{ij}(t))\right]\times[q_{ij}(t)-q_{ij}^*(t)]\\&+\left[\frac{\partial \bar{C}_j\left(\sum_i q_{ij}(t),\sum_k q_{jk}(t)\right)}{\partial q_{jk}(t)}+\gamma_j(t)+\frac{\partial \bar{C}_{jk}(q_{jk}(t))}{\partial q_{jk}(t)}\right]\times[q_{jk}(t)-q_{jk}^*(t)]\end{aligned}\right\}\geqslant 0 \tag{8-22}$$

3) 灾区对应急物资的需求

对于受灾地区，最优的应急活动就是尽快准确地满足应急救援物资的需求。这种准确满足各灾区物资需求的行为实际上是应急物流网络中的一种协调均衡调配模式，可用下列式子表示，即

$$\sum_j q_{jk}^*(t)\begin{cases}=d_k(S_k(t)+I_k(t),\lambda_k^*(t)), & \lambda_k^*(t)>0\\ \geqslant d_k(S_k(t)+I_k(t),\lambda_k^*(t)), & \lambda_k^*(t)=0\end{cases} \tag{8-23}$$

$$c_{jk}(q_{jk}^*(t),\delta_{jk}(t))\begin{cases}=\lambda_k^*(t), & q_{jk}^*(t)>0\\ \geqslant \lambda_k^*(t), & q_{jk}^*(t)=0\end{cases} \tag{8-24}$$

式(8-23)的含义是，要使救助失效成本 $\lambda_k(t)$（其现实意义是灾区 k 所需的最小救助成本）为正，灾区 k 从各个配送中心累积接收的应急物资总量必须满足灾区 k 的物资需求量。此处 $d_k(S_k(t)+I_k(t),\lambda_k(t))$ 是指灾区 k 在 t 时刻的应急物资需求量，它不仅与已受灾、易受灾人数有关，还受到最小应急救助成本的影响。

刻画灾区应急物资需求的互补形式(8-23)与(8-24)可被等价转换成以下变分不等式，即

$$\sum_{i=1}^{I}\sum_{j=1}^{J}\sum_{k=1}^{K}\sum_{t=1}^{T}\left\{\begin{aligned}&[c_{jk}(q_{jk}(t),\delta_{jk}(t))-\lambda_k(t)]\\&\times[q_{jk}(t)-q_{jk}^*(t)]\\&+\left[\sum_j q_{jk}(t)-d_k(S_k(t)+I_k(t),\lambda_k(t))\right]\\&\times[\lambda_k(t)-\lambda_k^*(t)]\end{aligned}\right\}\geqslant 0 \tag{8-25}$$

事实上，如何在灾害影响下实施诸如供应商、配送中心等应急主体的协调调配，就落实到求解式(8-19)、式(8-22)、式(8-25)三个变分不等式的均衡解：最优生产量 $q_i^*(t)$，

最优应急调配量（$q_{ij}^*(t)$，$q_{jk}^*(t)$），最小救助成本（$\theta_i^*(t)$，$\gamma_j^*(t)$，$\lambda_k^*(t)$）。此类可转化成变分不等式的协调调配模型可应用经典欧拉算法对其求解[15]，具体数值求解分析过程可参见文献[14]。

本小节构建的“供应商、配送中心、需求地”三层应急物资协调调配模型打破了应急资源调配的地域管辖限制，是应急资源调配在网络协调层面的进一步研究，尤其对重大灾害扩散影响下满足应急物资动态需求的协调调配模式有借鉴意义。

8.3 应急信息协调

应急管理活动的每个阶段、应急管理体系的每个部分都需要信息的支持：预警需要监控关键数据信息、指挥决策需借助专家信息、灾难的恢复评估同样需要反馈信息。信息是整个应急管理过程中重要的资源，各类信息资源被收集、筛选、处理、决策、传递和发布。因此，搭建应急信息资源平台有助于信息的高效流动与协调利用，为应急决策提供技术支持。

8.3.1 应急管理信息

在应急管理信息平台上，只有充分满足各类用户的信息需求，才能实现沟通及时、指挥有力、运作协调和传递畅通，最终实现突发事件成功的应急处理。因此，在分析突发事件应急系统的信息管理和信息协调之前，首先需要明确系统的用户以及用户的信息需求分类。

1. 应急管理信息的用户

一般来讲，根据主体的不同，突发事件应急系统的用户可分为政府应急指挥机构、职能部门、专家智囊团和公众四大类[16]。

1）政府应急指挥机构

政府应急指挥机构是应急信息平台的主要使用者，它可以是一个临时性组织，也可以是一个永久性的机构。它的主要职责是根据各职能部门提供的信息，组织有关部门及专家智囊团进行分析，作出相应对策，同时向各职能部门下达执行指令[16]。

鉴于政府应急指挥机构所具有的决策和指挥职责，故它所需要的信息应该是全方位的、综合的、多媒体的、实时的：它既需要多媒体的现场信息、调度执行信息，也需要辅助决策的专家信息、预案信息、突发事件历史信息、可供调度的资源信息和城市地理分布信息等。

2）职能部门

职能部门是应急信息资源平台的另一重要用户，他们需要现场信息、指挥调度信息、其他部门的协调配合信息、城市地理分布信息以及可供调配的资源信息等。例如，突发事件发生时，职能部门需要以最快的速度向上级部门报告事态状况，并提出初步的处理意见。从职能部门的这项职责来说，他们是应急系统的信息源，向系统提供接处警信息、现场信息、调度指挥执行情况信息。

3) 专家智囊团

智囊团又称智囊集团或思想库、智囊机构、顾问班子。专家智囊团是将各学科的专家学者聚集起来，运用他们的智慧和才能，为突发事件的应对提供科学处理方案[16]。专家智囊团的主要职责是在事前为政府决策机构提供预案信息，在事中辅助决策机构进行决策和指挥调度，事后帮助决策机构分析总结经验教训。

因此，智囊团在信息资源平台中既是信息的使用者，也是信息的提供者。他们需要的信息同政府指挥机构一样，应该是综合的、全方位的信息，同时他们也为应急信息资源平台提供预案信息、决策信息、分析报告信息。

4) 公众

在突发事件中，公众需要应急信息资源平台以新闻报道的方式为他们提供突发事件现场信息、政府应急处理进展信息、突发事件的发展趋势信息等。作为应急管理信息用户的使用者，公众有着不可忽视的作用。尤其在发生如地震、水灾等紧急的重大灾难事件时，公众在知晓信息的情况下，能有效地参与突发事件的防范与控制，并对整个应急管理行为进行监督，从而建立起政府与公众间的良好互动关系，使公众对应急管理工作给予一定的支持和配合，这有利于快速高效地应对突发事件。

2. 应急管理信息的分类

依照不同的分类角度，应急管理信息有不同的划分：按照信息本身的性质，可将重大事故应急信息分为数据信息和文本信息；按照信息用途，可分为应急管理体系建立过程和应急救援过程中使用的信息；按照信息特点，可分为人员信息、突发事件信息、应急救援信息(包括应急救援物资信息和应急救援设施设备信息)等。下面详述不同信息特点的分类。

1) 应急人员信息

应急人员信息是指与突发事件应急救援有关人员的信息。这些人员信息包括：① 姓名；② 所在单位名称；③ 联系方式，包括单位联系电话、住宅联系电话、手机电话等；④ 所在单位和住宅地理信息，包括地理位置、门牌号码等；⑤ 在应急救援中职责的简单说明。

2) 突发事件信息

突发事件信息主要包括：突发事件起因、预警指标、突发事件风险评价和危害分析结果等。具体有：① 突发事件的类型；② 突发事件发生的地点或场所；③ 不同级别突发事件的预警指标；④ 事故可能涉及的机构；⑤ 可能导致突发事件发生或事件发生后对其发展过程起作用的物质、设备、设施和材料、工具等；⑥ 突发事件的直接危害范围、可能受到危害的范围以及对突发事件的发展起作用的范围；⑦ 突发事件造成的后果，如可能的直接经济损失、死亡和伤害人数等；⑧ 突发事件发展的过程及控制突发事件影响扩大的关键因素。

3）应急救援信息

应急救援信息包括应急救援力量及其分布信息，具体体现在：① 应急救援力量的构成、能力及其分布；② 应急救援期间应急救援力量的启动能力；③ 应急救援对可能突发事件及其类型的适应情况；④ 应急救援力量的组织结构和启动程序；⑤ 针对可能的突发事件类型、可能的突发事件地点应优先启动的应急救援力量；⑥ 针对可能地点的突发事件，应急救援力量到达现场的最佳路线和最短时间；⑦ 全面评估出应急救援力量是否充分、分布是否合理；⑧ 提出应急救援力量的需求和培训计划；⑨ 各应急救援力量的地理信息等。

应急救援力量及其分布信息应该尽量详细，以切实满足应急救援的要求。表 8-3 给出了以医疗卫生为例的应急救援信息类别和说明。

表 8-3　医疗卫生方面的应急救援信息类别和说明

类别	说明
急救资源	急救中心、救护车、急救人员
专科医院	职业中毒、烧伤、骨折医院
资源来源供给	抢救药品、医疗器械、消毒药品与用具
上级、外部协调	危险化学品应急中心、毒物控制中心
医疗人员培训	急救和医疗人员培训安排、要求
医疗指挥	现场急救和医疗的统一指挥、协调系统
现场急救	急救站、标志及其资源保障
医疗程序	伤员急救、运送、转送程序及要求
新闻发布	伤害情况资料确认、发布程序及要求

8.3.2　应急管理信息平台

加强应急管理工作，建立应急管理信息平台，可以提高处置突发事件的能力，预防和减少自然灾害、事故灾难、公共卫生和社会安全事件及其造成的损失，保障国家安全、保障人民群众生命财产安全和维护社会稳定，形成应急管理体系的技术支撑。

从逻辑角度来看，应急管理信息平台应包括三个层次(图 8-4)：首先底部的基础支撑层，如网络通信技术、GIS/GPS 技术等，这些为信息平台的搭建提供技术基础；其次信息平台的运作还需要相关数据库系统的支持，以实现数据的收集、传递以及挖掘处理；最后信息平台在业务上表现为对应急监控的预警、准备、响应、恢复评估等信息服务功能。

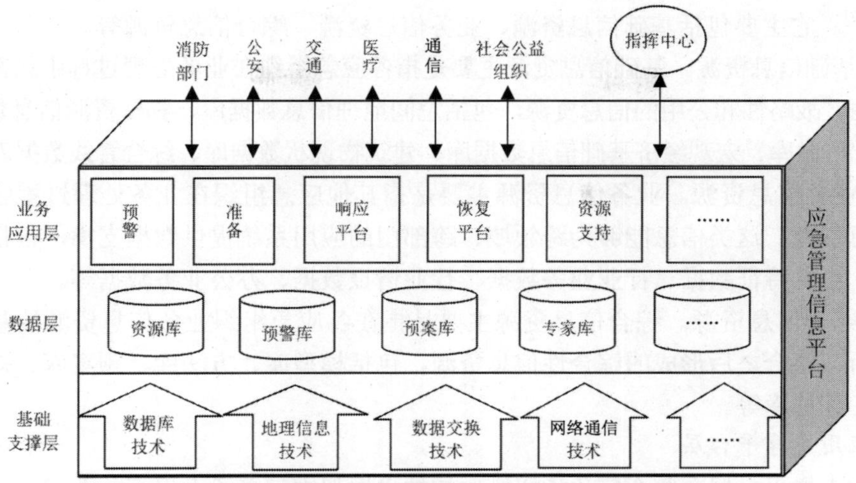

图 8-4　应急管理信息平台

从技术角度来看，应急管理信息平台是一个为应急管理者收集、处理和传递信息，并根据信息提供辅助决策的系统。因此，理想的应急管理信息平台主要包括两大模块：应急指挥模块和应急决策支持模块。

1. 应急指挥模块

应急管理组织内外的有效沟通、应急资源的优化调配以及应急信息集成平台的搭建，这三方面内容是实现应急指挥过程的重要内容。一般来说，应急指挥模块的技术框架模型包括五层[17]：网络通信层、信息资源中心、应用支撑平台、业务应用平台和综合信息门户。

1) 网络通信层

网络通信层是应急信息传输的平台，是整个智能决策应急指挥模块的基础，它的组成部分主要有：通信系统(有线、无线)和计算机网络系统。

(1) 通信系统。通信系统由有线通信和无线通信网组成。在进行通信组网时应考虑将不同通信系统通过标准的软硬件接口及通信协议互联，以实现不同通信系统中用户终端互联。尤其是无线通信中应注重数字集群的应用，以及模拟集群向数字集群的转化和二者在一定时期内互相通信。

(2) 计算机网络系统。计算机网络系统在智能决策应急指挥模块中是完成辅助指挥调度、信息传递、信息共享、智能决策等功能的基础。它主要依托现有电子政务等基础网络设施，在保证与现有部分局域网互联互通的同时，兼顾网络技术未来的发展，具有良好的接入性、开放性和扩展性。

2) 信息资源中心

各类应急管理人员需要及时准确地获得尽可能多的应急信息，这些应急信息都是以各种客观数据为基础加工而成的。在智能决策应急指挥模块技术框架模型中，信息资源中心构建于网络通信之上，为上层应用支撑平台层提供各种信息资源，并应用先进的网络技术、元数据目录技术等，实现对应急管理信息平台中分布、异构的信息资源的共享和集成[17]。它主要包括基础信息资源、业务信息资源、综合信息资源等。

(1) 基础信息资源。基础信息资源主要是指各应急组织在业务处理过程中均需使用到的基础性、战略性和公用的信息资源，包括空间地理信息数据库、物资资源信息数据库、人口基础信息库、宏观经济基础信息数据库、建筑物现状数据库、综合管线数据库等。

(2) 业务信息资源。业务信息资源主要是指其他应急组织在业务处理过程中需要用到的信息资源，这类信息能够为跨领域、跨部门的应用系统提供数据支撑，包括事件报告数据、事件特征数据、行业业务数据、行业情报数据、办公业务数据等。

(3) 综合信息资源。综合信息资源主要是指在各应急组织业务信息资源的基础上，经过分析、整合之后形成的综合性信息资源，包括模型库、方法库、预案库、知识库、统计库、评估库等。

3) 应用支撑平台层

应用支撑平台层在整个应急指挥模块的技术框架中起着承上启下的关键作用，处于信息资源中心和业务应用层之间。根据智能决策应急指挥模块的具体需求，应用支撑平台层为业务应用平台层提供各类支撑服务以实现其业务功能。

4) 业务应用平台层

业务应用平台层是在应用支撑平台层的基础上实现应急指挥各项业务的应用系统，按照应急管理的业务流程，主要分成四大业务应用：应急准备、监测预警、应急响应和应急恢复。

5) 综合信息门户

综合信息门户是整个应急指挥模块面向最终用户的入口，是不同用户获取各类应急辅助服务的主要入口和交互界面。用户可以通过手机、电话、互联网、信息亭、电视、PDA 等多种渠道，在任何时间、任何地点参与到应急活动中。

2. 应急决策支持模块

应急决策支持模块的主要功能包括机理分析、预警预报、资源优化、综合评价和决策建议。一个完整的突发事件应急决策支持系统运作模式可以表示为决策支持系统本身以及它与指挥调度系统、外部环境和内部环境之间的关系(图 8-5)。

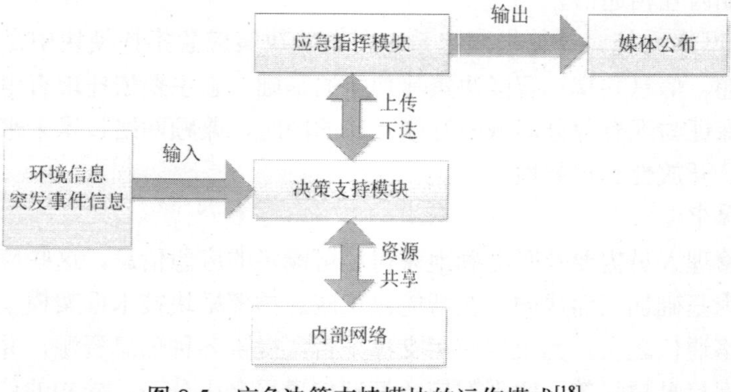

图 8-5　应急决策支持模块的运作模式[18]

应急决策支持模块一般具有如下功能：分析来自应急管理信息平台的信息、内外环境的信息以及应急事故本身的特征信息，向应急指挥模块上传响应结果；应急管理者运用自己的知识和经验，结合突发事件应急决策支持模块的输出，对突发事件进行决策；应急决策支持模块须尽力寻找生命财产、公民权利、社会安全、经济建设等重大目标之间的平衡点，并将突发事件的状况以及应急处置进展通过媒体及时向公众公布，最大限度的让公众获得有益、可靠、清晰、权威的信息；应急决策支持模块需要与信息资源内部网可实现随时共享，使应急人员了解信息资源，熟悉案例、预案的内容，并能对数据库中的各种信息进行快速检索；并且应急人员可按照系统设置的权限，根据事态发展变化的情况，对相应数据进行修改，以保证应急信息的准确性。

通常应急决策支持模块可由数据库子系统、预案子系统、案例库子系统、模型库子系统、方法库子系统和对话库子系统组成(图 8-6)[18]。

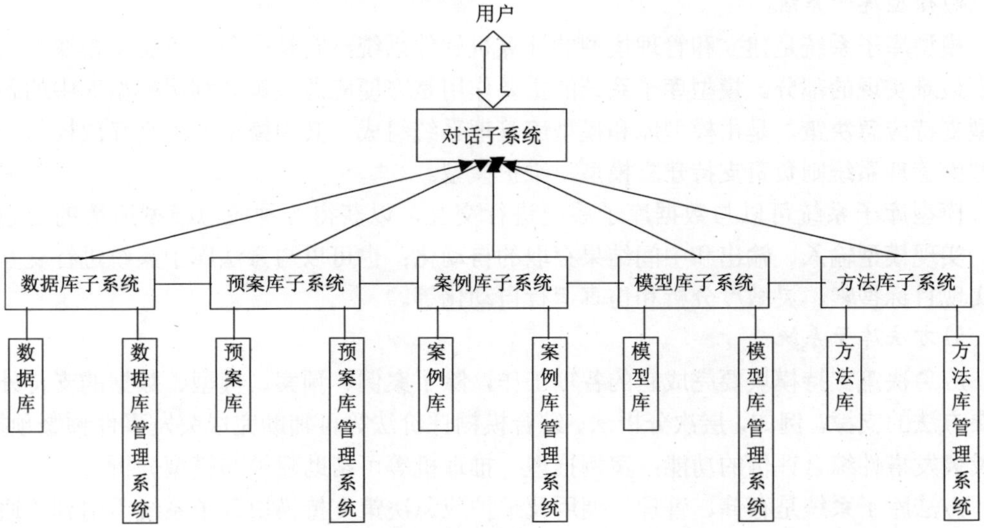

图 8-6 应急决策支持模块的结构图[18]

1) 数据库子系统

数据库子系统是存储、管理、提供与维护用于决策支持数据的应急决策支持模块基本部件，是支撑模型库子系统和方法库子系统的基础。数据库子系统的功能包括对数据的存储、检索、处理和维护，并能从来自多种渠道的各类信息资源中析取出应急决策支持系统需要的数据。

数据库子系统包含数据库和数据库管理系统，而数据库又分为基础数据库、专项数据库及历史应急事件数据库。其中基础数据库主要包括地理空间数据库、人力资源数据库、应急资源数据库、资金资源数据库等。历史应急事件数据库主要存储已发生事件的统计数据，根据应急事件的分类，每类应急事件都有专项数据库。

2) 预案库子系统

预案即预先制订的行动方案，它明确了在应急事故发生前、发生过程中以及结束后，各应急机构的负责事项，以及相应的应急策略和应急资源准备等。预案库存储着各种预案，当突发事件爆发时，可根据预案实施相应的应急救援。

预案库子系统包括预案库和预案库管理系统。其中预案库用来存储预案，而预案库管理系统主要负责预案的维护、预案的更新以及预案的评估。

3) 案例库子系统

对已发生突发事件进行总结，把经验教训记录下来，并经过一定形式的整理，形成案例。案例库中既包括过去发生的各种突发事件处理过程的全记录，也包括突发事件后总结得出的成功经验和失败教训。

案例库子系统包括案例库和案例库管理系统。其中案例库存储案例、经验及教训，而案例库管理系统则支持建立案例、维护案例。当突发事件爆发时，迅速查找类似案例，或运用方法库中的方法，依据案例，为应急决策提供借鉴。

4) 模型库子系统

模型库子系统是建立和管理模型的计算机软件系统，它是应急决策支持模块中最复杂、最难实现的部分。模型库子系统的主要作用是方便应急决策者利用模型库中的各种模型支持应急决策，是由模型库和模型库管理系统组成。其中模型库用来存放模型，而模型库管理系统则负责支持建立模型、维护模型。

模型库子系统可以与数据库子系统进行交互，以获得各种应急模型所需的应急数据，实现模型输入、输出和中间结果存取的自动化；也可以与方法库子系统进行交互，以实现目标搜索、灵敏度分析和仿真运行自动化等。

5) 方法库子系统

应急决策支持模块要完成它的各项工作，除了案例、预案、模型、数据的支持外，还要方法的支撑。例如，层次分析法、综合模糊评价法等可辅助完成突发事件预警预报，以及突发事件综合评价的功能；案例推理、推理机等可帮助建模和模型分析。

方法库子系统是存储、管理、调用及维护应急决策支持模块各子系统需用到的通用算法、标准函数等方法的部件，方法库中的方法一般用程序方式存储。方法库子系统是由方法库和方法库管理系统组成：方法库存储各种方法；方法库管理系统则负责维护方法、增加方法，以及方法的选择和应用。

6) 对话子系统

对话子系统是应急决策支持模块的人机接口界面，它负责接受和检验用户的信息查询请求，并对接收到的请求做检验、形成命令，为信息查询的请求进行数据库操作，提取信息、取得信息并传送给用户。对话子系统对请求的处理过程是：经过识别问题与构建模型，从方法库中选择算法，从数据库读取数据，运行模型库中的模型，最终运行结果通过对话子系统传送给用户或暂存数据库待用。

利用对话子系统的人机对话功能，指挥调度模块、内部网络用户以及公众都能够主动通过应急决策支持模块的各种支持功能，反复学习分析，探索各种应急决策方案，了解突发事件的发展动向以及应急机构的处置进度和程度。

8.3.3　协同应急管理系统

协同应急管理系统是以信息协调、共享交互系统为平台，若干信息子系统集成的完整系统体系，它的目标是在突发事件应急管理的全过程中，应用信息技术提供有效的应急信息，实现大面积、跨专业和跨部门的信息资源、救援资源和通信资源的实时调度，使应急决策过程更加科学化和可视化。图 8-7 是一个城市协同应急管理系统的示例[19]。

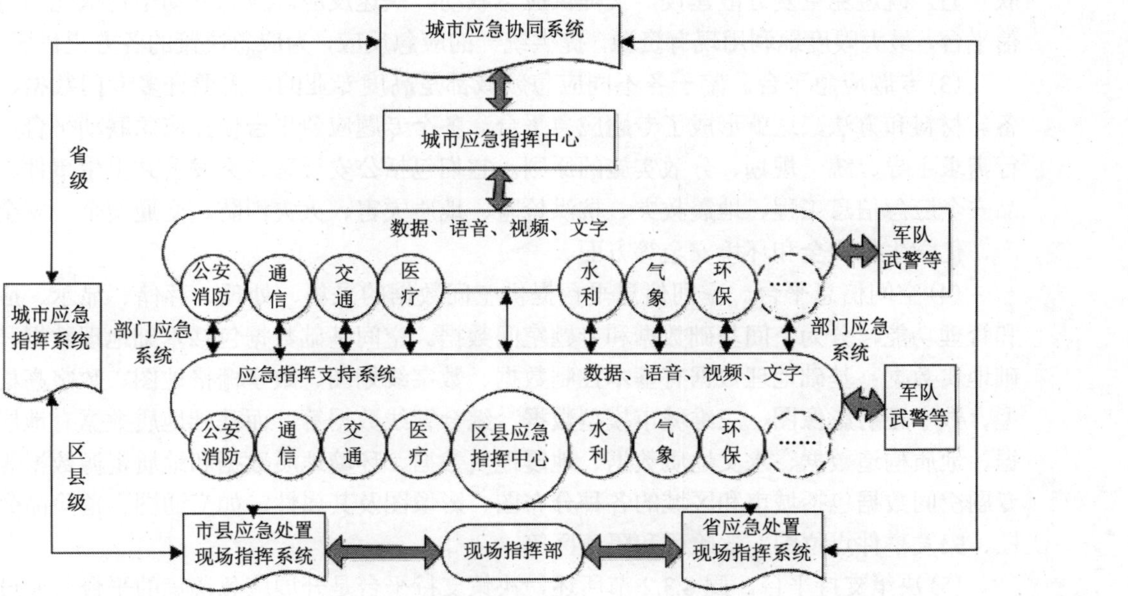

图 8-7　城市协同应急管理系统示例[19]

1. 协同应急管理系统的总体框架

协同应急管理系统由突发事件监测系统、应急演练系统和应急响应系统等组成，其总体框架包括五大平台、五大数据库、四个中心、重点信息工程和两大保证体系等[17]。

五大平台有网络通信平台、应急联动平台、专题应急平台、空间信息平台和决策支持平台。五大基础数据库是突发事件数据库、应急预案数据库、应急资源数据库、应急体系数据库和应急队伍数据库。四个中心包括身份认证中心、资源管理中心、应急服务中心和应急指挥中心。重点信息工程包括公安反恐应急信息工程、突发公共卫生事件应急信息工程、食品安全应急信息工程、地震救灾应急信息工程、抗洪抢险应急信息工程、地质灾害应急信息工程、火灾消防应急信息工程、交通安全应急信息工程、安全生产应急信息工程、化学生物安全应急信息工程和环境安全应急信息工程等。两大保证体系包括政策、法规、标准、规范体系和安全、组织、资金、人才体系。

现以五个子平台和四个子中心为例，简要介绍协同应急管理系统的框架结构。

1) 协同应急管理系统的子平台

(1) 网络通信平台。网络通信平台如同 8.3.2 节的介绍，是信息传输平台，是整个协同应急管理系统的基础。主要包括有线通信系统、无线通信系统、计算机网络系统，通过发挥光缆、通信卫星、气象卫星、海洋卫星、侦察卫星、资源卫星的优势，实现不同网络间的互联互通，实现语音、数字和视频业务的融合。

(2) 应急联动平台。应急联动平台是协同应急管理系统的枢纽，使各种专用系统互联互通，既避免重复分散建设，又提供应急联动、快速反应。应急联动平台依托网络通信平台，最大限度地利用现有资源，提供统一的应急反应，为应急决策的各方提供服务。

(3) 专题应急平台。鉴于各不同应急领域都是高度专业的，需要许多专门数据、设备、材料和方法，这就形成了专题应急平台。各个专题应急平台依托应急联动平台，实行需求主导、统一规划、分散实施的原则。它们包括公安反恐、突发公共卫生事件、食品安全应急信息工程、地震救灾、抗洪抢险、地质灾害、火灾消防、交通安全、安全生产、化学生物安全和环境安全等方面。

(4) 空间信息平台。空间信息平台提供空间数据的采集、处理、存储、显示、应用和管理功能，分为空间基础数据和专题空间数据。空间基础数据包括基础地理数据和基础地质数据：基础地理数据有基本控制数据、数字线划图、数字栅格地图、数字高程模型、数字正射影像图、三维城市模型数据、综合管线数据等；而基础地质数据有地层数据、地质构造数据、水文地质数据、地震地质数据、环境地质数据和地质资源数据等。专题空间数据包括城市和区域的各种分布图、影像图及其属性，如交通图、危险品分布图、突发事件点位图、危险区和隔离区等。

(5) 决策支持平台。同 8.3.2 节所述，决策支持平台是开展应急决策的平台，通过感知、会话、共享信息等方式与有关应急领导、应急专家讨论，形成应急决策，以支持应急指挥。决策支持平台是协同应急管理系统的高级平台，在其他平台的基础上运行：从数据库中抽取数据，运用合理的数学模型生成所需的应急决策，帮助应急决策者解决实际突发事件的应对问题。决策支持平台中的三大技术有数据仓库、联机分析和数据挖掘，它们之间既相互独立又相互关联。

2) 协同应急管理系统的子中心

四大子中心是协同应急管理系统的中枢神经：

(1) 身份认证中心就是证书授权中心 (certificate authority, CA)，负责发行数字证书。数字证书是一个经身份认证中心数字签名的、包含公开密钥拥有者信息及公开密钥的文件，可以用来在系统中识别身份。

(2) 资源管理中心的主要职责是研究、建设和利用应急资源，实现应急资源的共享、交换和整合等协调管理，并集中重要的应急资源，以支持应急管理的指挥和行动。

(3) 应急服务中心依托五大平台、五大数据库，以及其他子中心，开展多种应急服务，包括出动应急队伍，紧急应急处置等。

(4) 应急指挥中心是 8.3.2 节指挥模块中的重要机构，是整个应急系统的司令部，在决策支持平台的帮助下，综合分析、形成应急决策、调动应急资源、下达应急救援指令、督促检查、验收改进等。

2. 协同应急管理系统的主要功能

通常将突发事件的应急管理过程分为事件发生前的全面预防性准备、事件发生时的应急应对、和事件发生后的恢复，形成周期循环。协同应急管理系统的主要功能也可依此分为事前、事中和事后三个阶段来讨论。

1) 突发事件前

在平时状态，协同应急管理系统为突发事件爆发后的应急应对处理做好充分的信息准备工作[20]：将历史上类似突发事件的信息、应急处理的相关法律法规信息、专家名录信息、专家知识信息等进行整理，并分类存储，以供及时查阅和借鉴；对各种资源进行信息管理，对大量应急资源的种类、数量、分类、特点、使用状态进行监控和信息记录；对空间地理分布数据进行存储、维护和更新；广泛收集自然和社会环境中突发事件的征兆信息，发现各种隐患并检测跟踪事态发展趋势等。

2) 突发事件中

突发事件一旦爆发，协同应急管理系统立即转入实战状态，它需要实时地处理、传递、分析和挖掘大量的图形、文字、数字、音频和视频信息。尤其对突发事件应急现场信息的管理，需要利用电视图像监控、大屏幕和电视墙显示系统，对突发事件现场进行实时、全方位、全天候的远程监视和智能化管理。

3) 突发事件后

突发事件后的协同应急管理系统主要承担充实各类信息资源的功能，包括补充突发事件的历史资料信息、专家知识信息，修改预案信息、应急教育信息和相关法律法规信息等。

8.4　应急契约协调

近年来，突发事件的发生日益频繁，不仅在宏观层面给整个社会带来直接经济损失，还可能造成微观层面企业需求的巨大波动、原材料供应中断、交通设施瘫痪、工作设备不可用以及信息通道堵塞等问题[21]，这些破坏性影响将导致企业之间原有的交易计划不再可行。因此，企业层面的应急协调管理研究也显得格外重要，且运用契约理论来协调各企业如何应对突发事件越来越受到关注。本节拟针对性探讨如何构建一个高效的应急契约协调机制。

8.4.1　契约协调理论

契约，也称为合同或合约，指双方或多方相互间在法律上具有约束力的协议。契约分为完全契约和不完全契约，两者的根本区别在于：前者在事前规定了各种或自然状态下当事人的权利和责任，因此问题的重心就是事后的监督问题；后者不能规定各种或自然状态下的权责，而主张在自然状态实现后通过再谈判来解决，因此重心就在于对事前的权利进行机制设计或制度安排。契约协调理论考虑的核心问题有两个：一是不对称信息下的收益转移；二是不同风险态度当事人之间的风险分担。由于某种程度的有限理性或交易费用的存在，使得现实中大多数契约都是不完全的。

自从 Pasternack 提出供应链契约之后[22]，契约协调的研究在很多方面得到了迅速的发展。近年来，大量学者针对供应链契约协调问题进行了深入探讨，研究的内容主要涉及三个方面：一是讨论给定契约条款下契约参数的确定；二是讨论某种契约条款对整个供应链或其个体成员绩效的影响，以及如何提高系统的整体运作绩效；三是确定需求模式与契约条款之间的关系。

由于订货数量、订货价格、订货时间是买卖双方交易的重要因素，故对契约协调的研究往往把这些变量作为决策变量。目前，实践和理论研究中较为典型的契约协调策略有收益共享契约、数量折扣契约、风险共担契约、数量柔性契约、回购策略契约、回馈与惩罚契约等模式[23]。现主要介绍几个常用的契约协调理论模型。

1. 契约协调中的报童(newsboy)模型

考虑一个供应商与一个或多个零售商组成的两阶段供应链，假定只有一个热卖期，市场需求是随机的，在卖期开始之前零售商只有一次订购机会。每个企业都以规避风险、最大化各自期望利润为目标，且假设双方都完全占有市场信息。供应商与零售商共同签订供应契约来协调整个供应链。当确定好契约形式和参数后，零售商首先做出订货决策，供应商根据零售商的决策执行契约。为保证供应链系统的整体性能，规定一旦契约及其参数确定，供应商就有义务执行契约。因为若供应商的生产数量少于零售商的需求订货量，其所遭受经济上或名誉上的惩罚会远远高于其损失的收益。此时该契约是被强制执行的，即零售商认为供应商能够按照契约上签订的数量来交易供货。

供应商和零售商面对的报童问题是：零售商必须在卖期开始之前决定订购数量 q。假设市场随机需求为 $D>0$，f 是其密度函数，F 为其分布函数，F 是严格递增、可导的，并且 $F(0)=0$，$\bar{F}(x)=1-F(x)$。产品期望需求量为 $\mu=E(D)$，产品零售价格为ρ，供应商每单位产品的所耗成本为 c_s，零售商每单位产品的所耗成本为 c_r，有 $c_r+c_s<\rho$。对于零售商而言，如果他的订货量没有满足市场的需求，则对其每单位产品的惩罚价格为 g_r，而对供应商的每单位产品的惩罚价格为 g_s。令 $c=c_r+c_s$，$g=g_r+g_s$。若产品在卖期结束时未卖完，则每单位产品的处理价格是 v，$v<c$。设 $S(q)=E[\min(q,D)]$ 为期望零售量，$I(q)=E[(q-D)^+]=q-S(q)$ 为期望剩货数量，$L(q)=E[(D-q)^+]=\mu-S(q)$ 为期望销售损失数量，$T(\rho,q)$ 是零售商给供应商的期望支付，则零售商的利润函数是

$$\begin{aligned}\pi_r(\rho,q)&=\rho S(q)+vI(q)-g_rL(q)-c_rq-T(\rho,q)\\&=(\rho-v+g_r)S(q)-(c_r-v)q-g_r\mu-T(\rho,q)\end{aligned}$$

供应商的利润函数是

$$\begin{aligned}\pi_s(\rho,q)&=T(\rho,q)-c_sq-g_s(\mu-S(q))\\&=g_sS(q)-c_sq-g_sq-g_s\mu+T(\rho,q)\end{aligned}$$

整个供应链的利润函数是

$$\begin{aligned}\pi(\rho,q)&=\pi_r(\rho,q)+\pi_s(\rho,q)\\&=(\rho-v+g)S(q)-(c-v)q-g\mu\end{aligned}$$

2. 收益共享契约协调(revenue sharing contract)理论模型

收益共享契约是指零售商将一定比例的销售收入支付给供应商，以获得较低产品批发价格的一种改进供应链运作绩效的协调方式[24]。这一契约最先在音像租赁行业取得了极大成功，后被推广到其他行业中应用。

在收益共享契约协调理论模型中，供应商以较低的批发价格 w 向零售商提供产品，促使零售商订购更多数量的产品，零售商则将其产品销售收益的一部分返还给供应商。假设 Φ 是零售商所占有整个供应链销售收益的百分比，则供应商占有整个收益的 $1-\Phi$，即零售商将收益的 $1-\Phi$ 比例支付给供应商。这时，零售商给供应商的期望支付是

$$\begin{aligned}T_r(\rho,q)&=wq+(1-\Phi)(q-S(q))v+(1-\Phi)\rho S(q)\\&=(w+(1-\Phi)v)q+(1-\Phi)(\rho-v)S(q)\end{aligned}$$

收益共享契约下供应商的利润函数为

$$\begin{aligned}\pi_s(\rho,q)&=T_r(\rho,q)-c_sq-g_s(\mu-S(q))\\&=(g_s+(1-\Phi))S(q)-(c_s-w-(1-\Phi)v)q-g_s\mu\end{aligned}$$

收益共享契约下零售商的利润函数为

$$\begin{aligned}\pi_r(\rho,q)&=\rho S(q)+vI(q)-g_rL(q)-c_rq-T_r(\rho,q)\\&=(\Phi(\rho-v)+g_r)S(q)-(w+c_r-\Phi v)q-g_r\mu\end{aligned}$$

3. 数量折扣契约协调(quantity discount contract)理论模型

所谓数量折扣契约是指供应商给予零售商一个与其订货量有关的交易价格支付方案。通常情况下，零售商支付给供应商的单位产品价格将随其订货量的增加而减少，目的是促使零售商提高订单数量。这种契约是目前供应链中应用得最多的一种协调策略，已有相当多的理论和实践成果，主要是基于需求的确定和不确定性进行研究[25, 26]。

在数量折扣契约协调理论模型中，供应商给零售商的单位产品批发价格为 $w(q)$，它是关于 q 的递减函数。零售商给供应商的期望支付便可表达成：$T_r(w,q)=w(q)q$。则数量折扣契约下零售商的利润函数是

$$\pi_{\mathrm{r}}(q,w(q))=\rho S(q)+vI(q)-g_{\mathrm{r}}L(q)-c_{\mathrm{r}}q-T_{\mathrm{r}}(w,q)\\=(\rho-v+g_{\mathrm{r}})S(q)-(w(q)+c_{\mathrm{r}}-v)q-g_{\mathrm{r}}\mu$$

数量折扣契约下供应商的利润函数是

$$\pi_{\mathrm{s}}(q,w(q))=T_{\mathrm{r}}(w,q)-c_{\mathrm{s}}q-g_{\mathrm{s}}(\mu-S(q))\\=g_{\mathrm{s}}S(q)-(c_{\mathrm{s}}-w(q))-g_{\mathrm{s}}\mu$$

4. 风险共担契约协调(risk sharing contract)理论模型

与数量折扣契约相类似，风险共担契约也是指供应商和零售商以共同协定的价格 $\varphi(\rho)$ 进行产品交易，通过设置合理的风险共担价格函数进行协调，使供应商和零售商面对交易价格过度波动时，仍能够利用分担风险而继续顺畅地进行产品交易[27]。

在风险共担契约协调理论模型中，供应商给零售商的单位产品协议交易价格为 $\varphi(\rho)$，它是关于波动零售价格 ρ 的函数。零售商给供应商的期望支付可表达成：$T_{\mathrm{r}}(\varphi,q)=\varphi(\rho)q$，则风险共担契约下零售商的利润函数是

$$\pi_{\mathrm{r}}(q,\varphi(\rho))=\rho S(q)+vI(q)-g_{\mathrm{r}}L(q)-c_{\mathrm{r}}q-T_{\mathrm{r}}(\varphi,q)\\=(\rho-v+g_{\mathrm{r}})S(q)-(\varphi(\rho)+c_{\mathrm{r}}-v)q-g_{\mathrm{r}}\mu$$

风险共担契约下供应商的利润函数为

$$\pi_{\mathrm{s}}(q,\varphi(\rho))=T_{\mathrm{r}}(\varphi,q)-c_{\mathrm{s}}q-g_{\mathrm{s}}(\mu-S(q))\\=g_{\mathrm{s}}S(q)-(c_{\mathrm{s}}-\varphi(\rho))q-g_{\mathrm{s}}\mu$$

5. 数量柔性契约协调(quantity flexibility contract)理论模型

所谓数量柔性契约是指为了鼓励零售商在卖期开始之前做出承诺、预订一定数量的产品(这样有利于供应商提前做好供应计划准备)，供应商允许零售商在卖期开始明确需求信息之后，对预先承诺的预购量做一定程度的调整，即双方实际交易量是具有一定柔性的。但实际交易数量与预先承诺量之间调整的幅度须在数量柔性范围 ε 内，否则供应商将对零售商索要一定的惩罚成本 $C(\varepsilon)$[28]。具体来说，是针对需求的不确定性，对订货量的柔性变化施加约束，使供应链上下游企业共担风险、减少生产和库存波动，从而提高整个供应链绩效。数量柔性契约主要有最小批量承诺和柔性批量承诺两种形式[29]。

在数量柔性契约协调理论模型中，供应商与零售商共同商定订单数量的柔性限度 ε。假设 q_1 为零售商的预先承诺订购量，q_2 为零售商的实际购买量，ε 是数量柔性契约参数。当 $|q_2-q_1|>\varepsilon$ 时，零售商要给供应商的额外期望支付是 $T_{\mathrm{r}}(\varepsilon,q)=C(\varepsilon)$，此时数量柔性契约下零售商的利润函数是

$$\pi_{\mathrm{r}}(q,\varepsilon)=\rho S(q)+vI(q)-g_{\mathrm{r}}L(q)-c_{\mathrm{r}}q-T_{\mathrm{r}}(\varepsilon,q)\\=(\rho-v+g_{\mathrm{r}})S(q)-(c_{\mathrm{r}}-v)q-C(\varepsilon)-g_{\mathrm{r}}\mu$$

数量柔性契约下供应商的利润函数为

$$\begin{aligned}\pi_s(q,\varepsilon) &= T_r(\varepsilon,q) - c_s q - g_s(\mu - S(q)) \\ &= g_s S(q) + C(\varepsilon) - c_s q - g_s \mu\end{aligned}$$

6. 回购契约协调(buy-back or return contract)理论模型

回购又称返销，回购契约是指当销售季节末零售商订货大于所实现的需求时，供应商以一个合理的价格将零售商未售出的产品购回，从而激励零售商在销售期初增加订货量[30]。它主要针对需求的不确定性，允许下游成员以低于批发价的返销价格将剩余订货退售给上游成员，从而到达双方共担风险的协调目的。值得注意的是，同样是对零售商剩余库存的补偿，但回购契约更多强调的是回购价格的制定，而数量柔性契约则是关注订货量的调整[31]。

在回购契约协调理论模型中，供应商承诺对零售商没有卖完的货物给予一定补偿，目的是刺激零售商尽可能多的订货以满足市场需求，从而使需求不确定性产生的风险由供应商和零售商共同承担。假设在零售商进货时供应商以每单位 w 的批发价格提供产品，在卖期结束时以每单位 $\kappa(\kappa < w)$ 的回购价格补贴零售商未销售的产品，此外零售商也可选择对未销售的产品以每单位 v 进行甩卖。这时，零售商给供应商的期望支付为

$$T_r(q,w,\kappa) = wq - \kappa I(q) = \kappa S(q) + (w-\kappa)q$$

回购契约下零售商的利润函数为

$$\begin{aligned}\pi_r(q,w,\kappa) &= (\rho - v + g_r)S(q) - (c_r - v)q - g_r\mu - T_r(q,w,\kappa) \\ &= (\rho - v + g_r - \kappa)S(q) - (c_r - v + w - \kappa)q - g_r\mu\end{aligned}$$

回购契约下供应商的利润函数为

$$\begin{aligned}\pi_s(q,w,\kappa) &= g_s S(q) - c_s q - g_s\mu + T_r(q,w,\kappa) \\ &= (g_s + \kappa)S(q) - (c_s - w + \kappa)q - g_s\mu\end{aligned}$$

7. 回馈与惩罚契约协调(rebate and penalty contract)理论模型

回馈与惩罚契约是指供应商给零售商提供一个销售目标，如果零售商超额完成任务，超额部分将给予奖励，否则将对没有完成任务的部分进行惩罚。假设供应商提供的销售量目标为 Γ，在销售期结束后，对于超过 Γ 以上的部分，供应商给予零售商每件产品的回馈为 τ，对于没有完成任务的部分，供应商对零售商每件产品的惩罚也为 τ。以超额奖励为例，此时零售商给供应商的期望支付为 $T_r(\rho,q) = wq - \tau(S(\rho,q) - \Gamma)$。

回馈与惩罚契约下零售商的利润为

$$\begin{aligned}\pi_r(\rho,q) &= \rho S(\rho,q) + vI(\rho,q) - g_r L(\rho,q) - c_r q - T_r(\rho,q) \\ &= (\rho + g_r - v + \tau)S(\rho,q) - (w + c_r - v)q - g_r\mu - \tau\Gamma\end{aligned}$$

回馈与惩罚契约下供应商的利润为

$$\pi_s(\rho,q)=wq-\tau(S(\rho,q)-\Gamma)-g_s(\mu-S(\rho,q))-c_s q$$

以上介绍都是常用的几种基本契约协调理论，然而在面对重大突发事件时，各应急主体受自身资源和成本的约束，往往无法按照正常的契约协调机理来进行有效的应急响应，这就必然要求各应急主体寻找更有效的应急契约协调机制来应对。按照生产供应关系的不同，突发事件下的应急协调机制大概可以分为“横向”应急契约和“纵向”应急契约，下面两节将详细阐释这两种类型应急契约的协调原理及其应用实例。

8.4.2 “横向”应急契约

“横向”应急契约是指协调同级部门或同类企业间应急资源储备和调配关系的契约，它强调互助与合作，适用于结构松散、利益关系不太紧密的应急管理主体。“横向”应急契约协调得以实施的前提是，相对于单独应急，多主体协调应对突发事件所耗费的平均成本更低、效率更高。

1. 企业横向应急契约协调机制

跨区域、跨部门“横向”应急契约协作中的重要理论基础是风险共担机制[32]。所谓风险共担，是指突发事件下利用规模效应来使单个主体抵御风险的成本降低的一种协作机制。尤其在突发事件不断发生、市场需求频繁变化的情况下，这种强调资源协作的风险共担机制，为企业间的横向应急协调提供了可能，有利于提高单个主体的应急应对能力。

风险共担的应急协调机制，早在航空业实践中就已经有所体现。航空业是个运营风险很大的行业，恶劣天气、零件故障，甚至恐怖袭击都会导致突发事件频发。为了有效应对突发事件，航空公司会愿意持有大量的备用零件以应对飞机运行中的紧急情况，且随着机群(同种机型)中飞机数量的增加，平均备件成本会有一定降低。但要达到这种规模效应，通常超出了多数中小型航空公司的投入能力，这就使得一些航空公司不得不建立横向战略联盟，利用风险共担机制来降低成本，从而共同应对运营中的风险[33]。Kilpi等从理论上证明了航空业备件联营(spare pooling)应急机制可以有效降低备件库存成本，而几乎不会导致服务水平的损失[33]。也有学者估算，对于一个拥有两架A320飞机的航空公司，大概需要维持价值700万美元的各种备件才能保证航空公司正常运转。而如果航空公司与同行签订备件共享协议，约定当出现紧急需求且该公司没有相应备件时，可以从其他航空公司获取，这种风险共担的互助机制则可以将原来700万美元的备件投资降低到400万美元[34]。事实上，在许多航空公司的实践中，也的确建立了这种面向应急备件管理的企业间横向协作，如德国汉莎航空公司(Lufthansa)和加拿大航空公司(Air Canada)将其联盟合作就扩展到飞机备件的库存联营，以此来降低应急资源储备成本，从而能够更好的应对突发事件[35]。

此外，风险共担应急协调机制在我国钢铁企业实践中也得到了应用。2002年6月，珠江钢铁公司、邯郸钢铁公司、包头钢铁集团公司在横向应急契约协调方面进行了有益的尝试：由于三家公司的 CSP 生产线的部件可以互换，他们相互约定在满足本公司设备暂时检修需要的前提下，可将通用部件以最快速度拆借给有紧急需求的其他公司，并签署了 CSP 备件互换及支持协议[36]。另一个典型案例是，宝钢集团梅山公司与多家钢铁企业实行了备件共享，当面临紧急需求，梅山公司若没有相应备件，则可以向其他合作企业联系借用，事后再购买或归还。这项协调机制使梅山热电厂仅 2002 年的备件库存成本就降低了 300 多万元[36]。

从上述企业实践中可以看出，基于风险共担的横向应急协调机制，能够在企业联合应对突发事件上发挥重要作用。下面拟借鉴文献[37]，以美国各州之间构建的应急管理互助契约(emergency management assistance contract, EMAC)为例，说明政府各职能部门跨区域跨界的“横向”应急协调体系在应对和处置各种紧急或灾难事件中也发挥着越来越重要的作用。

2. 政府横向应急互助契约

在应对重大突发事件时，多数国家的政府灾难救援协作机制都偏向采用集中式的“全灾害应急体制”，即“统一领导、分级管理”的纵向一体化应急协调。不过有研究表明过分依赖集权并不一定能有效应对灾难[38]，因此，一种新型的“横向”协作应急体制正逐渐在跨区域应急管理实践中得到应用和推广。例如，美国一些州之间针对灾害威胁建立了 EMAC，并在 2005 年 9 月美国卡特琳娜飓风灾害应急中发挥了巨大的作用。这种“横向”协调机制可以提高突发事件下应急资源的可获得性和时效性，并且大大降低应急资源的筹集成本[32]。

现以美国各州 EMAC 的运作为例，讨论多个应急主体“横向”应急契约协调的实例应用[37]。

1) 契约协作的制度化

EMAC 的前提假设是没有任何政府或地方具有应对灾难的所有资源，跨区域、跨部门的协作比单独行动更有效率。这种协作不能仅停留在口头上或者无号召力的字面上，它必须出于多个应急主体自身的需要而建立，同时也受到法律法规的约束以及制度化的推动。例如，为促进各成员州履行统一协作的承诺，EMAC 第 3 条规定了其成员州的主要职责[37]：

(1) 各成员州有责任制定州际合作的程序、计划和项目。在州际援助实践中，各成员州应急管理局长或应急管理办公室主任负责执行 EMAC。

(2) 成员州应急管理专职代表可通过与其他成员州应急管理专职代表联系，请求州际援助。这种请求可以是口头或书面形式，在请求时，应该提供如下信息：所需应急服务功能的描述，所需人力、设备、物资和生活必需品的数量和类型，并且合理估计需要这些资源的时间，援助州提供应急响应的具体地点和时间等。

(3) 各成员州应急管理官员应与受灾地区所在州的有关部门和联邦政府在信息交换、计划和与应急能力有关的资源记录等方面经常进行协商。为了促进州际应急援助，各州可以通过州内互助协议，利用地方和县市的应急资源补充州一级的应急资源。

2) 协调机构的网络化

为保证多主体契约协调体系的运作，必须设立一个中立且有影响力的中央协调机构。EMAC 是由一个网络化组织——全美应急管理联合会(National Emergency Management Association, NEMA)来管理，具体运行则由其成员州代表组成的 EMAC 委员会负责[37]。

(1)管理机构：NEMA。NEMA 成立于 1974 年，是由应急管理和国土安全专家组成的非营利和非党派组织，致力于通过改善国家在所有突发灾害事件中应急准备、响应和恢复的能力，就共同关心的应急管理议题交换信息，以促进国家公共安全[39]。NEMA 设有主席、副主席和秘书等常任官员，在全美设有 10 个区域分会，负责联络地方应急管理机构，每个区域由一位区域副主席专门负责。

1990 年，NEMA 成为州政府理事会的成员组织，州政府理事会积极支持 NEMA 为各州应急管理机构之间提供信息与支持网络，以及参与应急管理事务的全国性或区域性组织的交流对话。NEMA 还与国土安全部、联邦应急管理署建立合作关系，通过交换州际信息，构建加强全国应急管理体制和协助各州应对公共安全挑战的州际协作伙伴。

1995 年，NEMA 正式成为 EMAC 的管理机构，以推动和管理 EMAC 成为全国性州际应急管理互助协作体系为战略目标。在紧急状态情况下，NEMA 与 EMAC 成员州联合行动，确保各种信息经过 EMAC 系统顺利畅通，以协调救灾工作。

(2)执行机构：EMAC 委员会。EMAC 委员会作为执行机构，是由来自各成员州的应急管理局长或其代表构成的信息交流与联络协调网络，包括以下 9 个组织机构(图 8-8)[40]：EMAC 执委会、EMAC 全国协调员和高级顾问、EMAC 咨询小组、EMAC 先遣队、EMAC 全国协调小组、EMAC 全国协调小队、EMAC 区域协调小队、专职代表、指定联系人。

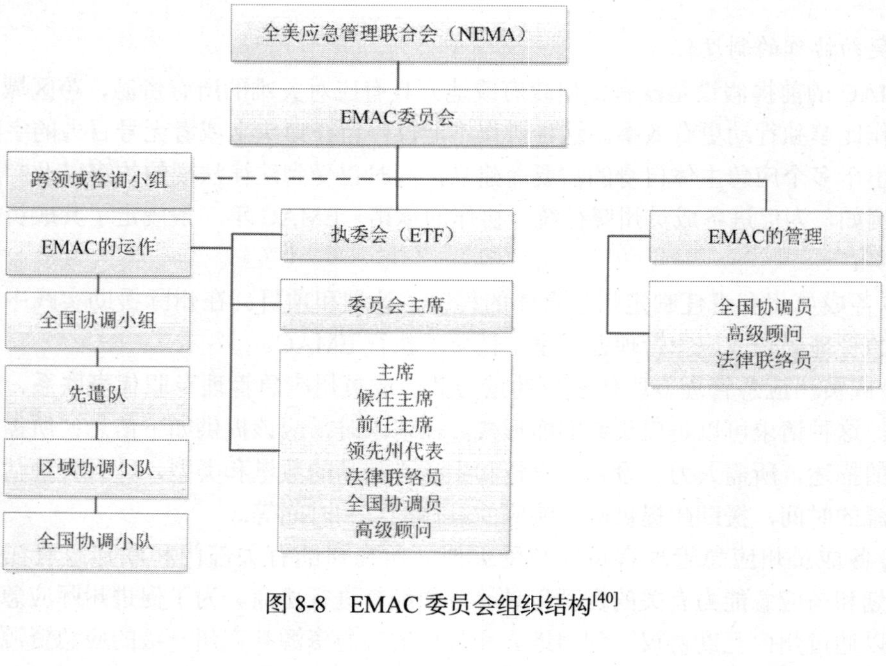

图 8-8　EMAC 委员会组织结构[40]

作为一种跨地区应急管理协作组织，EMAC 委员会的主要职责包括[37]：通过与执委会主席和 NEMA 工作人员协调，监督执委会的运作；为管理和执行 EMAC 争取财力支持；支持 EMAC 咨询小组提出的政策措施；为实现 EMAC 的使命和目标，支持国土安全部和联邦应急管理署推进“国家事故管理系统”资源分类和整合；以 EMAC 为基础，促进各州内部和全国性应急管理合作体系的发展。

3) 协作流程的规范化

多主体的一方受灾后，依据互助契约响应的援助过程是否快速有效是检验契约科学性的重要手段。EMAC 中设定了为应对紧急灾害事件，受灾州从其他州请求和接受援助的基本流程，包括准备、启动、请求、调配和补偿[41]。州际应急管理响应的这 5 个阶段是功能导向政府间协同执行的应急管理协作流程，其成功运作依赖于成员州之间的有效协作。EMAC 的运作是以实现跨州应急资源的整合与共享为核心目标，其运作流程强调求助州与援助州之间通过协作网络促进跨地区的协同行动(表 8-4)。

表 8-4　EMAC 应急响应流程

五阶段	求助州	援助州
准备	1.所有州和州内管辖区：制订执行互助协议的程序； EMAC 委员会评估上次应急管理援助的经验与教训， 制定相关政策	
启动	2.州长宣布进入紧急状态 3.通知 EMAC 领导与管理系统	
请求	4.请求调配应急管理先遣队 5.向其他成员州请求应急资源援助	6.响应援助请求，并与求助州协商确定所需援助资源及其他具体细节
调配		7.执行州际援助任务，向灾区输送应急资源
补偿	9.求助州补偿援助州	8.完成援助任务，并向求助州提出正式的补偿要求

EMAC 构筑在州际互惠意愿与协作能力的基础上，通过法制化手段，将精细化应急契约协作计划、网络化协调机构、和规范化应急协作流程都囊括在州际区域应急管理的“横向”协作制度体系中。这种区域间互助的应急协作理念，对于提倡企业层面实现应急互助以共同应对突发事件同样具有借鉴意义。

总之，在突发事件频繁发生的情况下，“横向”应急契约的实施能够有效提高单个主体的应急能力。值得一提的是，多主体共同协作虽然会在某种程度上导致各主体间应急资源协调成本的增加，但能够大大减少资源储备成本。随着多主体之间沟通的紧密、协调渠道的进一步畅通，应急资源的协调成本将被逐步降低，多应急主体横向协作的优势将更加明显。

8.4.3 “纵向”应急契约

“纵向”应急契约是指多层级部门或上下游企业间有关应急资源、应急能力储备和调配关系的约定，体现在如政府部门间依赖行政权力的隶属关系、上下游企业间依赖核心企业影响力的相互利益关系等。“纵向”应急契约强调统一平衡与协调，适用于组织关系紧密、利益相关性较强的应急管理主体。本小节主要关注上下游企业间的纵向协作，其理论基础是应急契约协调机制。

企业间的“纵向”应急契约协调机制，也被称作供应链应急契约，不但约定了企业之间的协同合作流程，同时也规定了企业间风险成本分担及补偿的具体办法。当企业所处的大环境遭遇突发事件的不利影响时，供应链中某个或多个成员企业的正常运作过程会受到干扰，这种干扰会对本供应链中其他成员企业的运作造成不良影响。为了应对突发事件，供应链成员企业之间需要制订“纵向”应急契约，以相互协作、共担风险。

由于供应链成员企业之间本身已经签订了常态环境下的交易契约，故应急契约往往是建立在原有契约基础上的。当突发事件造成的内外部环境变化破坏了原有供应链协调时，就需启动应急契约机制和相应参数，即修改原有的供应链契约，以使供应链在新的契约机制下达到协调，实现供应链企业的纵向应急协作。

应急契约协调机制的研究使得上下游企业间纵向应急协作成为可能，为供应链企业间协作应对突发事件提供了激励机制层面的理论依据。尤其在近年来供应链实践中，越来越多的契约理论被应用来协调供应链以应对突发事件。多数研究表明突发事件发生后，通过契约理论可以使供应链重新达到协调，实现供应链整体协作能力并改善链上单个企业的应急能力。

本小节主要借鉴文献[21]，以数量折扣契约为例，讨论如何应用应急契约使供应链应对突发事件所带来的影响。首先介绍在常态下如何确定最优契约参数使供应链协调，然后分析突发事件发生时企业间如何调整契约参数使供应链达到最优协调状态。

由于不同的突发事件对供应链运作的影响不同，应急契约也需要针对不同情况设定相应调整参数。这里仅以突发事件造成产品市场需求波动为例来研究协调过程。

1. 一般数量折扣契约协调

考虑由制造商和零售商组成的两级供应链，其中制造商作为供应链的核心企业是供应链契约的制订方，零售商是契约的执行方。

假设一般情况下，市场需求$d = D - kp$，其中D为市场规模，k为价格需求敏感系数，d是在零售价格p下的产品需求。制造商的单位生产成本为c，零售商的订货量为q，制造商提供给零售商的产品批发价为ω。

决策过程如下：制造商需要确定作为契约参数的批发价ω，零售商根据批发价的设定情况决定p和q。在不考虑需求波动时，可以认为$q = d$。这样，零售商的利润表达为$\pi_{\mathrm{R}} = pq - \omega q$，制造商的利润是$\pi_{\mathrm{M}} = \omega q - cq$。

如果希望供应链达到效率最优，应该使供应链的总利润$\pi_{\mathrm{T}} = \pi_{\mathrm{M}} + \pi_{\mathrm{R}} = (p-c)q$最大，对应有最优的零售价格和零售商订货量：$(p_{\mathrm{T}}^*, q_{\mathrm{T}}^*) = \left(\dfrac{D+kc}{2k}, \dfrac{D-kc}{2}\right)$。

但制造商和零售商作为独立经营的经济体，都是从自身利益为根本出发点进行决策的，决策的唯一目标是使自己的利润最大。如果供应链契约约定了一个固定的批发价ω，那么零售商的最优决策方案是$(p_R^*, q_R^*)=\left(\dfrac{D+k\omega}{2k}, \dfrac{D-k\omega}{2}\right)$；而同样基于自身利益最大化，制造商的决定会是$\omega_M^*=\dfrac{D+kc}{2k}>c$，故而双方单独决策不能达到供应链整体的协调。

此时为了双赢，供应链成员会尝试调整决策参数和利益分配的方式，可以选用契约有：数量折扣契约(供应商针对大批订单的客户给予一定的单价优惠)、收入共享契约(供应商给零售商一个超低的批发价以换取零售商终端收益的分成)、数量柔性契约(供应商允许零售商先下一个基础订单，在销售预期明朗后可以修正订单量)、回购契约(供应商承诺将零售商在销售季结束后没有销售掉的产品购回)等，这些契约的基本模型在 8.4.1 节中已有详细介绍，它们的作用各不相同，分别适用于不同种类和特点的供应链协调。

在此选用数量折扣契约进行协调，即制造商决策的批发价ω是一个根据零售商订货量q变动的函数，即$\omega(q)$。可以证明，对于任意$0<\phi<1$，当$\omega(q)=(1-\phi)c+\phi\dfrac{D-q}{k}$时，$\pi_R=(1-\phi)\pi_T$，$\pi_M=\phi\pi_T$，可以实现供应链的协调。

2. 数量折扣应急契约协调

现考虑突发事件对整个供应链的影响，突发事件的发生导致供应链原契约决策环境改变，这里假设突发事件改变了零售商所面对的价格需求敏感系数，即敏感系数变成$k+\Delta k$。设Q是突发事件发生后基于零售价格p的市场需求量，有：$p=\dfrac{D-Q}{k+\Delta k}$。对于此时的现实需求$Q$和制造商原有的生产计划$q$，存在一定差异$\Delta Q=Q-q$：当$\Delta Q<0$时，说明突发事件造成产品销售受滞，多余的产品可在二级市场上以较低的价格出售或按一定残值处理；当$\Delta Q>0$时，需要增加生产来满足新的需求，但由于生产计划被打乱，新的单位产品生产成本将有所增加。

当$\Delta Q>0$时，设λ_1是由于需要重新利用新的原材料而增加的单位成本，$\lambda(Q-q)^2$是由于打破了原有生产计划而招致的其他成本；当$\Delta Q<0$时，λ_2是由于产品的折价出售而损失的成本。因此，突发事件发生后，供应链总利润函数变化为

$$\pi_T(Q)=\left(\frac{D-Q}{k+\Delta k}-c\right)Q-\lambda_1(Q-q)^+-\lambda_2(q-Q)^+-\lambda(Q-q)^2$$

这时要使供应链效率最优，其应急契约参数(P_T^*, Q_T^*)需要根据具体情况确定

$$P_T^*=\begin{cases} p_T^*+\dfrac{\alpha-\Delta k p_T^*}{k+\Delta k}, & -k<\Delta k\leqslant -\dfrac{\lambda_1 k}{c+\lambda_1} \\ p_T^*-\dfrac{\Delta k p_T^*}{k+\Delta k}, & -\dfrac{\lambda_1 k}{c+\lambda_1}<\Delta k<\dfrac{\lambda_2 k}{c-\lambda_2} \\ p_T^*+\dfrac{\beta-\Delta k p_T^*}{k+\Delta k}, & \Delta k\geqslant \dfrac{\lambda_2 k}{c-\lambda_2} \end{cases},\quad Q_T^*=\begin{cases} q_T^*-\alpha, & -k<\Delta k\leqslant -\dfrac{\lambda_1 k}{c+\lambda_1} \\ q_T^*, & -\dfrac{\lambda_1 k}{c+\lambda_1}<\Delta k<\dfrac{\lambda_2 k}{c-\lambda_2} \\ q_T^*-\beta, & \Delta k\geqslant \dfrac{\lambda_2 k}{c-\lambda_2} \end{cases}$$

式中，$\alpha=\dfrac{(c+\lambda_1)\Delta k+\lambda_1 k}{2\lambda(k+\Delta k)+2}$，$\beta=\dfrac{(c-\lambda_2)\Delta k-\lambda_2 k}{2\lambda(k+\Delta k)+2}$。即在突发事件发生而造成价格需求敏感系数发生变化的情况下，最优应对策略是零售商首先要对零售价格做出积极调整，而只有当 Δk 的变化超出一定范围后才对订货量做调整。

为了使供应链成员能够对突发事件进行高效率响应，供应链应急契约的参数调整就显得尤为重要。可以证明，令 $S(Q)=\lambda_1(Q-q)^+ +\lambda_2(q-Q)^+ +\lambda(Q-q)^2$，对于任意 $0<\phi<1$，当 $\omega(Q)=(1-\phi)\left[c+\dfrac{S(Q)}{Q}\right]+\phi\dfrac{D-Q}{k+\Delta k}$ 时，$\pi_{\mathrm{R}}(Q)=(1-\phi)\pi_{\mathrm{T}}(Q)$，$\pi_{\mathrm{M}}(Q)=\phi\pi_{\mathrm{T}}(Q)$，可以实现突发事件下的供应链协调。

由以上分析可以看出，面对突发事件，供应链企业能够通过供应链应急契约机制来实现企业间的纵向应急协作，即可利用适当协作手段来提高供应链的抗风险能力，并改善单个企业的应急水平。本小节只选用了一种供应链契约（数量折扣契约）来说明“纵向”应急契约协调的操作，事实上在供应链应急协作机制下，存在多种有效的契约协调方式来应对突发事件，具体契约的选择和应用必须根据供应链产业特点、企业内外部环境、突发事件的种类及相关政策法规的限制来决定。而且在实践中，“横向”契约与“纵向”契约往往也可结合起来运用。例如，美国各州之间的应急管理互助契约需要建立在联邦与州政府紧密合作伙伴关系的基础上，钢铁制造企业也需要研究供应链上企业的供应、生产和销售合作，从而与其他钢铁企业签订科学的备件共享契约协调等。

参 考 文 献

[1] 王绍玉, 冯百侠. 城市灾害应急与管理[M]. 重庆: 重庆出版社, 2005.

[2] 张文峰. 应急物资储备模式及其储备量研究[D]. 北京: 北京交通大学硕士学位论文, 2010.

[3] 中央政府门户网站. 发展改革委紧急向灾区调拨医药、成品油等物资[EB/OL]. http://www.gov.cn/gzdt/ 2008-05/17/ content_980097.htm. 2008-05-17.

[4] Fiedrich F, Gehbauer F , Rickers U. Optimized resource allocation for emergency response after earthquake disasters [J]. Safety Science, 2000, 35(1-3): 41-57.

[5] Barbarosoglu G, Ozdamar L, Ahmet C. An interative approach for hierarchical analysis of helicopter logistics in disaster relief operations [J]. European Journal of Operational Research, 2002, 140(1): 118-133.

[6] Ozdarmar L, Ekinci D, Kucukyazici B. Emergency logistics planning in natural disasters [J]. Annals of Operations Research, 2004, 129(3): 217-245.

[7] Yi W , Özdamar L. A dynamic logistics coordination model for evacuation and support in disaster response activities [J]. European Journal of Operational Research, 2007, 179(3): 1177-1193.

[8] Sheu J B. An emergency logistics distribution approach for quick response to urgent relief demand in disasters [J]. Transportation Research Part E, 2007, 43(6): 687-709.

[9] Sheu J B. Dynamic relief-demand management for emergency logistics operations under large-scale disasters [J]. Transportation Research Part E, 2010, 46(1): 1-17.

[10] Chang M S, Tseng Y L, Chen J W. A scenario planning approach for the flood emergency logistics

preparation problem under uncertainty [J]. Transportation Research Part E, 2007, 43(6): 737-754.
[11] Yuan Y, Wang D. Path selection model and algorithm for emergency logistics management [J]. Computers & Industrial Engineering, 2009, 56(3): 1081-1094.
[12] 计雷, 池宏, 陈安等. 突发事件应急管理[M]. 北京: 高等教育出版社, 2006.
[13] 胡清淮, 魏一鸣. 线形规划及其应用[M]. 北京: 科学出版社, 2004.
[14] Zhu L, Cao J. A network equilibrium model for emergency logistics response under disaster spreading [C]. 2010 International Conference on Logistics Engineering and Intelligent Transportation Systems (LEITS2010), 2010: 10-13.
[15] Qiang Q, Nagurney A , Dong J. Managing Supply Chain Risk and Vulnerability: Tools and Methods for Supply Chain Decision Makers [M]. Berlin: Springer Publications, 2009: 91-111.
[16] 吴叶葵. 突发事件应急系统中的信息管理和信息服务[J]. 信息化建设, 2006, (4): 24-27.
[17] 宋英华. 突发事件应急管理导论[M]. 北京: 中国经济出版社, 2009.
[18] 张茜. 公共危机管理系统研究[D]. 武汉: 武汉理工大学硕士学位论文, 2006.
[19] 赵林度, 方超. 城市重大危险源应急系统协同机制研究[J]. 中国公共安全, 2007, (3): 36-40.
[20] 张沛, 潘锋. 现代城市公共安全应急管理概论[M]. 北京: 清华大学出版社, 2007.
[21] 于辉, 陈剑, 于刚. 协调供应链如何应对突发事件[J]. 系统工程理论与实践, 2005, 25(7): 9-16.
[22] Pasternack B. Optimal pricing and returns policies for perishable commodities [J]. Marketing Science, 1985, 4(2): 166-176.
[23] Cachon G P. Supply chain coordination with contracts [A]//Graves S C, Kok A G. Handbooks in Operations Research and Management Science, Supply Chain Management: Design, Coordination and Operation [C]. Amsterdam: North-Holland, 2003.
[24] Li S, Zhu Z, Huang L. Supply chain coordination and decision making under consignment contract with revenue sharing [J]. International Journal of Production Economics, 2009, 120(1): 88-99.
[25] Zhou Y. A comparison of different quantity discount pricing policies in a two-echelon channel with stochastic and asymmetric demand information [J]. European Journal of Operational Research, 2007, 181(2): 686-703.
[26] Kokangul A, Susuz Z. Integrated analytical hierarch process and mathematical programming to supplier selection problem with quantity discount [J]. Applied Mathematical Modelling, 2009, 33(3): 1417-1429.
[27] Cachon G, Lariviere M. Supply chain coordination with revenue sharing contracts: strengths and limitations [J]. Management Science, 2005, 51(1): 30-44.
[28] Lian Z, Deshmukh A. Analysis of supply contracts with quantity flexibility [J]. European Journal of Operational Research, 2009, 196(2): 526-533.
[29] Chen F, Krass D. Analysis of supply contracts with minimum total order quantity commitments and non-stationary demands [J]. European Journal of Operational Research, 2001, 131(2): 309-323.
[30] Wang Y, Zipkin P. Agents' incentives under buy-back contracts in a two-stage supply chain [J]. International Journal of Production Economics, 2009, 120(2): 525-539.
[31] Wang C. A general framework of supply chain contract models [J]. Supply Chain Management: An International Journal, 2002, 7(5): 302-310.
[32] 张宁, 刘春林, 王全胜. 企业间应急协作: 应对突发事件的机制研究[J]. 商业经济与管理, 2009, (9): 30-35.
[33] Kilpi J, Töyli J, Vepsäläinen A. Pooling of spare components between airlines[J]. Journal of Air Transport Management, 2004, 10(2): 137-146.
[34] 李少忠. 航空备件共享与租赁的经济意义[J]. 中国民航学院学报, 1998, 16(5): 45-48.

[35] Flint P. Component MRO stars[J]. Air Transport World, 2000, 37(3): 73-74.
[36] 戴德宝, 赵敏. 备件的联合库存模式研究[J]. 科技与管理, 2004, (4): 66-68.
[37] 吕志奎. 使跨界应急管理协作运转起来: 美国 EMAC 的经验及其借鉴[J]. 公共管理评论, 2010, 9(1): 86-111.
[38] Hart P T, Rosenthal U, Kluzmin A. Crisis decision making[J]. Administration & Society, 1993, 25(1): 12-45.
[39] The National Emergency Management Association. NEMA: past and present[EB/OL]. http://www.nemaweb.org/?980. 2011-9-28.
[40] The Emergency Management Assistance Compact (EMAC) Website. Who Administers EMAC? [EB/OL]. http://import.emacweb.org/?143. 2011-09-28.
[41] The Emergency Management Assistance Compact (EMAC) Website. How Does EMAC Work? [EB/OL]. http://import.emacweb.org/?142. 2011-09-28.

第 9 章　应急危机管理

危机管理是一种特殊的管理方法，它要求在相当有限的时间里作出重大决策和反应，目的是为了提高对危机发生前的预见能力、危机发生时的救治能力和危机发生后的恢复能力。同风险管理与应急管理间的关系一样，危机管理与应急管理之间也存在着错综复杂的联系，它们都是为了应对突然发生并危及公众生命财产、社会秩序和公共安全的事件，迫使管理者采取相应措施处理，使损害尽量降至最低点而建立的防范处理体系。

本章拟从危机管理的基本概念入手，对危机管理的流程、体系和决策系统进行全面介绍，其目的是为了说明应急管理中预警和快速反应机制是危机管理的重要原则，而高效的危机管理决策系统能够有效保障应急管理活动的顺利实施。

9.1　危机与危机管理

危机管理是在探讨危机发生规律、总结处理危机经验的基础上形成的新型管理理念，是组织对危机的超前反应和对危机处理的深化。本节主要探讨危机的性质、分类，以及危机管理的内涵、原则和对策，为后续的危机管理流程和危机决策分析提供基础知识储备。

9.1.1　危机的性质和分类

危机通常是指诸多不利情景的汇聚，如决策者的核心价值观念受到严重威胁或挑战、突发事件信息不充分、事态发展不明确且需要迅速决策等。

1. 危机的性质

危机事件往往具有如下特征[1]。

1) 突发性

危机通常不期而至、令人措手不及，危机爆发的时候一般都是在毫无准备的情况下瞬间发生，造成混乱和惊恐。危机事件是由一系列细小事件逐渐发展而来的，由于其真实发生的时间地点具有一定不可预见性，且出乎正常社会秩序或人类心理惯性，而具有某种程度上的危险性。在逻辑上，危机必定是突发事件，然而突发事件未必就形成危机，它们之间的关系如图 9-1 所示。

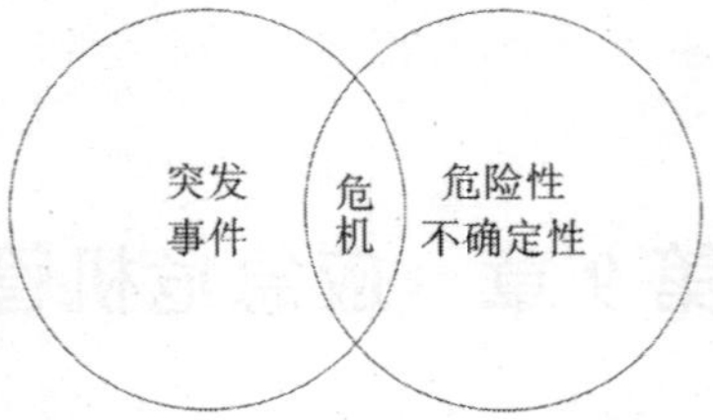

图 9-1 危机与突发事件的关系

2) 高度不确定性

危机的不确定性体现在，不仅危机事件的开始无法用常规性规则进行判断，而且其后的发展和可能涉及的影响也往往没有任何经验性的知识进行指导。需要注意的是，本书第 7 章介绍的风险和此处危机的不确定性间存在着差别：风险事件的未来发展轨迹具有一定信息基础，有可能利用一些衡量和评价方法去预测结果的不同类型和预期概率，并以此为根据来作出具体的风险管理决策；而危机从事件开始以后，就很难预计它可能带来的后果，同时由于事件之间联系呈多元化特征，信息资源的有限性更会导致连锁反应，造成危机影响的扩大。

3) 破坏性

危机爆发后可能会带来比较严重的物质损失和负面影响，有些危机甚至可用“毁之一旦”来形容。

4) 急迫性

危机的突发性特征决定了决策者对危机作出反应和处理的时间十分紧迫，任何延迟都可能会带来更大的损失。

5) 信息资源紧缺性

面对往往突然降临的危机，决策者必须在有限的时间条件下作出快速决策，混乱和惊恐的心理容易使获取相关信息的渠道出现瓶颈现象。

6) 双面效果性

危机并不一定必然对组织的生存造成危害，其负面影响的大小，一般取决于如何去面对危机和处理危机：处理不当会使组织蒙受不利影响，甚至被淘汰；相反，若危机处理得当将会为组织带来一个新的契机或转机。

2. 危机的分类

危机的分类可以是多维度的，不同判断标准产生不同的划分。现按照各决策组织面临的事件性质不同，分为下列七种危机：信誉危机、决策危机、经营管理危机、灾难危机、财务危机、人才危机以及媒介危机[1, 2]。

1) 信誉危机

信誉危机是指某组织由于管理不善或操作不当，使其在市场中和社会上的威信下降，对其经营造成不良影响，导致自身处于可能发生危险或损失的状态中。例如，企业在生产经营过程中，由于没有履行合同或未兑现对消费者的承诺而产生的一系列纠纷，甚至给合作伙伴或消费者造成重大损失或伤害，企业便会出现失去公众信任和支持的信誉危机。

2) 决策危机

决策危机是指某组织决策者在战略或策略上失误而造成的危机。例如，决策者不能结合内外部市场环境因素而制订正确的战略，使企业无法继续经营。巨人集团就是一个典型的决策危机案例[2]：靠IT业发迹的巨人集团在没有有效的环境分析、稳健的资金保障和完善的管理机制下，采取激进的扩张战略，涉足房地产项目。并且几乎采用破坏式影响主业发展的方式来建造巨人大厦，由原来的18层增至38层，后来又在某些外界干预下由原来的38层改至54层、64层，最终决定盖一个70层的大厦，预算也因此从2亿元增至12亿元，最终导致资金链断裂而给巨人集团自身带来了灭顶之灾。

3) 经营管理危机

经营管理危机是指某组织由于管理不善而导致的危机，包括质量危机、环境污染危机、关系纠纷危机。

(1) 质量危机。例如，企业在生产经营中不重视产品质量问题，使不合格产品流入市场，损害了消费者利益，甚至造成人身伤亡事故，由此引发消费者恐慌并要求追究企业责任而产生的危机。

(2) 环境污染危机。例如，企业的“三废”处理不彻底，有害物质泄漏、爆炸等恶性事故造成环境危害，引起周边居民不满导致环保部门介入引起的危机。

(3) 关系纠纷危机。由于错误的经营思想、不正当的经营方式、忽视经营道德、员工服务态度恶劣等，造成关系纠纷而产生的危机。例如，商业出售的假冒伪劣商品、酒店业的顾客财物丢失等。

4) 灾难危机

灾难危机是指无法预测或人力不可抗拒的强制力量，如地震、台风、洪水等自然灾害、战争等造成巨大损失的危机。这类危机不以人的意志为转移，通常带来巨额的财产损失。

5) 财务危机

财务危机是指某组织由于经营投资的失误、资金周转不灵、股票市场的波动、贷款利率或汇率的调整等因素使资金暂时出现断流，难以维持组织正常运转，最终造成组织瘫痪的危机。前述巨人集团的失败也是财务危机的一种体现。

6) 人才危机

人才危机是指人才频繁流失所造成的危机。例如，由于某组织核心员工离职、其岗位没有合适人选而给该组织带来的损失，是比较严重的人才危机现象。

7) 媒介危机

由于未了解事实真相，媒介对事件的报道不能全面客观地反映事实，而引起的某组织危机。虽然真实性是新闻报道的基本原则，但是由于客观事物和环境的复杂性、多变性，以及报道人员观察问题的不同立场角度，媒体报道出现失误是常有的现象，而由此在社会中引起的媒介危机效应也不容忽视。

不同类型的危机，处理方法上存在着很大差异。因此在处理危机前，首先需要明确危机的类型，以便于有针对性地采取对策。例如，面对决策危机，需要此组织加强决策管理，建立合理的决策体系和完整的评价体系，以提高决策的科学性；为了预防和减少信誉危机，各组织决策者尽量不要做不愿履行或无法履行的承诺；对于媒介危机，各组织应该有正确的认识和充分的准备，面对不公正的报道，在保持冷静克制的同时更应及时澄清真相，与媒体积极协商予以更正。

9.1.2 危机管理

危机管理是指为了应对各种危机情境所进行防范决策、动态调整、化解处理等活动的过程，其目的在于消除或降低危机所带来的威胁和损失。

1. 危机管理的内涵

危机管理是通过危机监测、预警以及决策，总结危机发生发展的规律，对危机进行科学化、系统化的处理，以达到避免或减少危机产生危害的一种新型管理体系。危机管理的关键要素有[1]：

(1)危机监测。危机管理的首要环节是对危机进行监测，监测的目的就是确认危机，包括将危机归类、收集与危机相关信息、找出危机产生的原因，以及辨认危机影响的程度范围和后果等。在事态顺利发展时期，管理决策者就应该有强烈的危机意识和危机应变的心理准备，建立一套危机管理机制对危机进行实时监测。

(2)危机预警。许多危机在爆发之前会出现某些征兆，危机管理关注的不仅是危机爆发后对各种危害的处理，更要注意在危机到来之前建立危机警戒线，把一些可以避免的危机消灭在萌芽之中，而那些不可避免的危机也应通过预警响应系统加强防备，以使危机事件的损失尽可能降到最低程度。

(3)危机决策。在充分调查的基础上，根据危机产生的原因，对几种可行方案进行优缺点比较后，选择出最佳决策方案。危机决策方案定位要准、推行要迅速。

(4)危机处理。危机处理过程尤其强调速度，需要在确认某种危机决策方案之后，及时有效地将决策方案运用到实际问题中，采取紧急控制以快速遏止危机的扩散，继而化解危机，避免危机造成更大的损失。

2. 危机管理的周期模型

对于危机管理的周期界定存在许多说法，其主要视角几乎都是围绕危机发生发展的不同阶段而进行的。在众多危机管理的周期模型中，有四种受到最为广泛的认同，分别是：芬克(Fink)的四阶段生命周期模型、美国联邦安全管理委员会的四阶段模型、米特罗夫(Mitroff)的五阶段模型和最基本的三阶段模型[3, 4]。

(1)芬克的四阶段生命周期模型。芬克于1986年用医学术语形象地对危机的生命周期进行了描述：第一阶段是征兆期(prodromal)，线索显示有潜在的危机可能发生；第二阶段是发作期(breakout or acute)，具有伤害性的事件发生并引发危机；第三阶段是延续期(chronic)，危机的影响持续，同时也是努力清除危机的过程；第四阶段是痊愈期(resolution)，危机事件已经解决。

(2)美国联邦安全管理委员会把危机管理分为：减缓(mitigation)、预防(preparation)、反应(response)和恢复(recovery)四个阶段。

(3)危机管理专家米特罗夫于 1994 年提出的五阶段模型。

① 信号侦测——识别危机发生的警示信号并采取预防措施；

② 探测和预防——组织成员搜寻已知的危机风险因素并尽力减少潜在损害；

③ 控制损害——危机发生阶段，组织成员努力使危机不影响组织运作的其他部分或外部环境；

④ 恢复阶段——尽可能快地让组织运转回归正常；

⑤ 学习阶段——组织成员回顾和审视所采取的危机管理措施，并加以整理使之成为今后危机管理的运作基础。

(4)最基本的三阶段模型。即把危机管理分成危机前(precrisis)、危机(crises)和危机后(postcrisis)这三个大阶段，每一阶段又可分为不同的子阶段。

而芬克模型和米特罗夫模型也可以与此三阶段相对应：危机前阶段可以包括危机征兆、信号侦测、探测和预防等过程；危机阶段包括危机发生和危机正在得以解决的全部时段，危机发作期、延续期、损害控制和恢复阶段都可以归入此阶段；危机后阶段则涵括痊愈阶段和学习阶段。

3. 危机管理的原则

危机管理的目的是针对组织自身情况和外部环境，分析预测可能发生的危机，然后制订出针对性措施，最终目标是把一些潜在的危机消灭在萌芽状态、把必然发生的危机损失减少到最小程度。在危机管理的过程中，需要遵循以下原则[3,5,6]。

1)制度化原则

危机发生的时间、实际规模、具体态势和影响程度，是难以完全预测的，而这种突发事件往往在很短时间内会产生恶劣影响。因此，各组织内部需要有制度化、系统化的危机管理和灾难恢复方面的业务流程和机构设置保障。这些制度流程在常态时无需发挥作用，但在危机发生时能被及时启动并有效运转，以促进危机的有效处理。国际上一些大公司在危机爆发时往往能够应付自如，关键因素之一就是其制度化的危机应对保障，使得在发生危机时可以快速启动相应机制，全面而井然有序地开展工作。

2)信息应用原则

随着信息技术逐渐被广泛地应用于政府和企业等各类组织管理中，良好的信息系统对危机管理的作用也日益明显。尤其在预防危机阶段，必须建立高度灵敏的信息监测体系，随时搜集各方面的信息并及时加以分析和处理，从而把隐患消灭在萌芽状态；而在危机处理阶段，信息系统也有助于有效诊断危机原因、及时汇总和传达相关信息，并促使各部门统一力量、协调作业，及时采取危机补救措施。

例如，2003年8月的“进口假红牛”危机中，红牛维他命饮料公司迅速查找信息来源、及时弄清事情真相后，立即同国内刊登该新闻的一些主要网站取得联系，向其说明事情真相。同时，红牛通知全国30多个分公司和办事处，要求它们向当地的经销商逐一说明事情真相，并坚定经销商对红牛产品的信心和信任。及时准确的信息应用使“假红牛”的负面影响控制在一定范围之内，把信誉危机对公司品牌的损害降到了最低限度[6]。

3）预防原则

“防患于未然”永远是危机管理最基本、最重要的要求。危机管理的重点应放在危机发生前的预防，因为前期预防较后期控制而言是成本最低、最简便的方法。为此，建立一套规范全面的危机管理预警系统是必要的。现实中，危机的发生具有多种前兆，要努力从这些征兆中透视存在的危机，越早认识到存在的威胁，越早采取适当的行动，就越可能对危机的发展做到有效控制。

例如，1985年海尔集团总裁张瑞敏在全体员工面前，将76台带有轻微质量问题的电冰箱当众砸毁，力求消除质量危机的隐患，给员工一种强烈的危机忧患意识，创造出了“永远战战兢兢、永远如履薄冰”的独特海尔生存理念，从而成为海尔集团打开成功之门的钥匙[6]。

4）快速反应原则

危机的解决，速度是关键。危机降临时，面临危机的组织应当保持冷静，以最快的速度启动危机应变计划，在第一时间查出原因、找准危机的根源，采取有效的措施，隔离危机，以便迅速快捷地运用对策化解危机。还是以2003年的“进口假红牛”为例，红牛公司面对危机临阵不慌，出手“快、准、狠”，将危机的负面影响减到最小，从容地应对了这场关系品牌和产品的信誉危机，体现出红牛高水平的危机快速反应能力。

5）沟通原则

沟通也是危机管理的核心内容。与组织内员工、外界媒体、产品相关的竞争合作组织、消费者、政府部门等利益相关者的沟通都是危机管理中不可或缺的工作。积极的沟通对危机的负面影响有一定化解作用，各组织必须树立强烈的沟通意识，及时将事件发生的真相、处理进展传达给公众，以正视听，杜绝谣言、流言，稳定公众情绪，以争取社会舆论支持。

例如，在中美史克PPA遭禁事件中，中美史克在事发的第二天就召开全体员工大会，向员工通报了事情的来龙去脉，宣布公司不会裁员。此举赢得了员工空前一致的团结支持，避免了将外部危机转化为内部危机。相反，三星集团进军汽车产业就是一个典型缺乏沟通而导致决策危机的例子，三星决定在1997年进入汽车产业，实际上当时汽车工业早已生产力大量过剩，世界级汽车品牌都在为瓜分市场而激烈竞争。但由于三星企业内部领导层严重缺乏沟通，部门经理没有对公司决策提出反对意见，导致三星汽车刚刚投产一年就关门大吉[6]。

9.2　危机管理流程

一般而言，危机管理过程大致可分为以下几个阶段[3,5]：危机准备阶段、危机识别阶段、危机处理阶段以及危机善后阶段。各阶段围绕危机管理战略思维，形成一种循序渐进、持续改善、杜绝发生或改良发生效果、最大限度降低损失的循环管理流程(图 9-2)。

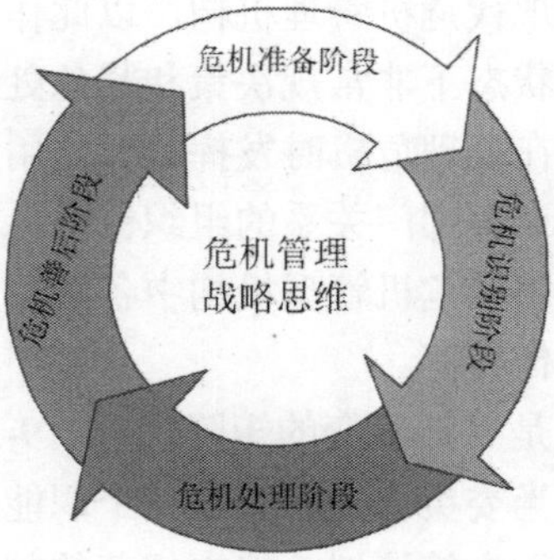

图 9-2　危机管理的流程图

9.2.1　危机准备

危机预警准备是整个危机管理流程的第一个阶段，目的是为了有效地预防和避免危机事件的发生。在某种程度上，危机状态的预防比单纯某一特定危机事件的解决显得更加重要，因为若能在危机发生之前就及时把产生危机的根源消除，可以节约大量的人力、物力和财力。

1. 预防危机

若危机管理者有敏锐的洞察力，根据日常收集到的各方面信息，能够及时采取有效的防范措施，可以尽量避免危机发生或者使危机造成损害的程度尽可能减到最小。因此，预防危机是危机准备甚至整个危机管理的首要环节。

预防危机，首先要将所有可能对组织活动造成潜在威胁的事件(灾害源、灾害体)列举出来，并加以分类，考虑其可能造成的后果，使这些信息实时得到监测。除此之外，预防危机还需做好以下几方面工作。

(1) 树立强烈的危机意识。各组织进行危机管理时应该树立一种危机理念，营造一个危机氛围，使组织内员工在常态下保持危机感，将危机的预防作为日常工作的组成部分，主要途径可通过对员工进行危机管理教育和开展危机管理培训来完成。

(2) 建立预防危机的预警系统。预防危机必须建立高度灵敏、准确的预警系统，而预警的核心就在于信息监测，需要随时搜集各方面信息，及时加以鉴别、分析和处理，对未来可能发生的危机类型及其危害程度作出预测，并在必要时发出危机警报，有利于危机管理者把隐患消灭在萌芽状态。

(3)制订危机管理计划。各组织应该针对可能发生的不同类型危机制订出一整套危机管理计划，在计划中要重点阐释危机的传播途径和解决办法，明确怎样防止危机爆发，以及一旦危机爆发如何作出应对性反应等[7]。

2. 建立危机管理机构

从组织机制保障的角度而言，危机发生后各组织实施快速、及时、高效的应对，有赖于建立具有综合决策功能的现代危机管理机构，以此作为组织应对各类突发性危机事件的应急平台，以提高在危机状态下非常规决策和紧急处置的效率和质量。

成立的危机管理机构不仅在处理危机时发挥重要作用，而且在日常危机管理中也必不可少，是顺利处理危机、协调各部门关系的组织保障。危机发生之前，就需要做好建立危机管理机构的准备工作，明确危机管理机构中各级主管领导和各组织成员相应的职责，并详细制定危机处理的工作程序。

危机管理机构的形式可以是灵活多变的矩阵式(图 9-3)，也可以危机管理委员会的形式存在，即由最高领导者担当委员会主席，从各个职能部门抽取核心的管理骨干担当委员会的委员，定期召开会议，实施培训，建立规范的制度、程序等。

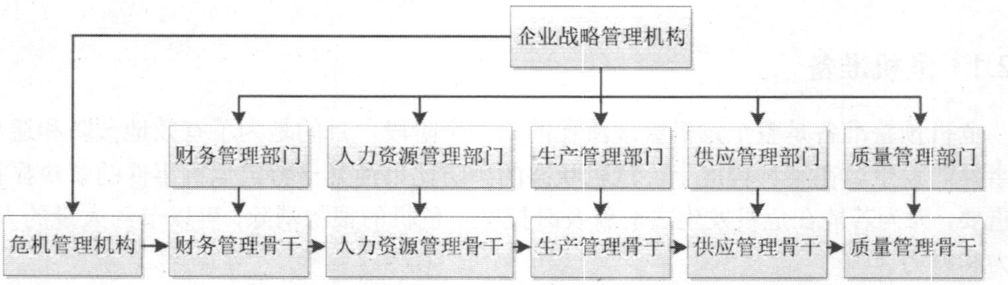

图 9-3　矩阵式危机管理机构示例图

3. 社会模拟演习

由于不是所有的危机都能通过事先预防预警得以避免，有些危机事件很难预测或因某些不可抗拒因素(如突发地质灾害)难以规避，这就使得危机处理过程更需实际演练。因此，危机准备中另一个极其重要的环节就是社会情景模拟练习。

通过模拟危机情境，不仅可以不断完善已建立的危机预警与监控系统，也能够使政府和公众增强危机意识。例如，可以适当举行消防演习，通过演练各种可能在实战中碰到的问题，使消防人员时刻做好防火的心理和物质准备，巩固公众正确的消防知识。又如，1989 年在美国旧金山发生的大地震，正是由于该市在六周前举行了大规模社会模拟演习，从而大大减少了灾害造成的损失。

9.2.2　危机识别

识别危机作为危机管理流程的第二个阶段，关键是通过危机预警监测系统认识和辨别出危机潜伏期的各种症状。需要注意的是，在某一危机事件彻底爆发之前，社会生活的各个方面会不同程度地反映出一些冲突迹象，即引发危机的一些基本矛盾正在不断形成、积累，并通过一定方式表现出来。这是防范危机发生的最好时期，危机管理者必须密切关注这些初现出来的危机信息，争取在危机事件孕育时期就控制其发展。

在危机识别阶段，信息可谓是影响其成败的关键性因素。然而，危机情境下的信息不完全、不及时、不准确，给危机管理者搜寻和关注危机信息带来很大的困难。要准确地识别危机，可以采取对各种社会问题相关的各类信息进行系统性扫描，收集其中的异常信息，对可能引发突发性危机事件的信息加以防范和疏导，争取把危机消灭在萌芽状态。

一般来说，危机识别阶段寻找信息的过程可划分为三个步骤[3]：信息来源确认、信息收集，以及信息整理分析。

1. 信息来源确认

随着现代信息社会的发展，人们每天都处于大量不同种类信息来源的包围中。传统来源有报纸、杂志、电视、广播等信息传播渠道，近年来伴随着计算机网络的广泛应用，网络传媒在塑造公众价值观念、强化公众意识、反映和引导社会舆论等诸多方面发挥着巨大作用。

对于现代组织而言，其危机信息来源和渠道除了上述大众传媒之外，还包括外界对组织所作的评估和组织的自我鉴定等。关于识别危机时该从哪着手查找危机发生的相关信息，可借鉴美国危机管理专家库姆斯的方法，把危机管理中组织需要扫描的信息来源归纳为三大类(表 9-1)：问题管理、风险评估和组织关系[8]。

表 9-1　信息来源确认

类型	信息来源	
问题管理	传统	媒体(报纸、电视、新闻和商业周刊) 贸易期刊　政府出版物　医疗和科学期刊 组织成员　公众舆论调查　公众舆论专家
	在线	新闻和商务网络　新闻组　网页 在线报纸、杂志、贸易出版物 专业协会、特殊利益团体和政府代理机构的评估
风险评估	总体性的质量管理　环保风险　法律审查　工人赔偿风险 责任风险　犯罪风险　财政审计　安全/事故记录 自然灾害风险　产品收购风险　伦理风险　行为分析	
组织关系	成员抱怨/诉求(包括公共批评)　成员决断力　社会绩效	

2. 信息收集

在明确了危机信息发生的各种来源渠道之后，接下来的工作就是从这些信息源着手，尽可能地收集与组织潜在危机相关的危机信息，总结归纳隐藏在信息背后的核心要素。信息收集主要有以下几个途径。

1）大众传媒

信息化时代中，大众媒体是广大公众获取数据信息的主要手段，它自觉不自觉地改变着人们的思维、生产和生活方式，如可以通过大众传媒得到关于各种灾难事故的报道、评论等。

2）事故及隐患鉴定报告

可以通过查询事故及隐患鉴定报告的方式来收集危机信息。因为事故发生后其危机究竟属于哪种类型，危机管理者又应当采取什么方法和措施去应对，这些都有赖于危机管理者建立的事故及隐患鉴定报告。鉴定报告中需要列出组织曾经所发生过的或者将来有可能发生的各种危机事件，对这些危机事件进行系统的归类，并提出相应解决办法和补救措施。当然，在参考事故及隐患鉴定报告的同时，也可结合查阅社会研究人员的调查纪实和研究报告，以及社会组织团体的文件与档案等各种资料。

3）实地调研

可以通过不定期组织一些座谈会、交流会，或采取到实地部门调研等方法，听取各方面人士的看法和意见来获取信息，包括群众的意见、专家的意见、管理决策者内部的意见等。一方面，组织可以建立和健全例会制度，在固定的时间（如每周或每月）和地点，分别召集决策者内部相关组织成员开展座谈会，采取互动式的交流形式，以了解各方面的看法和态度；另一方面，组织在必要时候也可以采用问卷形式进行抽样调查来获取信息。

3. 信息整理分析

在收集到各种有关危机的信息之后，需要对各类危机信息进行系统性的整理、分析，力求找出其中存在的主要问题以及隐藏在问题表象背后的本质原因。

对这些危机信息的分析和评估，与风险管理中的风险衡量评价相类似，通常采取两个指标：一是危机的可能性，即现存危机形式进一步恶化或失控的概率有多大；二是危机的伤害程度，即下一步可能失控的危机局势究竟会在多大程度上影响组织的正常运转。在考虑危机信息两个指标的基础上，还需要注意信息整理分析的综合性和多角度。

1）综合性分析

由于各种类型危机事件的动因、过程和结果往往呈现综合性的特点，在分析危机相关的信息时，危机管理人员需要从多方面着手（如政治、经济、社会等）综合地分析其中蕴涵的可能诱致危机事态进一步恶化的因素。

2）多角度分析

社会中不同组织、群体和个体成员，对于任何相同社会问题的感受都不尽相同，而这些不同角度的想法和意见都应当成为危机管理者进行信息分析的重要参考。具体来说，危机管理者在危机信息整理分析中需要关注的几个角度有：

（1）社会公众。公众作为组织产品或服务的消费者，他们的任何言行都会影响到组织的安危，在危机信息分析中，应该尽可能地听取社会公众的声音，以便发现问题及早解决。

(2) 大众传媒。现代计算机网络时代，媒体的报道给信息搜集提供了最快捷的获取方式，应该在全面调查各新闻媒介提供的信息之后进行危机信息整理分析工作。

(3) 组织内部成员。组织内部成员由于直接参与组织提供产品或服务的过程，对于潜在的各种危机有着自己亲身体验和直接感受。因此，需要形成组织内部成员之间全方位的危机信息沟通体系，各成员分别对组织的缺点和面临的危机发表见解，由危机管理者统一将这些见解整理分析。

(4) 各领域专家。专家作为一种特殊的信息资源，在危机相关的信息分析中起着特别作用，尤其是在一些特定的、技术性较强的危机信息分析方面，需要重视发挥专家在这些专业领域内知识渊博和经验丰富的优势。

事实上，危机征兆信息的搜集、识别，与各组织日常的信息管理工作密不可分，两者的信息来源也并无本质区别，但危机征兆信息的整个识别过程更强调组织的危机意识。经过信息来源确认、信息收集与整理分析，最终将信息分析的结果反馈给危机管理者，以便其采取有效措施处理危机。

9.2.3　危机处理

危机识别之后，需要针对不同种类的危机，采用不同方法和策略进行应对处理，这个危机处理阶段主要包括两个过程(图 9-4)[3,5]：隔离危机和管理危机。

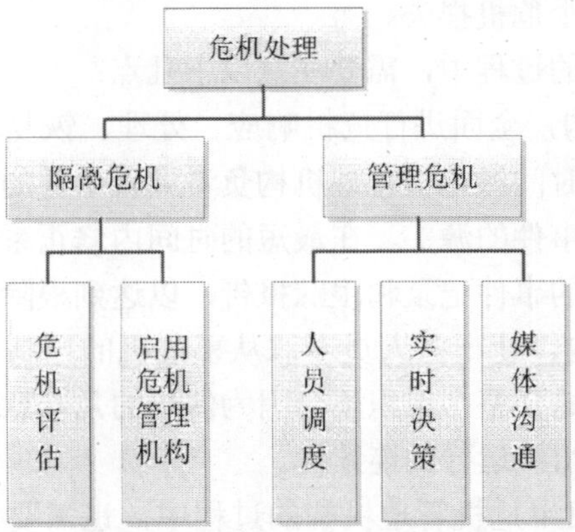

图 9-4　危机处理过程示意图

1. 隔离危机

从危机前兆阶段发展到危机事件的全面爆发，中间存在一定危机升级的过程。伴随着危机事态的逐步升级，要求危机管理者必须适时发挥危机管理机构的防火墙隔离作用，以控制危机事态的蔓延。

1) *危机评估*

隔离危机阶段，对于危机应对工作优先次序的选择，事先需要有一个简单的评估过程：对危机中需要处理的各项事宜进行评估，以确定先救什么、后救什么，保证重点，统筹兼顾。通过对危机中需要处理的各项事宜进行评估，危机管理者能够把面临的问题按轻重缓急理出头绪，便于抓好关键环节。

通常危机评估可从事情的严重性、紧迫性和未来发展趋势三个标准来衡量。

(1) 事情的严重性是指发生的危机事件会带来哪些破坏性影响和严重后果。例如，情节轻的危机事件会造成轻微经济损失，而性质严重的危机事件就可能会影响到国家的政治、经济和社会稳定。危机管理者应集中精力首要解决那些严重影响民众安全与健康的重要问题。

(2) 事情的紧迫性，是指时间要素对于危机中需要处理各项事宜的影响程度，有些事宜是需要立即采取措施加以解决的。例如，发生火灾的时候必须尽快疏散人群，迅速转移受害人群使灾民脱离危险。

(3) 事情的未来发展趋势，是指很多危机事态的发展没法控制，这就需要在评估中对其做出一个大概的预测和估计，以分析危机潜在的威胁。

2) *启用危机管理机构*

隔离阶段的危机管理，目标是控制危机事态的恶化。一旦突发性危机事件发生，危机管理者需要借助在危机准备阶段已建立的危机管理计划和危机管理机构，立即启动危机管理计划，让危机管理机构内各成员能迅速各负其责、各司其职的开展分工合作，共同应对危机，尽可能地减少危机损失。

在启用危机管理机构的过程中，需要注意以下几点：

(1) 启用危机管理机构，全面进行危机响应、处理、恢复和跟踪工作。在遇有突发事件时，组织可以在第一时间派危机管理机构负责调查事件的起因和症状，加强防御，进行漏洞分析，消灭危机事件的源头，在最短的时间内修正系统，使组织正常工作，并加强监控系统，提交详细的事件记录和跟踪报告，以达到根除危机事件影响的目的。

(2) 启用危机管理机构，让一些人员专职从事危机的控制工作，而其他人则继续负责组织的正常运转工作。这样整个组织不会因为偶尔的几次意外事件而中止日常工作的开展，在整体上可以保证组织运行的连续性。

(3) 在隔离危机阶段启用危机管理机构的过程中，也需要有效发挥信息沟通的积极作用。要求危机管理机构按时提交管理服务报告，提出危机处理策略建议，动态调整危机处理策略。

2. 管理危机

危机深化到一定程度时，将使得组织赖以运转的结构和机制遭受严重的破坏，社会秩序趋于严重瘫痪和混乱，危机管理者需要寻求一些切实可行的方法来管理危机。

1) *人员调度*

危机爆发情境下，需要调度各相关部门和人员、动用组织的各种资源进行协同合作，争取迅速控制危机局势。例如，在处理那些因工业技术而引发的突发危机事件时(如危险品泄漏、辐射事故、水坝决堤等)，危机管理者应火速调遣相关技术专家赶赴事发现场，让专家用科学的专业知识技能应对技术性危机。

2) 实时决策

由于危机事件的发展具有急剧变化性和潜在的巨大破坏性，且危机状态下很多因素都不确定，需要在特别短的时间内作出危机处理决定。因此，危机管理过程中必须强调快速实时的决策，争取尽快控制危机事态、化解危机。

(1) 首先，要做到快速决策。对于危机管理者而言，决策能力是维持组织生存所必须具备的基本素质，主要包括快速判断、快速反应、快速行动以及快速修正的综合能力。当出现解决危机的机会时，应该在科学的危机信息调查和准确的危机预测基础上，迅速作出决策，把握机遇，及时控制或解决危机。

(2) 其次，尽量避免过度分析。危机状态下，要在信息极其有限的条件下迅速作出决策，危机管理者需要注意避免优柔寡断、犹豫不定、过度分析的倾向，否则可能让灾害蔓延造成更大的生命财产损失。

3) 媒体沟通

在管理危机的过程中，妥善利用新闻媒体的力量，与媒介保持良好的沟通合作不容忽视。危机管理者需要有目的、有选择地控制信息源和信息传播渠道，以达到有效控制组织秩序、防止危机升级和避免不必要的恐慌。

9.2.4　危机善后

经过危机管理前三个阶段的努力，危机事态很可能被得以控制并逐步被解决，但由于危机事件往往会导致组织出现不稳定的失衡状态，这就需要在危机处理之后还应当进行危机后的跟踪、反馈、调整等善后工作，以确保危机得以根本解决。危机善后主要体现在恢复事宜处理、危机后调查以及危机后的组织变革等方面(图 9-5)。

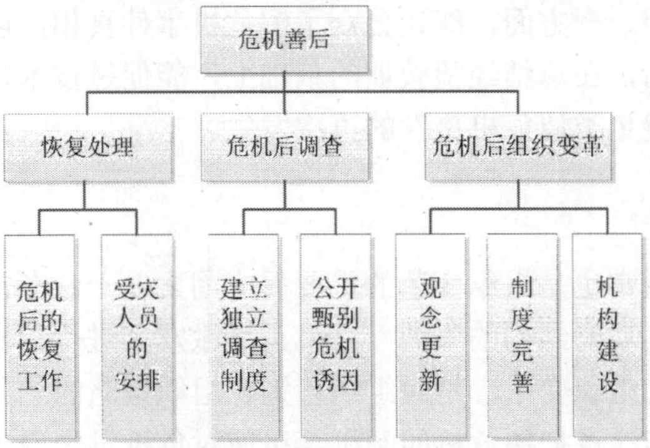

图 9-5　危机善后过程示意图

1. 恢复处理

危机的恢复处理，是指危机事件的紧急情况被控制后，危机管理者致力于恢复工作，尽力将社会财产、基础设施、社会秩序和社会心理恢复到正常状态的过程。

(1)危机后的恢复工作。例如，一些自然灾害危机事件，在造成重大人员伤亡的同时，往往也造成社会重要基础设施的破坏，导致正常的生产生活无法进行。此时，危机管理者必须尽快给予必要的经济援助，调节供销渠道，及时为民众提供生活的急需物品，保障公众的基本需求，这些措施的主要目的都是为了危机事件后各方面力量的重新恢复。

(2)受灾人员的安排。由于危机事件带来的剧烈震荡，可能造成公众心理的恐慌，危机管理者必须建立和健全危机援助制度，妥善安排受灾人员。

2. 危机后调查

在危机善后阶段，危机管理者应该设立第三方性质的独立调查制度，公正甄别危机事件诱因，吸取教训，最大限度地杜绝和减少类似危机的再次发生。

1)建立独立调查制度

探究危机事件的诱因需要有一个独立于行政之外的司法体系和权威独立的调查制度。可成立独立调查委员会作为危机事件的督察机关，委员会有权将调查报告连同有关建议向新闻媒介公布，以寻求社会舆论力量的支持。另外，在建立权威独立调查制度的同时，危机管理者也需要强化行业协会的自律和监督职能，建立和完善行业质量监督体系，充实行业监管队伍、提高行业监管的权威性。

2)公开甄别危机诱因

危机事件的发生，往往具有多元化的社会诱因。第三方性质独立调查制度下的调查委员会必须从政治、经济、文化等多方面、多角度地公开甄别危机事件发生的诱因。独立调查委员会不仅要查明事故发生的原因、人员伤亡及财产损失情况，检查控制事故的应急措施是否得当、是否被落实，查清事故的性质和责任，提出对危机事故责任者的处理建议，更要提出事故处理及防止类似事故再次发生所采取措施的建议。

公开甄别危机诱因，一方面，能让公众了解危机事件真相，以正视听，并使公众从中吸取教训；另一方面，在总结经验教训的基础上，能促进技术、管理、组织结构及运作程序的持续改进，避免类似危机事件的再次发生。

3. 危机后组织变革

突发性危机事件通常也是组织变革的重要促成因素之一。在常态秩序下，组织自身往往无力修复和遏制其功能结构的失调，危机正是激发其进行积极变革的外部刺激物和动力。由危机而引发的组织变革，是对组织行为、组织策略的一种基本“刺激、反应”模式。危机管理者应当注意把握危机的契机，迅速对危机发生诱因、危机管理过程进行细致分析，总结经验教训，努力适应新环境的变化，在技术、管理、组织机构和运行程序上提出改进意见，积极开展主动或渐进性的变革，使组织在维持生命力的同时散发新的活力。

一般来说，危机发生后，管理者可以从以下几个方面对组织进行变革：

1) 观念更新

危机事件发生后，组织必须适时地进行观念更新，及时强化应对人员的危机意识，将组织的正常管理和危机管理有效结合起来。例如，可以在日常管理中考虑，一旦出现突发性危机事件如何应对，应该如何避免危险转化成危机等。

2) 制度完善

在现代组织管理制度的设计中，除制定好日常管理条例之外，还需要针对危机因素及存在的风险，提出多个反危机和防风险的方案，以便在危机和风险出现时，能够供危机管理者根据实际情况进行有效选择。完善危机管理制度的一个重要举措是建立危机应急备用系统、风险基金制度、保险制度以及其他危机备用资源，以保障组织在危机状态下的正常运行。

3) 机构建设

突发性危机事件后，危机管理者应当综合分析检讨在技术、管理、组织机构和运作程序上的不足之处，进而提出改进组织机构建设的有效措施。

(1) 可采取及时检查组织内既定的各职能部门(尤其危机管理机构)存在的种种弊病，对这些部门的职能、权限、危机应对原则等提出系统性的修正和改进意见。

(2) 应当分析和反思危机发生的原因和危机处理过程，根据对新形势、新环境下各类危机性质、特点的预测和判断，调整并建立新的危机管理机构。事实上，世界上很多国家现已存在的危机管理职能部门都是在经历种种危机事件之后逐步完善建立的。例如，“9·11”危机中暴露了美国各部门在搜集和评估信息时缺乏协调，为保障和改善国家安全，“9·11”恐怖袭击事件后美国建立内阁级部门——国土安全办公室，并于 2002 年 1 月 24 日正式启动国土安全部。

9.3　危机管理体系

成功的危机管理不仅需要危机管理者的有效准备、预警识别、快速反应处理和积极的善后，更需要一个完善的框架体系支撑。在这个强有力的危机管理体系架构中涉及很多保障因素，其中明确政府这一特殊危机管理机构的职责、注重与媒介的合理沟通、建立和健全全社会危机应对网络，以及科学制定危机管理法律法规尤为重要(图 9-6)。

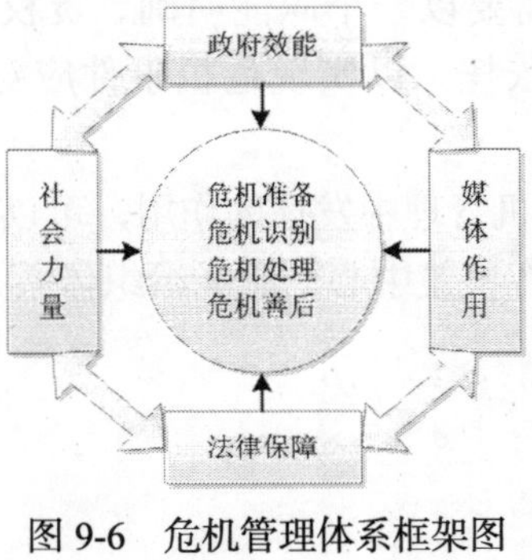

图 9-6　危机管理体系框架图

9.3.1 政府效能

在采取各种危机应对措施时，政府在危机管理中的统一协调作用一贯受到重视，尤其是对危机事务的预警和快速反应机制。

1. 政府应对危机的原则

政府应对危机除了要遵守9.1.2节所述危机管理的一般原则之外，还需注重以下几方面。

1）协同性原则

突发危机事件的紧迫性，要求危机发生后不同职能管理部门之间实现协同运作，优化整合各种社会资源，发挥危机管理体系整体功效，最大可能地减少危机事件损失。由于参与危机应对的人员和力量可能来自各个方面，包括交通、通信、消防、搜救、食品、公共设施、物资支持、医疗服务的人员，以及军队、武警官兵等，有的时候还会涉及志愿者。因此，作为危机管理者的政府在危机应对中必须具备高水平的协同指挥力。

2）安全性原则

在危机事件的应对中，抢救生命与保障人们基本生存条件，是危机管理工作的首要任务。因此，政府处理危机时，不仅要以确保受害受灾人员的安全为基本前提，而且要最大限度地保护参与处置突发事件的应急人员（如警察、士兵等）的生命安全。当然，在保证人员生命安全的基础上，还应该尽力保障国家和人民群众的财产安全。

3）合法性原则

依法行使危机管理权是现代民主宪政原则的基本要求，危机事件属于非常规状态下的决策，在其应对过程中，政府危机管理权力运作的合法性尤显关键。在危机情境下，政府虽然拥有许多特殊权力，但不能误用、滥用危机管理权。例如，在一些涉外危机事件的处理中，由于各国法律不尽相同，而且很多危机事件还涉及政治、经济、宗教和外交等各个方面，处理起来更需小心谨慎。

2. 政府危机管理体制

由于危机事件的突发性和危害性，政府必须建立危机事件的预警机制和快速反应机制，而机制的有效实现需要以一个职能明确、责权分明、组织健全、运行灵活、统一高效的危机管理体制为依托，以实现危机事件应对时这些政府部门间高效的协同运作。

根据政府各组织机构在危机管理中发挥的作用，可以将政府危机管理体制及其运作划分为五大系统（图9-7）：指挥决策中心、职能组织体系、信息/参谋咨询体系、辅助部门和综合协调部门[3,5]。

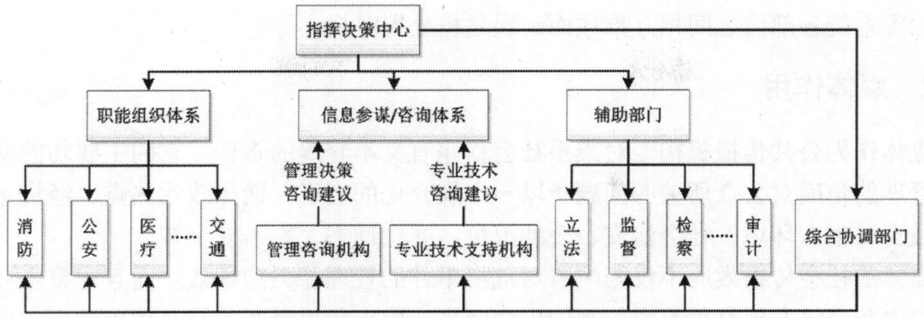

图 9-7　政府危机管理体制框架

1) 指挥决策中心

指挥决策中心在政府危机管理中居于核心地位，实质上体现了政府部门的危机战略决策效能和危机应变能力，它可以是常设机构，也可以是临时性机构。就世界各国的普遍情况而言，危机管理指挥决策中心一般由各级政府的核心成员组成[3,5]：在中央政府，由国家首脑、最高行政首长以及最高军事首长等组成；在地方政府，由地方政府首长、当地驻军和人民武装部队的负责人组成。而在我国的实际危机应对运作中，政治局、中央军事委员会、国务院依法拥有对全国或某一地区危机形势的指挥决策权力。

2) 职能组织体系

政府危机管理的职能组织体系主要是指主管国家安全事务，直接负责危机防范、危机监测和危机控制的主要职能部门或机构，它们依据指挥决策中心的政策方针，具体主管并执行某一方面的危机管理事务。这些职能部门由于承担着大量日常危机预防和突发性危机快速响应的责任，成为政府危机管理体制中的骨干和中坚力量，也是政府危机管理的直接行动力量。

3) 信息参谋/咨询体系

危机管理的时机把握和快速应对，需要应急指挥决策中心具备及时有效的危机信息，这不仅有赖于政府危机管理职能组织体系的信息来源，更依赖于信息/参谋咨询系统的工作和服务。尤其需要发挥危机管理专家的积极作用，只有这样才能实现政府危机管理中不同角色之间的良性互动关系，形成不同种危机中专家与决策者之间的合理分工和相互协作关系。

4) 辅助部门

政府危机管理的辅助部门主要是指政府系统内那些自身拥有特殊专业技能、特定的资源、设备和能力，主管着特殊的事务，担负着紧急事务应对中的某些特殊任务的职能部门。它们相当于危机管理的后勤系统，并不直接具有危机管理的职能，而是辅助政府危机管理体系的危机应对工作，提供危机管理过程所需的各种服务。

5) 综合协调部门

为了将政府危机管理体制中各功能结构不同的部门有序整合，保证各系统在危机状态下能够高效运作，需要建立一个常设的、权威的、具有独立地位的、凌驾于各职能组织之上的综合协调部门。由这样的综合协调部门专门负责政府危机管理的协调工作，可以避免各系统各部门之间相互推诿而延误危机处置时机。

9.3.2 媒体作用

媒体作为公共传播机构，对维系社会秩序有义不容辞的责任，它的主要功能就是从社会管理的角度对公众所关心问题予以一个媒介化的表现，诸如政治热点、经济态势、科技教育、生态环境、社会治安、公共卫生、文化动态、军事安全等。

媒体的社会传播效应不仅影响着对危机事件的管理能力和绩效，而且对整个社会的政治稳定和经济发展有着不容忽视的引导职责。鉴于危机潜在的社会传染效应，要求危机管理者必须采取媒体沟通、社会动员等措施，唤起社会对危机管理者应对危机所作努力的协作与支持。在危机事件发展的三个阶段，即危机潜伏期的事前管理阶段(危机准备和危机识别)、危机爆发期的事中过程管理阶段(危机处理)、危机恢复重建期的事后管理阶段(危机善后)，危机管理者都应当完善良性的危机沟通系统，主动寻求与媒体的合作，建立与媒体之间的顺畅交流通道(表 9-2)。

表 9-2　危机管理体系中媒体的作用

危机管理阶段/流程	媒体作用
潜伏期事前管理(危机准备、危机识别)	危机准备时，帮助公众确立危机共识和信仰支持系统 危机识别时，作为重要的来源渠道为危机预警监测系统提供信息
爆发期事中管理(危机处理)	通过媒体建立危机管理者与公众及时沟通的桥梁，获得公众对危机管理者所作危机处理努力的支持
恢复期事后管理(危机善后)	利用媒体发动全社会对危机事件进行理性思考，做多角度多层次的分析，甄别危机事件诱因，吸取教训，寻求杜绝或减少此类危机事件发生的策略

1. 危机潜伏期

一方面，危机准备时，通过媒体对危机意识的宣传和非正式教育，帮助公众确立一种信仰支持系统，形成一致的社会舆论和大众危机共识，对于避免或尽快解决危机都有着重要意义。通过强化全社会危机意识，预防和监测危机的出现，不仅有利于危机爆发后形成的公众支持倾向，还能强化政府的政策评估与预测系统，改善政府在危机管理中的应对手段及措施。

另一方面，危机事件在全面爆发之前存在特定的潜伏时期，一些引发不满和冲突的社会问题此时已在孕育和形成，且具有某些外部表征，如大规模的示威游行或小规模的暴力行动等。这就需要危机管理体系中的预警监测系统在收集相关信息资源的基础上，进行多方面、多角度初步的响应，从而完成客观全面的危机识别。在这个过程中，媒体的反映和报道是非常重要的一个信息来源渠道。

2. 危机爆发期

危机爆发和发展的整个进程具有突发性和震撼性特征，势必成为媒体关注的焦点。

危机爆发造成的财产损失、人员伤亡和公众信息的破坏，严重影响社会秩序，若对危机事件进行不恰当的报道，通常会带来强烈的负面影响。因此，危机管理者要有针对性地通过与媒体对话，利用媒体力量宣传和引导，大力发动新闻媒体的传播、聚合功能，利用媒体向社会公众阐明实施危机管理行为的指导思想和现实条件下所采取各种应对危机措施的必要性，以获得公众对危机管理者所作努力的支持。

危机爆发期的媒体政策就是要主动寻求与媒体合作，加强危机管理者和公众之间的沟通，通过媒体这一信息传播的中介和载体进行及时、有效的信息传导，使危机信息比例合理化，避免诱发潜在危机。危机发生后的应对媒体策略需坚持如下原则[9]：

(1) 时间第一原则。为控制危机事态、避免社会恐慌，危机管理者要尽快争取舆论主动权，有目的地选择信息源和信息传播渠道，有效地控制新闻传播的导向性。同时，还要防止媒体传播不正确、不全面的消息，避免误导社会公众或加剧公众的恐惧心理。

(2) 言行一致原则。为了确立信息沟通的可信度和权威性，危机管理者必须遵守言行一致原则。在危机状态下，社会秩序失稳，公众的心理承受能力较低，对事态的臆想和猜测很容易降低他们对危机应对行为的信任度和支持率。为尽快争取公众的支持和树立一定公信力，危机管理者必须言行一致，用事实真相粉碎谣言的破坏作用，并用实际行动证明自身所发布消息的准确性。

(3) 设置新闻发言人原则。危机的发展是一个动态的、变化的过程，即使管理主体也不可能掌握和控制所有的事态发展信息，因而要求管理者就危机事务设置新闻发言人，不断向社会公众和新闻媒体说明危机发展的状况，唤起社会对危机管理行为的支持。

(4) 发言人的权威性原则。危机事务发言人最好能与危机最高决策层有直接沟通，因为发言人作为组织对危机事态所持观点和意见的代表者，在整个危机管理中担当重要的专业化功能，其言行必须具备很强的说服力和权威性。

(5) 与媒体合作原则。在不少危机状况下，危机管理者往往把媒体当做敌人，实际上，无论管理者是否表态，媒体都会报道。因此，危机管理者要恰当处理和“敌对媒体”的关系，采取积极的态度与其合作，尽快将事实真相呈现给公众，这才有利于危机事件的解决。

3. 危机恢复重建期

危机事件解决后，危机管理者在着手尽快恢复运作和重建社会秩序的同时，也要有效利用媒体发动全社会对危机事件进行冷静的理性思考，作多角度多层次的分析，挖掘危机事件的诱因，寻求今后避免此类危机事件的策略和方法。

总之，一个完善的危机管理体系，首先需要树立正确危机意识，这有赖于充分发挥媒体的信息传播和社会扩散功能。每一次危机爆发后，都要利用媒体公正的甄别危机事件诱因，吸取教训，最大限度地杜绝和减少危机事故的再次发生。另外，还可运用现代先进媒体技术支撑，通过诸如媒体教育、社会情境演习等，提高公众整体的危机应对能力和危机恢复能力。

9.3.3 社会力量

虽然政府和媒体在危机事件的预警、监控和快速反应中，发挥着积极的主导作用，但在强调政府效能和媒体作用的同时，还需要最大可能地吸纳各种社会力量、调动各种社会资源共同应对危机，形成全面高效的危机应对网络。

1. 非政府组织

非政府组织(non-governmental organizations, NGO)主要是指处于政府与私营企业之间的制度空间，它是现代社会结构分化的产物，具备六个特征：组织性、民间性、非营利性、自治性、志愿性以及公益性。其中，公益性和非营利性是区分非政府组织与利益集团的关键。

由于非政府组织与政府在性质上存在较大的差异：政府是公共权力的代表机构，具有高度权威性；而非政府组织是以非营利性和公益性为典型特征。因此两者在参与应急危机管理时，涉及的危机管理目标、资源调动、决策过程、危机应急手段等许多方面都存在着较大的差异，具体异同点总结见表 9-3。

表 9-3 非政府组织与政府参与危机管理的异同点

比较内容	非政府组织	政府
危机管理目标	保障受灾人群的基本权利	保障公民的生命财产安全、维护社会秩序、维护法纪
危机资源调动	筹集、募捐专项资金，部分机构有储备资源可作周转	从政府财政支出
危机决策过程	在问责与效率之间寻平衡，强调独立志愿人员的参与	视中央和地方权责划分而定
危机应急手段	人员派遣、物资援助、募集资金、心理援助	可能动用军队、警察

从表 9-3 可以看出，由于各自拥有不同的资源和优势，不管在危机事件前期的危机预警、监控阶段，还是危机事件发生后的灾害救助阶段，非政府组织和政府之间都应当相互配合、加强沟通、协同运作，共同应对危机事件。

2. 利益集团

之所以强调利益集团参与突发性危机管理的重要性，一方面是因为有些突发性危机事件发生的地点就在某一利益集团所管辖区域，他们自身危机管理素质的高低直接关系到能否有效减少危机损失。此时利益集团作为危机事件的第一线应急者和直接利益相关者，必须承担起突发事件危机管理的职责，在积极开展危机应急处理工作的同时，应及时向相关政府部门通报灾害及事故情况。

另一方面，危机状态作为一种非常规的社会秩序，其危害性波及的范围有可能延伸至整个社会，因此政府除调动各种公共资源进行危机管理活动之外，往往还需动用各种利益集团的资源，以保障危机管理活动得以顺利实施。例如，商业银行、保险公司、通信公司、医药公司等这些利益集团在危机管理中就可提供特定的技术设备和特种资源。其中，保险公司在危机发生后所实施的合理保险理赔，能够有助于公众迅速恢复正常生活状态。

3. 社会公众

危机事件不仅是对危机管理者能力的挑战，更是对社会整体抗灾能力的综合考验。通常，社会公众是突发性危机直接威胁的对象，也是危机事件的直接受灾体。社会公众的生命财产安全是危机管理最为重要的内容，而公众自身的危机意识、危机预防能力和危机应对水平也是决定危机管理质量的重要因素。因此，必须重视全民危机管理教育，在整合社会有序能力、提高社会抗灾水平、健全社会道德约束的同时，要更加积极有效地通过社会宣传、员工培训、学校教育、社会演习等各种方法和手段，吸纳社会公众以主人翁姿态参与危机管理活动，以提高社会整体的危机管理能力。

4. 国际资源

随着全球经济一体化趋势和信息技术的发展，国际交往日益增强。而很多危机的原因和结果都具有世界性，如沙尘暴、酸雨等危害各国安全的自然灾害，这些危机事件的有效应对就需要加强各国合作和充分利用国际力量。在危机处理的过程中，通过各国协同努力，可以降低危机管理成本、提高各国危机应对效率。在一国发生如洪灾、地震等重大灾难的时候，通过国际人道主义救援，输送大批灾区所急需的医疗、食品、技术人员等重要物资，可以有效缓解灾害发生国的危机应对压力。

9.3.4　法制保障

在讨论政府、媒体和社会力量对危机事件的有效响应之后，整个危机管理体系中还有一个方面值得关注，就是需要制定相关的法律，确定依法对抗紧急危机状态的法治原则。有关危机管理中的法律保障，首先要了解国家立法、执法和司法活动中的某些缺陷可能导致危机事件的发生，然后讨论如何通过立法方式来规范处理各种突发性危机事件(图 9-8)。

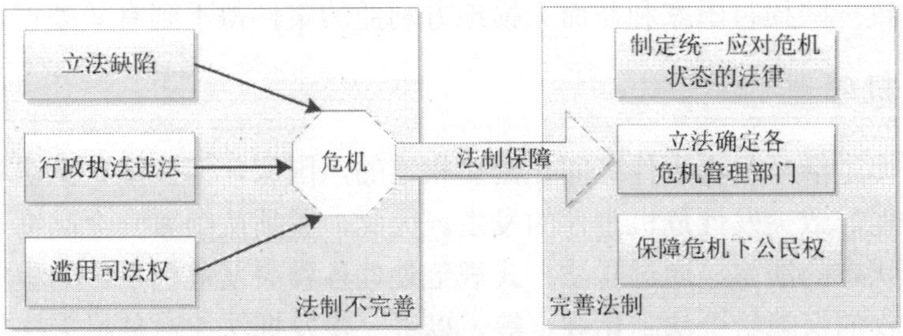

图 9-8　危机管理体系中的法律保障

1. 法律缺陷导致危机事件

处理突发危机事件是一种非程序化的决策，其中所涉及的危机诱因可能来自于日常决策的不公正、不民主等，而在国家的立法、执法和司法活动中，如果操作失误或处理不当，也都有可能引起危机事件的发生。一般来说，由于国家法律活动不当而导致危机事件的发生主要有以下几种情况[3,5]。

1) 立法缺陷导致危机事件

在立法活动中，如何最大可能地吸纳公众对机关法律条文的意见和建议、保证法规出台的民主化和科学化、保证立法产生法规的公平公正性，是需要重点关注的问题。因为立法稍有不慎，就有可能引发公众对政策不满而导致社会危机。为此，在立法过程中时常会采取诸如推广听证制度的形式，吸纳政策受众积极参与相关政策法规的制定过程。

2) 行政执法违法导致危机事件

和立法缺陷有可能导致突发性危机事件一样，行政执法活动中的种种弊病也会带来整个社会的震荡和波动。行政执法涉及社会中的各个领域，关系到法人、社会组织和公民的切身利益，但现实中有些有关行政执法的内容并没有统一而公开的标准。因此，要求在行政执法的工作中，严格依据有关法律法规的规范，贯彻执行公开、公平、公正的精神，建立健全行政执法责任制度，做到主体、行为、程序和形式都合法，避免行政执法违法导致危机事件。

3) 滥用司法权导致危机事件

从结果是否公平、过程是否正当、司法内外体制是否合理三个角度进行考察，可能引发突发性危机事件的司法活动有：

(1) 司法腐败，即司法结果不公，既包括司法人员因知识欠缺而导致的过失误判，又体现在司法人员道德低下而故意为之的徇私舞弊、枉法裁判。

(2) 司法专横，即司法行为在过程和程序上不开放、不民主，不顾程序正义，体现为诉讼参与人的合法权利被践踏，如暴力取证、不审而判、先判后审、不容辩护等。

(3) 司法软弱，即不独立司法导致受制于法外因素干扰，司法人员不履行其应当履行的职权。例如，由于地方保护主义的干涉，某些地方司法机关摄于行政权力的压力而放弃职守，导致一些损害国家利益而无损地方利益的案件得不到有效处理。

2. 法治与危机管理

国家的法律生活与危机事件之间是密切相连的，国家任何立法、执法和司法活动中的缺陷都有可能导致突发性危机事件的发生。因此，亟须从国家安全高度制定统一的应对突发性危机状态的法律，通过立法方式规范处理各种突发危机事件的程序，以及对危机状态下公民权的保障给予法制化规定等，以进一步发挥法律对危机无序状态的防范和矫正功能[3,5]。

1) 统一应对突发性危机状态的法律

以法律手段来处理与突发性危机状态有关的紧急事务，是世界各国普遍采取的措施和对策。通过制定统一的危机状态处置法律作为突发性事件应对的基本行动纲领、统一规定各部门在危机管理中的职权职责、确定依法应对危机事件的法治原则，不仅有利于增强政府处理危机事件的能力，使得政府对突发性危机事件能有一个充分的估计和应急准备，而且还有利于最大限度地维护政府在危机紧急状态时期的合法性和权威性。

2) 立法确定危机管理部门的法律地位

权威的法律支持是一个机构顺利开展工作的关键。为提高突发性危机事件的应对能力，深化和规范危机应对联合行动，需要立法确定各危机管理职能部门(如各城市建立的应急中心)的高度权威性。可依托相关法律法规明确规定这些危机管理部门的机构设置、职能地位、权力责任以及经费来源等，以确保在发生突发危机事件时能调动各方面资源实施协同应对。

3) 危机状态下的公民权保障

危机爆发后，为了恢复正常社会秩序，最大限度减少公众生命和财产损失，法律必须赋予相关部门实施危机管理权。但在依法行使危机管理权时，危机管理者必须遵守合法性原则，可以通过规定行使危机管理权的基本条件、规定各种实施管理时应遵循的基本原则以及各种监督措施等方式，达到最低限度地保障危机状态下公民权利的目的。

9.4 危机管理决策

在危机准备、识别、处理和善后的各个阶段，不论危机管理者是政府、非政府组织、利益集团或社会公众，都涉及在危机环境下如何进行快速决策的问题。危机管理决策是一种非程序化决策，要求决策者在相当有限的时间和资源下作出快速准确的应对，这就需要采取特殊的决策流程和决策方法。

9.4.1 危机决策的特点

危机决策是一种非常规决策状态，它要求在出现预料之外的某种紧急情况后，危机管理者以尽快地做出有效应急响应，在有限的时间、资源、人力等约束条件下完成具体的危机处理措施。由于决策背景和决策问题的特殊性，和常规决策相比，危机决策的特点主要体现在目标取向、约束条件以及决策程序，它与常规决策在这些方面的不同之处详见表9-4。

表9-4 危机决策与常规决策的不同点

决策	目标导向不同	约束条件不同	决策程序不同
常规决策	决策充分体现民主	时间、信息和资源相对充足	标准化决策程序
危机决策	在尽快控制危机事态蔓延的目标导向下，没有时间发扬民主	时间紧迫，信息有限(不完全、不及时、不准确)，资源紧缺	非程序性决策、流程适当简化

1. 目标导向不同

在危机状态下，决策的首要目标是控制危机事态的蔓延，把危机控制在一定范围内，从而最大可能地保护公众的生命和财产安全。而危机的发生具有突发性和紧急性特征，且危机事态的恶化会对组织带来难以预料的严重后果，这就要求权力高度集中的危机决策具有快速、高效的特点。换句话说，危机决策的紧急性使得决策者可能根本没有充分的时间和条件去发扬民主、广泛征求意见，决策民主化在此时很可能延误决策时机，导致灾难性的后果。

然而与之相反的是，常规决策通常要求建立在广泛充分的民主之上，经常采取讨论、民意调查、投票等各种规范性程序，决策者在充分民主协商的基础上决定最后的方案。

2. 约束条件不同

危机管理者在危机状态决策时面临的约束条件主要有以下几个方面。

1)时间紧迫

常规决策中，正式的决策方案出台之前，决策者往往有充足时间对所制定的决策草案进行反复修正。而在危机状态，危机管理者对于危机的应对和处理只能在有限的反应时间里，时间的紧迫要求决策具有果断性。决策者应掌握时间第一的原则，具有应对各种危机应有的敏锐洞察力，恰当估计形势，快速应变，果断地依法处理，有效控制或制止危机状态的蔓延。

2)信息有限

危机决策信息的有限性主要体现在三个方面。

首先，信息不完全。由于危机事态发展本身的随机性和不确定性，很多危机信息是随着危机事态的变化而演变的，因此决策者需要不断实时更新所获的危机信息。但在危机情境下，由于时间的紧迫性，决策者很难在非常有限的时间内掌握和控制事态发展的所有信息。

其次，信息不及时。危机事态发展具有急剧变化性，但危机信息要从事故现场到危机指挥决策中心，中间可能需要经历多个职能组织的传输运作，因此最高决策者对危机信息的掌握和控制难免会有些滞后。

最后，信息不准确。危机决策从发现问题、确定目标、拟订方案、评估选优，到决策的执行和监督，整个就是一个信息的输入输出过程。但在信息的反馈和处理过程中，信息极容易失真，其正确性和有效性很难得以保证。

3)资源紧缺

危机决策中，由于时间紧迫，相关人力、物力和技术等资源都极其有限：人力资源紧缺可能体现在高水平危机决策者和专业技术人才的缺乏；物力资源紧缺体现在短时间内筹集到足够多的应急物资供应具有一定难度；技术支持的稀缺主要指常态下控制危机事态蔓延的专业技术设备(如交通工具、通信设备、计算机辅助系统等)，在危机情境下往往也告失灵，这给危机决策工作带来很大的困难。

3. 决策程序不同

决策程序是决策规律的概括和总结，决策科学化有赖于决策程序化。

常规决策通常具备一定的流程，近乎标准化的操作使得整个常规决策过程通常遵循特定的例行程序和行为模式。而危机决策属于典型的非程序性决策，由于危机状态不以人的意志为转移，决策时间、信息、备选方案、人力资源等极其有限，这些都要求危机决策程序应在不损害决策合理性的前提下适当简化，危机管理者只能在高强度压力下凭借对仅有信息和备选方案部分理性的认识给出相对满意的决策方案。

9.4.2　危机决策系统

针对危机决策方面存在的种种困难，应从整体出发，建构科学的危机决策系统予以应对。基于整个危机管理体系的架构思想，通常一个危机决策系统包括四个部分[10]：中枢系统(决策者和决策机构)、支持系统(技术平台和智囊团)、信息系统(信息的传播与处理)、环境系统(法律与公众的危机意识)。这四个部分自成一体又相互配合，共同构成一个完整规范的危机决策系统(图 9-9)。

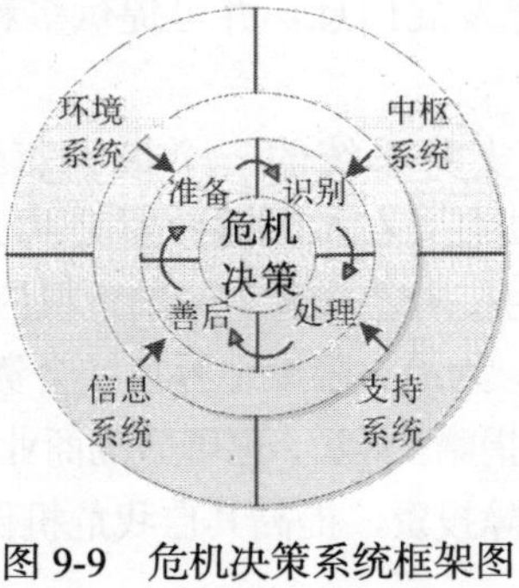

图 9-9　危机决策系统框架图

1. 危机决策中枢系统

决策中枢系统是由决策者、决策机构组成的统一体，是危机决策系统的核心和灵魂[10]。

1) 危机决策者须具有强烈的危机意识

危机意识要求一个组织的决策者和管理者从长远和战略的角度出发，即使在常态下，也须抱着遭遇和应付危机状况的心态，预先考虑组织可能面临的各种紧急形势，在心理上和物质上做好对抗困难的准备，提出对抗危机的应急预案，以防止在危机发生时束手无策。为此，要把危机决策的教育和培训纳入对决策者、决策机构的教育和培训之中，强化其应对各种危机的基本知识和技能。尤其是作为危机处理的主要指挥者和组织者必须树立起高度敏感的忧患意识，所谓“居安思危、思则有备、有备无患”。

2) 建立常设性危机决策机构、制订统一有效的危机处置对策

要建立常设性的危机决策机构，集中、统一行使危机状态下的紧急处置权，制订有效的危机处置方案和对策。危机决策中枢系统应遵循“预防为主、常备不懈”的方针，

把握危机事件的性质和程度，成立相应的功能性小组，贯彻统一领导、分工负责、反应及时、措施果断、依靠科学、加强合作的原则。

以“9·11”恐怖袭击事件后美国危机决策机构的设置为例[10]，美国的危机决策机制是以总统为核心，以国家安全委员会为决策中枢，国务院、国防部、司法部等分工负责，中央情报局等跨部委独立机构负责协调，临时性危机决策特别小组发挥关键执行作用，国会负责监督的综合性动态体系。其中，“国家安全委员会”作为国家安全问题的最高决策咨询机构，从对事态的第一反应到反恐怖战略的制定，始终都发挥着“中枢神经”的作用，危机管理中所有重大决策都在国家安全委员会的框架下进行。

2. 危机决策支持系统

科学的危机决策支持系统包括决策智囊系统的支持和财政资金的支持。

1）决策智囊系统的建立

危机决策者在应对不确定性的危机时，往往需要专业性极强的技术支撑。为防止决策中的盲目性，需要在相关领域设立专家资源储备库，建立危机决策智囊系统，并赋予其参与危机决策的法律地位，以保证危机决策的科学性和社会透明度。这些智囊团能为决策者提供及时有效的危机演化发展信息，并可提供多种决策方案供决策者选择。

2）资金投入的保证

资金制约是完善危机决策支持系统的一个最大瓶颈。解决资金问题的基本思路是[10]：首先要明确政府的主体责任，在扩大财政对公共卫生、公共安全建设等方面常规投入的同时，建立以政府投入为主、社会投入为辅的危机应急防范基金，并严格监控基金的管理和使用；其次，在危机时刻，为最大限度地筹集社会资金，政府也可通过税费减免、国家荣誉授予等措施鼓励社会各界捐赠；最后，也可鼓励商业保险机构开发多种国民安全保障险种，引导公民进行长期自我保障投资，提高其自我危机保护的能力和水平。

3. 危机决策信息系统

危机决策信息系统是整个危机决策框架中的一个基础子系统。从信息的角度来说，危机决策就是获取、加工、传递和利用信息的过程。掌握信息是危机决策科学化的前提，危机管理者能否迅速对危机作出反应，并有效控制或消除危机，完备的信息系统十分关键[10]。

1）有效信息传播机制的建立

一方面，危机事件所涉及的公共信息不同于国家安全信息，应该被及时、公开披露，以降低公众获取信息的成本，稳定公众的情绪。例如，在 2003 年 SARS 疫情中，我国政府就多次告诫，决不允许缓报、瞒报、漏报，否则要严肃追究有关部门及其领导人责任，并派出几批督察组到各地监督检查“抗非”情况。

另一方面，对危机事件不恰当的报道，往往带来强烈的社会负面影响。因此，决策者要善于掌握一定的媒体政策，主动寻求与媒体合作，通过媒体这一信息传播载体进行有效的信息传导，使危机信息比例合理化，避免诱发更多的潜在危机，加强危机管理者和公众的沟通。

2) 科学信息处理机制的建立

信息处理就是经过专门人员的思维、判断和推理，按照一定的目的，对原始信息进行“去粗取精、去伪存真”的筛选、分析、扩充、过滤和提炼。危机决策牵涉面很广，决策中枢不可能对各方面涉及的信息都充分了解，这就需要专门的信息处理人员，在第一时间内尽可能深入、全面调查危机事件发生的原因、事态现状、损失程度、可能的发展趋势，以及社会影响等，并形成基本调查报告，为决策机构制定科学的危机处理对策提供依据[10]。

3) 危机信息联动系统的建立

科学与社会的进步带动决策手段和工具正日益朝着程序化、自动化、规范化的方向发展，危机决策者要顺应这一趋势，有效利用通信设施、计算机辅助系统、运筹学、系统分析等先进的技术设备与方法作为实施快速决策的支持平台。而兼容、联动的危机信息处理系统也越来越成为有效协调和处理危机的基础，它包括计算机网络系统、数据库、呼叫中心、地理信息系统、定位系统、无线通信指挥系统等，用于处理由地震、气象、火灾、传染病、交通、治安等突发灾害事件引起的紧急救助。

事实上，世界上很多国家都已建立了紧急救助的危机信息联动系统，如美国的 911、英国的 999、欧盟的 112 以及瑞典的 900 等。目前，我国很多城市也已经或正在进行城市危机应急信息联动的尝试和努力。具体而言，就是整个城市采用统一的报警号码，建立一个统一的危机联动中心，将公安、消防、交警、急救、防洪、防震、公共事业、民防等政府职能部门纳入一个统一的城市应急指挥调度中心，用于公众报告危机事件和紧急求助，其系统流程如图 9-10 所示。迄今我国的南宁市、上海市、深圳市、佛山市等均已开展了这方面的实践，且收效明显。

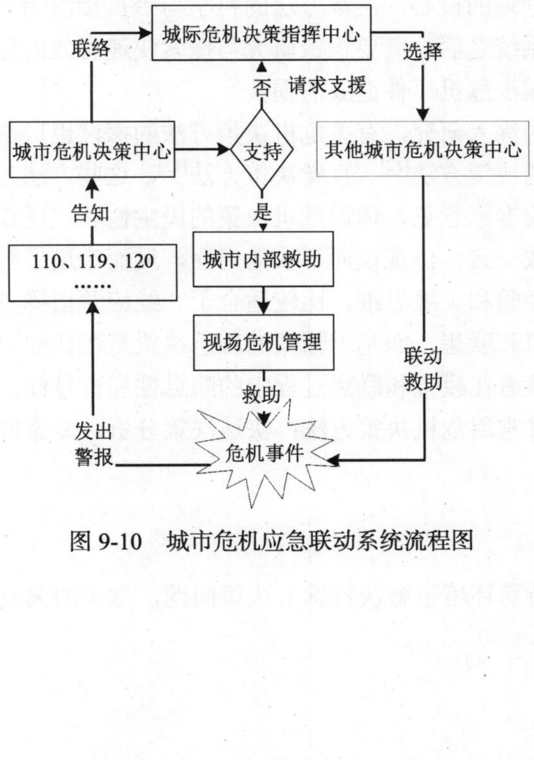

图 9-10　城市危机应急联动系统流程图

4. 危机决策环境系统

危机决策与整个国家的发展、社会制度的变迁密切相关，要提高整个危机决策系统的效能还必须做好相关配套环境的建设。

1）加强危机决策中的法治建设

为发挥法律对社会无序状态或危机状态的防范和矫正功能，如同危机管理体系中的法律保障功能一样，在危机决策的法治建设中，首先需要通过立法方式规范处理各种突发性危机事件的程序，其次要通过立法确立综合危机协调部门的法律地位，最后必须对危机状态下公民权的保障给以法制化规定。

2）增强执行危机决策的主动性和积极性

危机决策环境系统中更大的关系群体是执行决策方案的社会公众，鉴于社会公众往往是突发危机事件直接威胁的对象，故公众自身的危机意识和危机应对水平是决定危机决策执行质量的重要因素。“9·11”恐怖袭击事件中美国社会整体内在有序的恢复能力，不仅仅来源于美国危机综合协调部门的法治化程度，也取决于全民对危机决策方案的迅速执行力。美国的经验值得借鉴，我国应针对诸如地震、洪水、台风、冰雹、火灾等突发性危机事件进行适当的救灾演习，借此提高公众的危机意识，训练公众在危机撤离和救援中的心理素质和处置能力，从而形成较强的社会整体应对危机的主动性和积极性，以促使危机决策方案被及时执行。

以上是构建全面危机决策系统的四个方面，基于这四个方面的努力，再配以科学的危机决策方法，是实现高效应急危机管理决策的有效途径。

9.4.3　危机决策的方法

危机决策是危机管理的核心，决策方法的科学与否直接影响着决策方案的质量。因此在构建好危机决策系统之后，需要积极研究与探索快速有效的危机决策方法，才能有效地应对危机事件、减少危机事件造成的损失。

随着对危机管理的深入研究，有关危机决策方法的探讨也日益完善，如危机群体决策方法[11]、基于认知的决策方法[12]、直觉决策方法[13]。这些方法各有优缺点[14]：危机群体决策法能很好地吸收专家意见，体现危机决策的民主性和广泛参与性，但有时群体成员之间的意见很难达成一致，出现议而不决的局面，反而错过了有利决策时机；直觉决策方法强调决策者的经验和灵敏思维，比较适合于一线应急指挥者采用；认知决策法侧重于决策者的心理模拟和联想，而基于预案的应急决策是在认知决策模式的基础上，融进预案知识，减少决策者在模拟和联想过程中的随意性和盲目性。

本节主要介绍三种常用危机决策方法：快速决策分析、专家群体决策和基于预案的决策。

1. 快速决策分析

危机决策需要在特殊环境下解决特殊的决策问题，危机的突发性、破坏性和无序性给决策者造成了高强度压力。为将危机造成的损害降到最低程度，决策者必须在有限时间里迅速作出重大决策，在最短时间内控制危机事态的蔓延。快速决策分析就是指能够迅速运用相关理论帮助决策者制订危机应对方案的一类方法，其关键要点是需要对将要决策的问题进行详尽地确认和分析。

快速决策分析法的过程主要有 6 个步骤[15]：认定及细化问题、建立评估标准、确认备选方案、评估备选方案、展示/区分备选方案，以及监督/评估方案实施(图 9-11)。

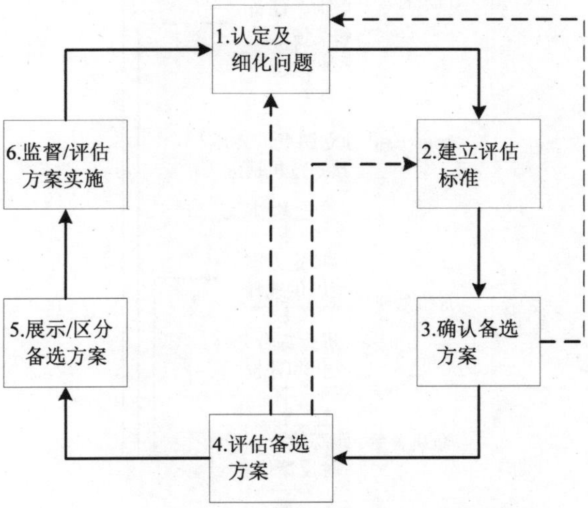

图 9-11　快速决策分析的基本过程[15]

基于这 6 大步骤，可对整个快速决策分析过程分别配置初步适用的方法[15](表 9-5)，这些定性或定量的方法都具有较强可操作性，对于危机分析和决策者具有重要的参考价值。

表 9-5　快速决策分析过程中各步骤的初步方法[15]

危机决策过程的步骤	初步方法
所有步骤	甄别和收集资料、文献调查方法、政策信息访谈、快速调查、初步资料分析
步骤 1：认定及细化问题	简单计算、快速分析、政策分析、问题报告、入门分析
步骤 2：建立评估标准	技术/政策可行性、经济/财政可能性、行政可操作性
步骤 3：确认备选方案	研究分析、文献述评、头脑风暴法、与理想模式比较、现有解决方案的修正
步骤 4：评估备选方案	理论预测、直觉预测、实施分析、外推法
步骤 5：展示/区分备选方案	成对比较、排列顺序、等价备选方案法、矩阵展示系统
步骤 6：监督/评估方案实施	前后对比、实际与预期的比较、实验模型、成本取向法

2. 专家群体决策法

如前所述，在危机情境下，决策者不太可能具有决策状况相关的所有信息(如危机事件的规模、形式、强度、发展趋向等)，并不能完全认清危机状态的导因和根源，即其处理信息的能力比较有限。而且危机情境下某些特殊环境会使决策团体的内在群体压力升高，以致出现群体盲思，严重影响危机决策的质量。为保证对危机状况、备选方案的正确考察，对信息的科学收集与处理，危机决策者必须充分利用各领域专家外援，充分发挥智囊机构的作用。现代专家智囊机构在危机管理各阶段为危机决策提供支持服务的流程如图 9-12 所示。

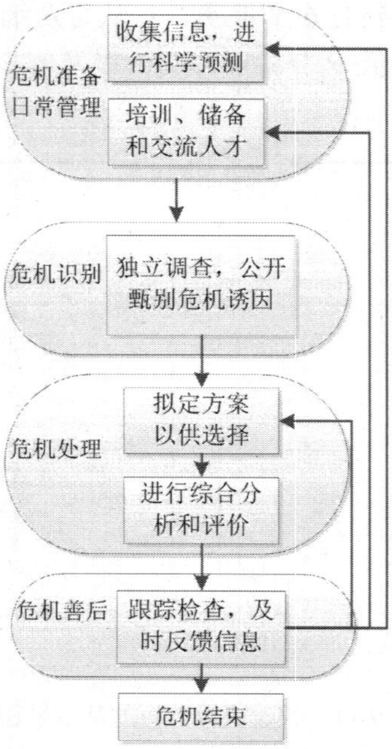

图 9-12　专家群体决策的流程示意图

1) 专家群体机构的类别

现代危机决策的智囊机构，通常是由一些具有专业知识的专家学者按照一定目标或方式组成的专门输出智力成果的机构，它主要包括危机管理体系中各种信息/参谋咨询组织。根据智囊机构的性质，可以把危机管理中发挥决策外援功能的专家群体机构分为以下三类[3,5]：

(1) 行政性的决策信息/咨询机构，它们是在党政组织中，隶属于各级党委和政府及其下属部门的、专门从事信息收集和政策研究的机关；

(2) 半官方的政策研究/咨询机构，它们是介于官方和民间，以独立、客观分析危机状况为目标的研究机构；

(3) 民间的政策研究/咨询机构，主要包括一些协会的研究组织、公司或大学的研究所等。

2) 专家群体决策的作用

专家群体机构若要在危机情境下发挥充分的作用，必须在日常管理工作中搞好事前专家库的建设，使专家和智囊团在平时就做好各项研究工作，模拟危机情境，理清对策思路。

(1) 发挥专家智囊团的危机预警作用，为危机决策提供前期准备信息。决策者可以组织各领域专家，运用他们专业方面的知识和经验，根据预测对象的社会或自然外界环境，通过直观归纳，对危机事件过去和现在的状况、变化发展的过程，进行综合分析与研究，预测日常管理中危机发生的领域、可能性、频率和强度，以帮助制订反危机的战略规划和应急计划，使管理者的危机决策建立在科学的基础之上。

(2) 专家群体机构通常都拥有一支专业化的政策分析队伍，具有一整套政策研究的科学方法。在危机真正发生的时候，决策者可以基于专家智囊团所拥有专业技能的基础上，充分发挥他们的积极作用，将危机决策引入专业化的轨道。需要注意的是，必须让专家群体机构保持相当程度的独立性，危机决策者不能把个人意见强加于专家智囊团，更不允许决策者已做出结论而只让智囊团论证其结论正确性。

3. 基于预案的危机决策方法

预案 (preplanned plan) 是针对未来可能发生危机的构想，预先制订的应对或处置方案。这种预定的策略来源于人们对过去发生危机的认识和成功应对经验。预案具有针对性、体系性、科学性、灵活性、可操作性等特点。当出现诱发危机的苗头或者危机已经爆发，就可以迅速启动相应预案，以最快速度控制危机的蔓延，将危机可能造成的损失降至最低[14]。

基于预案的危机决策法是决策者通过将决策目标与预案相匹配而得到执行方案的一种新型危机决策方法。利用这种方法，决策者不需要在危机状态下从头开始重新设计方案，而只需要结合决策目标在预案库中匹配相应的预案[14]。

1) 基于预案危机决策方法的决策步骤

针对危机决策的特点，以科学决策方法为依托提出的基于预案的危机决策方法是一种相对程序化的决策方法。基于预案危机决策方法的决策步骤如图 9-13 所示[14]。

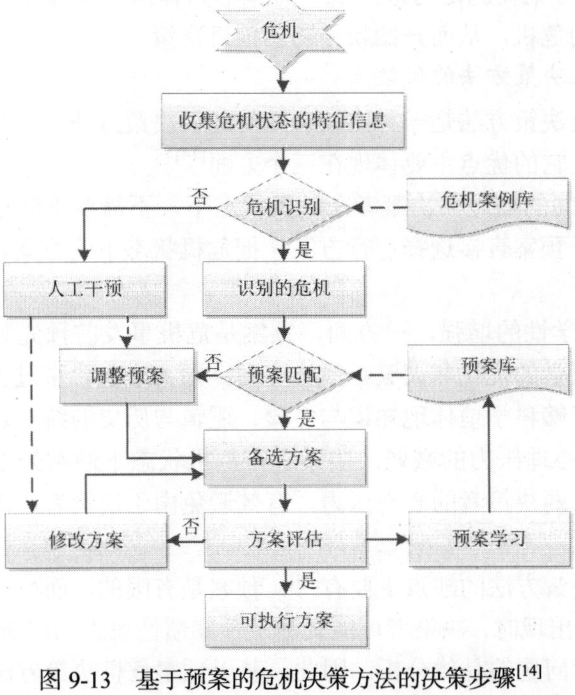

图 9-13　基于预案的危机决策方法的决策步骤[14]

(1) 危机识别。危机识别的基础工作是收集危机状态的特征信息，包括危机类型的特征信息、危机强度信息、危机趋势信息和危机可能造成影响信息等。危机决策者在危机案例库的支撑下对危机进行识别，识别的内容包括当前发生危机的类型，可能的发展趋势、可能的影响等。危机案例库是对过去发生各种危机的经验描述，其中以危机发生的环境特征和状态指标描述为主。通过对危机的识别，决策者对当前爆发的危机能有一个比较清晰的认识，以便准确提出针对性的危机处置对策。而当出现的危机超出危机案例库的范围或从未见过的危机出现时，就要充分发挥人的主观能动性和创造性思维，在人工干预的参与下直接拟定备选方案。

(2) 预案匹配。决策者结合预期决策目标与预案库中的预案进行匹配，预案匹配最重要的特征就是不再需要从头开始重新设计方案，而是可以根据问题、基于预案直接选择备选方案。当然，不同决策目标所导致匹配的预案也不尽相同，同一个危机，可能有多个预案与之相匹配，被匹配的预案便可转化成危机应对的备选方案。而当在预案库中找不到与决策问题相匹配的预案时，就要在人工干预下，对预案进行修改和调整以生成备选方案，经过调整得到的备选方案可能是多个预案的组合。

(3) 备选方案评估。作为备选方案的预案可能有多个，因此要对备选方案进行评估。评估准则通常包括时间最短、效益最大、可靠性最高等要求，经过对备选方案评估得到最后可执行的方案。如果备选方案不能满足要求，也需在人工干预的参与下，对备选方案进行修改，然后再评估，直到满足要求为止。备选方案的评估过程也是对预案的不断循环学习的过程。

(4) 方案实施。方案实施是对最后执行方案的具体落实和操作，方案在实施过程中可能遇到或产生新的危机，从而开始新一轮的危机决策。

2) 基于预案危机决策方法的优缺点

基于预案的危机决策方法是一种比较有效的危机决策方法，也是实现危机决策科学化的一个重要途径。它的优点主要体现在三个方面[14]。

(1) 危机决策时间的缩短。决策者在危机状态下，不需要重新设计方案，通过对危机特征的识别，基于预案直接选择可行方案，把危机状态下的方案设计前移到危机事发前进行。

(2) 危机决策科学性的增强。一方面，预案是危机事发前预先制订的，有充足的时间对预案内容进行科学的优化和调整；另一方面，预案中包含了过去成功应对危机时采用的知识和经验，能够科学地体现知识与经验、逻辑与历史的统一。

(3) 危机决策者心理压力的减弱。决策者在危机状态下通常处于高压状态，有预案为支撑，可以大大减弱决策者的心理压力，有效避免由于决策者心理压力过大而造成的决策失误。

基于预案危机决策方法的缺点主要有[14]：预案是有限的，而可能发生的危机是无限的，当新类型的危机出现时，决策者可能受基于预案惯性思维的影响，过度依赖于预案，反而容易忽视对实际问题的具体分析。因此，基于预案危机决策方法的有效实施很大程度上依赖于预案科学性和完备性的提高。

参 考 文 献

[1] 朱依群. 危机管理与企业持续发展[J]. 经济问题探索, 2009, (07): 104-107.

[2] 董传仪, 葛艳华. 危机管理经典案例评析[M]. 北京: 中国传媒大学出版社, 2009.

[3] 罗伯特·希斯. 危机管理[M]. 王成, 宋炳辉, 金瑛译. 北京: 中信出版社, 2001.

[4] 徐勇. 突发公共卫生事件的三级预防与管理[J]. 中国卫生事业管理, 2004, (12): 731-732.

[5] 薛澜, 张强, 钟开斌. 危机管理——转型期中国面临的挑战[M]. 北京: 清华大学出版社, 2003.

[6] 吴言忠. 论企业危机管理的指导原则[J]. 商业时代, 2005, (27): 30, 40.

[7] Ramsay C G. Protecting your business: from emergency planning to crisis management [J]. Journal of Hazardous Materials, 1999, 65(1-2): 131-149.

[8] Coombs W T. Ongoing Crisis Communication Planning, Managing, and Responding (2nd ed) [M]. London: SAGE Publications, 2007.

[9] 胡宁生. 中国政府形象战略[M]. 北京: 中共中央党校出版社, 1999.

[10] 刘莹. 构建我国危机事件决策机制研究[D]. 开封: 河南大学硕士学位论文, 2007.

[11] Williams G, Batho S, Russell L. Responding to urban crisis: the emergency planning response to the bombing of Manchester city centre [J]. Cities, 2000, 17(4): 293-304.

[12] Smith S M, Kress T A, Fenstemaker E, et al. Crisis management preparedness of school districts in three southern states in the USA [J]. Safety Science, 2001, 39(1-2): 83-92.

[13] Reddy M C, Paul S A, Abraham J, et al. Challenges to effective crisis management: using information and communication technologies to coordinate emergency medical services and emergency department teams [J]. International Journal of Medical Informatics, 2009, 78(4): 259-269.

[14] 郭瑞鹏. 基于预案的危机决策方法研究[J]. 科技进步与对策, 2006, 23(2): 44-46.

[15] 卜尔·帕顿, 大卫·沙维奇. 政策分析和规划的初步方法. 第二版 [M]. 孙秀芝, 胡启生译. 北京: 华夏出版社, 2002.

第 10 章　应急灾害管理

现代应急管理方法中除了风险管理、协调管理、危机管理等理论渗透之外，还与灾害管理有着紧密联系：一方面，应急管理面对的四类对象中(自然灾害、事故灾难、公共卫生、社会安全事件)，突发自然灾害事件占有相当大的比例，自然灾害的应急处置是应急管理研究中的重要内容；另一方面，加强灾害管理研究、探索自然灾害事件的发生发展规律，有助于科学有效应急管理的实施。

根据自然灾害特点和灾害管理及减灾系统的不同，可将其分成 7 大类：气象灾害、海洋灾害、洪水灾害、地质灾害、地震灾害、农作物生物灾害、森林生物灾害和森林火灾。本章拟针对气象灾害，对其应急灾害管理相关知识和过程作详细介绍，主要是在描述气象灾害种类与特征、了解气象灾害发生规律和有效防范措施的基础上，构建高效的气象灾害监测、评估、预警、防御的应急管理体系。

10.1　气象灾害概述

由大气作用对人类生命财产、国民经济建设等所造成的损害，称为气象灾害。随着社会经济的快速发展，气候变化所致极端气象灾害事件出现的频率与强度明显上升，直接威胁到人类社会的发展。气象灾害给生态、环境、社会、经济等方面都带来诸多问题，尤其重大气象灾害可能带来灾难性后果，是一种具有紧急性和社会性的危机。要做好气象灾害应急管理，首先需要认清气象灾害的类型及特征，采取针对性的防御对策，才能减轻气象灾害损失。

10.1.1　自然灾害系统

自然灾害是社会与自然综合作用的产物，自然灾害系统是由孕灾环境、致灾因子和受灾体组成的地球表层异变系统，灾情是这个系统中各子系统相互作用的结果(图 10-1)[1]。

1. 成灾机制理论

(1) 孕灾环境，从广义上来说，就是自然环境与人为环境所组成的综合地球表层环境，是体现在地球表层过程中一系列具有耗散结构特性的物质循环和能量流动以及信息与价值流动的非线性组合[1]。在自然环境中，又可划分为大气圈、水圈、岩石圈、生物圈，人为环境则可划分为人类圈与技术圈。孕灾环境的稳定程度是标定孕灾环境的定量指标，地球表层孕灾环境对灾害系统的复杂程度、强度、灾情程度以及灾害系统的群聚与群发特征起着决定性的作用。

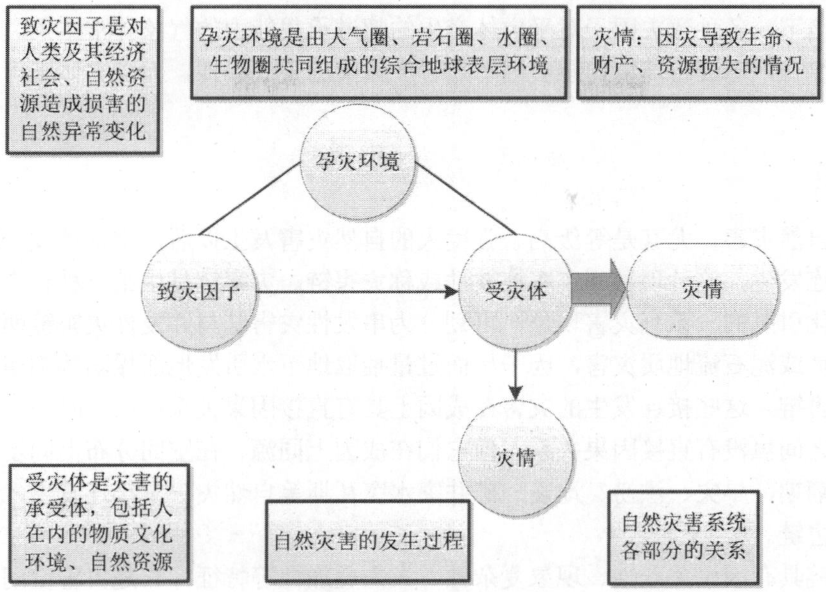

图 10-1　自然灾害系统[1]

(2) 致灾因子，是指可能造成财产损失、人员伤亡、资源与环境破坏、社会系统混乱等孕灾环境中的异变因子[1]。它是灾害的直接诱发因素，包括自然、人为和环境三个系统，一般分为自然致灾因子和人为致灾因子。

(3) 受灾体，是人类及其活动所在的社会与各种资源的集合，主要有生命线系统及生产线系统，农田、道路、城镇等人类活动的财富集聚体，以及各种自然资源(如人、牲畜、土地、建筑、道路、管线、矿山、港口、车站等)[1]。没有受灾体就没有灾害作用的对象，也就没有经济损失和人员伤亡，没有损失就不构成灾害。所以，受灾体的特征决定灾害的危险性程度，受灾体经济越发达，人口越集中，其脆弱性就越强，遭遇灾害的风险就越大。需要指出的是人类既是受灾体，同时又是致灾因子。

(4) 灾情，是指因灾导致的人员伤亡及心理影响，直接经济损失和间接经济损失，建筑物破坏、生态环境及资源破坏等。

自然灾害系统各子系统之间构成循环，由“孕灾环境—致灾因子—受灾体—孕灾环境”的反馈过程及其相互作用形成自然灾害。孕灾环境的稳定性、致灾因子的风险性、受灾体的脆弱性决定着灾情的大小。致灾因子是灾害产生的充分条件，受灾体是放大或缩小灾害的必要条件，孕灾环境是影响致灾因子和受灾体的背景条件。任何一个区域的自然灾害都是这三者综合作用的产物，组成自然灾害系统的三要素在灾情的形成过程中缺一不可，只不过是在灾情大小的发展方面，各要素的特征变化对灾情程度的作用不同而已。

一个区域所遭受的灾害损失，与该地区的自然地理环境、人文社会经济发展水平、抗灾救灾能力密切相关。孕灾环境、致灾因子和受灾体的相互作用共同决定着灾害的特征、灾害的时空分布规律、灾害的危险性及易损性。例如，气象灾害的产生就是在特定的孕灾环境下，各种致灾因子对受灾体产生的超过承载能力的气象异常结果。其中，孕灾环境是综合地球表层环境，孕灾因子是各类致灾的天气条件，而受灾体则可能是整个社会系统。

2. 灾害链

许多自然灾害，尤其是等级高、强度大的自然灾害发生以后，常常诱发一连串的次生灾害接连发生，这种现象叫灾害连发性或称灾害链。灾害链是由某一种致灾因子或生态环境变化引发的一系列灾害现象，可划分为串发性灾害链与并发性灾害链两种。如暴雨引发滑坡或泥石流地质灾害，因干旱而过量抽取地下水引发地面塌陷等都属于常见的串发性灾害链，这些接连发生的灾害在成因上具有直接因果关系；而有时在一定时间内有些灾害之间虽没有直接因果关系，但它们在成因上同源、在空间分布上同步，如在太阳活动高潮期，旱灾、洪涝、地震、矿井突水突瓦斯等自然灾害常接连发生，这就构成并发性灾害链。

灾害链具有因果关联性、现象复杂性、人为叠加性等特征，它是灾害空间上群发性和时间上蔓延性的综合表现。由于受灾体的不同，灾害链对灾害呈现出不同的放大效应，产生不同的灾害影响。构建自然灾害链的预警预报系统及相应应急管理体系十分必要，因为灾害链的预警预报不仅仅针对单一灾害所产生的危害，而且强调通过关注灾害连锁反应来控制次生灾害、切断灾害链。目前我国在地震、滑坡等地质灾害的应急管理方面，已经取得一定的成果。但气象灾害应急管理研究相对还比较薄弱，深层次、宽领域的气象灾害应急研究还亟待加强。

10.1.2 气象灾害的类别

气象灾害是指由于气象条件变化而对人类生命、生产资料、生态环境等造成的危害。气象灾害的形成需具备两个条件：致灾条件（天气气候条件的激烈变化）和受灾体的承受能力。

天气气候复杂，类型很多，目前国内外对气象灾害的分类还没有一个统一的规定。从其性质而言，通常可根据气象异常的主要要素，分为冷热、干湿、大风、低能见度等各种灾害。例如，由气温的变化可以引起高温（如热浪等）、冷害、冻害、积冰等灾害；由降水的变化可以引起旱、涝、雪、冰雹、冻雨等灾害。而根据天气系统的不同，常常把气象灾害分为台风、寒潮、龙卷风等各种灾害。由于不同天气系统可以引起多种气象要素的异常，故这两种分类之间存在着一定的联系：如台风主要引起大风和暴雨两种气象灾害；寒潮则会引起大风、降温、霜冻等多种灾害。

根据气象灾害的成因、气候特征、所引发的危害等情况进行分类，可划分成不同灾种所致的主要气象灾害种类[2]，如表 10-1 所示。

表 10-1　主要的气象灾害分类表

气象灾害	天气、气候特征	引发的危害
洪涝	暴雨	积水、洪灾、交通中断
干旱	无雨	缺水、供水紧张
热害	高温、热浪	高温中暑、人体疾病、加剧旱情
寒潮与冷冻灾害	降雪、积雪、雨凇、冻害等	交通瘫痪、电讯中断等
雷电	降雨	雷击人员、火灾、断电等
大风	快速流动的空气	火灾、沙尘暴、树木和建筑物倒塌
冰雹	低温	交通事故、危害生命安全
雾、霾	视程障碍、能见度低	空气污染、交通事故、人体疾病

1. 暴雨洪涝灾害

暴雨洪涝灾害是指长期降雨而产生的大量积水、以致径流淹没低地所造成的灾害，它是我国东部和南部严重的气象灾害。暴雨洪涝灾害的发生受地理位置、地形、降水量、植被、土壤等多种条件共同制约。根据历史暴雨洪涝灾害统计资料，以我国为例，暴雨洪涝灾害的分布有明显的地域性和时间性。

1) 地域性

我国暴雨洪涝最严重的地区主要有：① 东南沿海地区，是受涝次数最多、范围最大的地区，雨涝主要发生 4~11 月，以 5~9 月最多；② 湘赣地区，雨涝主要集中于 5~7 月；③ 淮河流域，雨涝主要集中于 6~7 月。

我国次多暴雨洪涝区主要有：① 长江中下游地区，5~7 月雨涝最多；② 南岭、武夷山地区，5~7 月雨涝最多；③ 海河和黄河下游地区，6~8 月雨涝最多；④ 四川盆地，7~9 月雨涝最多。

我国暴雨洪涝最少的地区是西北、内蒙古和青藏高原，次少地区为黄土高原、云贵高原和东北地区。

概括而言，我国暴雨洪涝灾害分布总的特点是：东部多、西部少；沿海多、内陆少；平原湖区多、高原山地少；山脉东南坡多，西北坡少。

2) 时间性

暴雨洪涝灾害的时间分布也有韵律性，我国暴雨洪涝灾害时间分布的特点是：南部早、北部晚。不同地域暴雨洪涝出现的最早时间分别为：淮河以南 4 月；华北为 6 月；东北、 西北为 7 月。不同地域暴雨洪涝的结束时间：江南南部最早为 7 月；长江中下游为 8 月；华北为 9 月；西部川、陕地区和东南沿海为 10 月。

2. 干旱缺水灾害

干旱缺水灾害是指由于长期无降水或少降水而造成水源短缺的灾害。干旱在我国是影响面最广、最为严重的气象灾害。例如，1928~1929 年的陕西大旱，全境 940 万人中受灾死亡达 250 万人；1951~1990 年平均每年受旱农田面积约 3 亿亩①；近 20 年因旱灾损失粮食 1532.1 亿 kg，占全国粮食损失总量的 50%。

干旱在我国分布虽最为广泛，但各地受旱程度不一。1951~2000 年我国有四个明显的干旱中心：阴山与秦岭间的华北平原、黄土高原西部；南岭以南的广东与福建南部、云南及四川南部；阴山以北的吉林省和黑龙江南部；湘赣南部。

3. 热害

热害主要是以高温、热浪为表现形式的气象灾害。近些年，由于现代城市高楼林立、道路纵横、植被减少，使地面接收的太阳辐射能量和大气反射回近地层的热量集聚增加，再加上工业生产、民用燃料、机动车排放的二氧化碳等温室气体剧增，温室效应使气候增温加剧。

热害对人类最直接的危害就是极易引起人们中暑等疾病的增加，尤其在夏季。其间接危害一方面体现在持续高温的天气造成人们大量使用制冷设备，城市供电供水系统长时间超负荷用电，使断水断电事故发生的概率增加；另一方面，持续的高温加剧蒸发量，使地下水位迅速下降，水库蓄水显著减少，加剧旱情。

4. 寒潮与冷冻灾害

在特定的天气形势下，聚积在高纬度地区的强冷空气迅速南下，造成大范围区域的剧烈降温，并伴有大风、雨雪、冻害等现象，这类天气过程称为寒潮或强冷空气，由此所引发的灾害称为寒潮与冷冻灾害。

从我国寒潮和强冷空气出现的次数来看，东北最多，次为华北，再次为西北和长江流域，华南地区最少。寒潮和强冷空气每年有两个高峰值，3~4 月和 10~11 月，其中 3~4 月最强。

根据历史寒潮灾害统计资料，以我国为例，寒潮灾害一年四季均会发生[2]：

(1) 南方春季低温连阴雨是造成稻烂秧的主要灾害性天气，又称倒春寒。春季冷空气活动频繁，当北方冷空气南下，入侵到江南、华南时，和北上的暖湿气流相遇，则时常出现低温连阴雨天气，使秧苗缺乏必需的热量和光照，病菌繁殖侵染，促使秧苗腐烂。

(2) 夏季低温是东北地区农业生产的主要灾害性天气，例如，1976 年的东北全区性严重低温冷夏使东北粮食总产减产达 47.5 亿 kg 以上。

(3) 寒露风是秋季我国南方的主要灾害性天气。秋季正是双季稻抽穗杨花的关键时期，如遇 20℃以下低温则会导致粮食减产或失收。由于双季稻的种植范围逐年扩大，故寒露风灾害有增加的趋势。

(4) 霜冻也是一种低温灾害。初霜日期明显受到纬度与地形控制，有从北向南、从西向东推移的趋势；终霜日期则有从南向北和从东向西推移的趋势。一般说来，在霜冻正常期对农作物影响不大，若初霜提前或终霜滞后则会影响农作物生长。

---

① 1 亩≈0.0667hm^2

5. 雷电灾害

雷击灾害也严重威胁人类生命财产安全。由于热岛强度的增大，对流性天气增多，雷暴日数随之增多，造成的经济损失也呈增大趋势。雷电灾害直接影响着通信、供电、航空以及诸多古建筑的安全。而且尤其现代城市的运转对信息技术的依赖性越来越大，一次强雷电的电磁波感应极有可能造成计算机和网络通信系统瘫痪，损失巨大。

6. 大风灾害

大风是快速流动的空气，我国气象观测业务中规定瞬时风速达到或超过 8 级时(17m/s)称为大风，而在天气业务规范中则规定平均风速大于等于 6 级(10.8m/s)时为大风。大风灾害通常是一种突发性的灾害，往往在很短时间内就会对人类的生产生活造成较大伤害。如广告牌倒塌、简易房倒塌、输变电路刮断、温室大棚顶盖吹翻、大树折断、信号灯和交通指示牌翻倒，会导致砸死、压伤行人，大面积停电断水，交通受阻等现象。

7. 冰雹灾害

我国是世界上冰雹灾害最为严重的国家之一，每年因冰雹所造成的经济损失约为几亿元到十几亿元人民币。例如，1987 年 3 月 6 日的大范围冰雹灾害，横扫江西、湖北、安徽、江苏、浙江、上海，受灾农田达 538 万多亩，倒损房屋 6.2 万间。

我国冰雹灾害区主要在云、贵、甘、宁、陕、豫、晋、内蒙古、苏北等地。冰雹的分布大体是沿山系伸展，最多的地区是青藏高原，其次为大兴安岭至阴山、太行山一带。另外，天山、长白山、祁连山、云贵高原等也是冰雹较多的地区。每年春夏之交和夏秋之交 12~18 点是冰雹最易活动的时期。

8. 雾、霾灾害

雾与霾是两种不同的天气现象[2]：雾是大量小水滴或冰晶浮游在近地面空气层中，致使能见度减小到一定程度的天气现象；而霾是由悬浮在大气中的大量微小尘粒、烟粒或盐粒等颗粒物在低层大气的稳定层下部累积所形成的集合体，霾的出现表明大气已受到污染。雾与霾的共同点都是引起视程障碍的天气现象，由于这种影响能见度而致的灾害称为雾、霾灾害。

工业化的发展使城市空气中的悬浮颗粒增多、气溶胶粒子等增加、水汽的浓度加大，导致形成大雾天气的条件增多。大雾给城市交通、航空运输、供电线路等带来直接影响，同时对人体健康也会造成不利影响。例如，北京首都国际机场就因大雾多次关闭，最长曾关闭 30 多个小时，影响客运、货运 250 架次，滞留旅客 1.6 万人。由于空气湿度大，浓雾中含有较多的污染物质，结露在输变电设备的表层，致使设备绝缘能力迅速下降，有时会出现线路闪络、微机失控、开关跳闸，从而发生停电、断电故障，造成严重经济损失和政治影响。大雾还可能会影响微波及卫星通信，使其信号锐减、杂音增大、通信质量下降。

10.1.3 气象灾害的特点

气象灾害是大气中能量不均衡引发能量转移导致的，是近地面大气运动作用与下垫面上的人类社会经济活动的产物。气象灾害造成人员伤亡、农业减产、交通通信设施破坏，不但带来巨大的直接经济损失，还间接给人们社会生活造成广泛的不利影响。尤其我国是农业大国，农业在经济结构中占有重要的位置，气象灾害及其诱发的次生自然灾害不仅会严重阻碍农村地区经济发展的步伐，而且会影响整个地区经济发展战略的有效实施。

气象灾害与其他自然灾害一样，都是自然界与人类社会经济系统相互作用的产物，是自然因素与社会因素共同作用的结果。因此，气象灾害的基本特征常常是自然属性和社会经济属性的综合表现。气象灾害除了具有发生频次多、危险性、紧迫性、长期性、灾难性等灾害的一般特征外，还具有如下特点[1-3]（表 10-2）。

表 10-2　气象灾害的特点

分类	特点
一般特征	频率高、危险性、紧迫性、长期性、灾难性
特有特征	危害范围广，如台风、浓雾
	地域性强，如东南沿海的洪涝、东北的冻害
	持续时间长，如持续 7~10 个月的干旱
	群发性，如沙尘暴、大风以及暴雨群发
	连锁性，如台风和暴雨引起洪水

1. 危害范围广

气象灾害危害范围广，主要有三方面的含义：

(1) 危害的对象广泛，涉及人类生产、生活的方方面面。

(2) 危害发生的空间广，无论陆地、海洋、高空都有气象灾害发生：热带风暴和台风、大风和浓雾等灾害，会影响轮船、渔船的正常航行和作业，可能造成船翻人亡等严重事故；飞机的起降和航行以及火箭、导弹等的发射均受地面和空中天气条件的制约，由于风向风速突变或雷暴云等强烈扰动，常常引发空难事故。

(3) 气象灾害波及的范围广。例如，1959 年夏秋期间，受副热带高压的影响，我国长江、淮河、黄河和汉水流域的大片地区 7~9 月降水量比常年同期偏少 3~6 成，其中湖北、河南、 陕西中部和南部，湖南北部、四川东部等地降水量比常年偏少 5~8 成，造成这一广大地区范围的严重干旱，农作物受到严重危害。

2. 地域性强

地理地形及下垫面对天气、气候有很大影响。我国自南向北，跨越热带、亚热带、温带、高原、高山及寒冷气候，全国有 87%的面积处在温带、亚热带和热带。由于各地纬度高低、距海远近不同，地势悬殊，地形复杂，气候类型多样，加上各地人口、经济和工农业生产特点的不同，故各种气象灾害的发生有着明显的地域性特点。

仍以我国为例，气象灾害存在明显的区域差异性，不同地区的主要灾害类型不同，不同区域同一灾害分布的强度也有差异：

(1) 干旱灾害，干旱灾害全国各地都有发生，但是发生的时间和特点不同。东北、华北地区以春旱为最多，但夏旱危害最重；西南和华南地区也常有春旱发生；长江流域及江淮地区伏旱最为常见；冬旱一般主要发生在华南南部和西南地区；而发生在内蒙古和新疆等牧区的旱灾，称为黑灾。

(2) 洪涝灾害，以东南沿海及江淮地区发生频次多。因东南沿海夏秋季热带气旋盛行，导致洪涝灾害多，且危害较重。我国西部洪涝灾害很少，而且是局部性灾害，危害较轻。

(3) 霜冻和冻害，主要发生在东北、华北和黄土高原地区；云贵高原地区晚霜冻危害也比较严重；长江中下游地区冬季冻害发生频次多，危害较重。

(4) 低温冷害，主要发生在江南双季稻地区；东北地区常发生夏季低温灾害；西南云贵高原地区有时发生夏季“八月寒”害，危害也较重。

(5) 严重风雹灾害多发生在平原、川谷地区，一般山区冰雹天气虽频繁，但成灾率低。青藏高原冰雹天气为全国之冠，大部地区平均每年发生冰雹日数达 15~35 天，但成灾率极少。

3. 持续时间长

根据气象灾害历史数据统计，干旱和洪涝灾害持续时间较长。尤其是大旱，往往持续数月，甚至连年发生。例如，1978 年长江中下游地区，主要是在江汉、江淮平原和长江三角洲一带，自春季到秋季普遍少雨，形成了“春少雨、夏空梅、伏似火、秋如伏”的严重干旱，旱期持续 7~10 个月。据 1951~1990 年的统计资料显示，黄、淮海地区发生秋夏连旱的有 11 年、夏秋连旱的达 20 年。此外，连阴雨灾害一般持续 10 天左右，有的长达 20 多天。

4. 群发性

气象灾害的群发性是指在短期内(一般 3~5 天)，多种灾害在同一地区或不同地区相继发生。例如，1983 年 4 月 25~30 日的强寒潮天气过程，是近十多年来，气象灾害群发性的典型案例。在那次寒潮自北向南侵入时，全国大部地区出现了气旋、锋面等一系列短波天气扰动，各地相继发生了不同的气象灾害：华北平原、东北地区中部及长江中下游等地区相继出现了大到暴雨；江西、浙江西部、湖北南部、湖南北部、四川的涪陵、贵州的铜仁等地发生了风雹灾害，且灾情较重；25 日午后至夜间，湖南、湖北、江西、江苏、山东等地同时发生了 6 个龙卷风，27 日又发生 3 个龙卷风；在此期间，除两广地区外，各地及黄、渤海、东海和南海，都出现了大风降温天气，黄河以北地区 24h 降低了 8~14℃，宁夏、陕西、山西及河北省的北部出现了霜冻灾害；渤海、黄海海面 10~12 级大风持续了 5 天，东海刮了 4 天；26~27 日从新疆东部到河西走廊，发生了罕见的飞沙走石、天昏地暗的沙尘暴灾害，沙尘一直漂到渤海和黄海上空；28~30 日内蒙古通辽、吉林通榆、白城及黑龙江齐齐哈尔、嫩江一带风雪交加，气温急降，发生了严重的冻雨和暴风雪灾害，造成人员死亡，经济损失非常之大。

5. 连锁性

当某种气象条件或灾害发生后，常常引起其他灾害的发生和发展，这种不同灾害的连锁反应称为气象灾害的连锁性。事实表明，单一灾种气象灾害往往比地质等灾害更易诱发其他自然灾害。尤其现代社会里的交通、通信、供水、供电、供气等工程之间联系十分紧密，一旦发生气象灾害，损害其中的某一个系统，很容易造成连锁反应，产生一系列的次生灾害和衍生灾害，极易形成灾害链，如图 10-2 所示[4]。

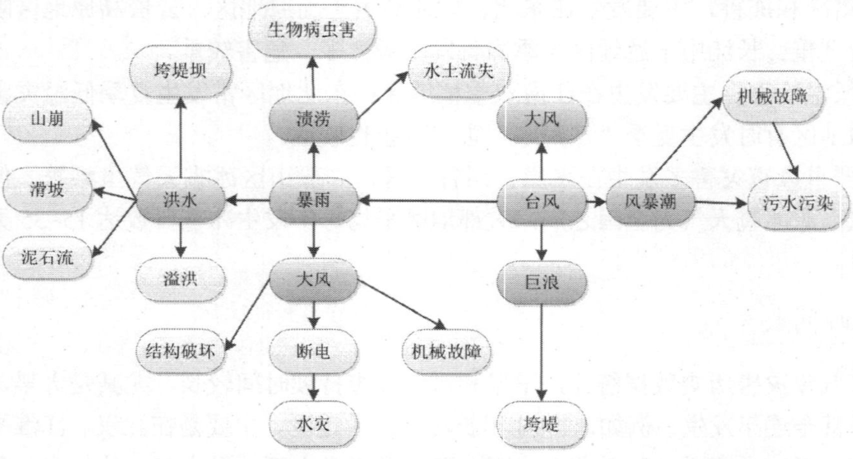

图 10-2 台风-暴风灾害链[4]

气象条件与海洋、洪水、地质等灾害和农林生物灾害，以及交通事故、疾病流行等都有密切的因果关系。气象条件的变化对某些灾害来说，有的起着直接或触发作用，有的则是起着诱发作用。从图 10-2 中可以看出，台风侵入时主要带来狂风暴雨，造成暴雨洪涝和大风灾害。这两种灾害除了直接危害人们生命和财产外，暴雨洪涝常常引起江河泛滥，形成江河洪水灾害。与此同时，它常常引起泥石流、滑坡、崩塌等地质灾害的爆发。内涝渍水往往导致农业病虫草害的发展蔓延。在海洋上，由于台风中心气压低及周围的狂风作用等，常常形成巨浪和风暴潮灾。另外，有的地表土因经常遭受大风的风蚀作用而受损。

总之，各种各样的气象灾害危害面十分广泛，它不仅直接破坏建筑物，造成人员伤亡，对农业、工业、交通运输、输电线路和通信等危害严重，还常常诱发洪水、海潮、泥石流、农林病虫害等间接灾害。故亟需建立科学的气象灾害应急管理体系，从气象灾害的发生、发展、监测、预报和预防等方面入手，全面提高防御气象灾害的能力和水平。

10.2　气象灾害的监测与评估

由于气象灾害受各种尺度的环流条件和天气系统影响，且与地形、人类活动等因素有关，加之人类认识水平的局限性，使其发生的范围、时间和强度具有很大的不确定性。同时，气象灾害是随机事件，其防御规划以及防御工程的实施具有很大的风险性。需要对气象灾害进行有效的监测，并结合区域对灾害的承受能力，综合评估各种气象灾害的风险程度，在此基础上规划和设计应急预警防御体系，才能最大限度地缩小减灾投入，提高减灾效益。

10.2.1　气象灾害监测

对气象灾害进行长期、系统的监测，可以及时掌握气象灾害的发生和变化动态等信息，通过分析不同气象灾害的演化规律、变化特点，以及与环境因子的相互作用，在定量化指标体系的基础上提出未来可能的演变趋势，及时发布气象灾害影响评估报告，可以为政府制定防御气象灾害政策、改良和合理利用气候、水、土资源提供基础资料。

1. 监测方法

气象灾害目前主要是通过气象观测网、天气雷达网及气象卫星等多种手段进行监测，并将监测得到的信息迅速传递到气象中心，进行及时处理和综合分析而实现的[5]。

(1) 气象观测网。气象观测网中的各个气象站，观测的项目和时间都是统一的，一般每隔 6~8h 观测一次，将观测到的各种信息按照统一的格式编报，发往指定的气象通报台，再通过各地中心气象台传送到国家气象中心集中起来。然后由中心再把全国性或地区性的各种信息转发给各地气象台站和用户。

(2) 天气雷达网。雷达又名无线电定位，是利用电磁波能被目标物反射的现象来探测目标物的方向和距离的。天气雷达是根据雨滴、云滴、冰晶、雪花等对电磁波的散射原理而发展起来的一种气象探测工具。它由天线、发射机、接收机、定位器和显示器等部分组成，有的还配备了数据处理和远随离传输系统。

以监测暴雨天气为例来看天气雷达网的监测流程[5]：雷达发射出来的电磁波，一面在大气中传播，一面又不断的被大气本身和大气中的水汽凝结物所散射、吸收，以致逐渐减弱。电磁波在传播路径中遇到水滴时，在水滴内部就感生出偶极子振荡，入射的电磁波能量，一部分被水滴吸收，转化成其他能量形式，另一部分则被散射，被水滴散射的电磁波只有其中一部分能按照入射波的方向返回到雷达天线，这部分散射就叫做后向散射，又称反射。反射回来的信号，被天线接收后，经过放大和检波由显示器显示出来，即称为回波。大气中含水汽量越多，水滴越大，回波就越强，从而就能知道暴雨中心所在的位置。通过连续跟踪探测、体积扫描，经过数据处理就可获得暴雨的移动路径和速度、范围、降水强度以及发展趋势等多种信息，从而为防洪抗灾提供大量的、科学性的决策依据。

(3) 气象卫星。气象卫星是用遥感技术，从宇宙空间探测天气变化和灾情的。由于气象卫星上装有可见光和红外及微波辐射仪器，故可接收地表和云层等物体反射的太阳光及地球大气和地表发射的红外和微波辐射，并且不断向地面发送所探测到的资料，然后通过地面接收站的接收，并经电子计算机处理后得出各种图像和数据。

目前气象卫星有静止和极轨两种。静止气象卫星，是由于它绕地球转动一圈的时间正好与地球自转相同，均为 24h，所以从地球上看卫星是静止的。这种卫星是一个气象情报的收集、转发站，其优点有[5]：① 站得高，看得远。由于卫星静止在 3.6 万 km 高的赤道上空，可观测到地球 1/4 的面积；② 能观测到云的分布，以及地面、海面、云顶等的温度分布。由于它一般每隔 3h 转播一张云图，可从云图的连续变化了解热带气旋、锋面和暴雨云团等天气系统的演变情况，还可以从每隔 30min 云的变化资料推测出空中风的分布情况；③ 可以了解云的高度、地面积雪、海水的分布等。

极轨气象卫星，又称太阳同步卫星。即卫星在轨道上，从南向北或从北向南通过赤道的时刻总是保持一定的。其高度约 1000km，绕地球一周约 115min。它的优点体现在：① 具有多种探测仪器，不仅能完成静止卫星所探测的气象资料，还可以探测农作物生长状况以及洪涝、干旱及森林火灾，甚至地震前的一些宏观现象等；② 可观测到高纬度地区的气象情况，以弥补静止卫星的不足；③ 还可以测得从地面到 1000Pa 的气压和水汽分布以及云层内气温的垂直分布等。

2. 监测指标体系

由于气象灾害的发生发展是集渐变与突变的综合过程，这种变化涉及气候、地理、环境、生物、社会经济等诸多方面。因此，在确定气象灾害监测指标时，要选择对气象灾害影响较为突出的因子作为重点监测对象，进行定量、长期、系统的监测。以生态气象灾害监测为例，其监测和调查的指标主要有以下几个方面[6]：

(1) 气候因素。气候因素包括温度、湿度、降水(雨量、雨强、雨型)、风向风速、大气成分(如干沉降、酸雨、降水 pH 值等)、蒸散、太阳辐射、地表辐射、干燥度以及各种气象灾害(如台风、干旱、暴雨、大风、沙尘暴等)的发生频率等。

(2) 土壤因素。土壤因素包括土壤物理要素和化学要素：土壤物理要素有土壤湿度、土壤容重、田间持水量、土壤热通量、土壤比重、降水渗透深度、干土层厚度、土壤空隙度、风水蚀等；土壤化学要素有土壤有机质、氮、磷、钾等金属离子、酸根离子、含盐量等。

(3) 生物因素。生物因素包括植被组成、植物种类及物候期、农作物长势、农作物面积、植被指数、生育期天数、密度、高度、覆盖度、生物产量(农作物、牧产)、土地生产力、渔业面积、产量等，以及旱情、水灾、冻害、病虫害发生面积及灾害恢复情况。

(4) 水文因素。水文因素包括山区冰川面积、冰川厚度、积雪面积、积雪深度及储存量、冻土活动层土壤湿度、空中水汽含量、地表径流、水库蓄水量、江河流量、湖泊水位、地下水储量、地下水位、水质等。

(5) 地形地貌因素。地形地貌因素包括地形坡度、平均坡长、沟壑密度、地貌形态组合、土层厚度、泥沙流失量、河床高度、水库库容、土壤沙化类型、沙丘大小、沙丘高度、沙漠边缘进退速度等。

(6)社会经济因素。社会经济因素包括产业组成、土地利用方式(灌溉农业、旱作农业、牧业、渔业、采矿业、旅游业等)、土地利用强度(土地利用率、土地垦殖率、生产方式、产出水平)、牲畜结构、人口密度、教育水平、人均收入、群众生活燃料结构及来源等。

(7)人为因素。人为因素表现为人类对土地、水、植被等资源的无序利用，如滥垦、滥伐、滥采地下水等引起的土地资源失衡。

总而言之，气象灾害监测主要是实现与灾害有关数据的获取、存储、灾害影响因子筛选和分类存储等功能，在此基础上形成灾害评价指标体系和灾害应急决策。只有建立科学合理的、能够真实反映气象灾害状况的监测体系，才能更好地服务于气象灾害的综合防御，促进气象灾害的高效应急管理，有效减轻气象灾害对人类生产生活的不利影响。

10.2.2 气象灾害评估

气象灾害评估是对气象灾害形成的可能性、强度大小进行的一种度量，是气象灾害的危害程度评估和损失评估的前提和基础。具体来说，就是评估某种气象灾害致灾因子发生的概率和一旦发生后可能造成的损失，包括致灾因子评估、暴露程度评估、脆弱性评估以及灾情损失评估[5, 7]。

1. 致灾因子评估

气象灾害的致灾因子通常指台风、暴雨和高温等恶劣气候条件。致灾因子评估需要从灾害发生的时间、地点和强度 3 个方面进行，是研究给定地理区域内、一定时段内各种强度的气象致灾因子发生的可能性，其任务是估计各种强度的致灾因子发生的概率和重现期、预测某一强度致灾因子将在何时何地发生。

致灾因子评估的核心体现在两方面：一方面，是估计给定地理区域在某时间段内的某一致灾因子以一定强度发生的可能性，通常用概率统计方法度量其可能性，以测量随机不确定性；另一方面，是通过对研究区域的地理特征、历史灾情、致灾因子、暴露要素、脆弱性等进行分析的基础上，建立区域灾害风险序列，对影响区域的重大灾害风险进行排序、分级，确定优先应对的灾种，以便采取相应的应急减缓措施和投入。

2. 暴露要素评估

暴露要素是指暴露于气象灾害风险中的各要素，也是气象灾害的受灾体。研究目标不同，暴露要素的含义也不同。如可将一个居民区或一座城市甚至一个流域作为一个要素进行风险分析；也可将一座建筑物或机场作为一个要素体看待，进行灾害评估分析。以城市区域的气象灾害评估为例，暴露要素一般包括人口、建筑、生命线、交通设施、生活生产资料等[1,8]。

1) 暴露要素评估的内容

暴露要素评估的主要内容有[8]：① 确定灾害区，即明确一定强度下气象灾害可能的影响范围。② 确定灾害区的暴露要素，即对不同灾害风险等级区域内暴露的受灾体进行分类和确定。③ 评价灾害区的暴露要素，即对灾害区内主要建筑物和建筑物内部财产，灾害区的人口数量、分布、经济发展水平等进行分析和评价。例如，一次大沙尘暴对人烟稀少的地区也许不会造成大的灾难，但一次中等级别沙尘暴发生在大都市可能就意味着灭顶之灾。因此，灾害区暴露要素的评价能够较全面地了解灾害区承受某一气象灾害破坏和损失的程度。

2) 暴露要素的评估方法

气象灾害暴露要素的评估可采用以下方法[8]：

(1) 收集统计数据。向统计局、民政局、国土资源局和交通局等受灾体的相关管理部门，收集各受灾体暴露的统计资料。此方法虽简单易行，但需注意的是，所获取的暴露资料与灾害的等级区划范围相匹配比较困难。因为现有的统计资料一般是参照行政区划来设定统计口径，而灾害的影响等级范围通常是按照灾害的自然地理空间区划，两者不完全一致。

(2) 实地调查。按照评估的目的设计出详细的调查表，组织专人前往评估地区进行普查和抽查。此方法所能获取的数据最为详细，精度也较高，但一般只适用于城市以下的区或社区尺度的暴露计算。因为采取此途径，工作量较大，会消耗大量的人力、财力和物力，且对调查人员的普查和抽查技术有较高要求。

(3) 遥感影像法。遥感数据动态记录了地表空间信息，其不同分辨率的特征遥感影像，蕴涵着丰富的不同尺度的受灾体暴露信息，特别是米级以下高分辨率遥感数据，对区域内各受灾体暴露信息的获取非常有效，是气象灾害暴露分析与评估的重要途径。对于不同的评估空间尺度，需要应用不同分辨率的遥感影像。对于不同的区域尺度研究需要应用不同分辨率的遥感数据，其解译获得的暴露数据精度才能满足暴露要素评估的需要。

不过，遥感影像法通常只能满足暴露评估所需数据的一部分，想通过遥感图像解译获取全部受灾体暴露数据是不现实的。一般高分辨率遥感数据可获取区域的受灾体暴露数据有：房屋建筑物、道路和交通设施、生活与生产构筑物、区域土地利用等。而人口、城市生命线系统、室内财产数据则只能通过统计和调查的方法，也可以通过遥感数据间接估算得到，如根据建筑密度估算人口、建筑类型估算室内财产等。

3. 脆弱性评估

受灾体的抗灾性能评估也称脆弱性评估，即分析气象灾害对暴露要素可能的毁坏程度，是一种对受灾体易损性的衡量评价。如沿江堤坝修筑得十分牢靠的洪水分析区域内城市，可能遇大水而无忧；毫无防洪设施的泄洪区域内村庄，遇洪水则显得十分脆弱。

受灾体脆弱性评估的核心是[8]：确定依据致灾因子强度 h、计算破坏程度 D 的破坏模型 $D=f(h)$，其中 f 完全由受灾体的特性决定。目前，气象灾害脆弱性评估中往往通过构建研究区域内各暴露要素的灾损曲线方法来进行评估，即通过建立灾害强度与受灾体受破坏和损失之间的关系曲线来评估。

受灾体灾损脆弱性是由受灾体本身的物理特性决定的，它反映了受灾体本身抵御致灾因子打击的能力。不同类型的气象灾害，对于受灾体的损害不同。例如，暴雨洪涝损坏房屋主要是通过浸泡房基，而台风则主要通过强大的风压将房屋推倒。而对于不同类型的受灾体(人口、建筑、生命线、交通、室内财产)，其灾损脆弱性评估内容也不同。

1) 人口

直接导致人口伤亡的气象灾害可分为两类[8]：一类是渐发型，主要有干旱、高温、低温等；另一类是突发性的，包括洪涝、台风、冰雹等。渐发型气象灾害一般持续时间比较长，没有明确的自然现象标志其发生和停止，在这类灾害风险中，人口的脆弱性主要取决于人体的忍耐力。而突发性气象灾害持续时间较短，有明确的自然现象标志其发生和消除，人口在这种灾害风险中的脆弱性主要取决于应急自救能力。

2) 建筑

对房屋建筑造成破坏的气象灾害类型主要有洪涝、台风、风暴潮、冰雪灾等，其破坏方式一般表现为淹没、倒塌、毁损等形式。房屋建筑的脆弱性主要表现为抵抗倒塌、冲刷毁损的能力。如房屋的台风灾损脆弱性评估，主要用房屋的结构材料和使用时间来衡量。

3) 室内财产

室内财产对于洪涝、台风、风暴潮等气象灾害的灾损脆弱性，主要取决于财产所在建筑物的脆弱性，即如果房屋建筑的脆弱性高，那么处于该房屋建筑内的财产的脆弱性也高[7]。

4) 道路

道路作为生命线系统中的重要组成部分，是洪水、台风、风暴潮、冰雪灾等多种气象灾害的危害对象，危害的主要途径是毁坏路基和路面。公路的脆弱性表现为路基和路面抵抗各种外部冲击力的能力，而这与公路的等级密切相关，高速公路抵抗外部冲击力的能力最强，其次为国道、省道等。因此，在评估某特定路段时，可以采用公路等级作为其脆弱性指标。

4. 灾情损失评估

灾情损失评估是气象灾害评估中的重要内容之一，即评估灾害区一定时段内，可能发生的一系列不同强度气象灾害对灾害区可能造成的损失。可能损失有：直接经济损失、人员伤亡损失以及间接经济损失。其中损失的量化是灾情损失评估的重要内容，一般量化方法有：

(1) 暴露统计值法。通过暴露要素评估，统计不同灾害区内的人口和财产，计算死亡人数和财产金额的损失等。

(2) 灾情指数法。统计受灾区域内的人员总数和财产总数，并将人员伤亡数除以总人数、财产损失除以总财产作为受灾区的灾情指标。灾情指数能较好地体现灾情的自然属性，便于对不同区域的风险高低进行比较。

(3) 专家评定法。由专家在受灾现场直接评估并给出灾害强弱的语言描述的方法。专家评定法可以提供受灾区灾情的综合评判结果。但这种结果较为粗糙，不易进行量化分析。

10.3 气象灾害的预警与防御

大气能量不断从平衡到不平衡的往复变化会诱发此起彼伏的气象灾害，在了解气象灾害属性特征、发生条件和规律的基础上，经过监测、评估之后，需要建立科学的预警系统，并采取相应防御措施，才能真正有效实施对气象灾害的应急管理。

10.3.1 气象灾害预警

预警是气象灾害应急管理的一个核心环节，是气象灾害领域防灾减灾的关键。加强气象灾害预报工作，建立健全预警信息发布机制，完善气象灾害预警业务系统，建立有效的预警管理系统对防灾减灾具有极其重要的意义。

1. 气象灾害预警系统

气象灾害预警是防御气象灾害中重要的非工程措施之一，它强调充分利用媒体和各种渠道，实时发布气象灾害预警信息，尽可能扩大覆盖面，建立完善的气象灾害警示系统，以便形成政府主导与公众积极参与的全方位气象灾害防御体系。

1) 气象灾害预警的关键问题

气象灾害预警信号不同于天气预报，不仅仅是信息公告的作用，而是在气象灾害监测、评估的基础上，客观分析危险性天气的威胁、现状和发展趋势，并对可能受影响的区域发出相应应急预案的行动指令。它的主要目的是为了使社会作出及时、有效、恰当的灾害应急响应，并组织调配各项资源做好防御措施，是一个区域防御气象灾害的基本对策。

气象灾害预警的关键在于“测、报、防”三个环节：“测”是运用各种技术手段对气象灾害的产生和发展变化进行监测；“报”是在科学分析的基础上，对气象灾害的影响程度及范围进行预报；“防”是对所预测的气象灾害采取各种预防措施，以期降低损失或避让灾害。

2) 气象灾害预警系统的组成

气象灾害预警系统包含气象灾害预警业务系统和气象灾害预警管理系统两大部分[4]。

(1) 预警业务系统主要由综合探测系统、通信网络系统、气象灾害分析预警系统、气象灾害应急服务系统、应急移动气象台、技术保障系统等部分组成[4] (表 10-3)。预警业务系统是整个气象灾害预警系统的基础，主要由政府投入、气象部门承担业务系统的建设。

(2) 预警管理系统是在气象灾害发生前，用科学的方法对灾害加以干预和控制，使其造成的损失尽可能最小。它属于公共管理的范畴，具有目标公益性、管理手段复杂性、管理主体多元化等综合性特点。

表10-3　气象灾害预警业务系统组成要素

子系统	子系统功能	系统运行要求
综合探测系统	各种气象信息及气象灾害信息的获取环节	遥感、遥测、连续、自动化
通信网络系统	气象信息以及气象灾害监测预警后发布信息需传达的传输环节	卫星、宽带、高速、数字化
气象灾害分析预警系统	气象信息以及气象灾害信息加工处理、科学分析和准确预警环节	定时、定点、定量、精细化
气象灾害应急服务系统	气象灾害预警信息分布和实施应急服务环节	全程、滚动、个性、高效化
应急移动气象台	气象灾害应急现场服务的重要手段	车载、机动、可靠、灵活、实战化
技术保障系统	对总系统进行监控管理及保障	正常、稳定、可靠、业务化

2. 气象灾害预警的主要途径

有效实现气象灾害预警工作的途径，就是在信息数字化、网络化、智能化的基础上，针对气象灾害预警的实际需求，以定时、定点、定量和连续滚动预警为主要特征，将预警的有效性作为判别标准，建设一个天气监测实时化、预警预报精细化、传播渠道科学化、信息服务个性化的气象灾害预警系统[4](表10-4)。

表10-4　气象灾害预警有效实施的途径

途径	内容
天气监测实时化	扩充探测要素：增加物理量、增加特种气象观测项目、开展多场景视频监视
	加大探测空间密度：增加自动气象观测站点、利用多种探测手段的联合反演技术
	加大探测时间密度：利用数字城市网络化技术和现代移动通信技术
预警预报精细化	按行政区划细分(市、区、镇)：有利于组织公众响应
	按网格细分：有利于数字系统间的有机结合
传播渠道科学化	传播渠道多样化：电视、手机、报刊、天气收音机
	预警信息标准化：按标准的编码格式发布
	利用各种定向发布技术：例如移动通信定位技术
信息服务个性化	决策服务
	公众服务：风险对象、非风险对象

1)天气监测实时化

天气监测是气象灾害预警工作的基础，要做到实时化，主要从探测要素的扩充、探测空间密度的加大、探测时间密度的加大这三个方面来提升观测能力。

探测要素可以从三个层面上扩充[4]：① 增加物理量，如目前中尺度气象监测系统一般采用的是 4 要素(温度、雨量、风向、风速)自动气象站，可以在此基础上增加湿度、气压等要素，从而形成 6 要素自动气象监测网；② 根据需要，增加特种气象观测项目，如雷电定位网、垂直风廓线仪、梯度气象观测塔、小卫星系统等；③ 利用数字城市的宽带网络，发展视频监视系统，直接开展多场景的视频监视，使气象灾害远程诊断成为现实。

探测空间密度的加大可以通过两种途径实现[4]：① 增加自动气象观测站点，这要遵从站网密度是被探测对象空间尺度 1/3 的规则，如小的强对流系统常常是气象预警服务的重点和难点，其水平空间尺度大约是 15km，要监视这类系统，就要求自动站网的平均站距达到 5km；② 在同步观测的基础上，通过多种探测手段的联合反演技术获取高密度的空间气象信息，如气象雷达、自动站联合反演降雨量的分布，可以获得空间分辨率达 1km×1km 的精细雨量分布资料。

探测时间密度是气象灾害预警有效性的关键指标[4]。目前对常规地面气象观测、中尺度气象观测网等系统的准确预报能力一般都在 1~2h，其探测密度不能满足有效气象灾害预警的要求，更谈不上连续滚动的灾害预警服务。数字城市的网络化技术和现代移动通信技术的发展，如无线移动通信的 GPRS、CDMA、CDPD 等在线系统的推出，使实时、连续气象监测成为可能。利用这些技术，可以使气象探测的时间密度从目前的 1h 一次提高到 1min 一次，整个系统的响应时间降低到 5min 以下。利用数字城市的信息技术、计算机技术、空间技术成果，使天气探测实时化，以确保气象部门能有效监视区域中各种气象灾害事件。

2) 预警精细化

大多数气象灾害对一个区域的影响范围是有限的，然而对受灾和未受灾区域实施同样的防御措施显然不合理，要求实现分区域、精细化的气象灾害预警服务。

气象灾害预警预报的精细化有两种细化的方案[4]：① 按照行政区划，以市为单位，细分到以区为单位，对于某些特别小的灾害事件，还可以进一步细化到以镇(街区)为单位；② 按网格细分，目前的气象灾害预警预报服务，其大体相当 50~80km 的网格距，可以在此基础上，逐步提供 20km 网格、10km 网格，甚至 5km 网格的预警预报服务。

这两种细化方案各有所长：行政细划的方案有利于防灾工作的组织发动，也有利于市民的响应；网格细划方案，符合数字技术的发展方向，有利于与其他数字系统的有机结合，也有利于预警系统的升级改造。在气象灾害预警系统设计时，应采用综合方案，即对预警预报业务系统采用网格细分的方案，而在预警管理系统设计时，将网格信息整合后，按行政细化的方案对社会提供管理服务。

3) 传播渠道科学化

传播的关键在于向灾害风险对象送达预警信息，其渠道科学化主要体现在三个方面[4]：

(1) 传播渠道多样化。传播渠道多样化的基础，是要建立一个官方的权威渠道。以美国全灾害紧急预警系统为例[9]，美国气象部门和联邦通信委员会联合建成了一个紧急预警系统，通过该系统接受预警信息需要使用一种特殊的“天气收音机”。这种特制的收音机可向机内输入使用者所在地的一个或几个地名的数字代码，遇有这个地方的灾害警报时，“天气收音机”会被信号自动激活和打开，然后发出警示音并开始广播。不管听众处于何种状态(工作或休息、愿意或不愿意)，警报都会自然传达到。这是它和电视、广播等传统媒体所不同的特点，对于突发性、难于预报或预报时效特短的气象灾害，其预警效果尤为显著。

(2) 预警信息标准化。一方面，预警信息必须以简洁明确、非技术化、易于理解的形式发布，要使用恰当的文本和图形组合来描述受灾害影响情况，提供事件发生的可能性及不确定性，并给予防灾提示以便公众采取适当的响应，同时还应告之在何处可以获得更为详细或后续的信息，以适应多元社会的需求；另一方面，预警信息应按标准的编码格式发布，有利于信息流的准确、高速、有效传播，并使处于不同状态的灾害风险对象即使通过不同渠道获取的信息，在内容上也是保持一致的。

(3) 充分利用各种定向发布技术。区域定位的方式多种多样，如国家公布的信息处理标准编码、经纬度坐标、邮政编码等，在建立用户数据库时，输入这些定位信息，就可以实现预警信息定向发布的功能。以目前可行的移动通信定位技术为例，当气象灾害在某个基站附近发生时，可利用该基站的小区广播功能，向区域内的全体手机用户发布气象灾害预警信息。

4) 信息服务个性化

信息服务个性化的核心是建立一种让每类对象都拥有针对性预警信息的全新服务理念，因此需要根据服务对象的不同需求对气象灾害预警信息服务的对象进行分类[4]。

(1) 决策指挥人员：包括各级政府有关部门的防灾指挥人员、各单位的安全责任人员及城市生命线工程的重点防御单位的值班工作人员等，这部分人员需要及时、准确、全面地掌握气象灾害的动态信息。

(2) 灾害风险对象：包括处于灾害风险之中、即将处于灾害风险之中或可能处于灾害风险之中的社会公众和单位，这是个性化预警服务的主体。

(3) 其他社会公众：对这部分人员的服务，主要通过公共传媒(电台、电视台、121 气象专线、气象网站等)提供服务，一般不需要提供个性化的服务。

综上所述，所谓有效的气象灾害预警就是指在恰当的时机，以有效的方式，向处于气象灾害风险之中的人群或单位提供有针对性的行动指令信息。而需要注意的是，预警有效性判别的原则是，气象灾害的有效预报时间需大于预警系统的响应时间。

10.3.2　气象灾害防御

气象灾害给人们生命财产和社会经济发展带来的损失巨大、危害严重，在气象灾害监测、评估和预警的基础上，进行科学有效的气象灾害防御工作意义重大，是构建完整气象灾害应急管理体系的关键保障环节。以我国为例，完善气象灾害防御机制的途径主要体现在加强防御法制建设、应急机制建设、监测预警能力、防灾减灾知识宣传和科学研究等方面。

1. 加强气象灾害防御法制建设

我国幅员辽阔、自然条件复杂，是世界上受自然灾害危害最严重的国家之一。在各类自然灾害中，70%以上是气象灾害。从法制建设角度，自2000年1月1日《中华人民共和国气象法》正式颁布实施以来，一个由法律、行政法规、部门规章以及地方性法规、地方政府规章组成的气象法律法规体系框架已经初步形成。

虽然社会各界对应对气候变化和防御气象灾害的重视程度和支持力度日益提高，但综观相关气象法律法规规章，迄今为止我国还没有一部专门的气象灾害防御方面的行政法规。尽管在《中华人民共和国气象法》中专门有一章对“气象灾害防御”作了规范，但由于规定较为原则、可操作性差，并没有发挥应有的防御作用。而且，法律中没有明确各有关部门在气象灾害防御中的责任及应急联动机制，没有强化国家对气象灾害防御工作的投入，也没有对气象灾害应急、气象灾害预防等方面作出规定，在气象灾害防御规划、监测、预警、服务、评估等方面还缺乏具体的配套措施[10]。从某种意义上来说，我国目前在气象灾害防御方面基本上还处于无法可依的状态。例如，2008年的冰雪灾害对我国经济造成了重大损失、对群众生活造成很大困难，究其原因，气象灾害防御在法律制度上的缺失不能不说是一个重要原因。

因此，要加强气象灾害防御工作，首要任务就是要加强气象灾害防御相关法制建设，不断健全和完善气象灾害防御相关法律条例，以加快建立国家、行业、地方气象灾害防御标准体系框架。相关条例的主要内容需要涉及[10]：明确各级人民政府及其有关部门在气象灾害防御中的职责和任务；规范和强化气象灾害风险评估、气象灾害预警信息发布、气象灾害防御规划、气象灾害应急响应的基础性作用；细化各类气象灾害的预防措施；强化气象灾害监测和预警工作；重点突出和明确气象灾害的应急机制和措施等。

2. 加强气象灾害应急机制建设

我国目前气象灾害应急机制的不健全主要体现在两方面：缺乏国家层面上应对重大气象灾害的政府专项应急预案、缺乏国家层面上针对重大气象灾害的协调机构。这就导致了一系列问题[10]：气象灾情与情报收集上报不及时、收集手段落后；应急准备不足、反应不快；应急预案的可操作性不强，且与预案相配套的分灾种、分事件的应急工作流程不够明确；气象灾害预警信息发布后的社会联动、部门协调配合和有效应对防范不够，各防御部门的信息共享与合作程度亟待加强。

为了完善气象灾害应急机制建设，需要加快推进国家应急预案的制订，加强多部门联动和信息共享的应急协调，主要措施有[11]：加快制订重大气象灾害的政府专项应急预案，尽快提高应对防范极端气象灾害领导能力；整合和统筹国家现有防灾减灾机构职能，统一指挥重大灾害包括气象灾害的防灾、减灾、抗灾、救灾工作，调配各方面资源；加强国家应急信息平台建设，真正建立各防御部门之间互联互通、实时充分共享的信息交换机制，尤其电力、交通等至关重要的公共利益部门，应更加注重气象信息的收集分析，力求构建起对气象预报的主动、深入响应机制。

3. 提高气象灾害监测预警能力

虽然近年来我国气象灾害监测预报技术水平不断提高，但仍然存在一些问题[10]：在灾害监测方面，现有气象灾害综合监测在探测范围、精度、时空分辨率等方面尚不能满足气象防灾减灾的需求，气象监测网布局不尽合理，对各种气象灾害监测的针对性不够，具体体现在对极端天气下气象灾害的监测预警能力不高、对灾害性天气的持续性和强度估计不足、对某类气象灾害下交通或电力等行业受影响程度的预评估不够；在灾害预警方面，气象灾害预报预警信息的发布存在明显不足，预警信息发布渠道和手段不能满足社会公众的需求，预警信息的覆盖面还不够广，相当一部分农村、学校、企业、社区和海上人员不能及时获取气象灾害预警信息，利用各种新闻媒体传播气象灾害预警信息能力还不强。

及时准确的气象灾害监测预报是做好灾害应急管理工作的重要基础，故亟待完善气象灾害的监测网络和灾前、灾中、灾后影响评估机制，亟待扩展气象灾害预报预警信息的发布渠道、发布时效和覆盖面。具体措施包括[10]：加快建设气象及其次生衍生灾害的综合监测系统，完善综合监测网络；协调相关部门制定国家气象及其次生衍生灾害监测相关标准和观测规范，以提高综合监测预警能力，如可以在交通枢纽、重要高速公路等关键地区增加路面温度、积雪厚度等要素的观测以及路面结冰的监测，在南方冰冻天气易发地区增加电线积冰观测等；建立跨部门联合监测预警机制，不断提升应对防范极端气象灾害的能力。

4. 加强防灾减灾知识宣传和科学研究

气象防灾减灾相关的知识宣传和科学研究在气象灾害防御工作中也发挥重要作用，为灾害的防御提供知识技术支撑。目前我国在这方面还存在一些不足[10]：气象防灾减灾知识宣传和普及不够，面向农村和广大农民的宣传尤为不足，农民自救互救能力不高，农村、社区群防群控机制尚不健全；基层组织和社会公众的灾害风险意识淡薄，缺乏对气象灾害应急避险措施的了解和实施；气象方面的科学研究仍需加强力度。

应当把普及气象防灾减灾知识和加强相关科学研究摆在气象灾害防御工作的重要位置，其措施有[10]：气象部门可通过各种有效方式，不断深入宣传气象灾害应急避险科普，普及气象科学技术知识，宣传气象防灾减灾常识，以提高公众防灾减灾意识和避险自救能力；气象相关部门要加强科学研究的力度，加强国内外合作研究，着力分析和研究极端天气气候事件的长期变化规律，努力提高对气象灾害事件的预报准确度；着力加强延伸期(10~30 天)天气预报系统的研究与建设，逐步建立延伸期预报业务，努力提高对灾害性天气的预报和服务时效；着力研究和开发面向特殊行业和部门的灾害影响评估标准、技术方法，做好对可能发生气象灾害的影响程度和影响范围等的预评估。

10.4 应急灾害管理的国际借鉴

面临日益频繁的灾害事件，世界各国政府都在迅速采取行动，逐步建立了若干个以灾害信息服务、灾害应急事务处理为目标的灾害应急管理系统。例如，美国、英国、日本已经建立了比较完备的灾害应急机制及响应措施[12]，他们在重大气象灾害的应急管理机制建设上对我国有许多重要启示，值得借鉴和学习。

10.4.1 美国应急灾害管理

美国是一个联邦制国家，政府体系分联邦、州和地方政府三个层级，目前有联邦政府，50个州政府和8.7万个地方政府，州政府和地方政府具有高度自治权。在防灾救灾方面，根据国家应急管理法律法规或预案，各级政府都有防灾救灾的责任，不同灾种由相应政府主管部门组织应对，其中承担应急救援救助职责的有警察、消防、911中心、医疗系统、社会服务和精神治疗、动力、通信和运输等机构。为了提高综合防灾救灾的能力，各级政府都设有负责应急管理的常设机构，负责防灾救灾工作的日常管理和综合协调。

基于政府体系的三层级，美国应急管理体制大体也可由三个层次组成：联邦政府层，包括国家应急决策机构、国家应急综合协调机构、国家应急管理工作机构；州政府层，各州的应急管理机构；地方政府层，各级地方政府的应急管理中心。

1. 联邦政府层

1) 国家应急决策机构——总统、国家安全委员会

美国总统是政府首脑和应急管理的最高行政首长，负责对国家防灾救灾工作进行统一领导，在发生重大灾害时对政府应急处置实施统一指挥和协调。

国家安全委员会是美国联邦政府关于国家安全事务的决策议事机构，由总统、副总统、国务卿、国防部长、国家安全顾问、中央情报局长、参谋长联席会议主席等成员组成，其主要功能是就国家安全和重大灾害处置为总统决策提供咨询建议和意见。

对于涉及国家安全方面的重大灾害事件处理，由总统召集和主持国家安全会议进行讨论决策。

2) 国家应急综合协调机构——联邦应急管理署、国土安全部

国土安全部是美国的超级危机管理机构，该部是在“9·11”恐怖袭击事件后由联邦政府22个机构合并组建，至今是美国灾害管理特别是反恐活动的主要应急协调机构，直接对总统负责。其主要任务有：防止国内遭受恐怖袭击；减少美国受到恐怖袭击的可能性；最大限度地减少恐怖袭击和自然灾害带来的损失。隶属于国土安全部的22个联邦机构自身有相对较大的独立性，实行“一头领导、分头运作”的运作模式。

原负责紧急事务应对的联邦应急管理署(Federal Emergency Management Agency, FEMA)于 2003 年并入国土安全部，但该局仍可直接向总统报告，是国土安全部中最大

的部门之一。联邦应急管理署的主要职责是：通过紧急事件预防、应急准备、应急响应和灾后恢复的全过程应急管理，领导和支持国家应对各种灾害事件，保护各种设施，减少人员伤亡和财产损失。美国联邦应急管理署下设五个职能部门：应急准备部、缓解灾害影响部、应急响应部、灾后恢复部、区域分局管理办公室。其中区域分局管理办公室主要管理联邦应急管理署在全美所设的 10 个区域分局，这 10 个区域分局主要负责与地方应急机构的联络，在紧急状态下，负责评估灾害造成的损失，制订救援计划，协同地方组织实施应急救助。

3) 国家应急管理工作机构——中央各部门

美国联邦政府各部门负责各自职责范围内的防灾救灾工作，对各自主管领域内发生的灾害事件进行应急处置。例如，面对灾害事件，美国国务院通常代表美国政府对外进行交涉谈判，向总统和国家安全委员会汇报国际重大灾害事件形势，提供对策建议；美国国防部主要负责军事情报的搜集、分析与汇报，执行防灾救灾过程中相关的军事行动，负责对外军事谈判；美国财政部在拨付振灾救灾保障资金、减免灾区税赋等方面，对灾害事件的应急管理发挥重要作用。

2. 州政府应急管理机构——州应急管理办公室

美国各州依照宪法规定，独立行使职权。在防灾救灾方面，当地方政府遇到无法应付的重大灾害时，州政府有责任和义务给予应急援助。州政府各职能部门，如警察、消防、医疗卫生、环保等部门，负责各自职责范围内的防灾救灾工作，发生灾情时负责进行应急处置和救援。

为了加强对防灾救灾的综合管理和统一指挥，州政府都设有应急管理办公室作为常设办事机构，主要负责处理州一级灾害事件、负责制订州一级的应急管理和减灾规划、监督和指导地方应急机构开展工作、面对重大灾害及时向联邦政府提出援助申请。

3. 地方政府应急管理机构

美国地方政府设有市、县、乡镇、行政区等，实行地方自治。在防灾救灾方面，一般性灾情由当地政府自己处置和应对；如果遇到无力应付的重大灾害时，可请求州和联邦政府提供帮助。地方政府行政首长，如市长、县长、区长等，是所辖区域内应急管理事务的最高领导，负责指挥和协调本地方区域的防灾救灾工作。

一般来说，地方政府层的应急管理机构形式有：地方应急管理办公室、地方工作部门、地方应急管理中心。

1) 地方应急管理办公室

与州政府一样，为了加强防灾救灾的综合管理和协调，美国地方政府大都设有应急管理办公室，由地方政府行政首长直接领导，负责地方应急管理事务的日常管理和组织协调。主要职责是：

一是为防灾救灾做好充分准备，如通过灾害信息网络系统，监测、收集和分析各方面的灾害信息，并将获得的灾害信息及时传递给政府部门、公共事业机构和社会公众，对可能发生的各种灾害发布预警，及时提示各方面做好应对准备工作；

二是灾害事件发生后，协助地方政府行政首长进行应急处置和救援，对灾情进行分析评估并提出对策建议，协调各应急机构之间的关系，调配资源支持各应急机构的活动，组织协调灾害恢复和重建工作；

三是负责地方政府与公众的联系沟通，平时通过教育、宣传、培训、演练等方法帮助公众做好防灾救灾的准备工作，在发生灾害后向公众提供灾情信息和咨询，帮助公众应对灾害。

2)地方工作部门

地方政府各职能部门对各自主管业务范围内的防灾救灾工作负责。由于灾害种类很多，有些由一个部门负责应对，有些则需要由两个以上的部门负责应对，其中警察、消防、医疗卫生、防疫、交通、环保、信息技术和通信等部门通常需要参与多个灾种的应急处置和救援。

在职责分工上，地方政府通过制订应急管理计划，根据不同灾害类型，将灾害应急管理划分为若干项具体应急职责或领域，分别由相应地方工作部门负责组织应对。这种职责划分一般是根据各个部门主管的领域范围来确定的，使部门常态管理与非常态管理职能相一致，以实现应急资源的最佳配置。

3)地方应急管理中心

地方政府由于处于应急管理一线，需要直接处理大量的突发灾害事件。因此，美国地方政府一般都设有政府应急管理中心或911应急联动指挥中心，作为直接受理和处置各种突发事件的实战机构。应急管理中心或911应急联动指挥中心大多设在警察局，有的为独立机构，其核心组成部门包括警方、消防和紧急医疗救助机构，其他政府部门在该中心设有固定席位，直接处理与派驻部门相关的事件，或者联系派驻部门采取灾害联合应急行动。

除了上述政府体系的三层应急管理机构，在美国，志愿者、新闻媒体、工商企业、社区等社会防灾救灾组织，也通过各种形式积极参与灾害事件的应对工作，成为灾害应急管理体系的重要组成部分。

10.4.2 英国应急灾害管理

英国由英格兰、苏格兰和威尔士(此三个地区又称大不列颠)、大伦敦和北爱尔兰等地区组成。在保持中央集权的情况下，英国实行地方自治，地方政府有较大的自主权。在政府行政管理体制的基础上，英国建立适合本国国情的应急管理的组织机构体系，逐渐形成以内阁、气象、交通、环境和紧急救援部门为基础的灾害预警和防范系统[13]。

在英国，灾害事件发生后，根据不同灾害的性质和具体情况需要，政府会指定一个中央部门作为“领导应急部门”，该部门一般并不取代地方政府在灾害应急处置中的主要角色，而是负责在中央层面上协调各个部门的应急行动，负责收集信息以通知政府高层官员、国会、媒体和公众等，以保证各部门与地方政府联系渠道通畅[13]。英国中央政府设有国内紧急事务委员会，由各部大臣和其他官员组成，其委员会秘书负责指派“领导应急部门”，委员会本身则在必要时在内政大臣的主持下召开会议，监督“领导应急部门”在灾害应对中的工作。2001 年，内阁办公室之下还成立了国内紧急情况秘书处，进行危机政策的制定、风险评估、部门协调和人员培训等日常工作，对政府各部门特别是国内紧急事务委员会提供应急支持。

1. 国家应急决策机构——首相、国内紧急情况委员会

英国首相是中央政府灾害应急管理的最高行政首长，负责统一领导、指挥和协调政府各部门的应急管理活动。英国设有国内紧急情况委员会，作为英国政府防灾救灾的决策议事机构，它由各部大臣和有关官员组成、内政大臣任主席[13]。

灾害发生时，根据灾害类别和规模，英国政府将指定一个中央部门作为“领导应急部门”，如发生传染病疫情就由卫生部担任领导部门，负责协调各部门的应急救援行动。若灾害事件对国家构成重大挑战，紧急情况委员会就会召开会议，以明确中央政府的应急应对部署。

2. 国家应急综合协调机构——内阁办公厅、国内紧急情况秘书处

内阁办公厅是英国政府的中枢机构，在应急管理方面负有收集和评估灾害信息、向公众提供预警信息、进行公众教育等方面的职责。

为了提高综合应急协调能力，2001 年在内阁办公厅专门设立了国内紧急情况秘书处，负责日常紧急事务管理和跨部门的协调。该秘书处的主要职责有[13]：负责向首相报告可能引发危机的各种灾害事件；进行灾害应对政策的制定、风险评估和编制应急计划；具体协调各部门间的应急计划和工作职责；组织人员培训等日常工作。国内紧急情况秘书处下设三个具体职能部门[13]：①评估部，负责全面评估可能发生或已经发生灾害的程度、规模和影响范围，发布有关灾害信息。②行动部，负责制订和审议应急计划，确保中央政府做好有效应对各类突发事件和危机的充分准备。③政策部，参与制定后续应急管理政策，并与政府各部磋商起草应急计划和全国性标准。此外，秘书处还设有紧急事务规划学院，负责进行危机应急管理研究和人员培训。

3. 国家应急管理工作机构——中央政府各部门

英国政府各部门分别负责各自职责范围内的防灾救灾工作，这些部门通常包括内政部、外交部、国防部、交通部、贸易和工业部、卫生部、环境部、食物与乡村事物部、财政部等。以气象灾害的应急应对为例，主要涉及中央部门中的气象局和交通部等工作机构。

1) 气象局

英国气象局将“全国恶劣天气预警服务”作为向市民和政府机构服务的一个重点，此预警服务一般通过三种渠道传达[13]：通过广播媒体通知公众；通知民用紧急服务系统；若灾害情况极其严重，需要军队参加救援活动，将会通知国防部以便其做好灾害应急准备。

如果英国境内出现大风、暴雨、暴雪、大风雪和持续降雨、浓雾、大面积冰霜等天气情况，英国气象局都会启动全国恶劣天气预警服务系统。在恶劣天气预计出现前，该预警

服务系统会在短时间内，分阶段地通过互联网、电台和电视台向英国13个区域提供极端天气信息，其中分为早期预警、提前预警、快速预警、天气预测和汽车预警5种类型。

具体来说，快速预警在灾害预期发生前 6h 发出，若英国气象局发出此种预警，则说明气象局对灾害的发生有比较高的把握，这种预警向公众和紧急营救部门提供灾害发生地点、发生时间段和强度等各个方面的细节；如果恶劣天气出现的概率还不足以发布早期预警和提前预警，中央和地方气象局就可能发布天气预测；而如果天气状况可能阻碍交通，气象局就会向交通管理部门、行人和车辆提供汽车预警信息[13]。

2) 交通部

英国交通部认为，气候变化并非是一个孤立问题，它会影响国家的长期政策和基础设施。2006年，英国交通部就气候变化对交通的影响进行了全面考察和评估，并设立了“气候变化/交通”网页，供市民免费浏览，以普及气候变化对交通影响的知识。此外，英国高速公路局和铁路网还从气象部门获取“洪水热点地区图”，以预测洪水灾害的发生地点，并提供及时维护和应急措施。铁路网、高速公路局和伦敦地铁也设法减少在道路两旁种植树木，以防止恶劣天气到来时树木被刮倒、导致阻碍交通。

4. 地方应急管理机构——地方政府行政首长、地方应急服务联络小组和应急论坛

英国地方政府行政首长是本地方区域灾害管理的最高领导人。为了加强面对灾害应急管理的统一领导、综合协调和相互沟通，地方政府通常设有应急服务联络小组，核心成员包括警察、消防、交通和急救中心等部门的代表，主要职责是面临灾害事件时确保各个相关部门能够密切配合，及时作出反应。除此之外，地方政府通常还设有应急服务联络论坛，参与者是地方政府各个部门的主要官员，论坛的宗旨在于制定应急服务联络小组的战略方向，并从领导层给予一定支持和指导，但不参与实际灾害的应对工作[13]。因此，地方应急服务联络小组和应急论坛，可以看作是地方应对灾害的决策协调机构。

地方政府各部门对各自主管领域内发生的灾害负有应对职责，但警察、消防、医疗急救机构等则是提供灾害应对的主要部门，属于灾害第一线的处置者。如地方警察部门的主要职责包括：与其他应急机构一起抢救幸存者的生命；在事故现场提供应急支援；保护事故现场、疏散围观者、疏导交通；调查事故原因；收集并发布伤亡信息；采取措施恢复正常秩序。地方消防部门的职责主要是：搜索和救援幸存者；消除和预防火患；提供人道主义服务；处理危险品并保护环境；控制获救和遭到破坏的财物；警戒线内的安全管理。地方急救中心的职责主要是：抢救生命；为伤者提供治疗、安抚和照顾；提供适当的运输及医疗人员、设备以及资源；确定伤者的优先撤离顺序；为国家卫生署及其他医疗机构提供事故发生的地点和情况；运送医疗救护队及其装备到达灾害现场。

与美国的应急灾害管理体系类似，在英国灾害应急管理中，各种社会防灾救灾组织，如志愿者组织、工商企业、媒体、社区组织等，也是参与防灾救灾工作的重要主体，不管是在灾害预防准备阶段、还是在灾害救助阶段，他们都会积极地参与其中，以协助政府开展防灾救灾工作。

10.4.3 日本应急灾害管理

日本是一个充满危机意识的国家，为了应对包括气象灾害在内的各种危机事件，从20世纪90年代起，日本政府从中央到地方建立了危机管理体制、防灾体系，成立了以首相为主任的防灾委员会，以指导和部署日本全国的应急灾害管理工作。日本政府各部门也都设有专门的防灾机构，发生灾害时这些机构既可各自为战又可统一行动。

日本作为一个中央集权的单一制国家，其政府体系也分为三个层级：中央政府；都、道、府、县(相当于中国的省市)政府；市、町、村(相当于中国的乡镇)政府。日本地方实行地方自治，各级地方政府之间不是上下级行政隶属关系，而是一种指导协作关系，但中央政府可通过各种形式对地方政府进行监督和控制。

基于常态政府行政管理体制，日本根据国家和地方防灾救灾工作的需要，设置了一套政府和社会组织共同参与的应急管理机构，并明确了各级各类应急管理机构的职责，确立了面对灾害的应急管理组织机构框架[13]。

1. 国家应急决策机构——首相、中央防灾会议

首相是日本中央政府应急管理的最高行政首长，负责领导防灾救灾工作。中央防灾会议是日本中央政府灾害应急管理的主要决策议事机构，由防灾大臣、各省厅大臣、指定的公共部门首长和专家学者组成，首相任会议主席。中央防灾会议的主要职责有[13]：制订和组织实施防灾计划；发生灾害时制订应急计划措施并推进其实施；应首相和防灾大臣要求审议有关灾害应急事宜；就重要灾害应急事宜向首相和防灾大臣提出建议。

2. 国家应急综合协调机构——内阁官房、危机管理总监

内阁官房作为首相的辅佐机构，在日本政府日常应急协调管理方面发挥着重要作用，其主要职责是[13]：收集危机信息并向有关部门传达；召集各地方管理机构建立应对灾害危机的机制；综合协调各部门或各机构的应急决策措施；负责灾害事件的对外宣传，以消除国民的恐惧和不安。

为了提高灾害应急管理的能力，1998年日本在内阁官房设立了内阁“危机管理总监”，组建了由该总监直接领导的“安全保障与危机管理室”，专门负责灾害应急管理事务(除国防外)的日常协调管理。内阁危机管理总监的主要职责是[13]：面对灾害事件时，负责分析事件形势作出第一手判断；迅速与有关部门联络并进行综合协调，发布最初应急措施；辅助首相和内阁官房长官采取应急对策；常态下代表内阁的立场，研究制定政府危机管理对策，检查和改善各个部门的灾害应急管理体制。

3. 国家应急管理工作机构——中央各部门

日本中央政府各部门分别负责各自职责范围内的防灾救灾工作，处置可控范围内的突发灾害事件。发生较大灾情时，中央各部门将根据灾害管理法律法规，在首相及内阁危机管理总监的总体协调下，开展灾害的紧急救援救助工作，其中警视厅、消防厅、气

象厅、自卫队等部门是应急管理的核心部门，在防灾救灾中常常发挥重要的作用。

4. 地方应急管理机构

1) 地方防灾会议

地方行政首长是日本地方政府防灾救灾工作的最高领导，直接负责本地方区域的应急管理工作。日本各都道府县和市町村地方政府都设有自己的防灾会议，作为地方防灾救灾的决策议事机构。防灾会议由当地行政首长任会议主席，地方政府部门、公共机构和都道府县或市町村的代表组成，主要任务是制订防灾规划并推进其实施。

2) 地方灾害管理总监

日本在都道府县等地方政府都设有灾害管理总监，其主要职责是：发生紧急灾害事件时，辅助地方行政首长进行应急处置，强化地方政府各部门的应急功能，协调相关机构的应急救援行动。同时，各市町村地方政府也都设有专门的灾害管理人员，以协助地方行政首长进行防灾救灾工作。

3) 地方综合防灾部

综合防灾部是地方政府应急管理的综合协调机构，由国家层面的危机管理总监领导，在危机管理总监的指挥管理下，进行防灾救灾工作的日常管理和综合协调，与日本政府各局进行沟通联系，以确保政府防灾机构之间的信息联络。

综合防灾部由信息管理和实际行动两方面相关部门组成[13]：信息部门主要负责灾害信息的收集、分析、战略判断，灾害发生时，警视厅、消防厅、自卫队等部门的派驻人员将本部门渠道收集的信息汇总到信息部门；实际行动部门主要负责灾害发生时的指挥协调。

4) 地方政府各部门

根据地方制订的灾害管理规划、手册、预案等，地方政府各工作部门在防灾救灾方面都有明确的职责分工。例如，灾害发生时，总务局负责与相关防灾机构进行联络协调、与市町村进行联络沟通，收集和分析相关灾害信息，并进行灾害应急对策的综合协调；财务局负责灾害应急对策的预算、车辆的调度、紧急通行车辆的确认标志，征用应急设施工程等职责；生活文化局负责灾害的宣传，听取居民意见，收集灾害纪录、照片和信息，支持志愿者活动等职责。

5. 社会防灾救灾组织

在长期的灾害应急管理实践中，日本认识到要进行有效的防灾救灾就必须充分动员各种公共机构(企事业单位)、民间防灾组织、志愿者、社区组织、企业、公民等各种社会力量参与防灾救灾工作，建立政府与社会组织携手合作和相互支援的应急管理体系。为此，日本将“自己的生命自己保护”、“自己的城市和市区自己保护”作为灾害应急管理的基本理念，并采取各种措施强化全社会的防灾救灾能力，如组织公共机构、民间团体和公众进行防灾救灾的训练和演习，建立政府与和社会相互合作的防灾救灾机制。

各级政府通过制定相关法律法规，明确了各种社会组织在防灾救灾中的具体责任，加强地区、社区和各单位的灾害管理功能和能力。为了使各种社会组织有效参与防灾救灾工作，各级政府和防灾部门通常制订各类应急规划、手册、指南和预案，明确指示灾害应急时所应该采取的行动指南和选择。社会组织在防灾救灾中的作用和责任通常包括[13]：普及宣传防灾救灾知识，组织各种应急救援的训练；在灾害发生初期进行灭火、救助、救援、避难等；准备和保养好各种应急救助的器材和食品；掌握区域内危险地方并让附近居民了解；调查和掌握区域内在灾害时需要救援的居民，制订支援方案；商定本地区域内政府、企业、社会组织等单位之间的防灾救灾合作事项等。

另外，值得一提的是，日本的应急信息化建设从完善基础设施入手，充分应用各种先进信息通信技术，构筑起了高效、严密、适合实际国情的应急信息化体系，它的经验和做法对更好地把握灾害应急信息化发展的方向和趋势、加快应急信息化发展的建设步伐不无裨益。

10.4.4 中国应急灾害管理

我国政府历来对应急灾害管理予以高度重视，尤其近年来，在不断参与实施国际减灾计划和减灾战略过程中，进一步加强了对气象灾害领域的应急管理工作。本节特针对我国在气象灾害领域的应急管理情况，从应急预案、应急组织机构和应急信息平台等几方面，介绍我国现有的气象灾害应急管理体系[12]。

1. 气象灾害应急管理预案

我国在制订完善各类气象灾害应急预案、建立健全气象灾害应急管理工作机制、加强应急灾害管理体系建设等方面取得了重要进展[12]：2005 年 6 月，依据《中华人民共和国宪法》、《中华人民共和国国务院组织法》、《中华人民共和国气象法》、《中华人民共和国防沙治沙法》、《中华人民共和国防洪法》、《人工影响天气管理条例》等气象应急有关法律法规，制订了《重大气象灾害预警应急预案》、《突发气象灾害预警信号发布试行办法》、《中国气象局重大突发事件信息报送标准和处理办法》、《气象灾情收集上报调查和评估试行规定》等一系列应急管理预案和制度，并根据《重大气象灾害预警应急预案》陆续制订了台风、暴雨洪涝、森林火灾等分灾种应急预案，以增强预案的可操作性。

2. 气象灾害应急组织机构

为加强应急灾害管理工作，根据我国应对重大突发事件的总体要求，建立了全国气象灾害应急指挥机构，由各级气象主管机构成立重大气象灾害预警应急领导小组，各级机构负责人任组长、各职能部门和业务单位主要负责人为组员。水利、广播电视、电信、电力、农业、交通、国土资源、财政、经济综合(发改委、商务部)等部门单位按照各级人民政府的统一部署和各自职责配合做好重大气象灾害预警应急工作。分级负责、分类管理、属地为主的气象灾害应急管理体系体系初步形成。

为提高应对和处置重大气象灾害和相关突发事件的能力和效率，中国气象局设置相关应急管理组织机构，在开展重大气象灾害应急工作中发挥重要的组织保障作用[12]：2005 年 9 月中国气象局成立了中国气象局应急管理办公室，是气象部门的最高应急指挥机构，并设中国气象局值班室为中国气象局应急管理办公室的专职办事机构。中国气象局应急管理办公室和中国气象局值班室都是中国气象局办公室的内设处级机构，见图10-3。各省(自治区、直辖市)气象局也成立突发气象灾害应急处置领导小组，并设立应急处置办公室、应急处置队伍、应急处置专家组和应急处置值班室，把应急管理工作纳入常态管理，做到预防为主、快速响应。

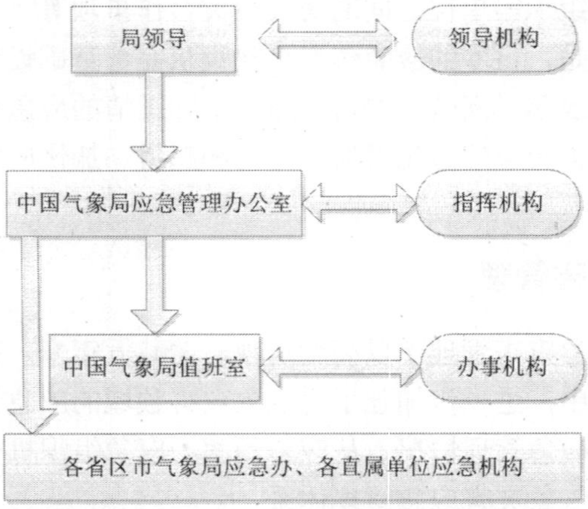

图 10-3　中国气象局应急管理组织机构[12]

3. 气象灾害应急管理信息平台

鉴于某类气象灾害的发生常常会引发一连串次生或衍生灾害，或气象灾害发生后往往需要社会各部门的共同参与救灾，故在气象应急服务体系中建立突发性灾害监测、预警和相关数据共享的技术平台以实现相关各部门的紧急联动具有极强的现实意义。为此，中国气象局大力建设气象灾害应急管理信息平台，以促进灾害应急信息化的快速发展[14]，见图10-4。

图 10-4　中国气象局应急管理信息平台网页示例[14]

气象灾害应急管理信息平台与各省、市、地区的信息平台实现连通：各省、市、地区的气象灾害信息上报都以此应急管理信息平台为主，严格按照规定的标准和格式报送；中国气象局应急办的一些通知均通过此应急管理信息平台同时下发到各省、市、地区。

气象灾害应急管理信息平台所涉及的相关信息包括：重大气象灾害发生前的气象监测预警(预报、预测)信息以及对策建议；重大灾害事件发生的时间、地点和事件起因、经过及其造成的人员伤亡、经济损失、公共安全和社会影响等主要情况；重大灾害事件发生过程中的天气实况和气象应急响应预报服务情况；重大灾害事件结束后的灾情评估、气象服务的社会经济效益和气象应急响应的服务总结等。

4. 国际借鉴与启示

通过将世界发达国家在气象灾害应急管理领域的做法与我国气象灾害应急管理现状作比较，从组织架构、业务流程、信息资源、社会应对网络等方面对各国情况进行总结(表 10-5)，以发现我国应急灾害管理的不足和今后努力的方向。

表 10-5　各国气象灾害应急管理体系对比分析[12]

	组织架构	业务流程	信息资源	应对网络	其他
美国	国土安全部 联邦应急管理署	规范的指挥协调体系、应急预案体系、应急平台体系、应急救援队伍体系	法律法规完备、先进的气象灾害预警系统、保险体制完备	法律形式规定政府部门、部队、社会组织、公民的责任和义务	大力推行非工程防洪减灾措施
英国	地方政府负责处理、防灾紧急事务委员会	洪水预警和应急反应一体化服务计划、洪水区域管理计划、海岸管理	灾害预警和防范系统		大力推行非工程防洪减灾措施
日本	以首相为主任的防灾委员会，政府各部门设有专门防灾机构	建立了综合性的危机管理体系	完善的防灾减灾法律体系		充满危机意识、危机管理成为行政理念、防洪措施齐全、给予灾害补贴
中国	政府部门统一领导，有专门的防灾机构	规范的应急预案体系、应急平台体系、应急救援队伍体系，但是应急联动、协同抗灾还不成熟	法律法规不完备、气象灾害预警系统较落后、气象保险体制非常落后	社会应对网络不健全	危机意识、防灾规划意识比较薄弱、非工程防洪减灾措施不多

尽管各国在体制和国情方面有很大不同，但以下三方面仍值得我国学习和借鉴[12]。

1) 完备的法律法规和计划安排是应急灾害管理的保障

从应急灾害管理的实践来看，不少国家在构建应急管理机制的同时，先后建立了比较完备的法律法规体系。事实证明，将应急管理纳入法制化的轨道，有利于保证突发灾害事件下应急应对措施的正当性和高效性。如日本要求各级政府针对本身的业务权责制订防灾基本计划、防灾业务计划和地域防灾计划等。虽因各机构层级的不同，防灾计划内容的详细程度有差别，但均包括灾害预防、灾害应急和灾后重建等不同阶段所应实施的防灾救灾工作，为有效应对各种突发性灾害事件提供了权威的依据。

2) 构建早期监测、快速预警和高效处置一体化的应急决策指挥平台

2005 年 9 月召开的联合国全球峰会上，各国政府和联合国秘书长呼吁和要求建立世

界范围的应对所有灾害的早期预警系统，在最大程度上减少灾害事件带来的人员伤亡和经济损失。多灾种早期预警应急处置系统已成为世界各国提升防灾减灾能力的必然趋势。

3)强化公众的危机意识，坚持社会动员、共同参与的应急方式

需要充分重视各方社会力量，健全与各相关单位的合作机制和社会力量动员机制，使社会力量在紧急救援中发挥更重要的作用：应通过持续努力，提高公民的防灾意识，普及自救他救的知识；通过充分调动社会保险、慈善机构、社会团体、公民个人等民间力量参与应急救援，弥补政府力量在应急灾害管理中的不足，以最大程度的减轻灾害损失；注重提高基层应急管理能力，加强对公民的防灾应急宣教、培训和演练，以不断提高全社会应对突发事件的能力。

参考文献

[1] 黄崇福. 自然灾害风险评价理论与实践[M]. 北京: 科学出版社, 2005.

[2] 章国材. 气象灾害风险评估与区划方法[M]. 北京: 气象出版社, 2010.

[3] 刘聪, 卞光辉, 黎健等. 交通气象灾害[M]. 北京: 气象出版社, 2009.

[4] 罗丹. 湖南省气象灾害城市预警管理体系研究[D]. 北京: 国防科学技术大学公共管理硕士学位论文, 2009.

[5] 汪扩军, 潘志祥. 气象灾害监测预警与减灾评估技术[M]. 北京: 气象出版社, 2005.

[6] 李文华, 闵庆文, 张强等. 生态气象灾害[M]. 北京: 气象出版社, 2009.

[7] 葛全胜, 邹铭, 郑景云等. 中国自然灾害风险综合评估初步研究[M]. 北京: 科学出版社, 2008.

[8] 尹占娥. 城市自然灾害风险评估与实证研究[D]. 上海: 华东师范大学博士学位论文, 2009.

[9] Altay N , Green III W G. OR/MS research in disaster operations management [J]. European Journal of Operational Research, 2006, 175(1): 475-493.

[10] 穆治霖. 完善气象灾害防御机制的思考[J]. 中国人口资源与环境, 2008, 18(4): 15-19.

[11] Hill B. Diagnosing co-ordination problems in the emergency management response to disasters [J]. Interacting with Computers, 2010, 22(1): 43-55.

[12] 黄雁飞. 我国重大气象灾害应急管理体系的研究[D]. 上海: 上海交通大学公共管理专业硕士学位论文, 2007.

[13] 《中国应急管理》编辑部. 领导干部预防和处置突发公共事件实用指南与案例分析(上下册)[M]. 北京: 国家行政学院出版社, 2008.

[14] 王丽霞, 郎洪亮. 中国气象局省级应急管理平台迈上宽带网高速路[EB/OL]. http://www.cma.gov.cn/qxzt/yjtzgg/tgdt/gjdt/t20070528_194679.phtml. 2007-05-28.